KB0096785

대한민국에서
직장인이 꼭 알아야 할

노동법
100

대한민국에서
직장인이 꼭 알아야 할 Q & A

노동법
100

권정임 지음

WORK

생각비행

유식한 근로자가 아닌
지혜로운 근로자를 위한 노동법

직장 생활을 하는 의미나 목적은 사람마다 제각각입니다. 그러나 직장 생활을 위해 투자하는 과정, 시간, 성과(소득이나 관계, 역량 등)가 인생에서 차지하는 비중은 누구에게나 매우 큽니다.

직장 생활을 원하거나 하고 있는 사람이라면 직장 생활의 성패나 만족도에 관심을 기울일 수밖에 없습니다. 그래서 서점에 가보면 성공적인 취업과 직장 생활을 위한 자기계발서나 처세서를 많이 볼 수 있습니다. 하지만 직장 생활을 현명하게 하기 위해 근로자가 알아야 할 법률을 다루는 실용서는 찾아보기 어렵습니다.

법이란 알아듣기 어려운 문장으로 법전 속에 외따로 존재하는 게 아닙니다. 직장을 포함해 가정과 사회에서 생활하는 우리의 권리와 의무, 생각과 행동에 직접적으로 영향을 끼치는 '기준'입니다. '생활 법률'이라는 말이 있습니다. 이는 우리의 일상생활과 직결되기 때문

4

에 상식처럼 잘 알고 있어야 하는 법률을 말합니다. '노동법'은 우리의 일상인 직장 생활과 직결됩니다. 그러므로 노동법은 매우 중요한 생활법률입니다.

　노동법을 다루는 책은 많습니다. 법률 서적뿐 아니라 실용서 중에도 노동법을 알기 쉽게 풀어 쓴 책이 제법 많습니다. 대부분 기업의 인사·노무 담당자를 위한 책입니다. 물론 노동법은 그 법을 지켜야 하는 기업(사용자)이 알아야 하는 법입니다. 실무적으로는 기업의 인사부서나 노무관리부서 담당자들이 잘 알고 있어야 합니다. 그러나 노동법이 정한 권리를 가진 주체는 근로자입니다. 근로자가 자신의 권리가 무엇인지, 직장 생활 중 그 권리와 관련해 겪는 문제들을 어떻게 해결해나가야 하는지 모르거나 무관심하다면 생각지 못한 난관에 부딪힐 수 있고 자신도 모르는 사이에 문제를 키울 수도 있습니다. 직장 생활을 위한 요구와 목표는 다양하겠지만, 근로자에게 주어진 권리를 제대로 누리고 활용하는 것 또한 현명한 직장 생활을 위한 중요한 과제입니다. 게다가 이 권리를 포기하거나 권리가 침해될 때는 심각한 손해가 발생하거나 실패로 이어질 수 있습니다.

이 책은 단순히 법을 잘 아는 '유식한' 근로자가 아니라 법이 필요한 상황에서 문제를 예방하거나 해결할 수 있고 '지혜롭게' 판단할 수 있는 근로자가 되도록 도움을 주기 위해 썼습니다. 그래서 근로자의 시각과 입장에서 법을 이해하고 적용하도록 풍부한 사례와 설명을 담았습니다. 한편으로 이 책은 기업에서 인사·노무 업무를 담당하는 실무자나 근로자를 고용하고 있는 사업주와 경영자에게도 도움이 될 것입니다. 노동관계는 이해와 가치가 대립하는 양 당사자가 있는 법률관계입니다. 한쪽의 시각에 치우치지 않고 상대방의 관점을 함께 고려해야 관계를 보다 입체적으로 이해할 수 있고, 문제도 잘 해결할 수 있습니다.

입사부터 퇴사에 이르기까지 근로자에게 주어진 권리를 중심으로 실생활에서 자주 부딪히는 문제들을 문답 형식으로 꾸몄습니다. 본문의 목차를 따라 총 90개의 문답이 나오며, 시작과 끝에 각각 5개씩 문답을 제시했습니다. 처음부터 끝까지 질문과 그에 대한 답으로 구성돼 있지만, 주제와 관련해 꼭 알아야 할 사항을 덧붙여 근로관계 전반을 아우르는 필수 지식을 충분히 다뤘습니다. 아울러 각 장의 내용과 관련하여 사회적으로 쟁점이 되거나 더 깊이 있게 알아볼 필요가 있는 내용에는 이해를 돕기 위해 현실적인 사례를 추가했습니다. 각 장의 순서에 따라 특수형태근로종사자, 채용내정자, 포괄임금제, 통상임금, 퇴직금 중간정산 제한, 유연근로시간제, 저성과자 퇴출제도, 승진과 노동법, 모성보호, 직장 내 괴롭힘, 과로와 산재, 중대재해처벌법, 근로자대표, 권고사직과 실업급여 등 14개의 이야기를 〈사례〉로 담았습니다.

오랜 기간 답보 상태에 있던 근로기준법을 비롯한 최저임금법, 근로자퇴직급여 보장법, 산업재해보험법 등 주요 노동관계 법령의 개정이 문재인 정부 출범 이후 활발히 이루어지면서 근로자가 누릴 법적 권리에 많은 변화가 생겼습니다. 그래서 2022년 5월 현재까지 이루어진 법 개정 사항과 변경된 법 해석을 충분히 반영하여 법을 현실에 적용하는 과정에 혼선이 생기지 않도록 했습니다.

이 책은 입사부터 퇴사까지 주요 쟁점을 중심으로 짜임새 있게 목차를 정리하고 문답 형식으로 되어 있어 누구나 쉽고 흥미롭게 주제에 접근할 수 있습니다. 목차를 보고 필요하거나 관심 있는 주제를 찾아 먼저 읽어도 좋습니다. 하지만 전체 흐름과 각 주제를 보다 명확히 이해하려면 순서대로 읽어나가길 권합니다.

　법의 내용을 들여다보기에 앞서 '자신의 입장에서' 특정한 법이 왜 존재하는지 알아야 합니다. 그 법의 존재 이유에 따라서 어떤 관점에서 이해하고 실생활에 어떻게 활용할지가 달라지기 때문입니다. 우리의 행동을 규제하기 위해 만들어진 법은 높고 견고한 장벽과 같습니다. 반면 우리를 보호해주는 법은 자유롭게 넘나들며 넓힐 수도 좁힐 수도 있는 낮고 유연한 울타리와 같습니다.

　노동법은 근로자를 보호하기 위한 법입니다. 그러나 근로자를 보호해야 하는 자들의 행동을 정하는 간접 방식을 사용하기 때문에 정작 권리를 가진 우리가 어떻게 행동해야 할지에 대해서는 정확히 알려주지 않을 때가 많습니다. 게다가 근로자는 우월한 사회적 지위에 있는 상대방과 법을 둘러싸고 대립하는 입장이 됩니다. 노동법은 근로자를 보호해주는 법이지만 근로자가 법에 무관심하거나 섣불리 법을 내세운다면, 무용지물이 되거나 오히려 해가 될 수 있습니다. 따라서 법이 보호하고자 하는 대상인 근로자는 노동법을 적극적인 관점에서 바라보고 전략적으로 활용할 필요가 있습니다.

직장 생활에서 겪는 문제를 어떻게 봐야 할지, 노동법을 실생활에 어떻게 적용해야 할지 고민하는 독자들에게 이 책이 요긴한 열쇠가 되길 바랍니다. 나아가 상황에 알맞은 현명한 인식과 대처로 문제를 예방하고, 직장 생활에서 법이 보장하는 권리를 충분히 향유하도록 든든한 지침이 되길 바랍니다.

2022년 5월
노무사 권정임

| 차례 |

3장 | **임금,** 정확히 알아야 한다

꼭 짚어야 할 것 다섯 가지

1. 근로자가 노동법을 꼭 알 필요가 있나요?

이 책을 펼치는 독자라면 노동법을 알아둘 필요가 있겠다고 생각했을 것입니다. 노동법은 근로자를 보호하는 법으로 근로자가 아닌 사용자가 지켜야 하는 법입니다. 그래서 사용자는 노동법을 반드시 알아야 하지만 근로자가 노동법을 꼭 알아야 할 필요는 없습니다. 그러나 무슨 권리가 있는지 모르면 피해를 모르고 넘어가거나 제대로 보상받지 못할 수 있습니다. 문제가 생길 때 잘못된 추측과 판단으로 문제를 더 크게 만들 수도 있습니다. 이처럼 노동법은 근로자가 반드시 알아야 하는 법은 아니지만 '모르면 손해'를 보는 법입니다.

2. 인터넷으로 검색하면 다 나오지 않나요?

요즘 어지간한 정보는 인터넷을 검색하면 다 나옵니다. 그런데 정보가 너무 많습니다. 그중에는 잘못되었거나 쓸모없는 정보도 많습니다. 괜찮은 정보인지 스스로 판단하고 선택해야 하는데 쉽지 않습니다. 근로관계를 둘러싼 법률문제는 무 자르듯 명쾌한 해답이 있는 경우가 거의 없습니다. 상황과 입장에 따라 무엇이 최선인지가 달라지기 때문에 검색한 정보만으론 최적의 판단을 내리기 어렵습니다. 결국 도움이 되는 정보를 충분히 얻으려면 다른 방법을 찾아야 합니다.

3. 법을 봐도 무슨 소리인지 모르겠어요!

법은 참 읽기 어렵게 쓰여 있습니다. 법문에 어려운 말이 많기 때문이기도 하지만 다양한 상황을 몇 가지로 일반화한 조건을 둬야 하기 때문에 내용이 추상적이고 복잡할 수밖에 없습니다. 전공한 사람도 법을 제대로 이해하려면 각각의 법을 따로 공부해야 합니다. 법 규정이 궁금해서 법전을 펼쳤는데 읽어봐도 무슨 소리인지 모르겠다면 그냥 덮으셔도 좋습니다. 이 책에는 법 규정이 자주 나오지 않습니다. 어렵게 쓰여 있는 법문보다 자신에게 필요한 내용만 알면 되기 때문입니다.

4. 법적인 문제가 나에게도 생길 가능성이 큰가요?

사람들은 법을 운운해야 하는 일에 대해서 심각하고 골치 아픈 문제, 불행한 소수의 문제라고 생각하곤 합니다. 하지만 인식하지 못할 뿐이지 우리는 일상에서 늘 법률문제를 겪고 있습니다. 심지어 사적인 영역인 가정 생활에도 법률관계가 있습니다.

근로관계에서의 법률문제도 마찬가지입니다. 더욱이 근로관계
는 우리 인생에서 오랜 시간 이어집니다. 누군가에게 심각한 사건
으로 나타나는 경우도 있지만 근로관계에서 발생하는 법률문제는
대개 일반적인 근로자에게 일상적이고 지속적인 형태로 나타납니
다. '나에게 왜 이런 일이 일어날까' 싶은 사건들은 일상적이고 지속
적인 문제가 해소되지 않은 채 계속 쌓이거나 특정한 계기로 드러나
는 것일 뿐입니다.

5. 좋은 직장에 들어가면 별문제 없지 않을까요?

보통 '좋은 직장'으로 여기는 곳은 대기업이나 공공기관처럼 인지
도가 높고 보수나 복리후생 조건이 다른 곳보다 좋은 편입니다. 공
무원처럼 고용이 안정적인 곳도 좋은 직장이라고 생각합니다. 법의
시각에서 '좋은 사용자'도 이와 다르지 않습니다. 법이 정한 기본 조
건을 잘 지키면서 더 나은 조건을 제공하는 이가 좋은 사용자입니
다. 그런데 보수도 좋고 고용도 안정적인 '좋은 직장'이 곧 '좋은 사
용자'는 아닙니다. 좋은 직장에서도 근로자의 권리를 침해하거나 법
적인 문제를 일으키는 일이 발생하곤 합니다. 좋은 직장은 대부분
규모가 커서 영향력이나 파급력이 크기 때문에 문제가 생기면 사회
적 쟁점이 되기도 합니다. 게다가 좋은 직장은 근로자와 분쟁이 생
겼을 때 적당히 넘어가지 않는 경우가 많습니다. 이런 이유로 좋은
직장에 다니는 근로자가 직장의 막강한 힘에 눌려 고충과 좌절을 겪
기도 합니다.

1장

LABOR LAW

근로자,
근로자로서의 법적 신분 알기

'근로자'라는 말과 '노동자'라는 말이 있습니다. 노동자와 근로자는 뭐가 다를까요? '노동법', '노동 3권' 같은 말을 들어보셨을 겁니다. 그런데 법률에서는 '노동자'라는 말을 찾을 수 없습니다. 사실 '노동법'이란 이름의 법률도 없습니다. 노동법은 노동관계를 규율하는 각종 법을 통칭하는 용어입니다.

노동법률 전문가인 공인노무사는 실무에서 노동자보다 '근로자'라는 표현을 많이 씁니다. 근로자가 공식적인 법률 용어기 때문입니다. 노동 3권도 '근로 3권'으로, 노동절도 '근로자의 날'로, 노동법도 개별적 근로관계법과 집단적 노사관계법으로 바꿔 사용하는 일이 많습니다.

노동이란 말은 '해고노동자', '노동자 탄압', '노동운동' 같은 심각한 말들과 잘 어울립니다. 과거 우리나라에서 노동조합을 결성하고 확대할 때 주로 노동이란 말을 사용했는데, 당시 근로라는 말을 쓰지 않은 이유는 뜻 때문입니다. 노동은 중립적인 의미지만 근로勤勞는 '열심히 일하다'라는 뜻을 포함합니다. 또한 '직원', '종업원' 등도 기업 중심적인 표현이기 때문에 법이나 행정 같은 공적 영역에서는 공식적 용어로 적합하지 않아 잘 사용하지 않습니다.

결과적으로 근로자, 노동자, 직원, 종업원, 회사원 등은 일견 같아 보이지만 꽤 다른 개념으로 볼 수 있습니다. 노동을 제공하는 사람이라면 모두 노동자에 포함되기 때문에 노동자는 넓은 개념이지만 근로자는 법에서 공식적으로 채택해서 여러 조건을 설정해 의미를 만들어둔 '법적' 개념이기 때문에 상대적으로 뜻이 좁습니다.

법률상 근로자에 해당하는 경우 이것저것 법적으로 많은 보호를 받습니다. 그리고 그 법들은 대부분 회사에 일정한 의무를 지우고 지키지 않았을 때 처벌하는 내용을 규정합니다. 그 이유는 근로자가 '사회적 약자'이기 때문입니다. 그러니 회사의 의무는 곧 노동자의 권리인 셈입니다.

그런데 열악하고 어려운 환경에서 열심히 노동을 제공하지만 안타깝게도 법적으로 근로자에 해당하지 않는 사람도 많습니다. 소규모 기업에서 경영진도 아닌데 이사 직책을 맡은 사람, 보습학원 강사, 대학교 시간강사, 보험설계사, 채권추심원, 가정부, 제화업체의 객공, 텔레마케터, 골프장 캐디 등이 그렇습니다. 하지만 이런 사람들도 100퍼센트 근로자가 아니라고 말할 수 없습니다. 법이 특정 직종을 기준으로 근로자인지 아닌지를 판단하지는 않기 때문입니다. '직종을 불문하고 임금을 목적으로 근로를 제공하는 사람'이 근로자에 대한 법적 정의입니다. 이 정의에 포함되는 사람이냐 아니냐를 두고 대법원까지 갈 정도로 치열한 법적 공방이 있곤 했습니다. 왜일까요? 법적으로 근로자의 지위를 인정받아야만 근로자에 대한 특별한 법의 보호를 요구할 수 있기 때문입니다.

그렇다면 법의 보호가 근로자에게 어떤 의미가 있을까요? 회사로부터 무언가 부당한 일을 당했을 때에만 법의 보호가 필요할까요? 회사가 직원들에게 만족할 만한 대우를 해준다면 법을 알 필요가 없을까요? 법 없이도 잘 돌아가는 세상에 우리가 살고 있을까요? 법이 강력해서 모든 회사가 법을 잘 지킬 수밖에 없을까요?

이렇게 물어보면 대부분 '아니다'라고 대답합니다. 상황이 이런데도 근로자가 근로자에 관한 법에 관심이 없을 때가 많습니다. 자신에게 부당한 일이 일어나지 않을 것이라고 생각하거나 그런 일을 당하는 사람이 소수에 불과하다고 생각하기 때문입니다.

심각한 문제를 겪는 사람은 전체적으로 볼 때 소수입니다. 일하기 바쁘고 회사 생활을 원만히 해나가기도 쉽지 않기 때문에 법적인 문제를 일일이 신경 쓰며 사는 것을 바람직하지 않다고 생각할 수 있습니다. 법이 필요한 상황에 놓일 경우 누구에게 전화를 걸어야 하는지, 인터넷에 어떻게 검색해야 하는지만 알아도 해결이 가능하다고 생각할 수도 있습니다. 그런데 문제는 정작 '법이 필요한 상황'

이 언제인지 알지 못하고 넘어가거나 쉽게 해결할 수 있는 일을 법 지식이 부족하여 손도 못 댈 정도로 어렵게 만드는 일이 많다는 사실입니다.

법은 우리를 둘러싼 중요한 환경입니다. 법은 생각보다 우리 가까이에 있으며 많은 영향을 주고 있습니다. 그러므로 법적 지위나 신분을 깨닫는 것은 법이 지배하는 사회에서 현명하게 살아가기 위한 첫걸음입니다. 근로자 역시 마찬가지입니다. 근로자라는 법적 지위가 삶에서 큰 비중을 차지하고 있기 때문에 더욱 중요합니다.

01

왜 '근로자'라고 하나요?

우선 법에서 말하는 '근로자'가 무엇인지부터 알아야 합니다. 대개 법의 앞부분에는 그 법에서 사용하는 용어를 정의하는 조항을 두고 있습니다. 이 정의는 단순한 낱말풀이가 아닙니다. 법이 보장하는 권리와 의무가 무엇인지, 그것이 누구에게 적용되는지를 결정하는 중요한 조항입니다.

'근로기준법'이라는 법을 들어보셨을 겁니다. 근로기준법은 말 그대로 '근로조건'의 최저 기준Minimum을 정한 법입니다. '이것보다 나쁠 수 없다'는 최소한의 강제 조건이라는 말입니다. 자유주의 국가이니 더 좋은 조건은 당연히 가능합니다. 근로기준법은 법의 보호를 받는 근로자를 이렇게 정의합니다.

> '근로자'란 직업의 종류와 관계없이 임금을 목적으로 사업이나 사업장에
> 근로를 제공하는 사람을 말한다. (근로기준법 제2조제1항제1호)

일단 근로자에 대한 뜻을 이해하기는 어렵지 않습니다. 요즘 법률 용어는 예전보다 훨씬 쉬워졌습니다. 그런데 이 근로자의 정의는 따로 책 한 권을 쓸 수 있을 만큼 많은 뜻을 포함하고 있습니다.

먼저, '직업의 종류와 관계없이'란 말은 직업의 귀천을 구분하지 않겠다는 뜻이 아닙니다. '직업의 종류'는 근로자인지 여부를 가리는 기준이 아니라는 뜻입니다. 보통 '직업이 무엇이다'라고 하면 근로자인지 아닌지를 알 수 있다고 생각하기 쉬운데 그렇지 않은 경우가 많기 때문에 이런 단서부터 달아놓은 것입니다.

다음으로, '임금을 목적으로'란 말은 좀 더 복잡합니다. 여기에는 법적인 정의가 추가로 필요한 '임금'이라는 말이 포함돼 있기 때문입니다. 근로기준법은 임금을 이렇게 정의하고 있습니다.

> '임금'이란 사용자가 근로의 대가로 근로자에게 임금, 봉급, 그 밖에 어떠한
> 명칭으로든지 지급하는 모든 금품을 말한다. (근로기준법 제2조제1항제5호)

임금에 대한 뜻이 이해하기 쉬워 보이지만 그리 간단하지 않습니다. 일해주고 그 대가로 돈(금품)을 받는다고 해서 당연히 '임금'이 되지는 않습니다.

임금인가 아닌가?

골프장 캐디가 받는 캐디피는 임금이 아니라고 봅니다. 임금은 사용자가 줘야 하는 것인데 캐디피는 '고객'이 주는 것이라서 그렇습니다. 초청 강사가 강의하고 받는 강사료도 임금이 아닙니다. 강의라는 것이 근로에 해당하지 않기 때문입니다. 회사에서 주는 경영성과금도 대부분 임금이 아니라고 봅니다. 성과이윤을 나누는 것이지 근로의 대가가 아니기 때문입니다.

그렇다면 월급에 포함돼 나오는 식대는 임금일까요? 이것은 명칭상 일의 대가가 아닌 것 같지만 임금으로 보는 경우가 더 많습니다. 직원들의 식사 여부와 상관없이 일률적으로 지급하는 식대라면 단순히 점심값을 보전하기 위한 것이 아니라 '소정 근로의 대가'로서 지급되었다고 보기 때문입니다.

무엇이 임금인지는 임금에 대한 위의 규정에서 정한 기준에 따라 판단합니다. '사용자'가 줘야 하고 '근로의 대가'여야 하며 '어떤 명칭이든지 일체의 금품'이어야 합니다.

마지막으로, '사업이나 사업장'이란 말이 나옵니다. 이 말은 일반적으로 영리를 목적으로 하는 회사를 떠올리게 하지만, 영리 추구라는 사업의 목적은 '사업이나 사업장'을 정의하는 기준이 아닙니다. 그래서 교회나 절 같은 종교단체나 현재 비영리법인으로 운영되는 의료법인, 학교법인 등도 '사업이나 사업장'에 해당합니다.

이제 '임금을 목적으로 사업이나 사업장에 근로를 제공하는 사람'인 근로자의 뜻이 분명해졌나요? 오히려 더 어려워졌나요? 전에는 생각하지 않던 부분까지 생각해야 해서 더 복잡해졌는지도 모르겠습니다. 회사에 직원으로 채용되어 엄연히 월급을 받고 일하는 사람이라면 이로 보나 저로 보나 근로자임이 명확하기 때문에 근로자가 무엇인지에 대해 깊이 고민할 필요는 없습니다. 다만 아직도 '내가 근로자인가?' 하는 의문이 든다면 뒤에 나오는 **〈1장 04. 제가 근로자가 아니라고요?〉**를 주의 깊게 읽기 바랍니다.

근로자에 관한 다양한 법률의 목적은 대개 근로자를 보호하기 위한 것입니다. 일단 근로자가 되면 이런저런 의무부터 생깁니다. 제시간에 출근해야 하고 시키는 일을 잘해야 합니다. 졸린 오후에 한두 시간 바깥바람을 쐬고 싶어도 마음대로 자리를 비울 수 없습니다. 술이 당기지 않는 날 회식이 있으면 억지로 참석하든지 적당한 핑계를 고민하게 됩니다.

이런 관계를 법률 용어로 '사용종속관계私傭從屬關係'라고 합니다. 말 그대로 사용되고 종속되는 관계라는 뜻입니다. 어떤 회사에 들어가면 그 회사 '소속'이 됩니다. 소속감은 인간의 기본적 욕구입니다. 그래서 취업은 돈벌이라는 목적도 있지만 소속감을 갖고자 하는 욕구를 충족하는 중요한 과정입니다. 그런데 회사와 직원의 관계는 '사용소속관계'가 아니라 '사용종속관계'라고 표현합니다. 종속이란 말은 어디엔가 속해 있다는 의미의 '소속'이 아니라 무언가 '구속'된다는 느낌을 줍니다. 표준국어대사전을 보면 종속從屬이란 말을 '자주성이 없이 주가 되는 것에 딸려 붙음'이라고 풀이하고 있습니다.

한마디로 근로자가 된다는 말은 사용자에게 종속된다는 의미입니다. 이렇게 보면 근로자가 된다는 것이 자랑스럽기보다는 서글픈 일일 수도 있습니다. 하지만 자본이나 경영권을 쥐고 있는 사람이 그에 따른 권력을 누리는 것이 자본주의 사회의 냉엄한 현실입니다. 근로자를 보호해야 한다는 생각이 바로 여기에서 나왔습니다. 자본의 권력이 자칫 종속관계에 있는 근로자의 인권(기본권)을 침해할 수 있기 때문입니다.

또 하나, 근로자가 된다는 말은 사용자와 '근로계약'을 맺는다는 의미입니다. 계약은 주거나 받거나 하며 서로의 권리와 의무를 발생시킵니다. 계약이 약정한 대로 잘 지켜지면 법이 필요 없겠지만 그렇지 않을 수도 있습니다. 어느 한쪽이 우월한 지위에 있고 다른 한쪽에게 권력을 행사하는 관계에서 맺는 계약은 제대로 지켜지지 않거나 계약 자체가 우월한 쪽에 유리하게 체결될 가능성이 큽니다.

최저임금

일례로 '최저임금'이라는 것이 있습니다. 경제학을 배웠다면 최저임금이 얼마나 자원 배분을 왜곡하는지 들어본 적이 있을 것입니다. 노동시장에서 수요공급곡선을 그려 만난 점을 임금이라고 한다면 최저임금은 그 임금보다 더 높은 임금 수준에서 설정되기 때문입니다. 이런 비효율성에도 불구하고 왜 최저임금 제한이 있는 것일까요? 시장에 임금을 맡겨두면, 즉 사용자와 근로자가 알아서 임금을 정해 계약을 체결하도록 하면 아무리 일을 열심히 해도 너무 적은 임금으로 인해 생계를 꾸려나갈 수 없어 생존권(기본권)을 침해받는 사람들이 생기기 때문입니다.

이런 이유로 법은 근로자를 강제적으로 보호합니다. 이 보호로 인해 근로자가 되는 것이 덜 서글프고, 경우에 따라서는 근로자가 아니지만 근로자로 인정받으려고도 하는 것입니다. 우리나라에는 근로자를 보호하기 위한 법이 꽤 잘 만들어져 있습니다. 또한 근로자 보호 범위도 다른 나라들과 비교해볼 때 생각보다 넓은 편입니다. 근로시간 부분은 세계 수준에 못 미치지만, 고용 안정성과 관련해서는 우리나라만큼 해고하기 어려운 나라도 많지 않습니다.

내가 근로자라면 혹은 근로자가 될 수 있다면 법에 의해 어떤 보호를 받는지 알아야 합니다. 일하는 현장에서 근로자로서 알아야 하거나 알면 도움이 되는 것들이 무엇인지 파악해야 합니다. 그래야 종속적인 관계에서 노동을 제공하는 자로서 누릴 정당한 권리를 지혜롭게 찾을 수 있습니다.

02

누가 사용자인가요?

사용자란 표현은 매우 직설적입니다. 말 그대로 근로자를 '사용使用 하는 자'라는 뜻입니다. 법은 누가 사용자인지에 대해서도 정의하고 있습니다.

> '사용자'란 사업주 또는 사업경영 담당자, 그 밖에 근로자에 관한 사항에 대하여 사업주를 위하여 행위하는 자를 말한다. (근로기준법 제2조제1항제2호)

법은 사용자라는 말의 뜻을 정의하기보다 사용자에 해당하는 자의 '종류'를 규정하고 있습니다. 이는 근로자를 사용하는 주체로서 근로자를 보호하는 법규를 지킬 의무가 있는 대상을 규정하기 위함입니다. 앞서 설명했지만 근로자에 관한 법률은 대부분 근로자를 보호하는 것이 목적입니다. 근로자의 권리를 보호하기 위해 근로자의 권리를 침해할 수 있는 주체들에게 일정한 의무를 지우고 그것을 이행하지 않을 경우 처벌해야 한다는 생각을 법에 반영한 것입니다.

모든 법은 그 법을 지켜야 할 대상을 규정하고 있습니다. 법을 지킬 의무가 있다는 말은 그 법을 알아야 할 책임이 있다는 의미입니다. 법을 모른다고 해서 그 법을 지키지 않은 행위에 책임이 없다고 하지 않습니다. 근로기준법처럼 근로자를 보호하기 위한 법을 지켜야 하는 대상이 바로 '사용자'이고, 사용자는 특정 법을 알고 있는지 여부와 상관없이 법에서 정한 사항을 지켜야 할 의무가 있습니다. 조금 어려운 말로 '강행법규'라는 것이 있습니다. 당사자의 의사와 관계없이 강제적으로 적용되는 법규로 지키지 않으면 처벌 대상이 됩니다. 근로기준법은 대부분 이러한 강행법규로 구성돼 있습니다. 다시 말해 사용자가 근로기준법을 위반하면 과태료, 벌금, 징역 등의 행정제재나 형사 처분을 받게 됩니다.

사용자의 종류는 법문에서 보듯이 세 가지(사업주, 사업경영 담당자, 근로자에 관한 사항에 대하여 사업주를 위하여 행위하는 자)입니다.

먼저 '사업주'는 당연히 사용자입니다. 그러나 법에서 말하는 사업주가 곧 사장은 아닙니다. 법에서는 법의 효력이 미치는 대상으로 '법인'이라는 주체를 인정하고 있습니다. 개인 사업주가 회사를 운영하는 경우가 아니라면 사장이 아니라 회사(법인) 자체가 사업주가 됩니다. 그래서 '사업경영 담당자'가 사용자에 추가되는 것입니다. 법인회사에서 대표이사나 경영진은 사업경영 담당자입니다. 법인 자체나 경영에 책임이 있는 사람들이 사용자라는 사실은 쉽게 이해할 수 있습니다.

그러나 회사에 가면 부장이나 과장 같은 상급자가 층층이 있습니다. 신입사원 입장에서는 상급자가 일을 시키고 감독하는 사람이지만 한편으로는 사장의 지휘를 받는 '근로자'이기도 합니다. 그렇다면 부장은 법적으로 사용자일까요? 그 밖의 상급자나 선배도 사용자일까요?

'근로자에 관한 사항에 대하여 사업주를 위하여 행위하는 자'라는 규정은 넓게도 좁게도 해석이 가능해서 의미가 명확하지 않습니다. 이렇게 법문만으로 뜻을 정확히 파악하기 어려운 법 조항은 법을 적용하고 분쟁을 판단하는 사람들이 그 뜻을 풀이합니다. 실제 분쟁이 일어날 때 그 해석에 따르는 경우가 많습니다. 법원 판례가 대표적인데, 대법원은 '사업주를 위하여 행위하는 자'를 "근로자의 인사, 급여, 후생, 노무관리 등 근로조건의 결정 또는 업무상의 명령이나 지휘·감독을 하는 등의 사항에 대하여 사업주로부터 일정한 권한과 책임을 부여받은 자"(대법원 2006. 5. 11. 선고2005도8364 판결 등)라고 풀이하고 있습니다.

우선 나의 임금, 승진, 전보, 복리후생, 근로시간 등 근로조건에 대한 결정권이 있는 사람이라면 사용자에 해당합니다. 직원들의 근로조건은 보통 근로계약이나 인사발령서 등을 통해 이뤄집니다. 이때 계약 체결 주체나 인사발령자는 대표이사나 법인 자체입니다. 그러나 특별한 경우 법인이나 사업주가 인사부서의 장이나 특정 임원에게 특정 직원에 대한 인사권을 위임할 수 있습니다. 중소규모의 업체에서는 사장이 관리이사나 관리부장에게 채용권, 임금 결정권 등을 위임할 때도 있습니다. 이때는 나에 대한 인사 결정권을 위임받은 사람이 사용자가 됩니다.

다음으로 나에게 업무상 명령과 지휘감독권을 행사하는 사람이라면 역시 사용자에 해당합니다. 한 부서나 팀을 대표하고 부하 직원을 관리·감독하는 리더라면 부장, 과장 등의 직급과 상관없이 사용자에 해당합니다.

그렇다면 '나의 사용자'는 법인, 사장, 부장 등 여럿이 되는데 나에게 부당한 일이 생기면 누가 책임을 지게 되는 것일까요? 대부분 회사에서의 인사 결정은 대표이사 결재를 거쳐 이뤄지고, 대표이사의 공식적 행위는 법인의 행위가 되기 때문에 법인과 사장은 대부분의 경우에 책임을 집니다. 문제는 부장처럼 근로자이기도 하고 사용자이기도 한 사람은 '언제 어떻게 책임을 지는가'입니다. 이 문제는 책임의 범위가 명확하지 않을 수 있어 사안에 따라 판단해야 할 때가 있습니다.

다만 부장이 어떤 결정권이나 관리권을 직접 행사하는 사람으로서 그 권한으로 한 행위가 불법이라면 '행위자'로서 처벌됩니다. 사장의 지시를 받더라도 책임에서 벗어나는 것은 아닙니다. 반대로 부장이 사장 의사와 상관없이 독단으로 근로자에게 위법 행위를 하더라도 사장이 책임져야 하는 경우가 많습니다. 근로자에 대한 사항을 관리하는 관리자로서 부장의 행위는 사장의 행위와 동일하게 봅니다. 따라서 사장이 아예 몰랐더라도 부장의 행위에 책임(벌금형)을 지게 되고, 사장이 부장의 잘못된 행위를 아는데 적극적으로 막지 않고 내버려둔다면 사장은 '행위자'로서 책임(징역 또는 벌금형)을 지게 됩니다.

복잡해 보이지만 법의 취지를 알면 쉽습니다. 법은 근로자를 충분히 보호하기 위해 위법을 행할 수 있는 주체, 즉 법을 지켜야 할 대상을 폭넓게 규정하고 있는 것입니다. 따라서 근로자 입장에서는 '누가 사용자인가'를 고민할 필요가 없습니다. '어떤 직책에 있는지', '얼마나 권한이 있는지' 깊이 생각할 필요도 없습니다. 회사에서 나의 근로조건을 결정하고 나를 관리·감독하는 사람이라면 모두 사용자로서 법을 지킬 책임이 있기 때문입니다.

박 부장은 사용자인가?

3년 차 주임인 김갑돌 씨는 일하다 한번 실수한 후 직속 상사인 박 부장의 눈총을 사고 있습니다. 김갑돌 씨를 못마땅하게 생각하던 박 부장은 수시로 "자네 같은 사람은 필요 없어"라고 말했습니다. 계속해서 인격적 무시를 당하던 김갑돌 씨는 억울한 마음에 박 부장에게 "부장님이면 답니까? 왜 사람을 무시합니까?"라고 대들었습니다. 까마득한 부하 직원이 자신에게 대드는 것에 격분한 박 부장은 김갑돌 씨를 나무라다 "내일부터 집에서 푹 쉬어!"라고 소리 질렀습니다. 이 말에 김갑돌 씨는 "지금 저를 해고하시는 겁니까?"라며 항의했고, 박 부장은 큰 소리로 "그래! 자넨 해고야!"라며 삿대질을 했습니다.

해고당했다고 생각한 김갑돌 씨는 다음 날부터 출근하지 않았고 얼마 후 억울한 마음이 들어 노동위원회에 부당해고 구제신청을 제기했습니다. 그런데 사장은 자신이 김갑돌 씨를 해고한 적이 없으며 그가 해고된 사실조차 몰랐다고 주장합니다. 이런 상황에서 김갑돌 씨는 구제될 수 있을까요? 박 부장이나 사장 중 누가 김갑돌 씨의 해고에 책임을 져야 할까요?

※ 박 부장은 김갑돌 씨에게 지휘·감독권을 행사하는 자로서 '사용자'에 해당합니다. 박 부장의 행위는 비록 사장의 의사와 상관없이 독자적으로 이루어졌지만 사장의 행위로 볼 수 있습니다. 즉 박 부장은 근로자

를 지휘·감독하는 자로서 사장을 위해 행위하는 자이기 때문에 사장이 그 책임을 집니다. 이때의 행위는 반드시 사장에게 이득이 되는 행위여야 하는 것은 아니기 때문에 사장의 지시 없이 독자적으로 위법 행위를 했다 하더라도 사장의 책임이 사라지지 않습니다. 또한 해고는 근로관계를 더 이상 유지하기 어려운 중대한 사유가 있어야 하고 서면으로 통지하지 않으면 절차적 위법으로 무효가 됩니다. 따라서 김갑돌 씨에 대한 해고는 무효이므로 김갑돌 씨는 복직하여 근무할 수 있으며, 사장은 김갑돌 씨를 복직시켜야 할 의무를 지게 됩니다.

한편 부당해고에 대해서는 처벌 규정이 없기 때문에 박 부장이 형사 처분을 받지는 않지만 사장이 자신의 지시 없이 독자적으로 위법한 해고를 행한 박 부장을 징계 처분할 수는 있습니다.

우리가 흔히 '바지사장'이라고 부르는 사장이 있습니다. 회사 경영을 하지 않으면서 이름만 빌려주는 사장입니다. 회사를 경영하는 사람은 따로 있는데 엉뚱한 사람이 대표이사로 등기부에 올라 있는 경우도 있습니다. 사장이 이런저런 사유로 바지사장을 세울 수도 있고, 바지사장을 '업'으로 삼는 사람들도 있습니다. 명의상 대표이사는 여러 가지 법률상 책임을 져야 하는데 바지사장이 진짜 행위자를 대신해 대가를 받고 형을 살아주는 예도 있습니다.

그러나 근로관계는 사람과 사람과의 관계를 특정으로 하기 때문에 근로기준법 같은 노동관계법령은 형식이나 명칭과 상관없이 '실제 관계'를 중심으로 적용됩니다. 따라서 근로자에 대해 아무런 권한을 행사하지 않는 바지사장은 근로기준법상 '사용자'가 아닙니다. 실제로 경영하고 근로자들을 지휘·감독한 진짜 사장이 사용자입니다. 법을 준수할 책임도 위법 행위에 대한 책임도 바로 '진짜 사장'에게 있습니다.

03 근로자가 되면 무엇이 달라지나요?

근로자가 보호받아야 하는 이유, 근로자가 법이라는 강제 수단으로 보호받는다는 점을 앞에서 설명했습니다. 그렇다면 어떤 법이 근로자의 어떤 권리를 보호하고 있을까요? 근로자를 보호하는 법은 생각보다 종류가 다양합니다. 법의 목적이나 보호 대상, 보호 범위도 조금씩 차이가 있습니다. 그러나 일일이 기억할 필요는 없습니다. 근로자일 때나 근로자가 되고자 할 때 어떤 권리를 법으로 보호받는지 정도만 알아두면 됩니다.

근로자를 보호하는 법의 종류가 많을수록 보다 충분히, 구체적으로 보호받을 수 있다고 생각해도 좋습니다. 어떤 권리가 중요한지는 개인의 가치관이나 상황에 따라 다르겠지만 일반적으로 근로자의 '생존'과 관련된 권리를 상대적으로 중요하게 여깁니다. 생존이라고 하면 다소 심각하게 들리지만, 근로의 최우선 목적이 '돈(임금)'이고 자본주의 사회에서는 돈을 벌어야 생존이 가능하기 때문입니다. 근로자의 생존권을 보호한다는 말은 부당해고나 임금체불처럼 근로자가 잘못 없이 일자리를 잃거나 정당한 대가를 받지 못하는 상

구분	법률명	보호 권리/목적	보호/지원 대상 근로자
개별 근로관계법	근로기준법	근로조건 전반	5인 이상/(일부)4인 이하 사업장 근로자
	근로자퇴직급여 보장법	임금/퇴직금	전체 근로자
	임금채권보장법		체불 근로자
	최저임금법		전체 근로자
	파견근로자 보호 등에 관한 법률	파견직 보호	파견직/용역직/ 하도급 근로자
	남녀고용평등과 일·가정 양립 지원에 관한 법률	고용평등/일·가정 양립	전체 근로자
	노동위원회법	해고/징계/전보 정당성	전체 근로자
	기간제 및 단시간근로자 보호 등에 관한 법률	고용안정/차별금지	비정규직/시간제근로자
집단적 노사관계법	노동조합 및 노동관계 조정법	단결권/단체교섭권/ 단체행동권	전체 근로자
	근로자 참여 및 협력 증진에 관한 법률	경영참여/노사협력	상시 30인 이상 사업장
	노동위원회법	부당노동행위	노동조합/조합원
산업안전/산업재해	산업안전보건법	산업안전/보건	전체 근로자
	진폐의 예방과 진폐 근로자의 보호 등에 관한 법률	산업안전/보건	진폐 근로자
	산업재해보상보험법	업무상 재해 보상	산재 근로자
고용안정	고용보험법	고용안정/직업훈련/재취업	실업자/취업자
	건설 근로자 고용 개선 등에 관한 법률	고용개선/복지증진	건설 근로자
	고용정책기본법	고용안정/직업능력개발	구직자/근로자
	고용상 연령차별 금지 및 고령자 고용촉진에 관한 법률	연령차별 금지/ 고령자 고용촉진	고령자/준고령자
	국민 평생 직업능력 개발법	고용창출, 고용촉진	모든 국민
	장애인 고용촉진 및 직업재활법	장애인 고용촉진/직업재활	장애인
	직업안정법	취업기회 제공/직업 안정	구직자
	직업교육훈련촉진법	직업훈련기회 제공/ 교육 질 향상	직업교육훈련생
	청년고용촉진특별법	청년고용촉진	15~29세 청년미취업자
근로복지/기타	근로복지기본법	근로의욕 증진/삶의 질 향상	전체 근로자
	경력단절 여성 등의 경제활동 촉진법	경제적 자립/자아실현	경력단절/미취업 여성
	선원법	선원 근로조건	선원

주요 근로자 보호 법률과 보호 범위 및 보호 대상

황을 예방하거나 해결한다는 의미입니다.

그러나 이 '생존'은 주로 고용 이후의 문제입니다. 고용 이전의 문제는 사용자가 자유롭게 원하는 근로자를 선택할 수 있어야 하기 때문에 법이 강제로 개입할 수 없는 것이 원칙입니다. 하지만 근로자의 '인격과 평등 가치'에 대한 보호 역시 생존권과 동등하게 중요합니다. 오히려 근본적인 권리라고도 할 수 있습니다. 그래서 인격과 평등 가치에 대한 보호는 고용 이후뿐 아니라 고용 이전에도 적용됩니다. 성별, 연령 등에 따른 고용 차별을 방지하는 법이 그러한 예입니다. 하지만 강제성이 크지 않아 실제 사용자가 원하는 성별, 연령의 근로자를 채용하는 데 현실적으로 지장이 없습니다.

또한 '근로할 권리'라는 보다 넓은 뜻의 기본권 보장과 근로자 복지를 확대하는 법이 점차 다양해지고 있습니다. 이러한 법은 취업으로 근로자가 된 사람뿐 아니라 취업 전이거나 실업 상태에 있는 사람에게도 폭넓게 적용됩니다. 그러나 특정한 권리 침해자를 규제하려는 목적보다 근로자에게 비용이나 서비스를 지원하고 정부 정책의 방향을 설정하는 데 목적을 둘 때가 많습니다. 이렇게 혜택이나 지원을 위한 법은 근로자 스스로의 필요에 따라 선택하고 활용하는 것이 중요합니다. 행정의 복지 기능이 넓고 다양해진 만큼 어떤 혜택과 지원을 받을 수 있는지 관련 정보를 수집하고 알아둘 필요가 있습니다.

앞에서 근로자이기 때문에 법으로 보호받는다고 했습니다. 어떤 권리를 법으로 보호한다는 말은 강제 수단을 동원해 권리가 침해되는 것을 막거나 침해된 권리를 회복시킬 수 있다는 의미입니다. 침해된 권리를 구제할 수 없다면 '보호'라고 할 수 없습니다. 근로자의 권리는 강제적인 수단으로 보호될 때가 많습니다. 법원 재판뿐 아니라 각 지역에 있는 관할 행정기관을 통해 신속하게 적은 비용으로 권리 구제를 받을 수 있습니다. 많은 비용이 드는 법률서비스를 무료로 이용할 수 있는 길도 열려 있습니다.

이처럼 근로자의 권리를 구제하는 절차는 일반적인 경우에 비해 특별하고 다양합니다. 특별하다는 말은 쉽고 빠르게 권리를 구제할 수 있다는 뜻이고, 다양하다는 말은 근로자가 여러 방법으로 권리를 구제받을 수 있으며 그 방법을 동시에 쓸 수도 있다는 의미입니다.

근로자는 사회적 약자입니다. 특히 근로자의 권리가 침해된 상황에서 권리를 구제받기 위해 나설 때는 '법률 분쟁'이 발생하는데 그 상대가 바로 '사용자'입니다. 사용자가 개인일 때도 있지만 대부분은 기업 그 자체이므로 회사를 상대로 일개 근로자가 싸워야 하는 상황이 펼쳐지기도 합니다. 이렇게 다투는 상황에서는 서로가 동등하지 않기 때문에 상대적으로 취약한 근로자에게 필요한 수단을 법과 제도가 제공하는 것입니다.

근로자가 필요한 경우 어떤 수단을 사용할 수 있는지, 어떤 절차를 거치면 되는지 일일이 알 필요는 없습니다. 절차가 다양한 만큼 복잡해서 쉽게 이해하기도 어렵습니다. 필요할 때 누구에게 또는 어디로 찾아가야 하는지, 즉 '누가 근로자를 도와주는지', '어디로 찾

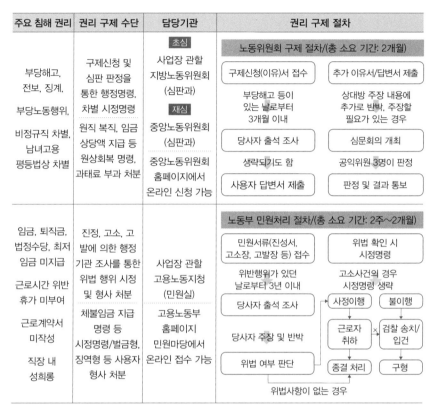

주요 침해 권리	권리 구제 수단	담당기관	권리 구제 절차
부당해고, 전보, 징계, 부당노동행위, 비정규직 차별, 남녀고용 평등법상 차별	구제신청 및 심판 판정을 통한 행정명령, 차별 시정명령 원직 복직, 임금 상당액 지급 등 원상회복 명령, 과태료 부과 처분	**초심** 사업장 관할 지방노동위원회 (심판과) **재심** 중앙노동위원회 (심판과) 중앙노동위원회 홈페이지에서 온라인 신청 가능	**노동위원회 구제 절차/(총 소요 기간: 2개월)** 구제신청(이유)서 접수 → 추가 이유서/답변서 제출 부당해고 등이 있는 날로부터 3개월 이내 / 상대방 주장 내용에 추가로 반박, 주장할 필요가 있는 경우 당사자 출석 조사 → 심문회의 개최 생략되기도 함 / 공익위원 3명이 판정 사용자 답변서 제출 → 판정 및 결과 통보
임금, 퇴직금, 법정수당, 최저 임금 미지급 근로시간 위반 휴가 미부여 근로계약서 미작성 직장 내 성희롱	진정, 고소, 고발에 의한 행정 기관 조사를 통한 위법 행위 시정 및 형사 처분 체불임금 지급 명령 등 시정명령/벌금형, 징역형 등 사용자 형사 처분	사업장 관할 고용노동지청 (민원실) 고용노동부 홈페이지 민원마당에서 온라인 접수 가능	**노동부 민원처리 절차/(총 소요 기간: 2주~2개월)** 민원서류(진성서, 고소장, 고발장 등) 접수 → 위법 확인 시 시정명령 위반행위가 있던 날로부터 3년 이내 / 고소사건의 경우 시정명령 생략 당사자 출석 조사 → 사정이행 · 불이행 당사자 주장 및 반박 → 근로자 취하 × 검찰 송치/입건 위법 여부 판단 → 종결 처리 · 구형 위법사항이 없는 경우

근로자 권리 구제 절차

아가야 하는지'만 알면 충분합니다. 이에 대해서는 **〈1장 05. 누가 근로자를 도와주나요?〉**에서 자세히 설명했습니다.

제가 근로자가 아니라고요?

근로자는 법적인 개념입니다. 법에서 그 뜻을 정해놓고 있기 때문에 그에 비추어 근로자인지 아닌지 판단합니다. 근로자가 아니라면 근로자를 보호하는 법의 혜택을 받을 수 없습니다. 근로자를 보호하는 법은 당연히 보호받는 사람이 '근로자일 것'을 전제하기 때문입니다.

그런데 근로자인지 아닌지 명확하지 않을 때가 있습니다. 일정한 대가를 목적으로 돈 주는 사람을 위해 일하거나 사회적 약자로서 생계를 위해 노동을 제공하지만 근로자가 아니라서 법의 혜택을 받지 못하는 경우를 종종 볼 수 있습니다. 학원의 시간강사, 위탁판매원, 구두 공장의 객공, 채권추심원 등이 대표적 예입니다.

위에 열거한 직업의 공통점을 찾았나요? 일반적인 근로관계와 다른 점을 발견할 수 있나요? 우선 위 직업에 종사하는 사람들이 받는 대가는 봉급이나 임금이 아니라 '수수료, 강사료, 공임, 공급단가' 등으로 불립니다. 그리고 근로계약서가 아닌 '위탁계약서', '도급계약서' 같은 명칭의 계약서를 작성합니다. 또 고용보험이나 산재보험에 가입하지 않고 근로소득세가 아닌 사업소득세를 납부합니다. 이런 특징들은 외부로 드러나는 '형식적인' 차이입니다.

노동관계법이 '실질'을 중시하지만 형식이 실질을 표현하는 수단이 되기 때문에 아예 무시할 수만은 없습니다. 때로는 이런 형식상의 차이 때문에 근로자로 인정받는 데 불리한 상황에 처하기도 합니다. 하지만 여전히 실질은 형식보다 중요합니다. 근로자인지 아닌지가 문제되는 경우는 대부분 형식은 '도급관계'이지만 실질은 '근로관계'일 때입니다.

근로자와 사용자 간의 계약관계를 법률 용어로 '근로계약', '고용계약' 등으로 표현합니다. '도급계약'은 어떤 일을 완성하도록 하고 대가를 지급하는 관계를 뜻합니다. 화가에게 그림 한 장을 의뢰하고 대가를 치르기로 하면 그 관계는 도급관계입니다. 그런데 근로관계와 도급관계를 구분하는 일이 생각처럼 쉬울까요? 이 문제로 수년간 법정 다툼을 진행하며 대법원 판결까지 가는 사례가 많습니다. 그만큼 복잡하고 판단하기 어려운 문제라는 뜻입니다. 어려운 싸움이지만 대법원까지 가야 할 만큼 중요하고 절실한 문제이기도 합니다.

근로관계로 인정받으면 부당하게 해고되더라도 해고 기간에 못 받은 임금을 받고 복직할 수 있으며 퇴직금도 받을 수 있습니다. 일하다 다친다면 사용자나 본인의 과실과 상관없이 산재 보상 혜택을 받을 수 있습니다. 그러나 도급관계에 불과하다면 고용안정이 보장되지 않고, 퇴직금은 해당 사항이 없습니다. 일하다 다쳐도 상대방의 과실이 있을 때만 손해배상을 청구할 수 있습니다. 상당한 이익과 손해가 근로자인지 아닌지에 달려 있는 셈입니다.

꼭 알아둬야 할 점은 특정한 '직업'에 종사한다고 해서 항상 근로자이거나 반대로 항상 근로자가 아닌 것은 아니라는 사실입니다. 같은 직업이라도 경우에 따라 근로자로 보기도 하고 아니라고 보기도 합니다. 같은 경우라도 과거에는 근로자가 아니라고 하다가 시간이 흘러 근로자에 해당한다고 판단하기도 합니다. 결국 근로자인지 아닌지를 판단하는 일이 '나의 문제'가 되었을 때 '나의 경우'에 대해 근로자성을 판단합니다. 물론 유사한 다른 사례들을 판단에 이용하기도 합니다. 그러나 정확히 일치하지 않으면 다른 판단이 나올 수 있습니다.

앞에서 열거한 직업 중에서 채권추심원은 예전엔 근로자성이 부인되다가 최근엔 근로자로 인정받아 퇴직금을 지급하게 하는 판례가 계속 나오고 있습니다. 그러나 이런 판례들이 있다고 해서 모든 채권추심원이 당연히 근로자로 인정받는 것은 아닙니다. 여전히 회사와 위탁계약을 체결하고 수수료를 보수로 받는다면 부당한 해고를 당하거나 퇴직 후 퇴직금을 받지 못해 법적 분쟁을 제기할 때 근로자성을 먼저 인정받아야 하는 어려움이 있습니다.

근로자로도 볼 수 있고 근로자가 아니라고도 볼 수 있다면 과연 누가 어떤 기준으로 근로자인지 판단할까요? 근로자라는 사실을 인정받는 것이 최종 목적은 아니지만 가장 중요한 선결 문제가 될 때가 많습니다. 근로자성 문제는 다른 권익(부당해고 구제, 체불임금 청구, 산재 보상 등)을 주장하기 위해 먼저 판단해야 하는 사항입니다. 따라서 고용노동부, 노동위원회, 법원 등이 근로자의 여타 권익을

대법원 판례 (2006. 12. 7. 대법2004다29736)	고용노동부 행정해석 (근로기준과-4479. 2005. 8. 26. 등)	비고
업무내용이 사용자에 의해 정해지는지의 여부 취업규칙 등의 적용을 받으며 업무수행과정에 있어 사용자로부터 구체적이고 직접적인 지휘감독을 받는지의 여부 사용자가 근무시간과 근무장소를 지정하고 근로자가 이에 구속되는지의 여부 근로자 스스로 제3자를 고용하여 업무를 대행케 하는 등 업무대체성이 있는지의 여부 비품 원자재 작업도구 등을 직접 소유하는지의 여부 보수가 근로 자체의 대가적 성격을 가지는지의 여부 • 근로소득세 원천징수의 여부 근로제공관계의 계속성과 사용자에 대한 전속성의 유무 • 사회보장제도 등 다른 법령에 의해 근로자로서 지위를 인정받는지의 여부 양 당사자의 경제·사회적 조건 등 당사자 사이의 관계 전반에 나타나는 사정 등		
독립하여 자기의 계산으로 사업을 영위할 수 있는지		법원 판례 기준이 행정해석에 비해 보다 상세함
노무 제공을 통한 이윤 창출과 손실 초래 등 위험을 스스로 안고 있는지		
• 기본급이나 고정급이 정해졌는지		
사용자에 대한 전속성의 정도		
(•)사항은 사용자가 일방적으로 결정할 수 있는 사항으로 해당 사항이 인정되지 않는다고 하여 근로자성을 쉽게 부인할 수 없음		사용자의 우월적 지위에 의한 일방적 설정이 가능한 사항에 대해 판단의 우선순위를 부여함

종속적인 관계의 판단 기준

※ 법문상 '근로자'의 정의에 나타나지 않으나 판례와 행정해석에서 '종속적인 관계'라는 근로관계의 속성을 중요한 요소로 부각하면서 '종속적 관계'라는 추상적 개념을 판단하기 위한 세부 기준을 제시함

판단하기 위해서 근로자인지 아닌지를 함께 판단합니다.

판단 주체들은 사건마다 별개로 판단을 내립니다. 같은 사안도

판단 주체가 다르면 결과가 다를 수 있습니다. 같은 사안에 대해 고용노동부와 법원의 판단이 다를 수 있다는 말입니다. 법원에서도 1심과 2심의 판단이 다를 수 있습니다. 물론 법의 적용과 집행은 어느 정도 일관성과 형평성을 갖춰야 합니다. 그래야 법을 지켜야 할 사람들이나 권리를 누려야 할 사람들이 결과를 예측하고 기대할 수 있습니다. 그래서 판단 주체별로 근로자성을 판단하는 원칙과 구체적 기준을 마련해놓고 있습니다.*

근로자성은 누가 판단하는지보다 어떤 기준으로 판단하는지가 더 중요한 문제입니다. 법은 근로자를 "직업의 종류와 관계없이 임금을 목적으로 사업이나 사업장에 근로를 제공하는 사람"이라고만 규정하고 있습니다. 여전히 추상적이어서 개별적인 경우에 근로자인지 아닌지 판단하는 기준으로 삼기 어렵습니다. 고용노동부의 행정해석과 법원의 판례는 앞의 표와 같이 근로자성을 판단하는 세부 기준을 제시하고 있습니다.

---

* 고용노동부 같은 행정기관의 기준은 '행정해석, 예규, 훈령, 고시 등'으로 불립니다. 노동위원회와 법원은 어떤 사건에 대한 판단 사례가 기준으로 활용되며 '재결례, 판례'라고 칭합니다. 판단 주체별로 기준이 다른 경우도 있지만 최종적인 판단은 법원에서 하기 때문에 대법원 판례가 가장 강력한 영향을 끼친다고 할 수 있습니다.

누가 근로자를 도와주나요?

우리는 정보의 홍수 시대에 살고 있습니다. 다양한 매체와 커뮤니티를 통해 정보를 쉽게 얻고 공유할 수 있습니다. 정보화 시대의 부작용도 있겠지만 정보 자체가 힘이라는 사실을 부인하기 어렵습니다. 소수가 보유하고 일반인이 접근하기 어려운 정보라면 더더욱 그렇습니다. 법률 정보 역시 그동안 어렵고 전문적인 것으로 인식돼왔습니다. 그러나 지금은 많은 법률 정보가 공개돼 있고, 인터넷 검색으로 필요한 법률 정보를 쉽게 찾아낼 수 있습니다.

근로자의 어렵고 복잡한 상황을 법률적으로 어떻게 볼 수 있는지, 어떻게 대응할 수 있는지 궁금할 때 과거에는 비싼 상담료를 내고 전문가의 지식과 시간을 사야 했습니다. 정보를 독점하면 정보의 가치는 당연히 높아집니다. 그래서 상담만 하고자 해도 대가를 내야 했던 것입니다. 그러나 지금은 비용 부담 없이 인터넷에 공개된 정보를 검색할 수 있고, 컴퓨터나 전화로 전문가와 쉽게 상담할 수 있습니다. 이미 많은 정보가 공개돼 있기 때문에 적어도 그 수준에서는 정보 보유자들이 정보 제공의 대가를 요구할 수 없습니다.

그러나 몇 가지 꼭 알아둬야 할 사항이 있습니다. 첫째, 많은 정보가 공개되었다고 해서 정보를 이해하는 능력까지 저절로 생겨나는 건 아니라는 사실입니다. 인터넷을 검색하면 많은 정보가 쏟아져 나옵니다. 하지만 잘못된 정보를 구별하지 못하거나 정보의 질적 수준을 제대로 판단하지 못하면 자칫 잘못된 선택과 행동으로 이어져 오히려 해가 될 수도 있습니다. 따라서 검색한 정보가 신뢰할 만한지 잘 따져봐야 합니다. 공인노무사나 변호사 같은 해당 분야의 전문가가 실명을 걸고 작성한 정보나 공인된 기관에서 제공하는 정보라면 신뢰할 수 있을 것입니다.

둘째, 정보에는 수준이 있다는 점입니다. 법률 정보나 의학 정보 같은 전문 지식은 '일반적인 정보'와 '구체적인 정보'로 구별할 수 있습니다. 일반적인 정보는 일반 원칙이나 기준 또는 대부분의 경우에 적용할 수 있는 정보입니다. 이런 정보는 쉽게 얻고 비용이 들지 않을 때가 많습니다. 하지만 복잡하고 어려운 상황을 해결하는 데 실질적인 도움을 주지 못할 때도 많습니다.

구체적인 정보는 여러 원칙과 기준을 조합하고 깊이 있게 분석한 정보이며 특정한 사안에 적용할 수 있는 정보입니다. 많은 수단 중 최적의 방법을 선택하여 상세한 수준의 방안을 제시하는 전략적인 정보입니다. 이런 정보는 검색키를 누른다고 해도 곧바로 얻을 수 없습니다. 구체적인 사실 관계를 파악하고 전문 지식과 경험에 의존해 분석하는 과정을 거쳐야 비로소 생성되는 정보이기 때문입니다. 이런 정보를 얻으려면 시간과 비용이 듭니다. 하지만 구체적인 필요를 충족시키기 위해 꼭 필요한 경우가 많습니다. 따라서 필요한 정보가 일반적인 수준인지 구체적인 수준인지 먼저 판단해야 합니다. 사항마다 전략과 방법이 다른 구체적인 정보를 얻어야 할 필요가 있다면 시간과 비용을 고려해 잘 구상해야 합니다. 자격 있는 전문가와 무료로 대면 상담을 할 기회를 찾는 편이 가장 빠른 길일 수 있습니다.

셋째, 정보를 많이 보유한 사람들이 어느 범위와 수준에서 정보를 공개할지 스스로 선택할 수 있다는 사실입니다. 대개 이들은 자신의 지식과 정보를 제공하는 일을 '업'으로 삼는 전문가입니다. 이들은 자신이 가진 지식과 정보를 돈(비용)으로 환산하며, 무료로 제공하는 정보와 비용을 내야 제공하는 정보를 스스로 구분합니다.

포털 사이트나 법률서비스 회사의 온라인 상담 글은 대개 "구체적인 사항은 방문하여 상담해주시기 바랍니다"라는 말로 마무리됩니다. 온라인 상담은 대부분 방문 상담을 유도해 영업하기 위한 목적으로 운영됩니다. 공익 차원에서 상담이 이뤄지더라도 온라인 상담의 한계 때문에 구체적인 수준에 해당하는 정보를 알아내기 어려울 때가 많습니다. 이처럼 전문 지식이 거래의 대상이 된다는 점과 비용 지급 여부에 따라 지식의 질과 수준이 달라질 수 있다는 점을 염두에 둬야 합니다.

많은 비용을 치른다고 해서 항상 좋은 정보를 살 수 있는 것은 아닙니다. 적은 비용으로 좋은 정보를 얻고 활용할 수 있다면 가장 좋겠지만 그 길을 알기 어렵고 정보의 가치를 판단하기도 쉽지 않습니다. 전문가의 약력이나 사회적 평판, 지인의 추천이 온전한 판단 기준이 되지 않을 때도 많습니다. 그러니 중요한 문제에 맞닥뜨렸다면 전문가를 직접 만나 상담하고 비교하는 편이 좋습니다. 다양한 전문가와 상담하여 필요한 지식을 효과적으로 쌓을 수 있고, 비교와 선택에 필요한 기준도 세울 수 있기 때문입니다. 다행히 근로자에게 대면 상담서비스를 무료로 제공하는 기관이나 노무법인 같은 법률서비스 회사가 많이 있습니다. 발품을 조금 팔더라도 직접 만나서 이야기 나누는 편이 전화나 온라인 상담보다 빠르고 정확한 방법입니다.

법 조항을 위반했을 때 징역, 벌금 등 형사 처분이나 과태료, 영업정지 같은 행정제재를 받도록 하는 것은 그 법을 지켜야 하는 사람들로 하여금 위반하는 행동을 하지 않도록 예방하는 효과가 있습니다. 잘못에 대한 처벌 수위가 높을수록 이런 효과는 큽니다. 근로자를 보호하는 법의 많은 부분이 이런 처벌이나 제재를 함께 정하고 있습니다.

그러나 처벌은 잘못한 사람이 받게 되는 '벌'에 불과합니다. 예를 들어 사용자가 임금을 제때 주지 않아 벌금형을 선고받는다 하더라도 벌금은 국가에 내는 것이므로 벌금을 낸다고 해서 근로자가 떼인 임금을 받을 수 있는 것은 아닙니다. 실제로 임금을 체불하고 체불 임금의 10분의 1에 불과한 벌금만 내고는 근로자가 소송을 걸 때까지 시간을 끌며 '배 째라' 하는 사용자도 많습니다.

이처럼 처벌만으로는 근로자의 권리가 직접 회복되지 않기 때문에 이를 보장해줄 보다 적극적인 장치가 필요합니다. 행정권이 강한 우리나라에서는 고용노동부 같은 행정기관이 행정지도나 명령 같은 규제수단을 동원해 이런 역할을 수행합니다. 행정기관의 도움 은 잘못한 사용자에 대한 '처벌'보다는 침해된 근로자의 권리를 실 질적으로 '구제'하기 위한 목적에서 이뤄집니다.

임금이나 퇴직금을 제때 못 받았거나 적게 받았을 때, 회사에서 별다른 이유 없이 연차휴가를 못 쓰게 할 때, 동의 없이 야근을 시키 거나 시간 외 근로수당을 주지 않을 때, 성별을 이유로 차별하거나 직장에서 성희롱이나 괴롭힘이 발생해도 적당한 조치를 취하지 않 을 때, 전 직장에서 고의로 재취업을 방해하거나 각종 증명서를 발 급해주지 않을 때, 회사를 관할하는 지방고용노동지청에 진정, 고 소, 고발을 제기할 수 있습니다. 직접 방문할 때에는 민원상담실에 먼저 들러 상담을 받을 수 있고 온라인으로도 접수할 수 있습니다.

진정, 고소, 고발 같은 민원을 접수한 행정기관에서 민원을 직접 담당하고 처리하는 공무원을 '근로감독관'이라고 합니다. 근로감독 관은 민원이 접수되면 사용자와 근로자를 불러 사실관계를 조사하 고 법을 위반한 사실이 확인되면 사용자에게 시정을 지시합니다. 시정지시 자체가 강제성이 있는 것은 아니지만 이를 기한 내에 이행 하지 않으면 처벌되기 때문에 사용자가 시정지시에 따라 잘못된 점 을 고치고 근로자에게 취하서를 받아 처벌을 면하는 경우가 많습니 다. 이런 과정에서 근로자의 권리가 어느 정도 회복될 수 있습니다.

한편 징계나 전보·해고·전직 같은 불이익한 인사 조치는 고용노동부 관할 지청이 아닌 노동위원회라는 별도의 독립기관이 담당합니다. 부당한 징계나 해고 등을 당했을 때는 회사를 관할하는 지방노동위원회에 구제신청서를 접수할 수 있습니다. 노동위원회는 약식의 법원 같은 형태로 운영되며 외부 전문가를 공익위원, 사용자위원, 근로자위원으로 위촉해 근로자와 사용자 중 누구의 주장이 타당한지 판정합니다. 일반 노동민원을 근로감독관 한 사람이 처리하는 것에 비하면 공정성과 전문성이 보장됩니다. 노동위원회에서 부당한 해고라고 판정하면 '복직 명령'과 '해고 기간 동안의 임금 상당액 지급 명령'이라는 구제명령을 내립니다. 만약 구제명령을 사용자가 이행하지 않으면 이행할 때까지 '이행강제금'을 물도록 함으로써 사용자가 구제명령을 신속히 이행하도록 하는 제도를 두고 있습니다.

법원에서 소송을 통해 권리를 구제받을 수도 있지만 소송은 시간과 비용이 너무 많이 들어 근로자 개인이 진행하기 어렵습니다. 행정기관의 모든 서비스는 무료로 이용할 수 있고 처리 기간도 법원에 비해 짧기 때문에 근로자가 손쉽게 도움을 받을 수 있습니다. 다만 행정기관의 도움에는 제약이 있을 수 있습니다. 담당 근로감독관이 소극적으로 민원을 처리해 이른바 '배 째라 사장'을 내버려둘 수도 있고 잘못된 법리 판단을 내릴 수도 있습니다. 노동위원회도 단 세명의 공익위원이 판단하는데 잘못된 판정을 내리거나 편파적으로 운영할 수 있습니다. 한편 행정기관이 근로자의 입장에서 '도움을 주는' 기관은 맞지만 근로자의 '편을 들어주는' 기관은 아닙니다. 결국 명확한 주장과 입증, 상황 판단을 통해 자신의 주장을 행정기관이 인정하도록 하는 것은 근로자의 몫입니다.

　행정기관이 법을 집행하는 기관이라면 법원은 법을 적용하는 기관입니다. 분쟁이 발생했을 때 법원은 법에 따라 옳고 그름을 밝혀 분쟁을 해결합니다. 노동 문제와 관련해서 여러 종류의 소송이 있습니다. 먼저 민사소송에서는 임금과 같은 금전을 청구하는 소송, 해고 등의 효력을 확인하는 소송이 대표적입니다. 그리고 앞서 언급했듯이 노동 문제에 대해서는 많은 행정기관이 관여하여 여러 '처분'을 내립니다. 이러한 행정기관의 처분이 잘못되었을 때 그 취소나 무효 확인을 위해 제기하는 소송을 행정소송이라고 합니다. 행정소송은 행정법원이라는 특수 법원에서 처리하는데, 노동 사건에서는 행정소송의 비중이 매우 높습니다. 예를 들어 노동위원회가 부당해고 구제신청을 기각했거나 근로복지공단이 산재 보상 청구를 불승인했다면 행정법원에 처분을 취소해달라는 소송을 제기할 수 있습니다.

　법원은 행정기관에 비해 법리적인 전문성이 높으며 법원 판결에는 구속력이 있기 때문에 권리 보장에 가장 강력한 도움을 주는 기관이라고 할 수 있지만 일반인이 접근하기 쉽지 않고 상당한 비용과 시간이 든다는 단점이 있습니다. 찾아야 할 권리에 비해 비용이 많이 든다면 현명한 선택이라고 할 수 없고, 보다 쉽게 이용할 수 있는 다른 수단이 있기 때문에 법원은 최후의 수단으로 고려하는 편이 일반적입니다.

분쟁을 해결하기 위해 행정기관이나 법원의 도움을 받을 수밖에 없는 상황에서 근로자는 문제의 종류에 따라 행정기관을 선택하거나 법원을 선택할 수 있고 두 기관의 도움을 동시에 받을 수도 있습니다. 기관별로 특수성과 장단점이 있기 때문에 상황에 맞춰 가장 효과적이고 합리적인 수단이 무엇인지 판단할 필요가 있습니다.

민간 영역에서 노동 문제에 대해 전문적인 지식과 경험을 갖춘 사람을 노동전문가라고 합니다. 공인노무사나 노동전문변호사 같은 전문 자격사도 있지만 노동조합 간부나 전임자, 노동단체 활동가, 기업의 인사·노무 담당자도 현장에 있는 노동전문가입니다. 이러한 노동전문가의 조언과 조력을 받아 문제를 명확히 판단하고 적절한 해결방안을 찾아볼 수 있습니다.

근로자와 사용자가 대립하는 상황에서 자신의 능력만으로 분쟁을 해결하거나 방법을 찾기 어려운 때는 내 편에서 나에게 가장 유리한 방법을 선택할 수 있도록 조언해줄 누군가가 필요합니다. 사용자와 법적인 분쟁을 벌이는 상황은 근로자로서는 생전 처음 겪는 문제일 때가 많습니다. 이 때문에 행정기관이나 법원의 문을 두드리는 것도 낯설고 두려운 일로 느껴집니다. 게다가 행정기관이나 법원의 도움은 '공적 판단권자'라는 지위에서 이뤄지고 불편부당한 공정성을 중요한 가치로 삼고 있습니다. 이런 특성 때문에 행정기관이나 법원이 누군가의 편이 되어주거나 일방적으로 옹호해주기를 기대하기 어렵고 그래서도 안 됩니다. 오히려 분쟁 중인 근로자나 사용자는 행정기관이나 법원이 자신의 주장을 받아들이도록 설득해야 하고 그 방법 역시 각자가 찾아야 합니다.

노동 문제는 근로관계라는 특수한 속성에 따라 많은 변수가 있기 때문에 단순한 법률 지식이나 일반적인 절차만으로 해결되지 않을 때가 많습니다. 비슷해 보이는 경우도 상황에 따라 문제의 성격과 해결방법이 다를 수 있습니다. 그러므로 상황과 배경을 고려해야 하고 적절한 방법을 찾기 위한 전략을 구사해야 합니다. 분쟁의 해결과 관련된 전문 지식과 풍부한 경험을 지닌 노동전문가가 존재하는 이유가 바로 여기 있습니다.

또한 근로자로서 겪게 되는 모든 법적인 문제나 분쟁을 일정한 강제력이 있는 행정기관이나 법원을 통해서만 해결할 수 있는 것은 아닙니다. 당사자 간의 적절한 의사소통을 통해 많은 문제를 해결할 수 있기 때문에 공적인 분쟁을 제기하기 전에 자신의 입장에서 유리하고 현명한 선택이 무엇인지 먼저 생각할 필요가 있습니다. 이러한 판단은 고용노동부나 법원에 진정서나 소장을 넣는 일보다 훨씬 중요한 문제입니다. 이 과정에서 노동전문가의 조언과 지원으로 많은 도움을 받을 수 있습니다.

문제가 심각해져 공적 기관을 통해 분쟁 해결 과정이 진행되더라도 당사자 사이에 대화와 화해의 여지는 항상 있습니다. 그러나 분쟁이 공적 영역으로 들어간 이후에는 감정적인 대립이 악화되어 당사자끼리 원만하게 대화하고 화해하기가 훨씬 어려워집니다. 이러한 상황에서는 자신의 입장을 대변하면서도 상대방과 최적의 화해

방안을 논의할 수 있는 노동전문가의 도움이 요긴합니다.

　어려움을 겪을 때 유능한 전문가가 자신의 편이 되어 돕는다면 큰 힘이 됩니다. 물론 민간의 노동전문가, 특히 이러한 조력을 업으로 삼고 있는 사람의 도움을 구하려면 어느 정도 비용을 감수해야 합니다. '노무사(또는 변호사)를 산다'라는 표현도 그래서 나온 말입니다. 하지만 노동전문가의 조력에 많은 비용을 투자해야 할 일은 그리 많지 않습니다. 이런 상황은 문제의 정도가 심각하고 스스로 해결이 어려워 본격적으로 나의 이익을 대변하기 위해 상당한 시간과 노력을 투자해줄 전문가가 필요한 때로 한정됩니다. 꽤 많은 경우 적절한 상담과 조언만으로도 해결이 가능하고 비용에 대한 부담 없이 노동전문가의 도움을 받을 수 있습니다.

" 사례　　　　　　　　　　　　　　특수형태근로종사자

분명 이 회사 소속으로 일하는데, 내가 '직원'이 아니라고요?

한지도 씨는 필기시험과 면접, 교육과정을 거쳐 유명 학습지 회사인 〈잘풀어학습지〉의 학습지 교사로 입사했다. 한지도 씨가 하는 일은 담당 구역 내 회원 가정을 방문해 학습지로 회원을 지도하고 때때로 구역 내 신규 회원을 모집하는 것이다. 그런데 한지도 씨는 이 회사의 '직원'이 아니다. '근로계약서'가 아닌 '위탁계약서'를 작성하고 근로소득세가 아닌 사업소

득세를 낸다. 모든 직원에게 가입하도록 하는 퇴직연금에도 가입하지 못해 퇴직연금을 받지 못한다.

한지도 씨는 문득 혼란을 느꼈다. "나는 이 회사에 전속되어 있어 다른 회사와는 일할 수 없다. 사람들은 나를 '잘풀어 선생님'이라고 부르고, 당연히 내가 이 회사 직원이라고 생각한다. 내가 일을 잘하지 못하면 회사의 이미지가 나빠진다. 내 업무 구역과 업무 방식도 회사의 결정을 따른다. 그런데 내가 이 회사 직원이 아니라 '독립 사업자'라니…… 나는 과연 누구일까? 왜 이런 일이 생기는 걸까?"

학습지 교사처럼 '근로자'가 아니지만 근로자와 '유사한' 성격의 직업인을 가리켜 법률 용어로 '특수형태근로종사자'라고 합니다. 특수형태근로종사자에 해당하는 직종은 매우 다양합니다. 학습지 교사 외에도 보험설계사, 골프장 캐디, 레미콘 운송 차주, 택배 기사, 퀵서비스 기사, 대출 모집인, 신용카드회원 모집인, 대리운전 기사, 대여제품 점검원, 가전제품 설치 및 수리원 등이 현행법상 특수형태근로종사자로 인정되고 있고 간병인, 가사서비스 종사자 등의 추가 인정 여부를 검토하고 있습니다.

특수형태근로종사자는 겉으로는 자영인처럼 보이지만 실질적으로 '근로자'에 해당하는 '위장 자영인'과 다릅니다. 위장 자영인은 법원 판결로 '근로자성'을 인정받아 근로자로서 법적 지위가 있지만 특수형태근로종사자는 근로자성이 인정되지 않아 근로자로서 법적 지위가 없습니다.

특수형태근로종사자는 법적인 지위가 '근로자'에 해당하지 않기 때문에 노동법의 보호를 받을 수 없습니다. 이 때문에 특수형태근로종사자를 보호하기 위한 법적 방안에 대해 2000년대 초부터 많은 논의가 있었지만 입법 방식을 두고 노사의 입장 차가 너무 커서 번번이 합의에 실패해온 바 있습니다. 다만 양대 노동보험이라 불리는 산재보험과 고용보험에 특례 적용 방식으로 가입을 의무화하고 지속적인 법 개정으로 그 대상을 점차 확대하고 있습니다. 고용보험의 경우 특수형태근로자 외에도 예술인의 가입이 의무화되었으며 자영업자도 임의 가입을 통해 실업급여를 받을 수 있습니다. 이 밖에 공정거래법이나 약관규제법 등 경제법을 통해 일정하게 보호하는 장치가 마련되어 있습니다.

그러나 노동법의 보호를 받기 위한 법 개정이나 특별법 제정이 여전히 쉽지는 않습니다. 여기에는 특수형태근로종사자라는 고용형태가 등장한 배경과 구조적인 이해관계가 중요한 원인으로 자리 잡고 있습니다. 사용자는 근로자를 사용할 때 최저임금법의 제약으로 일정 금액 이상의 고정 임금 비용을 부담하고, 근로자에게 적용되는 보호 법규의 영향으로 4대 보험료에 대한 부담을 비롯해 많은 수준의 '규제 준수 비용'을 추가로 부담해야 합니다. 이 때문에 사용자는 일정하게 독립적 활동이나 건당 수수료 지급이 가능한 경우라면 근로계약보다 위탁계약 체결을 선호합니다. 아울러 안정적인 노무 공급과 효율적인 관리를 위해 특수형태근로종사자가 하나의 회사에만 전속된 형태로 노무를 공급하도록 계약하고, "갑"의 지위에서 다양한 방식으로 업무에 개입해 조직을 관리하려 듭니다. 이러한 집단적 관리 방식은 기본적으로 독립 사업자와 이루어지는 개별 거래의 본래 속성과 맞지 않는 것이나 효율적이고 독점적인 운영을 원하는 회사로서는 쉽게 포기하지 못하는 부분이기도 합니다.

이런 이유로 많은 특수형태근로종사자가 정체성 혼란을 겪거나 부당한 상황에 맞닥뜨렸고, 근로자성 인정을 두고 회사와 수시로 갈등을 빚었습니다. 그런데 특수형태근로종사자들의 보호를 위해 현재보다 강한 규제 법규가 적용되거나 근로자에 준하는 보호조치가 이루어진다면 비용 부담이 높아진 회사는 다양한 방식으로 이러한 규제에 대응하게 될 것입니다. 가령 직속 조직이던 해당 조직을 제2의 사업주에게 통째로 넘겨 간접 관리 형태로 변경하여 법적 부담을 회피하거나 아예 영업방식 전환(예: 은행 방카슈랑스, 홈쇼핑, 다이렉트, 온라인 보험 판매 등), 자동 시스템(예: 노캐디, 스마트캐디 등) 도입을 통해 인적 공급 수요 자체를 대체하는 방식으로 조직을 축소할 수 있는데, 이렇게 되면 특수형태근로종사자의 지위가 더 열악해질 위험이 있고 일자리 자체가 줄어드는 문제로 이어질 수 있습니다.

이와 같이 특수형태근로종사자 문제는 복잡한 이해관계가 얽혀 있어 해법을 찾기가 쉽지 않습니다. '근로자와 유사한 자'로서 노동법의 보호를 확대해야 한다는 입장과 '독립된 거래 당사자'로서 경제법상 지위를 보호하는 편이 더 효과적일 수 있다는 견해가 팽팽하게 맞서는 상황입니다. 어떠한 방식이든 개인으로 회사의 부당한 처우에 대응하거나 제도적으로 예방할 실효성을 갖춘 방안을 적용할 필요가 있습니다. 그리고 특수형태근로종사자는 직종별로 상황이 다양하기 때문에 일률적으로 법을 적용하기보다 각 직종에 적합한 보호 방안을 모색하는 편이 더 바람직하다고 생각합니다.

근로계약,
반드시 알고 서명하자

우리는 금전 거래나 부동산 거래를 할 때 계약서 내용을 꼼꼼히 살펴봅니다. 혹시라도 약속한 내용이 다르지 않은지, 나에게 불리한 내용은 없는지 살피고 문구가 애매해서 불안하다면 명확하게 바꾸도록 요구합니다. 이런 과정을 거쳐 계약서에 아무런 문제가 없다고 판단될 때 비로소 신중하게 서명합니다.

그런데 근로계약서는 작성도 하지 않은 채 일하는 사례가 많습니다. 근로계약서를 작성하면서도 내용을 꼼꼼히 살피지 않은 채 대충 훑어보고 서명하기도 합니다. 계약 내용이 이해되지 않거나 이상하다고 느껴도 사용자가 서명하라고 하니 그냥 서명해주는 경우도 흔합니다. 근로계약서도 엄연히 '계약서'입니다. 계약에서 정하는 내용이 기본권인 생존권과 관련되어 있고, 동등한 입장이 아니라 사용자가 우월한 입장에서 체결하는 계약이기 때문에 오히려 일반적인 거래관계의 계약서보다 더 꼼꼼하게 살핀 후에 서명해야 합니다.

01 | 근로계약서를 꼭 써야 하나요?

취업은 회사에서 일자리를 구한다는 단순한 의미를 넘어 급여를 주고 나의 노동력을 사용하는 자와 근로계약관계라는 '법률관계'를 맺는 일입니다. 법률관계라는 말을 들으면 어떤 것들이 떠오르나요? 금전 거래나 임대차계약 같은 일상적인 법률관계를 생각해봅시다. 누군가와 법률관계를 맺는다면 계약서를 써서 서로의 권리와 의무를 명확히 하는 게 당연합니다. 서류로 된 계약서가 없다면 누군가 약속을 지키지 않을 때 계약 내용을 입증할 수 없어 손해를 보상받기 어렵습니다.

근로관계는 앞서 이야기했듯이 사용자가 우월적인 지위를 갖고 맺는 관계입니다. 일반적인 법률관계가 대등하다면 근로관계는 일반적으로 대등하지 않은 관계이기 때문에 권리와 의무 관계를 명확하게 할 필요가 있습니다. 그런데도 유독 근로관계에서는 조건을 말로만 약정하고 계약서를 쓰지 않는 경우가 많습니다.

내부 관리가 잘되고 있는 회사에서는 근로계약서를 당연히 작성합니다. 그러나 규모가 작고 관리 체계가 잘 갖춰져 있지 않거나 개인적으로 아는 사람의 회사에 들어갈 때는 계약서 작성 없이 일하는 사례가 많습니다. 회사에서 근로계약서를 먼저 쓰자고 하지 않는데 갓 취업하는 입장에서 근로자가 계약서 작성을 적극적으로 요구하기란 쉽지 않은 일입니다. 서로 아는 사이라면 계약서 이야기를 꺼내는 일이 '당신을 못 믿겠다'라는 의미로 비칠까 하는 우려가 들어 더욱 어렵습니다. 회사에서 일하고 있고 월급도 잘 받고 있는데 계약서 한 장 쓰지 않는다고 별문제 있겠느냐며 대수롭지 않게 여기기도 합니다.

물론 근로계약서를 작성할 의무는 근로자가 아니라 사용자에게 있습니다. 사용자가 근로계약서를 작성하고 근로자에게 교부하지 않는다면 처벌받을 수 있습니다. 근로계약서를 작성하지 않으면 근로자를 계약직으로 고용하거나 의무적으로 지급해야 하는 수당을 급여에 포함해 지급한 사실 등을 사용자가 입증하기 어려워집니다. 즉 서면으로 근로계약서를 작성하지 않으면 사용자에게도 불이익이 발생할 수 있습니다.

하지만 근로계약서를 작성하지 않을 경우 근로자가 받게 될 불이익이 더 크고 회복도 어렵습니다. 4대 보험 신고를 제대로 하지 않고 근로계약서도 쓰지 않은 상태에서 일하다 갑자기 해고를 당하면 근로자로서의 신분을 입증하지 못해 구제가 어려워집니다. 취업 전에 약속한 임금보다 적게 지급되더라도 '약정한 임금'을 확인할 수 없어 임금체불에 대한 보상을 받기 어렵습니다. 근무장소, 직종, 근로시간, 휴일, 휴가 등 근로조건이 사전에 듣던 사실과 다르다고 이의를 제기해도 서로 약속한 근로조건에 대한 명확한 근거가 없다면 시정하도록 조치할 수가 없습니다.

사용자는 근로조건 명시 의무 위반에 따른 처벌을 피하고 관리상의 위험 부담을 막기 위해 근로계약서를 반드시 작성하고 근로자에게 교부해야 합니다. 근로자 역시 사전에 제시하거나 약정한 근로조건을 서면으로 명확히 하고 사용자가 약속한 사항을 지키지 않을 때 보다 쉽게 보상을 받거나 권리를 회복하기 위해 근로계약서를 반드시 작성하고 교부받아야 합니다.

이처럼 근로계약서 작성은 근로자와 사용자 모두에게 필요한 일입니다. 서로 약속한 후 서면으로 계약서를 쓰는 행위는 상대방을 못 믿어서가 아니라 어느 누구도 미래의 일을 장담할 수 없기 때문입니다. 어떤 계약 당사자든 계약을 어길 가능성이 존재한다는 점이 계약관계의 기본 전제입니다. 계약은 '서면'으로 체결해야 증거 능력이 있습니다. 사장과 구두로 약속했다고 아무리 주장해도 주위 담아놓은 말이 아니면 제3자에게 인정받을 수 없습니다.

어떤 사용자는 근로계약서 작성을 아예 하지 않거나 차일피일 미루기도 합니다. 사용자가 작성 의무를 잘 몰라서 그럴 수도 있습니다. 그러나 근로조건을 확정하지 않고서 필요에 따라 근로조건을 바꾸거나 약속을 지키지 않을 때 받을 수 있는 법적인 위험을 없애고자 근로계약서 작성을 회피하는 경우도 상당합니다.

만일 사용자가 근로계약서를 작성하지 않는다면 어떻게 대처해야 할까요? 근로계약서를 작성하자고는 하는데 채용 전에 들은 이야기와 다른 조건을 제시하면 어떻게 해야 할까요?

근로조건은 보통 채용공고를 통해 사용자가 먼저 제시합니다. 그 조건을 보고 입사 지원을 해 최종 합격하면 채용이 결정됩니다. 채용공고에는 '주5일 근무, 4대 보험, 경조사비 지원' 등의 근로조건이 간략하게 제시돼 있고 가장 중요한 급여 정보는 '사규에 의함', '협의 후 결정' 정도로만 나옵니다. 사규가 어떤지 사전에 알기 어렵고, 연봉 수준을 대략 알고 지원하더라도 실제 연봉 협상 과정에서 금액이 달라질 수 있습니다. 이 때문에 충분히 제시되지 않은 근로조건을 알아보기 위해 지원자 대부분은 기업 정보 검색 같은 다른 수단을 동원하거나 회사의 대외적 신인도에 의존합니다. 결국 '나에게' 적용되는 구체적인 근로조건을 채용이 결정되고 근로계약서를 쓰는 과정에서야 알게 되는 일이 허다합니다.

어느 정도 규모가 있고 알려진 회사에 취업하면 비교적 안전합니다. 근로조건이 사규로 정해져 있거나 다른 사람들과 같은 일을 하는 한 처우를 차별할 수 없기 때문에 근로조건이 사전에 제시되지 않더라도 위험 부담이 크지는 않습니다. 그러나 신설 회사나 규모가 작은 회사에 들어가는 경우에는 이러한 안전장치가 부족합니다. 이런 회사는 회사 입장에서도 고용이 쉽지 않기 때문에 면접 과정에서 근로조건을 설명하고 구두로 약정하는 경우가 많습니다. 또한 채용을 결정하기 전에 서면으로 근로조건을 약정하는 일도 거의 없습니다. 구두로 설명하고 채용이 확정돼 출근하게 되면 그제야 근로계약서를 쓰고 서면으로 근로조건을 약정하는 과정을 거칩니다.

이런 상황에서 채용 전에 약정한 근로조건과 출근 후 작성한 근로계약서에 있는 근로조건이 다르다면 난감할 것입니다. 회사가 제시한 조건이 받아들일 수 없는 정도라면 힘들게 채용 과정에 참여했더라도 그만둘 수밖에 없습니다. 전에 다니던 직장보다 더 좋은 조건을 제시받고 이직했다면 피해가 이만저만이 아닙니다.* 울며 겨자 먹기로 이직한 회사를 다니면서 다시 다른 일자리를 알아봐야 하거나 졸지에 갈 곳 없는 신세가 될 수도 있습니다.

이런 모든 문제는 근로계약 조건을 설정하고 근로계약을 체결하는 절차를 사용자가 주도하기 때문에 발생합니다. 사용자는 근로계약 조건을 사전에 명확히 제시하지 않을 수 있고, 근로조건에 대한 구두 약정과 실제 근로계약서 작성 사이에 시간차를 둘 수 있습니다. 근로조건에 대한 약정은 말로도 서면으로도 가능하지만 대부분 말로 먼저 하고 서면은 나중에 합니다. 이 시간차에 따른 위험 부담을 오롯이 근로자가 지게 됩니다.

---

* 이런 문제 때문에 이직 절차는 매우 신중하게 진행해야 합니다. 이직할 회사와 서면으로 근로계약을 체결하거나 출근 예정일과 연봉 합의액이 기재된 채용 확정 통지(서면이나 이메일 통지 등)를 받아놓고 나서 현재 다니는 회사에 사직 의사를 통보해야 합니다. 현재 다니는 회사가 사직 시 일정 기간 인수인계를 하도록 요구할 수도 있기 때문에 그 기간을 생각해 2~4주 정도 기간을 두고 출근 예정일을 정하는 편이 좋습니다. 이직할 회사가 종전 회사와의 관계 정리 문제에 관해 적극적으로 편의를 봐주지 않는 경우가 많기 때문에 예상하지 못한 피해를 보지 않기 위해서는 이직자 스스로 필요한 과정을 챙겨둬야 합니다.

근로자는 이러한 위험 부담을 최소한으로 줄일 필요가 있습니다. 그러나 근로조건 약정 문제는 채용 과정이나 채용 후 얼마 되지 않은 시점의 문제이기 때문에 취업이 아쉬운 입장인 근로자가 적극적으로 대응하기란 쉽지 않습니다. 따라서 상대방에게 불신하는 모습을 보이거나 직설적으로 요구하지 않으면서도 위험 부담을 줄일 방법을 찾아야 합니다.

채용 절차를 진행하는 과정에서 근로조건 이야기가 오가는 상황이라면 가급적 확정된 근로조건의 내용을 회사의 공식 문서(근로조건 확정 통지서나 채용조건 확정 통지서 등)로 받아두는 편이 좋습니다. 그러나 이런 종류의 문서를 발급하는 회사가 많지 않기 때문에 "예전에 다른 회사에서는 채용 예정자에게 '채용조건 확정 통지서'를 보내주기도 하던데 이 회사에서도 그런 걸 보내주는지요?" 하고 넌지시 물어본 후 그렇지 않다고 하면 송수신 증거가 남는 이메일을 통해 구체적인 내용을 문의하여 답변을 받는 편이 좋습니다.

이런 요구조차 받아들여지지 않는 상황이라면 면담이나 전화로 근로조건을 구두 약정할 때 대화를 녹취하는 방법도 생각해볼 수 있지만, 이렇게까지 해야 할 정도로 회사가 근로조건을 명확히 제시하길 회피한다면 나중에 문제가 발생할 가능성이 크기 때문에 가급적 다른 회사를 알아보는 편이 좋습니다.

출근하기에 앞서 이러한 절차를 미처 진행하지 못했다면 출근 후 이른 시간 안에 근로계약서를 작성해야 합니다. 출근하면 같은 입장의 직원들과 함께 근무하게 되기 때문에 다른 직원들에게 입사할 때 근로계약서를 언제 썼는지, 내용에 문제가 없는지 등을 자연스럽게 물어볼 수 있습니다. 근로계약서를 쓸 때가 됐는데도 회사에서 계약서 이야기를 꺼내지 않거나 미룬다면, 다른 직원들 역시 근로계약서를 쓰지 않은 채 일하고 있다면, 사례를 들어 자연스럽게 관리자에게 근로계약서 작성이 법적 의무라는 점을 상기시켜주는 편이 좋습니다. "회사를 운영하시는 어떤 분이 있는데 근로계약서를 안 쓰고 미루다가 벌금도 물고 직원들이 분쟁을 제기해서 어렵게 됐다더라." 정도의 사례면 됩니다.

실제로 근로자가 고용노동부에 근로계약서 미체결에 대해 진정을 제기하면 시정지시를 통해 먼저 계약서를 작성하도록 지도하게 되며, 이를 따르지 않을 경우 500만 원 미만의 벌금형이 부과됩니다. 계약직이나 단시간근로자라면 벌금형 외에도 500만 원 이하의 과태료가 부과되는데, 계약서 미체결이나 계약서에 반드시 명시해야 하는 근로조건 중 누락된 사항이 확인될 경우 사용자에게 시정 기회를 주지 않고 곧바로 과태료가 부과됩니다.

출근 후 근로계약서를 작성하지 않아 겪게 되는 문제 중 다음 두 가지 경우는 최소한의 예방과 대비책이 필요합니다. 첫째는 사용자가 근로자를 일방적으로 해고하거나 임금을 지급하지 않았지만 근로자가 '근로한 사실'을 입증하지 못하는 경우입니다. 둘째는 사용자가 입사 전 약속한 근로조건보다 불리한 조건을 적용하는 경우(예컨대 약속한 임금보다 적은 임금을 지급하는 경우)입니다.

먼저 계약서를 쓰지 않아 근로한 사실을 입증할 수 없다면 계약서 외에 근로한 사실을 입증할 다른 증거를 마련해야 합니다. 출입 카드를 활용해 출입 내역을 개인별로 관리하는 회사라면 전산 기록이 남겠지만 회사에서 그 기록을 얼마든지 없앨 수 있습니다. 근로자가 출근한 사실마저 입증해야 하는 회사라면 정말 '나쁜 회사'입니다. 이런 회사가 많지는 않겠지만 혹시 당하게 된다면 그저 손해만 볼 수 없는 노릇입니다.

근로한 사실을 객관적으로 인정받기 위한 가장 좋은 방법은 입사일 이후 14일 이내에 자신이 고용보험 피보험 자격 신고가 되어 있는지 확인하고 만일 신고가 되지 않은 상태라면 회사에 고용보험 신고를 요구하는 것입니다. 관리자의 단순한 업무 지연으로 신고가 늦어질 수도 있기 때문에 처음에는 자연스럽게 알려주는 편이 좋습니다. 하지만 이후에 고의로 신고하지 않는다면 근로자가 직접 관할 고용센터에 피보험 자격 취득 신고를 할 수 있습니다. 이 경우 고용관계를 증명할 자료가 필요하지만 근로계약서를 작성하지 않았기 때문에 채용통보서, 출입카드나 출근부, 상급자가 결재한 본인 작성 기안서, 업무일지, 보고서, 이메일 업무 교신 내역, 회사 컴퓨터 로그인 내역 등 근로 사실을 입증할 다른 자료를 충분히 준비하는 수밖에 없습니다.

그리고 사용자가 임금을 주지 않거나 약정한 임금보다 적게 주더라도 약정한 임금이 얼마인지를 입증하지 못하면 못 받은 임금을 받기 어려워집니다. 근로계약서를 쓰도록 하는 가장 현실적인 목적도 임금처럼 중요한 근로조건을 서면으로 확정해서 임금체불로 근로자가 어려움을 겪지 않도록 하기 위함입니다. 구두로 임금을 약정해서 그대로 줄 것으로 믿고 근무하고 있지만 근로계약서를 쓰지 않아 불안한 상황이라면 교신 증거가 남는 이메일 같은 방식으로 구두로 약정된 임금을 재확인하는 편이 좋습니다.

┌─ 약정한 대로 임금을 줄지 불안하다면? ─┐

사업주나 관리자에게 '이번에는 연봉을 0천만 원으로 하기로 약정했는데 다음 해 업무 성과에 따라 연봉이 다시 책정되는 것인지요'처럼 문의하는 내용을 이메일로 보낼 수 있습니다. 근무하게 된 회사에서 어떤 방식으로 성과를 내면 좋은지를 상의하는 형식으로 신규 입사자로서 충분히 문의할 수 있는 내용을 중심으로 전달하되 이메일 내용 중에 연봉액에 대한 사전 약정 사항을 자연스럽게 넣는 편이 좋습니다. 문의 이메일에 대한 답을 받을 때 연봉액에 대해 사용자가 재확인해주면 좋겠지만 연봉액에 대한 언급이 없더라도 부인하지 않고 있기 때문에 약정 내용으로 인정받을 가능성이 커집니다.

사용자가 임금을 지급하지 않는 경우는 물론이고 약정한 임금보다 적게 지급하는 것도 '임금체불'입니다. 임금체불이 법적으로 확인되면 체불된 임금을 받을 수 있고 사용자도 처벌될 수 있습니다. 그러나 근로자가 체불 사실을 입증하지 못하면 모든 권리 회복이 어려울 수 있기 때문에 처한 상황이 열악하더라도 차근차근 준비해두는 편이 현명합니다.

한편 이미 일하고 있는데 종전에 이야기한 임금보다 적은 수준을 요구하며 근로계약서를 쓰자고 하거나 처음 받은 월급이 이야기한 임금보다 적다면 어떻게 해야 할까요? 입사 초반에 발생할 수 있는 이 문제는 법적으로 조금 복잡합니다. 먼저 약속된 임금을 제대로 지급하지 않는다면 임금체불에 해당합니다. 그러나 취업 초반에 이런 문제를 겪게 되는 근로자의 손해는 비단 임금 차액만이 아닙니다. 사용자가 제시한 근로조건을 믿고 취업을 결정했는데 이것이 사실과 다르다면, 그 회사에 취업하느라 다른 회사에 취업할 기회를 잃거나 종전 회사를 그만두었기 때문에 회복하기 힘든 큰 손해가 발생합니다. 이 경우 사용자를 상대로 손해배상을 청구할 수 있습니다. 다른 회사에 취업할 기회를 잃음으로써 입은 손해에 대해 배상을 청구하는 것입니다. 법에는 사용자가 근로계약 체결 당시* 명시한 근로조건이 사실과 다르다면 근로자가 사용자를 상대로 손해배상을 청구할 수 있고, 즉시 근로계약을 해제할 수 있도록 되어 있습니다. 손해배상 청구는 보통 법원에 하지만 이때는 노동위원회를 이용할 수 있습니다.

---

*   아직 근로계약이 체결되기 전이라고 생각할 수 있지만, 구두로 근로조건을 약속하고 근로하기로 했다면 근로계약은 이미 '체결'된 것입니다. 근로계약서라는 '서면'을 작성하지 않았을 뿐입니다. 사용자가 근로계약 체결 당시 근로조건을 명시하고 이러한 사항이 명시된 '서면'을 근로자에게 교부해야 하지만, 이 의무를 지켰는지 여부와 '근로계약 체결' 여부는 엄연히 다른 문제입니다.

근로기준법 제19조 【근로조건의 위반】

① 제17조에 따라 명시된 근로조건이 사실과 다를 경우에 근로자는 근로
   조건 위반을 이유로 손해의 배상을 청구할 수 있으며 즉시 근로계약을
   해제할 수 있다.
② 제1항에 따라 근로자가 손해배상을 청구할 경우에는 노동위원회에 신
   청할 수 있으며, 근로계약이 해제되었을 경우에는 사용자는 취업을 목
   적으로 거주를 변경하는 근로자에게 귀향 여비를 지급하여야 한다.

　　그러나 노동위원회에 근로조건 위반으로 손해배상을 신청하는 일은 거의 없습니다. 손해가 발생한 사실이 명확해야 하고 이것을 근로자가 입증해야 하기 때문입니다. 임금 차액 외에 다른 기회를 잃게 되는 손해는 그 속성상 명확하게 입증하기 어려운 것이 일반적이고, 정신적 위자료로 산정되는 손해액도 생각보다 적기 때문입니다. 더구나 근로조건이 처음 제시한 바와 달라도 몇 달 이상 이의 제기 없이 근무하면 변경된 조건을 근로자가 받아들였다고 간주하여 손해배상 청구를 인정하지 않기 때문에 손해배상 청구를 하려면 취업 후 이른 시일 내에 해야 합니다. 이렇게 달라진 조건이 두 달 이상 계속돼 결국 회사를 그만두게 된다면 고용보험의 실업급여를 받을 수 있습니다. 단 실직 전 18개월 중 180일 이상 고용보험에 가입되어 있어야 실업급여를 신청할 수 있습니다. 또한 임금을 약속보다 적게 받았다면 임금체불에 해당합니다. 그 차액에 대해서는 관할 고용노동지청에 진정을 제기해서 청구할 수 있지만, 거듭 강조했

듯이 애초에 약속된 임금이 명확해야만 임금체불로 인정받을 수 있습니다.

그러나 손해배상 청구나 임금체불 진정을 하기에 앞서 이러한 문제를 현명하게 해결하는 방법을 찾아보는 편이 좋습니다. 사용자가 약속과 다른 조건을 제시할 때 받아들이기 어렵다면 그저 순순히 그만두겠다고 하기보다는 이렇게 근로조건을 일방적으로 위반할 경우 임금체불 문제가 발생하며 손해배상 책임을 질 수 있다는 점을 명확히 알리는 편이 좋습니다.

사용자 중에는 생각보다 법을 잘 모르거나 근로자가 잘 모를 것이라고 생각해 쉽게 판단하고 일을 처리하는 경우가 많기 때문입니다. 이런 이야기는 협박조로 하는 것보다는 근로자 입장에서도 사용자를 믿고 따라야 업무를 더 잘할 수 있지 않겠느냐는 취지로 완곡하게 설득하는 편이 바람직합니다. 중간에서 입장을 조율해줄 적당한 조언자의 도움을 받는 방법도 좋습니다. 필요하다면 법률 전문가에게 자문하여 향후 발생할 수 있는 문제를 회사가 명확히 알고 판단하도록 유도하는 것도 한 방법입니다. 물론 법적 분쟁을 제기하기에 앞서 원만하게 근로조건을 협의하고 상호 신뢰를 회복하는 방법이 가장 바람직합니다.

02

근로계약서에서 무엇을 살펴봐야 하나요?

근로계약서는 보통 사용자가 먼저 작성해서 근로자에게 서명을 요구하기 때문에 근로자는 사용자가 제시한 근로계약서를 꼼꼼하게

- **근로계약 체결 시 서면으로 명시해야 할 사항**(근로기준법 제17조, 500만 원 이하 벌금), (기간제법 제17조, 500만 원 이하 과태료)

서면 명시 항목	대상	비고
임금(구성항목·계산방법·지급방법)	공통	서면 교부 (조건 변경 시 동일)
소정근로시간		
휴일		
연차휴가		
근로계약기간	기간제 및 단시간	
휴게		
휴가		
취업 장소 및 종사 업무		
근로일 및 근로일별 근로시간	단시간	

- **기타 명시하여야 하는 근로조건**(서면 명시가 강제되지는 않으나 명확하게 조건을 제시해야 함)
  - 취업 장소 및 종사업무(기간제는 서면 명시)
  - 취업규칙의 필수 기재 사항
  - 기숙사 규칙에서 정한 사항(기숙 예정자)
- **취업규칙, 단체협약 등 상위 규정 변경으로 근로조건이 변경된 경우**: 근로자 요구 시 변경 사항 교부

살펴봐야 합니다. 근로조건을 명시할 때 반드시 포함해야 하는 내용이 법으로 정해져 있습니다. 근로조건 서면 명시 의무에는 이 내용이 빠짐없이 포함된 근로계약서를 작성하고 이를 근로자에게 '교부'해야 하는 의무까지 포함됩니다. 만일 서면 명시 사항이 근로계약서에 없고 취업규칙에만 있다면 그 취업규칙을 제시하고 교부해야 합니다.

근로계약서에는 이러한 근로조건이 조항별로 규정되어 있습니다. 근로계약서에 근로계약기간, 임금, 근로시간(시업·종업 시각, 휴게시간), 휴일, 휴가, 취업 장소, 종사 업무, 퇴직 등에 관한 규정이 있는지 확인해야 합니다. 만약 누락된 사항이 있다면 "근로계약서에서 정하지 않은 다른 사항은 관계법령 및 취업규칙에 따른다"라는 위임 조항이 있는지 살펴봐야 합니다. 그러한 조항이 있다면 취업규칙의 내용이 어떻게 되어 있는지 확인해봐야 합니다.

근로계약서를 체결할 때 근로계약서와 취업규칙 등을 근로자에게 미리 주고 꼼꼼히 검토할 시간을 준 다음 체결하는 경우는 그리 많지 않습니다. 보통은 근로계약서를 준 당일 내로 또는 즉시 읽어보고 서명하도록 요구합니다. 회사 입장에서는 근로계약서 체결을 법에서 요구하기 때문에 의무적으로 진행하는 번거롭고 형식적인 절차로 인식하는 경우가 많습니다.

또한 회사가 정한 방침이나 조건대로 근로자가 받아들이고 서명하는 것을 당연하게 생각하고 근로계약서에 서명을 받는 일을 신속하게 처리하고자 합니다. 이런 이유에서 근로계약서를 찬찬히 검토해보고 판단하거나 협의할 시간을 주지 않는 경우도 있지만, 다른 한편으론 근로자에게 불리하고 사용자에게 유리한 조건을 신속하게 '통과'시키기 위한 의도로 서둘러 근로계약을 체결하는 경우도 있습니다. 그러므로 시간이 충분하지 않더라도 확인할 것은 분명하게 확인하고 서명해야 합니다. 성인이 되어서 어떤 계약서나 합의서에 서명할 때는 매우 신중해야 합니다. 서명은 명시적으로 '동의한다'는 뜻입니다. 대충 보거나 모르고 서명하더라도 서명한 이상 계약의 효력을 그대로 받게 됩니다.

근로계약서에는 그 내용이 무슨 뜻인지 명확히 알아야 하는 중요 사항들이 있습니다. 바로 근로계약기간, 임금, 근로시간입니다. 휴일과 휴가도 중요하지만 계약에서 정하지 않더라도 법이 의무적으로 정한 기준이 있으므로 당사자 간 약정에 따라 결정되는 계약 기간, 임금, 근로시간에 비하면 차후의 문제라고 할 수 있습니다.

근로계약기간

먼저 근로계약기간이 어떻게 돼 있는지 봐야 합니다. 근로계약 기간은 '입사일'부터 시작돼야 합니다. 수습기간도 당연히 근로계약 기간에 포함됩니다. 정규직이라면 근로계약기간이 끝나는 날이 표시돼 있지 않습니다. 계약직이라면 근로계약이 끝나는 날이 표시돼 있을 것입니다. 계약직은 근로계약기간이 끝나면 갱신하지 않는 한 자동으로 퇴사한다는 뜻입니다.

만일 정규직으로 입사했는데도 근로계약서에 근로계약기간이 끝나는 날이 표시돼 있다면 반드시 이의를 제기해야 합니다. 사용자가 그 기간을 단순히 연봉계약기간이라고 말하더라도 '연봉계약기간'이라고 계약서에 명확하게 표시돼 있지 않다면 근로계약기간으로 보기 때문에 "연봉계약기간을 뜻한다"라는 내용을 계약서에 추가한 후 서명해야 합니다.

임금

그다음으로 임금 조항을 확인해야 합니다. 임금 조항은 다소 복잡하게 구성돼 있지만 매우 중요하기 때문에 자세히 봐야 합니다. 기본급이 얼마인지, 상여나 수당이 얼마인지 항목별로 확인하고, 월 합산액이나 연봉액이 맞는지 계산해봐야 합니다. 특히 상여금은 매달 지급하지 않을 때가 많기 때문에 연간 상여금이 얼마인지 꼭 확인해야 합니다.

연장수당, 야간수당, 휴일수당, 연차수당 같은 법정수당은 근무하면서 연장, 야간, 휴일근로가 발생하거나 연차를 사용 기한 내에 못 쓰고 일했을 때 받을 수 있는 금품입니다. 본래는 미리 계산할 수도 지급할 수도 없는 금품이지만 근로자에게 불리하지 않다면 월급에 포함해 지급할 수도 있습니다. 이런 임금 형태를 '고정시간외수당제'(실무상 '포괄임금산정제*)라고 부릅니다. 시간 외 근로나 연차수당 발생을 예상해서 지급할 수 있지만 지급된 금액보다 나중에 발생하는 수당이 많다면 그 차액을 사용자가 지급해야 합니다. 계약서에 앞의 법정수당 항목과 금액이 명시돼 있다면 포괄임금산정제 임금계약에 해당합니다. 이런 임금 형태인 경우 수당별로 어느 정도의 금액을 미리 정한 것인지, 거꾸로 시간 외 근로 몇 시간에 대한 임금이 미리 포함된 것인지, 연차수당 며칠에 대한 수당이 미리 지급되는 것인지 확인해두는 편이 좋습니다.

임금이 시급제나 일급제로 돼 있을 수도 있습니다. 시간당 얼마 또는 일당 얼마로 임금을 책정하고 실제 일한 시간과 일수에 따라 임금을 계산하는 경우입니다. 이 경우 시급이나 일급 외에 주휴수당을 지급하는지 확인해두는 편이 좋습니다. 주휴수당은 어차피 사용자가 지급해야 하는 법정수당이기 때문에 계약서에 없다면 나중에 청구해서 추가로 받을 수 있습니다.

근로시간

임금과 함께 확인해둬야 할 사항이 근로시간입니다. 오전 9시부터 저녁 6시까지 일 8시간(휴게시간 12:00~13:00), 주 40시간의 형태가 대부분이지만 근로시간이 이와 다른 경우가 있습니다. 매일 휴

* 본래 포괄임금제는 실제 근로시간과 관계없이 일정액의 급여를 지급하는 것으로 법정수당 지급 의무를 갈음하는 내용의 임금계약을 뜻하는데 실제 근로시간에 따른 임금 산정 원칙에 위배되기 때문에 원칙적으로 '무효'입니다. 다만 판례에 의해 근로시간 계산이 곤란하고 근로자에게 불리하지 않은 특별한 경우에 한해 허용됩니다. 본문의 '포괄임금산정제'는 사실 전형적인 '포괄임금제'가 아니라 '고정시간외수당제'에 해당합니다. 일정한 시간 외 수당을 급여에 포함해 고정적으로 지급하지만, 해당 수당으로 보상하는 근로시간보다 많은 근로를 한 경우 이 추가된 부분에 대해서는 추가 시간 외 수당을 지급하는 형태이며, 이러한 방식은 실제 근로시간에 따른 임금 산정 원칙에 위배되지 않기 때문에 유효합니다.

게시간을 빼고 8시간 넘는 연장근로를 하기로 한 경우도 있고, 2교대·3교대 같은 교대근무를 하는 경우도 있습니다. 이런 형태로 근로시간을 정한다면 임금이 근로시간에 대해 제대로 지급되는 상황인지 확인할 필요가 있습니다. 일 8시간이 넘거나 주 40시간이 넘는 시간 외 근로가 예정돼 있는 경우, 이러한 시간 외 근로에 대한 수당이 임금에 들어 있는지 확인해야 합니다. 시간 외 근로에 대한 수당이 따로 명시되지 않다면 월 기본급은 이 시간 외 근로까지 포함한 약정된 근로시간에 대한 기본급이기 때문에 실제 법정근로시간(주 40시간)에 대한 기본급(통상시급)은 그보다 적을 수 있습니다.

휴일, 휴가

이 밖에도 휴일이나 휴가에 관한 조항이 사전에 약속한 것과 동일하게 적혀 있는지 확인해야 합니다. 휴일이나 휴가는 '법정휴일, 법정휴가'가 있어서 계약서에 없더라도 최소한 법에서 정한 휴일과 휴가에 대한 권리는 누릴 수 있습니다. 그리고 법정휴일(주휴일, 관공서 공휴일, 근로자의 날)이나 법정휴가(연차휴가, 출산전후휴가, 가족돌봄휴가 등) 외에 추가로 주는 휴일과 휴가가 있을 수 있습니다. 이런 것을 '약정휴일, 약정휴가'라고 하는데, 이에 대해 사용자가 미리 제시하고 약속한 사항이 있다면 그러한 사항이 계약서에 명시돼 있거나 취업규칙에 있어야 유효하므로 확인해둘 필요가 있습니다.

근로계약서에 기재된 내용을 스스로 판단할 수 있다면 좋겠지만 그렇게 하지 못할 수도 있습니다. 잘 이해가 안 되거나 애매한 내용이 있더라도 이제 막 근로계약을 체결하는 입장에서는 사용자나 관리자에게 꼬치꼬치 물어보기가 어렵습니다. 시간 여유가 있다면 다른 동료나 선배 또는 법률전문가에게 상담을 요청하고 확인해볼 수 있겠지만 이 또한 여의치 않은 경우가 있습니다. 그렇더라도 근로계약, 임금, 근로시간 같은 중요한 내용은 반드시 확인한 뒤 서명해야 합니다. 이런 부분은 매우 중요하기 때문에 이해되지 않는 부분에 대해서 설명을 요청하거나 약속과 다른 부분에 대해서 이의를 제기하는 것을 사용자 입장에서도 당연하게 받아들여야 합니다. 사용자가 제대로 설명해주지 않으면서 서명부터 하라고 요구한다면 문제가 있는 회사일 가능성이 크기 때문에 계속 근무할 것인지 신중히 판단할 필요가 있습니다.

근로계약서에 있는 내용이고 근로자가 그 계약서에 서명한다고 해서 무조건 계약서 내용대로 법적 효력이 발생하는 것은 아닙니다. 근로기준법은 근로조건에 관한 '최저 기준'을 정한 법입니다. 근로계약서 역시 근로조건을 정합니다. 즉 같은 근로조건을 근로계약서와 법에서 정하게 되는데 근로계약의 내용이 법보다 근로자에게 유리한 내용이라면 근로계약서가 적용되지만, 법보다 불리한 내용이라면 애초부터 효력이 없습니다. 이렇게 처음부터 효력이 없는 계약서의 내용은 '법'의 기준대로 적용됩니다.

한편 근로계약서에서 정하지 못하도록 근로기준법이 금지하고 있는 내용도 있습니다. 이렇게 법에서 금지한 내용을 정한 근로계약서 역시 처음부터 무효이므로 근로자에게 적용되지 않습니다.

근로계약서에 있더라도 효력이 없는 규정들

① 구체적 내역이 없는 포괄임금계약

근로계약서에 월 급여 총액을 정해놓고 "해당 금액에는 퇴직금 및 법정수당 등 제 수당이 모두 포함되어 있다"라고 규정하는 경우가 있습니다. 우선 퇴직금은 성질상 미리 줄 수 없는 돈이기 때문에 이런 규정이 있더라도 법정퇴직금을 지급한 것으로 인정하지 않습니다. 법정수당을 임금에 포함할 수는 있지만 구체적인 수당액수나 산정방식이 계약서에 명시되지 않는다면 역시 법정수당을 지급한 것으로 인정하지 않습니다. 따라서 이러한 규정이 근로계약서에 있더라도 사용자는 계약서에서 정한 월급여 외에 퇴직금과 법정수당을 추가로 지급해야 합니다.

② 최저임금에 미달하는 임금 조항

근로계약에서 정한 임금이 '최저임금'에 모자랄 수 있습니다. 급여 수준이 적은 경비직, 생산직, 일용직, 아르바이트생의 경우 이런 일이 많이 발생합니다. 최저임금은 최저임금법에 의해 매년 최저임금위원회에서 결정되고 고용노동부 장관 고시로 이듬해 적용됩니다. 근로계약에서 정한 임금이 그해 최저임금보다 적으면 사용자는 그 차액을 근로자에게 지급해야 할 뿐 아니라 강행법규인 최저임금법 위반으로 처벌받을 수 있습니다.

③ 근로계약 위반에 대한 손해배상액을 정한 조항

근로계약은 사용자의 의무만 아니라 근로자의 의무에 대해서도 정합니다. 그리고 근로자가 사용자에게 손해를 끼칠 때 배상해야 한다는 내용을 정하기도 합니다. 일반적인 거래관계에서는 위약금을 미리 정해놓는 경우가 많습니다. 임대차계약을 하면서도 세입자가 계약금을 내고 전세계약을 했다가 계약을 파기하면 이미 지급한 계약금을 위약금으로 물어주게 됩니다. 그러나 근로계약을 체결하면서 손해배상액이 얼마인지 미리 정할 수는 없습니다. 근로계약 과정이 사용자 주도로 이뤄지기 때문에 사용자가 일방적으로 위약금을 정할 우려가 있고 이로 인해 근로자가 부당한 의무를 지거나 강제 근로를 하게 될 수도 있기 때문입니다.

따라서 근로계약서에 손해배상액을 정해놓더라도 해당 규정은 효력이 없습니다. 즉 근로자의 잘못으로 손해가 발생했을 때 계약서에 정해놓은 위약금을 그대로 물어줄 필요는 없습니다. 다만 근로자의 과실로 사용자에게 손해가 발생했을 때 사용자는 '실손해액'에 대한 배상을 청구할 수 있습니다. 그러나 이 경우에도 사용자가 근로자의 고의나 과실이 있는지, 이로 인해 손해가 발생했는지, 그 손해가 얼마인지를 입증해야 합니다. 이렇게 사전에 위약금을 정해놓지 못하기 때문에 손해배상 문제가 생기면 법원의 판결을 통해 해결해야 하는 경우가 많습니다. 하지만 근로관계의 특수성 때문에 근로자의 과실이 인정되는 경우가 많지 않고 업무를 수행하는 과정에서 발생할 수 있는 어느 정도의 과실이나 손해는 사용자가 감수해야 하는 것으로 보는 경우도 많아서 사용자가 요구하는 손해배상액보다 적은 금액으로 결정되는 사례가 많습니다.

03 | 계약기간이 정해져 있으면 비정규직인가요?

정규직인지 비정규직인지는 매우 중요한 채용 조건이기 때문에 대부분 채용 전에 회사가 정규직 여부를 알려주고 근로자를 모집합니다. 그런데 근로자가 정규직인지 비정규직인지 정확히 모른 채 입사를 결정하고 근로계약을 체결하는 경우도 생각보다 많습니다. 근로자는 회사에서 '비정규직'이라고 명확하게 이야기하지 않는 이상 당연히 정규직이라고 생각하는 경향이 있습니다. 하지만 이렇게 생각하다가 계약기간이 끝났다는 이유로 퇴사를 통보받아 낭패를 당하는 일도 있기 때문에 근로계약서를 검토할 때 주의할 필요가 있습니다.

근로계약서에는 '계약기간'이라는 조항이 있습니다. 이 계약기간이 '근로계약기간'을 뜻하는 것이고 계약기간이 끝나는 날이 정해져 있다면, 흔히 말하는 비정규직, 즉 '기간제 근로계약'을 체결한 것입니다.

많은 회사에서 연 단위로 급여를 결정하는 연봉제를 실시하면서 매년 연봉계약을 체결하고 있습니다. 연봉계약서에 있는 계약기간은 연봉액이 적용되는 기간을 정한 것입니다. 연봉계약은 근로계약의 내용 중 연봉에 관한 사항에 대해서만 따로 체결한다고 이해하면 됩니다. 따라서 '근로하기로 정한 기간'을 의미하는 근로계약 기간과 '연봉액이 적용되는 기간'을 정한 연봉계약기간은 엄연히 다른 것입니다. 하지만 근로계약서에도 연봉(임금)에 관한 사항이 있습니다. 이 때문에 근로계약과 연봉계약을 따로 체결하지 않고 이 둘이 통합된 '연봉근로계약'의 형태로 근로계약을 체결하기도 합니다. 연봉근로계약서에 근로계약과 연봉계약기간을 명확히 표시한다면 구분에 어려움이 없을 것입니다. 그러나 두 개의 계약기간을 따로 표시하지 않고 '계약기간'으로만 표시한다면 근로계약기간을 의미하는지, 연봉계약기간을 의미하는지 불분명합니다.

근로계약서에도 연봉에 관한 사항이 포함돼 있기 때문에 따로 연봉만을 정하기 위해 체결하는 연봉계약이 아닌 이상 일반적으로 연봉근로계약서는 근로계약서와 동일한 것으로 봅니다. 그래서 연봉근로계약서에 다른 언급 없이 '계약기간'으로만 표시돼 있다면 그 기간은 연봉계약기간이 아니라 '근로계약기간'을 의미한다고 취급합니다. 연봉근로계약서에 있는 계약기간이 연봉계약기간인 줄로만 알다가 계약기간이 끝나는 시점에 '계약기간만료에 따른 퇴사'를 통보받는 경우도 종종 있습니다. 물론 이런 문제는 비정규직이라는 채용 조건을 명확히 제시하지 않거나 계약 체결 과정에서 분명히 하지 않은 회사의 잘못입니다. 그러나 일단 서면 증거인 연봉근로계약서에 계약기간이 분명히 적혀 있고 근로자가 거기에 서명한다면 회사가 정규직으로 채용한다는 명확한 증거가 없는 한 이로 인한 불이익은 근로자가 그대로 감수하는 수밖에 없습니다.

따라서 정규직으로 알고 근로계약을 체결하려고 하는데, 계약서에 계약기간이 끝나는 날이 표시돼 있고 '연봉계약기간'이라는 점이 명확히 적혀 있지 않다면 계약서 수정을 요청해야 합니다. '계약기간'을 '연봉계약기간'으로 변경하거나 "정규직으로 채용한다"라는 문구를 추가하도록 요구하는 편이 좋습니다.

회사가 나쁜 의도 없이 단지 계약서를 충분히 검토하지 못한 상태에서 엉성하게 계약서를 작성할 수도 있지만 이 허술한 계약서가 회사에 의해 악용될 수도 있습니다. 당사자의 '의도' 문제는 시간이

지나면 변할 수 있고 증거가 남지 않는 이상 객관적으로 확인할 수 없기 때문에 아무리 주장해도 소용이 없습니다. 문제가 생길 때 의존할 수밖에 없는 것이 바로 계약서와 같은 명확한 입증 자료입니다. 그러므로 계약기간처럼 중요한 조건이 알고 있는 것과 다르게 적혀 있거나 불분명하다면 반드시 필요한 조치를 취해야 불이익을 예방할 수 있습니다.

2007년에 소위 비정규직법(「기간제 및 단시간 근로자 보호 등에 관한 법률」)이 제정된 이래 등장한 말이 '무기계약직'이라는 것입니다. 비정규직이 '기간을 정한 계약직', 즉 기간제 계약직을 의미한다면 무기계약직은 '기간의 정함이 없는 계약직'을 뜻합니다. 기간제 계약직이 아니라면 당연히 정규직에 해당한다고 생각하기 쉽습니다. 무기계약직과 정규직은 근로계약기간을 정하지 않고 정년제의 적용을 받는다는 점에서는 같습니다. 그러나 정규직이라는 표현을 사용할 수 있는데도 굳이 무기계약직이라는 생소한 표현을 사용한다면 우리가 생각하는 정규직과 전혀 다른 의미일 수 있다는 점을 알아둘 필요가 있습니다.

근로계약서에 계약기간을 정해놓고 "계약기간이 총 2년을 초과할 경우 무기계약직으로 자동 전환된다"라는 표현을 둘 때가 있습니다. 기간제법에 의해서 2년까지만 계약직 고용이 가능하고, 그 이후에도 계속 근무한다면 '기간의 정함이 없는 계약직', 즉 무기계약직으로 간주되기 때문에 이런 규정이 근로계약서에도 들어가게 되었습니다. 그런데 정규직이 아니라 '무기계약직'이라고 표현한다면 회사에 정규직과 무기계약직이 따로 있는지 알아볼 필요가 있습니다. 정규직과 무기계약직을 구분해서 관리하는 회사라면 정규직과 무기계약직에 적용하는 근로조건이 다를 가능성이 있습니다. 무기계약직이 되면 기간이 정해진 계약직에 비해 고용이 매우 안정적입니다. 그러나 일반적으로 정규직과 계약직은 복리후생이나 급여조건, 승진체계 등 많은 부분에서 차별이 있습니다. 무기계약직과 정규직을 따로 관리하는 회사 중에는 정규직이 받는 혜택을 무기계약직에 적용하지 않는 경우가 있습니다. 계약직으로 2년을 근무한 후 무기계약직이 된다고 해서 기존 정규직에게 적용되는 혜택을 당연히 받는 것은 아닙니다.

04 | 취업규칙은 무엇인가요?

취업규칙은 직원들에게 집단적으로 적용되는 근로조건이나 복무규율을 정한 사규입니다. 근로조건에 관해 법에서 정한 것은 '최저 기준'입니다. 회사는 이 최저 기준 이상으로 근로조건을 정할 수 있고 이런 근로조건 중 직원 전체에게 적용되는 내용이 취업규칙에 들어 있는 것입니다. 말하자면 취업규칙은 '직원들에 관한 회사의 법'이고 그 내용이 법 기준보다 불리하지 않은 이상 취업규칙에서 정한 대로 효력이 생기고 법적인 권리가 됩니다. 취업규칙 외에도 인사규정, 복무규정, 연봉규정, 보수규정 등 다양한 사규가 있을 수 있는데, 그 내용이 직원의 근로조건에 관한 것이라면 법적으로는 모두 '취업규칙'에 포함된다고 해석합니다.

법에서는 사업장의 근로자 수가 평균 열 명을 넘으면 취업규칙을 반드시 작성하도록 하고 있지만, 그 이하의 인원수라도 취업규칙을 둘 수 있습니다. 회사가 처음 취업규칙을 만들 때에는 사용자가 작성하고 근로자 반수 이상의 의견을 들으면 효력이 발생합니다. 의견을 듣기만 하면 될 뿐 동의를 얻을 필요는 없습니다. 그러나 취업규칙을 만든 후 근로자에게 불리하게 규정을 변경할 때에는 근로자 과반수의 동의를 얻어야 합니다. 근로자 과반수로 조직된 노동조합이 있다면 그 노동조합 대표의 동의를 얻어야 효력이 생깁니다.

많아야 두세 장밖에 안 되는 근로계약서에 다양한 근로조건을 모두 적어놓을 수 없기 때문에 근로계약서에는 일반적으로 "이 계약에서 정하지 아니한 사항에 대하여는 취업규칙, 기타 노동관계법령에 의한다"라는 조항이 포함돼 있습니다. 따라서 근무할 회사에서 적용하는 근로조건의 내용을 충분히 알기 위해서는 취업규칙을 봐야 합니다. 근로계약 체결을 제대로 진행하는 회사라면 근로계약서를 교부하면서 취업규칙을 함께 읽어볼 수 있도록 제시하지만 실제로 그렇게 하는 경우는 많지 않습니다. 대개 입사한 후에 인사부서에 요청하거나 인트라넷에 게시된 자료를 다운받아 봅니다. 그런데 입사 후에도 취업규칙을 읽어보지 않는 경우가 많습니다.

미리 취업규칙을 볼 수 있다면 좋겠지만 설사 그렇게 하지 못하더라도 입사 후에는 회사의 취업규칙을 반드시 읽어두는 편이 좋습니다. 인사규정, 복무규정, 보수규정 등 복잡한 하위 규정이 있다면 그것들도 함께 읽어봐야 합니다. 이런 하위 규정이 있다면 '취업규칙'이라는 명칭의 규정에는 원칙적이고 일반적인 이야기만 들어 있고, 하위 규정에서 자세한 내용을 정하는 경우가 많기 때문입니다. 회사에서 신입 직원 교육을 진행하면서 취업규칙에 대해 설명하는 시간이 있지만 중요한 내용만 설명할 때가 많기 때문에 취업규칙 원본을 한 번 정도는 통독해보는 편이 좋습니다.

취업규칙에는 근로시간, 임금, 복리후생, 휴일, 휴가, 징벌 등 중요한 근로조건이 근로계약서에 적힌 내용보다 자세하게 기술돼 있습니다. 취업규칙에 있는 근로조건은 결국 '나의 근로조건'이 되기 때문에 근로계약서에 있는 조건과 비교하면서 어떻게 임금이 결정되고 어떤 복리후생을 누릴 수 있으며 휴일과 휴가를 어떻게 사용하는지 등을 확실히 알아둬야 합니다. 이 밖에도 근로자가 지켜야 할 복무규율, 인사평가제도나 이동배치, 승진과 같은 인사제도, 산업안전, 재해보상 등 근로관계에 적용되는 다양한 내용이 있기 때문에 취업규칙을 통독해보면 앞으로의 회사 생활에 대해 계획을 세우고 예측하는 데 큰 도움이 됩니다.

취업규칙은 '회사의 법'이다 보니 내용이 다양합니다. 규정 조항

수가 보통 70~100개 정도 됩니다. 어려운 법률 용어를 그대로 가져오기도 하고 대부분 딱딱한 표현을 사용합니다. 내용이 많고 어려운 말을 써서 읽기가 쉽지는 않습니다. 게다가 취업규칙의 첫 장에는 적용 범위나 각종 원칙 같은 일반적이고 추상적인 내용이 많기 때문에 취업규칙을 처음부터 읽으면 눈에 잘 들어오지 않을 수 있습니다.

취업규칙을 쉽게 읽는 방법은 목차를 살펴본 다음 관심 있는 주제부터 보는 것입니다. 목차를 통해 취업규칙의 내용이 어떤 순서로 정리되었는지 확인하면서 임금이나 휴가 등 관심 있는 부분부터 읽으면 이해도 잘되고 다른 규정과 연결해서 보는 일도 쉽게 할 수 있습니다. 읽다가 내용이 곧바로 이해되지 않는 곳이 있으면 표기해둡니다. 취업규칙의 규정끼리 연결돼 있는 경우가 많기 때문에 표기해두면 다른 부분을 읽다가 좀 더 수월하게 연결점을 찾을 수 있습니다.

취업규칙을 꼼꼼히 읽었는데도 뜻을 이해하기 어려운 부분이 있을 수 있습니다. 어려운 말을 쓰거나 규정 자체가 불분명하게 표현됐을 때 그럴 수 있습니다. 중요한 내용인데 이해하기 어렵다면 인사담당자에게 문의하는 편이 좋습니다. 인사부서는 취업규칙을 관리하는 일을 하기 때문에 취업규칙 규정에 나오는 내용을 설명해주고 문제나 오해의 소지가 있다면 적극적으로 고치려고 할 것입니다.

05 | 취업규칙보다 나의 계약 조건이 더 나쁠 수 있나요?

회사 직원 모두에게 적용되는 근로조건이 있고 직원에 따라 서로 다른 근로조건이 있습니다. 근로계약이 '개인별 근로조건'을 정한 것이라면, 취업규칙은 '공통의 근로조건'을 정한 것입니다. 따라서 근로계약에서 정한 조건이 '개인별로 따로 정해야 하는 근로조건'에 해당하는 사항이라면 취업규칙의 내용과 다를 수 있습니다.

그렇다면 무엇이 개인별로 정할 수 있는 근로조건일까요? 근로계약기간(시작일과 종료일)이나 임금은 개인마다 입사일과 능력이 다르기 때문에 성격상 다를 수밖에 없습니다. 그러나 취업규칙에서 근로계약기간(근로계약 체결 단위 기간)을 설정하는 원칙이나 임금을 결정하는 방법을 정해놓을 수 있습니다.

이런 경우 개인별 근로계약기간과 임금도 취업규칙에서 정한 기준과 방법에 따라 결정해야 합니다. 반대로 근로시간, 휴일, 휴가, 퇴직금 등에 관한 규정은 일반적으로 직원 모두에게 공통적으로 적용되는 사항이어서 근로계약과 취업규칙의 조건이 서로 같을 때가 많습니다. 하지만 직종이나 업무 특성에 따라 근로시간이나 휴일이 서로 다를 수 있습니다. 이때 취업규칙에는 '근로시간에 관한 원칙'(예컨대 "일 8시간, 주 40시간을 원칙으로 한다" 같은 규정)만 정하고 개인별로 다르게 정할 필요가 있을 때는 개별 약정에 따르도록 규정하거나 취업규칙의 해당 조항에 '적용 범위'(예컨대 "이 조항은 일반 사무관리직만 적용된다" 같은 규정)를 따로 적어두기도 합니다.*

취업규칙이 있는 상태에서 근로계약서를 작성할 경우 근로계약서에 있는 근로조건이 취업규칙보다 불리하다면 효력이 없습니다. 취업규칙은 소속 직원에게 적용되는 '회사의 법'이기 때문에 당연히 근로계약도 취업규칙을 따라야 합니다. 근로계약서에 있는 조건이 취업규칙보다 불리해서 효력이 없다면 취업규칙 내용대로 효력이 생깁니다. 만약 취업규칙에는 정년이 65세로 돼 있는데, 근로계약서에는 정년을 60세로 정하고 있다면 취업규칙보다 불리하므로 효력이 없고 그 근로자의 정년은 취업규칙대로 65세가 됩니다. 물론 근로계약에서 정한 조건이 취업규칙보다 유리할 수도 있습니다. 취업규칙이든 근로계약이든 근로자에게 유리한 조건을 정한 것이 먼저 적용됩니다.

06 | 한 회사에 두 개 이상의 취업규칙이 있을 수 있나요?

취업규칙은 직원 집단에게 공통으로 적용되는 근로조건을 정하고

---

* 취업규칙은 직원에게 공통으로 적용되는 근로조건을 정하는 것이지만, 취업규칙에는 '적용 범위'라는 것이 있습니다. 전체 취업규칙이 적용되는 집단을 따로 정할 수도 있고, 개별 취업규칙 조항 중 일부 집단에만 적용되는 사항에 대해서는 따로 정해놓을 수 있습니다. 적용 범위대로 효과가 발생하고, 적용 범위에 대해 따로 정한 것이 없다면 '모든' 직원에게 적용된다고 생각하면 됩니다.

있기 때문에 보통 회사에는 하나의 취업규칙이 있습니다. 그러나 취업규칙이 반드시 한 회사에 하나만 있어야 하는 것은 아닙니다. 회사에 따라서는 직원의 직종에 따라 근무 형태가 다를 수 있습니다. 정규직과 계약직에 관한 사항을 따로 정해서 운영하는 회사도 있습니다. 이렇게 고용 형태나 근로조건이 다른 경우 근로 형태나 직종이 특수한 집단에 대해 적용되는 취업규칙을 별도로 둘 수 있습니다.

취업규칙을 따로 두는 까닭은 각 집단에 적용되는 근로조건이 달라서 하나의 취업규칙으로 정리하기엔 복잡하기 때문인 경우가 많습니다. 바꿔 말하면 취업규칙이 다르면 한 회사 소속이더라도 근로조건이 달라질 수 있습니다. 회사에 여러 개의 취업규칙이 있다면 취업규칙의 '적용 범위'를 잘 읽어봐야 합니다. 자신의 고용 형태(정규직, 계약직, 일용직 등)나 직종(생산직, 현장직, 기술직, 일반직 등)에 적용되는 취업규칙이 무엇인지 확인해봐야 합니다. 여러 개의 취업규칙 중 자신이 속한 집단에 적용되는 취업규칙의 내용이 자신의 근로조건이 됩니다.

한 회사에 여러 취업규칙을 둘 수 있고 취업규칙에서 집단별로 근로조건을 다르게 정하면 그대로 적용됩니다. 그러나 언제나 차별이 가능한 것은 아닙니다. 같은 회사 직원 사이에 불합리한 위화감이 생기지 않도록 법에서 차별을 금지한 사항이 있기 때문입니다.

「근로자퇴직급여 보장법」은 하나의 사업장 안에서 퇴직급여제도의 차등을 둘 수 없도록 하고 있습니다. 퇴직금은 근속연수가 길어질수록 지급률이 누진되는 누진퇴직금제를 적용하기도 하는데 회사의 일부 집단에만 적용한다면 단수제를 적용하는 다른 집단과의 차별에 해당할 수 있습니다. 「기간제 및 단시간 근로자 보호 등에 관한 법률」은 동종·유사 업무에 종사하는 비정규직, 단시간근로자와 정규직, 풀타임근로자 간에 합리적 이유 없이 차별적 처우를 하지 못하도록 규정하고 있습니다. 같거나 비슷한 일을 한다면 비정규직이라는 이유만으로 임금을 적게 지급하거나 복리후생 혜택에서 배제할 경우 차별에 해당할 수 있습니다.

그러나 퇴직금 차등 금지나 비정규직 차별 금지에는 다양한 조건과 예외가 있습니다. 무조건 똑같이 대우해야 한다는 뜻이 아닙니다. 퇴직금의 경우 누진제에서 단수제로 제도를 불이익하게 바꿀 수 있습니다. 기존 직원들이 동의하지 않으면 기존 직원들에게는 그대로 누진제가 적용되지만, 회사는 신입 직원에 대해서는 단수제를 적용할 수 있습니다. 이런 이유로 신입 직원과 기존 직원의 퇴직금제도에 차등이 생기더라도 이것은 법 위반이 아니라고 봅니다. 하지만 단지 직종이 다르거나 계약직이라고 해서 퇴직금제도에 차등을 둘 수는 없습니다.

한편 비정규직, 단시간근로자에 대한 차별 문제는 생각보다 복잡하고 어렵습니다. '동종·유사 업무'라는 것도 애매한 표현입니다. 차등적 처우라도 합리적 이유가 있으면 허용되지만 '합리적 이유'가 무엇인지에 대해 법이 구체적으로 정하지 않았기 때문에 합리적 이유가 있는지 여부를 개별 사안마다 판단해야 합니다. 비정규직에게 상여금을 주지 않는 경우, 비정규직에게 복지포인트를 지급하지 않는 경우, 과연 무조건 차별에 해당할까요? 경우에 따라 차별이 아니라고 볼 수도 있습니다. 예를 들어 상여금이나 복지포인트가 근속 2년 이상 직원에게만 지급하는 것으로 장기근로에 대한 보상이라고 인정된다면, 결과적으로 근속기간이 2년이 안 되는 비정규직은 혜택을 받을 수 없습니다. 그러나 정규직이라도 근속 요건을 달성하지 못하면 상여금이나 복지포인트를 받지 못하는 것이고 차등적 처우의 합리적 이유가 인정되기 때문에 법적으로 비정규직 차별이라고 보지는 않습니다.

07 | 수습기간 중에는 쉽게 해고할 수 있나요?

처음 회사에 입사해 근로계약을 체결하면 대부분 3개월 정도 수습기간을 둡니다. 수습기간을 3개월로 해야 한다는 법 규정은 없지만 우리나라 기업이 관행적으로 선택하는 기간이 대부분 3개월입니다. 그러나 입사하면 수습기간이 무조건 적용되는 것은 아닙니다. 취업규칙이나 근로계약서에 수습기간을 몇 개월로 한다는 내용이 명시돼 있어야만 적용됩니다.

수습기간이 입사일로부터 3개월이라면 3개월 이후에 정식 계약을 체결하는 것일까요? 결론부터 말하자면 수습기간이 있는지 없는지와 상관없이 '입사일'부터 '정식 근로계약'이 체결된 것입니다. 수습기간에도 엄연히 '근로자'이기 때문에 다른 일반 근로자와 똑같이 근로기준법이 적용됩니다. 4대 보험 신고도 입사일로부터 14일 이내에 해야 하고, 근속연수도 입사일부터 계산해야 합니다. 수습기간이 끝나야 4대 보험 신고를 하고 이때부터 근속기간을 셈하기 시작하는 것은 위법입니다. 단 수습기간 중 3개월까지는 최저임금보다 적은 임금(최저임금의 90% 이상*)을 지급할 수 있습니다. 입사한후 3개월 미만**에 해고할 때는 해고예고를 하지 않아도 되고 따라서 해고예고수당(해고예고를 하지 않았을 때 지급하는 30일치 통상임금)을 지급하지 않아도 됩니다.

수습과 비슷한 형태로 '인턴'제도가 있습니다. 인턴사원으로 일정 기간 일하다 선발 절차를 거쳐 정식사원이 되는 경우입니다. 일반적으로 수습기간은 근로계약을 정식으로 체결하면서 그 기간 중처음 몇 개월을 수습기간으로 운영하는 형태를 말합니다. '인턴 기간'이라는 명칭을 사용하더라도 성격상 수습기간과 동일하다면 법

---

* 1년 미만의 단기 근로계약을 체결한 경우에는 수습기간을 두더라도 최저임금의 100퍼센트 이상을 지급해야 합니다. 또한 수습근로자라도 업무가 단순노무 직종에 해당한다면 최저임금을 감액해 적용할 수 없습니다. 단순노무 직종은 한국표준직업분류에서 대분류 9에서 정하는 직종으로 경비원, 청소원, 배달원, 패스트푸드 조리원, 주유원 등이 해당합니다.
** 수습기간 여부와 관계없이 입사한 후 3개월 이상부터 해고예고 의무가 적용됩니다. 따라서 입사일로부터 3개월을 채워 일한 다음 곧바로 본채용이 거부될 경우 해고예고수당(통상임금 30일분)을 받을 수 있습니다.

적으로 동일한 보호를 받습니다. 그런데 인턴제도가 업무 수행보다는 교육이 중심이 되는 '실습생 또는 연수생'제도를 뜻할 때가 있습니다. 단순한 실습생이나 연수생은 근로자가 아니라고 보기 때문에 이때의 인턴 기간은 근속기간에 포함되지 않으며 근로자 신분에 따른 법의 보호를 받지 못할 수 있습니다. 하지만 실제 산업 현장에서 이뤄지는 인턴 근무를 보면 근로자가 아니라고 볼 수 있는 상황은 많지 않습니다. 대부분의 인턴사원이 출퇴근 시간의 제약을 받고 지정한 업무를 수행하면서 일정한 금품을 지급받습니다. 이런 경우는 '근로를 제공하고 그 대가로 임금을 지급받는' 근로자에 해당한다고 보는 것이 일반적입니다.

다만 인턴사원은 수습사원과 달리 근로계약을 미리 체결하지 않을 때가 많습니다. 인턴사원은 보통 인턴 기간만 두고 계약한 후 인턴 기간이 끝난 뒤 선발 절차를 다시 거쳐 정식 근로계약을 체결합니다. 법적으로 근로자라고 하더라도 인턴 기간이 끝나면 계약도 자동으로 끝납니다. 반면 인턴사원에 비해 수습사원을 해고하기는 매우 어렵습니다. 수습기간은 전체 근로계약기간 중 일부 기간에 불과합니다. 수습기간이 끝난다고 해서 당연히 근로관계가 끝나는 것은 아니기 때문에 수습기간이 끝난 후에 근로계약을 해지하는 것은 근로계약기간 도중에 이뤄지는 '해고' 문제가 됩니다.

수습기간에도 근로자로서 모든 보호를 받을 수 있습니다. 수습사원도 일반 직원과 마찬가지로 해고할 때에는 '정당한 이유'가 필요합니다. 근로자를 강제로 해고하는 일은 생각보다 어렵습니다. 계속해서 고용하는 것이 누가 봐도 어려울 정도로 큰 잘못이 있어야 합니다. 이런 사유를 법에서는 '정당한 이유'라고 합니다. 단순히 업무능력이 부족하거나 태도가 불량하다고 해서 곧바로 해고하기는 어렵습니다.

수습기간에는 때에 따라서 해고가 쉬울 수도 있고 어려울 수도 있습니다. 수습기간이 근로계약 체결 후 업무수행능력을 습득하기 위해 일정한 연수 기간을 정한 것에 불과하다면 일반 근로자와 동일하게 해고 사유를 엄격하게 적용합니다. 그러나 수습기간이 일정 기간 시험 삼아 사용하면서 직원으로서의 직업 적성이나 업무능력을 평가하는 기간*이라면 해고 사유를 보다 넓게 인정합니다.

나에게 적용되는 수습기간이 일반적인 수습기간인지 '시용 기간'인지는 다음과 같은 방법으로 구분할 수 있습니다. 먼저 별도의 시용계약서를 쓰거나 수습기간이라는 용어 옆에 '시용 기간'이라고 표기돼 있는 경우, 근로계약서에 "수습기간 중 업무 적격성이 부족하다고 판단될 경우 본채용을 거부하고 근로계약을 해지할 수 있다" 같은 내용이 들어 있다면 그 수습기간은 시용 기간으로 볼 수 있습니다.

시용을 의미하는 수습기간은 특별한 목적에 따라 두는 기간이라는 점에서 일반적인 근로 기간과 조금 다릅니다. 회사 역시 채용 절차를 거쳐 인재를 선발하지만 직접 겪어보지 않고서는 잘 뽑았는지

＊ 이런 기간을 '시험 삼아 사용한다'는 뜻에서 '시용 기간'이라고 합니다.

확인할 수 없습니다. 3개월 정도 일하는 것을 지켜보면서 뽑은 직원이 업무에 맞는지, 특별한 문제는 없는지 확인하고 계속 고용할 것인지를 결정할 필요도 있습니다.

"업무 적격성이 부족할 경우 계약을 해지할 수 있다"는 표현은 단순히 갓 입사한 직원에게 성실하고 적극적인 업무 태도를 유도하려고 넣은 규정이 아닙니다. 이때의 수습기간은 근로자의 업무 적격성을 판단하기 위한 시용 기간이기 때문에 수습기간 중 업무 적격성이 부족하다는 이유로 해고 사유가 될 수 있습니다. 그렇다고 해도 회사 마음대로 높은 기준을 정해두고 그 기준에 미달한다고 해서 쉽게 해고할 수 있는 것은 아닙니다. 객관적이고 합리적인 사유가 있어야 합니다. 상식을 기준으로 봤을 때 본채용이 부적절하다고 판단되는 경우여야 합니다.

수습기간 중에는 대개 업무 적격성 부족이나 근태 불량이 해고 사유가 될 수 있습니다. 어느 정도여야 해고가 가능한지는 상황에 따라 다릅니다. 근로자 입장에서는 지나치게 엄격한 근태 기준이나 주관적인 업무 적격성 판단이 억울하게 느껴질 수 있지만 업무 특성상 출근시간 엄수나 업무 적격성 확보가 매우 중요하다면 해고를 정당하다고 볼 수 있습니다. 여하간 수습기간 중에는 적어도 문제가 생기지 않도록 조심할 필요가 있습니다.

08 | 경력직인데도 수습기간이 적용되나요?

수습기간을 실무를 습득하기 위한 기간으로 운영한다면 경력직 직원에게 수습기간을 둘 이유는 없습니다. 그러나 수습기간을 업무 적격성을 확인하는 기간으로 운영한다면 경력직이라도 수습기간을 둘 수 있습니다. 다른 회사에서 경력이 있더라도 직접 겪으면서 확인해볼 필요가 있기 때문입니다.

　회사의 취업규칙에 경력직 입사자에 대한 수습기간 적용 여부가 나와 있다면 그대로 적용됩니다. 취업규칙에는 "경력직의 경우 개별 약정에 따라 수습기간을 둘 수 있다"라는 일반적인 규정만 두고 근로계약에서 수습기간을 둘지 말지를 정하는 것이 대부분입니다. 취업규칙에 경력직은 개별 약정에 따르도록 되어 있고 근로계약서에 수습기간에 대한 별도의 규정이 없다면 수습기간이 적용되지 않는다고 해석할 수 있습니다.

　경력직도 수습기간이 있다면 수습기간 중 더 적은 임금을 받을 수 있습니다. 그러나 수습기간이라고 해서 당연히 임금을 적게 주는 것은 아닙니다. 취업규칙이나 근로계약서에 수습기간 중 임금을 얼마나 주는지에 대한 규정이 있어야 합니다. 아무런 규정이 없다면 수습기간이라도 원래 임금을 전액 받아야 합니다.

09 | 계약기간이 끝났는데 재계약 없이 계속 일하고 있으면 어떻게 되나요?

계약기간을 정해놓고 일하는 '계약직'이라면 계약기간이 끝나는 시점에 별다른 통보 없이도 근로계약이 자동으로 만료되는 것이 원칙입니다. 근로계약이 끝나기 전 계약을 갱신하기로 서로 합의한다면 합의한 내용대로 계약이 갱신됩니다.

그런데 근로계약서에 계약기간과 관련해 "계약기간 종료 전 당사자 간 별도의 합의가 없는 경우 1회에 한하여 근로계약기간 및 조건이 자동으로 갱신된다"라는 규정이 있을 때가 있습니다. 이런 경우라면 첫 번째 계약기간이 끝난 후 별도로 재계약을 체결하지 않아도 전과 동일한 기간과 조건으로 계약이 자동으로 갱신된다고 볼 수 있습니다.

근로계약서에 근로계약기간만 정해져 있거나 "기간만료 전 당사자 간 합의가 없는 한 기간만료로 자동 종료된다"라는 규정만 있고 자동 갱신에 관해 아무 언급이 없을 때가 있습니다. 이런 상태에서 종전 계약기간이 끝났는데도 재계약을 체결하지 않은 채 한동안 계속 일하는 일이 생길 수 있습니다. 계약직 신분으로 고용이 불안정한 근로자로서는 재계약이 매우 중요한 관심 사항인데, 모든 사용자가 친절하게 재계약 여부를 사전에 알려주고 계약기간 종료 날짜에 맞춰 재계약을 체결하는 것은 아닙니다. 관리가 제대로 안 돼서 계약 시점을 놓칠 수도 있고 계약기간 종료 후에도 사람을 계속 쓸 필요가 있기 때문에 일부러 지연시킬 수도 있습니다.

이런 상황에서 계약관계는 어떻게 될까요? 민법에는 '묵시의 갱신'이라는 것이 있습니다. 쉽게 말해 근로계약기간이 끝난 이후에 근로자가 계속해서 근로를 제공하고 사용자가 상당 기간 이의를 제기하지 않으면 계약 갱신에 대해 아무런 이야기가 없더라도 자동으로 계약이 갱신되었다고 본다는 뜻입니다. 하지만 여기에서 문제는 '상당 기간'이라는 게 도대체 어느 정도를 말하느냐는 것입니다. 정확히 정해놓으면 이해하기 편할 텐데 법은 그저 '상당 기간'이라고만 합니다. 이렇게 하는 이유는 경우에 따라 단기간이라도 '상당 기간'이 될 수 있고, 긴 기간이라도 '상당 기간'이 아니라고 할 수 있기 때문입니다.

예컨대 불가피한 사정이 있어서 계약 갱신 시점이 늦어진 경우, 갱신 시점을 미루기로 근로자에게 미리 언급한 경우, 인수인계같이 필요가 있어서 그 기간에 추가로 근무하는 경우에는 묵시적 갱신이 인정되지 않습니다. 대부분 이런 기간은 길어야 한두 달 정도입니다. 재계약을 체결하지 못할 만한 특별한 사정이 없다면 한 달 이상서로 이의 제기 없이 계속 근무할 때 묵시적 갱신이 인정될 가능성이 큽니다.

묵시의 갱신이 이뤄지면 근로계약은 전과 동일한 기간, 조건으로 갱신된다고 봅니다. 그렇지만 전과 달라지는 것이 있습니다. 계약직의 경우 계약기간을 지킬 의무가 근로자에게도 있습니다.* 계약기간 중에 근로자가 퇴사해서 회사에 손해가 생긴다면 손해를 배상해야 할 수도 있습니다. 그러나 묵시의 갱신 이후에는 근로자가 언제든 계약을 해지할 수 있습니다.

계약직으로 입사하여 1년의 계약기간을 다 채운 후 재계약 없이 추가로 몇 개월 더 근무하게 됐는데 적당한 자리가 생겨서 이직하고자 할 수 있습니다. 이때 회사에서 계약이 1년간 자동 갱신되었다면서 기간이 만료될 때까지 계속 근무해야 한다고 하더라도 근로자는 언제든 사직서를 제출할 수 있습니다. 다만 사직서를 제출한다고 곧바로 퇴직이 되는 것은 아닙니다. 회사가 사직서를 수리해줘야 퇴직이 되고, 계속해서 수리해주지 않으면 적어도 한 달 정도 지나야 퇴직 효력이 생깁니다. 사직서를 제출하고 나서 바로 출근하지 않을 수도 있지만 퇴직 처리가 될 때까지는 무단결근이 되기 때문에 퇴직금 정산 시 손해를 보거나 회사로부터 손해배상 청구를 받을 수도 있으니 주의가 필요합니다.

한편 계약직으로 근무한 지 2년이 되는 시점에 계약기간이 만료되는 경우가 있을 수 있습니다. 이 경우에는 앞에서 말한 '묵시의 갱신'이 적용되지 않습니다. 기간제법에 의해서 계약직으로 2년을 초과해서 근무하게 되면 '기간의 정함이 없는' 근로계약이 되기 때문입니다. 따라서 계약기간이 만료되는 시점이 2년이고 이 기간이 끝

* 기간을 정하지 않은 근로계약을 체결한 경우 근로자는 언제든지 사적 의사를 통보할 수 있습니다.

나는 시점에 계약 만료 없이 계속 근무하게 되면 입사일로부터 2년이 되는 바로 다음 날부터 더는 기간제 근로자가 아닙니다. 계약기간이 끝나고 '상당 기간' 더 근무를 해야만 갱신이 인정되는 것이 아닙니다. 그것은 법이 명확하게 '2년'을 정해놨기 때문입니다. 만약 2년이 넘은 며칠 후 회사에서 계약 만료를 통보한다면 그것은 '기간 만료에 따른 계약 해지'가 아니라 기간의 정함이 없는 근로자를 일방적으로 '해고'하는 것과 같습니다.

10 | 연봉계약을 갱신할 때 작년보다 더 적은 금액을 제시하면 거부할 수 있나요?

기존에는 회사에서 주는 대로 받거나 노동조합과 회사 간 임금 인상 협상이 타결되면 그에 따라 임금이 인상되는 것이 대부분이었습니다. 이 때문에 사용자와 근로자 개인이 연봉을 협상한다는 것이 생소했지만 요즘에는 입사 당시부터 희망 연봉을 적어내기도 하고 매년 개인별 협상을 통해 연봉을 결정하는 회사가 많아졌습니다. 정해진 대로 받거나 주는 대로 받는 게 아니라 협상으로 연봉을 결정하게 되면 근로자와 사용자 모두에게 합리적인 선택이 될 수 있습니다. 사용자는 근무 성적이 부진한 직원에게 연봉 삭감을 요구하거나 우수한 직원을 계속 고용하기 위해 더 높은 연봉을 제시할 수 있습니다. 근로자 역시 자신의 역량에 맞는 연봉 수준을 요구할 기회를 가질 수 있습니다.

그러나 아직까지 우리나라 기업 현실을 보면 완전한 의미의 협상 연봉제가 자리 잡았다고 하기는 어렵습니다. 겉으로는 협상 연봉제를 운영하지만 직급별로 상한과 하한을 두거나 실제로는 사용자가 결정하는 대로 따를 수밖에 없는 경우가 많습니다. 그래도 우수 인력의 이동이 많은 벤처기업이나 기술 산업 부문에서는 근로자가 보유한 능력의 희소성 때문에 실질적인 연봉 협상이 자주 이뤄집니다.

연봉계약은 말 그대로 '연 단위'로 임금을 결정하는 계약이기 때문에 매년 연봉 협상을 진행하게 됩니다. 실질적인 연봉 협상이 이뤄진다고 할 때 회사에서 연봉 삭감을 요구할 수 있습니다. 근로자의 근무 성적 부진을 이유로 들 수도 있고 회사 경영 사정 악화를 이유로 들 수도 있습니다. 이런 경우에 법적으로는 어떤 효력이 있을까요?

우선 연봉계약도 '계약'입니다. 계약이란 계약 당사자가 서로 '합의'해서 약속하는 행위입니다. 어느 한쪽이라도 거부한다면 계약이 이뤄지지 않습니다. 연봉계약 역시 마찬가지입니다. 근로자가 사용자의 연봉 삭감 요구를 무조건 받아들여야 하는 것은 아닙니다. 연봉 삭감을 받아들이지 못한다고 거부할 수 있습니다. 근로자의 동의 없이 사용자가 일방적으로 연봉을 삭감하면 임금체불이 됩니다. 연봉계약이 새로 체결되지 않으면 기존 조건과 동일하게 갱신되면서 연봉액이 그대로 유지되기 때문입니다.

그러나 연봉을 삭감하려 한다고 해서 연봉계약 갱신을 거부하면 근로계약이 종료될 수도 있습니다. 계약직으로 입사했다면 근로계약기간과 연봉계약 기간이 동일할 때 그렇습니다. 이런 상황에서는 근로계약 갱신권을 사용자가 갖고 있기 때문에 연봉 조건에 대해 합의가 이뤄지지 않으면 계약기간만료로 근로관계가 종료될 수 있습니다.

실질적으로 연봉 협상이 이뤄진다면 좋은 협상 기술을 갖출 필요가 있습니다. 연봉은 자신의 노동력에 대한 객관적인 '가치'입니다. 이 가치를 사용자가 제대로 또는 높게 평가하도록 할 필요가 있습니다. 연봉 협상은 비단 현재 근무 중인 회사에서 연봉계약을 갱신할 때만 이뤄지는 게 아닙니다. 오히려 스카우트 제의를 받거나 이직을 위해 다른 회사에 지원할 때 더 전략적인 연봉 협상이 필요합니다.

우선 연봉 협상에서 회사가 훨씬 유리한 입장에 있다는 점을 알아야 합니다. 개인에 비해 회사가 노동시장에 대한 정보를 더 많이 갖고 있습니다. 회사를 대표해 연봉을 협상하는 사람은 연봉 협상에 상당한 경험과 노하우를 지닌 '전문가'가 대부분입니다. 이런 상황에서 정보나 협상 경험이 부족한 근로자가 취업이 아쉬운 상황이라면 실제 가치보다 훨씬 낮은 수준으로 연봉이 결정될 수 있습니다.

연봉 협상에 시행착오를 겪을 수 있지만 연봉 협상 결과는 1년만이 아니라 향후에도 영향을 줄 수 있기 때문에 시행착오를 최소화하는 것이 중요합니다. 연봉 협상에 들어가기 전 필요한 준비를 철저히 하고 나름대로 협상 전략을 세울 필요가 있습니다. 우선 정보력 면에서 회사가 우월하다는 점을 기억하고 근로자 스스로 최대한의 정보를 수집하는 편이 좋습니다. 현재 재직 중인 회사와 동종 경쟁업체의 비슷한 경력직의 연봉 수준 정보나 기업의 매출 현황 등 경영 상황, 임금 지급 능력에 대한 정보를 많이 확보할수록 연봉 협상에서 유리한 전략을 세우는 데 도움이 됩니다. 이런 정보를 바탕으로 수용할 수 있는 최소한의 연봉 수준을 결정해놓는 편이 좋습니다. 마지노선을 정하는 것은 상대방의 전략에 쉽게 넘어가지 않도록 하기 위한 협상의 기본입니다.

연봉 협상 과정에서 사용자 측의 협상 전문가가 먼저 연봉액을 제시하는 일은 거의 없습니다. 대개 근로자에게 먼저 희망 연봉을 말하도록 합니다. 대부분의 근로자가 실제 자신의 가치보다 연봉을 낮게 부르는 경향이 있는데, 이렇게 되면 연봉 협상이 쉽게 마무리되고 맙니다. 그리고 희망 연봉을 말하는 순간 근로자가 자신의 속마음을 사용자에게 보여주는 셈입니다. 사용자의 생각이 어떤지 알지 못하는 상태에서 자신의 속마음을 먼저 보인다면 협상을 유리하게 이끌어가기 어렵습니다. 따라서 사용자 측이 희망 연봉을 말해보라고 하더라도 완곡한 방법으로 사용자가 생각하는 연봉 수준을 먼저 말하도록 하는 편이 좋습니다. 겸손한 태도를 유지하되 자신의 역량과 그동안의 실적을 충분히 어필하면서 이런 자신에게 어느 정도의 가치를 줄 수 있는지 물어보는 방식도 좋습니다.

사용자가 먼저 연봉액을 제시하도록 한다면 반은 성공한 셈입니다. 연봉액이 생각하는 수준보다 많다면 자연스럽게 '괜찮은 정도'

라고 하면서 받아들이면 되고, 생각하는 수준 정도라면 보너스나 성과급이 있는지 추가로 확인해보는 편이 좋습니다. 미리 정해놓은 마지노선 이하의 금액을 제시한다면 "그렇게는 '많이' 힘들겠습니다"라고 하되 회사에서 근로자에게 생각하고 있는 연봉 수준이 얼마인지를 묻더라도 "좀 더 올려야 가능할 것 같습니다"라고만 대답하고 끝까지 금액을 말하지 않는 편이 좋습니다. 이런 상황이 되면 회사 측이 근로자가 주도하는 흐름을 따라갈 수밖에 없습니다. 이런 상황을 만드는 게 쉬운 일은 아니지만 제대로 준비하고 전략을 세워 협상에 임하는 것이 근로자 자신에게 유리하다는 점은 꼭 기억해야 합니다.

" 사례   채용내정자

합격자 통보만 받고 일을 시작하기 전인데, 이미 '근로자'라고요?

나대기 씨는 A회사 그룹 공채에 응시하여 1차 서류전형과 2차 면접을 통과한 후 이메일을 통해 최종합격 통보를 받았다. 신입사원 집체교육이 일주일 후로 예정되었으나, 며칠 후 휴대폰 문자 메시지로 신입사원 집체교육 일정이 연기되어 추후 재공지한다는 연락을 받았다.

그러나 한 달 가까이 아무런 연락이 없자 나대기 씨는 회사 인사담당자에게 전화로 문의했다. 인사 담당자는 매우 난감해

하며, 이런저런 예상하지 못한 일들이 생겨 경영 사정이 매우 나빠졌다고 한다. 신입 직원들이 언제 입사를 하게 될지 내부에서 아직 확정하지 못했으며, 최악의 경우에는 채용이 취소될 수 있다고 답변했다. 나대기 씨는 A사 외에 다른 B사에 응시하여 역시 합격 통보를 받았으나 두 회사 중 A사에 입사하기로 했고, A사 입사를 위해 일주일 전 출근 예정일이던 B사 입사를 포기한 바 있다. 만일 나대기 씨의 입사가 취소된다면 입사 전이기 때문에 노동법의 보호를 받지 못하는 걸까? "

나대기 씨와 같이 입사 전형에서 최종 합격 통지를 받았다면 법률 용어로 "채용내정"이라고 합니다. 채용내정이 된 경우 단지 실질적인 근로제공이 이루어지지 않았을 뿐, 일단 "근로관계"가 성립했다고 봅니다. 입사일이 되어야 비로소 근로계약의 효력이 생기는 것은 아닙니다. 채용내정 이후 정해지는 '입사일'은 단지 '취업이 개시되는 날'에 해당할 뿐입니다. 따라서 실제 근로제공을 전제로 적용되는 보호, 예컨대 임금 지급이나 근로시간 제한, 휴식제도 등에 관한 규정은 적용되지 않지만, 이와 무관한 노동법의 보호를 받을 수 있습니다. 특히 채용내정이 취소된 경우는 근로계약을 사용자가 일방적으로 해지하는 것이기 때문에 근로기준법상 '해고'에 해당합니다. 정당한 이유 없이 해고가 이루어졌다면 부당해고로 법률상 '무효'에 해당합니다. 채용내정의 취소도 이와 마찬가지로 정당한 이유가 없다면 법적 효력이 부인될 수 있습니다. 이 경우 노동위원회에 부당해고 구제신청을 제기하거나 법원에 종업원지위확인 등 청구소송을 제기할 수 있습니다.

다만 나대기 씨처럼 경영 사정의 악화로 신규 채용이 취소되었다면 해고의 정당성이 인정될 소지가 있습니다. 그렇다고 하더라도 근로기준법상 경영해고의 요건을 모두 충족해야만 하며, 요건을 충족하지 못한다면 부당한 해고가 됩니다. 따라서 객관적으로 인원 감축이 불가피할 정도의 긴박한 경영 사정이 있어야 하고 일정한 유급 대기 기간의 설정 등 해고 회피를 위해 할 수 있는 노력을 다해야 합니다. 또한 공정하고 객관적인 기준에 따라 해고 대상자가 선정되어야 하고 근로자대표와도 성실한 협의를 거쳐야 합니다. 만일 신규 채용자만을 대상으로 채용 취소를 통해 해고한다면 신규 채용 내정자를 대표하는 사람과 협의할 것을 요구받을 수 있습니다. 특히 해고된 인원이 경영난 극복을 위해 필요한 최소 인원보다 결과적으로 많을 경우 해고의 정당성이 인정되지 않을 수 있습니다.

한편 입사 전형 당시에는 몰랐다가 채용이 확정된 후 회사가 알게 된 사실로 최종 합격을 취소하는 경우도 종종 발생합니다. 이 경우도 채용내정자에 대한 해고에 해당하기 때문에 채용 취소의 정당한 사유가 있어야만 효력이 있습니다. 예를 들어 이력서에 학력이나 경력을 허위로 기재하거나 빠뜨린 경우, 범죄 전력이나 개인 질병, 과거 노조활동 경력 등을 문제 삼아 채용을 취소하기도 합니다. 통상 이력서 허위 기재는 입사 후에도 확인되면 채용을 취소할 수 있는 사유로 취업규칙에 명시되어 있기도 합니다.

그러나 당사자가 회사를 부당하게 속일 의도로 허위로 기재하거나 고의로 빠뜨린 사실이 아니라면 해고 사유로 인정되기 어려울 수 있습니다. 이력서 제출 당시 중요하지 않은 경력에 대해 단순히 기재를 빠뜨린 것일 뿐이고, 회사가 사전에 모든 경력을 기재해야 한다는 주의나 요구를 구체적으로 전달하지 않았다면 나중에 확인된 경력 누락 사항을 문제 삼아 채용을 취소할 경우 부당해고에 해당할 수 있습니다. 또한 개인의 질병은 업무 수행에 지장이 없는 한 해고 사유가 될 수 없으며, 노동조합 경력이나 과거 범죄 전력과 같이 채용 내정 이전에 발생한 사실을 사유로 한 채용 취소도 정당성을 인정받기 어렵습니다.

나대기 씨는 우선 채용 취소의 사유를 분명하게 확인하고 그 사유가 정당한지 여부를 따져봐야 합니다. 정당한 사유가 아니라면 법적 조치를 통해 A회사의 직원으로 입사할 수 있고, 약속된 입사일로부터 실제 출근이 이루어지기 전까지 공백 기간의 임금도 받을 수 있습니다. 그러나 회사가 채용을 계속 거부하고 나대기 씨 역시 A회사를 신뢰할 수 없어 입사하고 싶지 않을 수 있습니다. 이럴 때는 법적 소송을 통해 A회사에 법적인 채용 의무를 부과함으로써 금전 합의를 유도하여 보상받는 방법을 취할 수 있습니다. 또한 B회사의 입사 기회를 포기하게 된 것에 대해서도 A회사를 상대로 일정한 손해배상 책임을 물을 수 있습니다.

3장

LABOR LAW

임금,
정확히 알아야 한다

임금은 근로자가 근로를 제공하는 가장 중요한 목적입니다. 임금을 받지 않기로 했다면 그것은 '근로'가 아니라 '봉사'입니다. 그래서 근로자들이 가장 관심을 갖는 부분도 임금입니다. 임금 수준이 낮건 높건 간에 이 점은 똑같습니다. 사용자 역시 근로자의 임금 문제가 가장 큰 고민거리입니다. 사용자에게 임금은 비용일 수도 있고 투자일 수도 있습니다. 임금을 결정하기 위해 다양한 요인을 고려해야 하고 전략도 세워야 합니다. 기업에서 인건비가 차지하는 비중이 높은 상황이라면 인건비 관리를 잘못해 기업이 흔들릴 수도 있습니다. 이렇게 임금은 노사 모두에게 가장 중요하고 민감한 문제입니다. 노사 간 분쟁도 대부분 임금 문제를 중심으로 일어납니다.

임금이 갖는 중요성에 비해 임금을 '정확하게' 아는 근로자는 그리 많지 않습니다. 대부분 총액에 관심 있을 뿐 임금이 어떻게 결정되고 구성되며, 법에서 보장하는 임금으로 어떤 것이 있는지 정확히 알지 못하거나 관심을 두지 않습니다. 그러나 이런 내용이 결국 근로자의 최종 관심사인 '임금 총액'과 연결됩니다.

임금은 생각보다 구조가 복잡합니다. 임금을 규제하는 법률도 여러 개입니다. 최소한 자신의 임금이 어떻게 구성되는지, 자신에게 보장된 법정임금이 무엇인지, 임금에 관한 자신의 권리를 어떻게 행사해야 하는지 정도는 알아야 소중한 노동의 대가를 몰라서 놓치는 문제를 막을 수 있습니다. 임금과 관련된 사항에는 계산이 필요한 경우가 자주 있습니다. 산수 수준이긴 해도 임금 문제를 다룰 때는 엄격한 '정확성'이 요구됩니다.

01 임금은 어떻게 결정되나요?

회사의 임금제도는 '임금 수준'을 어느 정도로 할지와 '임금 체계'를 어떤 방식으로 할지를 결정하는 과정을 거쳐 설정됩니다. 직원들의 전반적인 임금 수준은 경영자가 여러 요소를 고려해 결정합니다. 동종업계에 비해 보상 경쟁력이 있어야 괜찮은 직원들이 회사에서 근무하도록 할 수 있습니다. 그런데 회사의 비용인 인건비가 커지면 그만큼 이윤은 줄어들게 됩니다. 경영자는 이 두 가지 상반된 목적 사이에서 적정한 지점을 선택해 직원들의 인건비 수준을 결정합니다. 물론 임금은 중요한 생계수단이기 때문에 임금 수준이 낮은 상황에서는 생계비나 최저임금도 고려해야 합니다.

직원 전체에 대한 인건비 규모는 인건비 예산에 해당합니다. 개인별로 이 인건비 예산을 어떻게 나눌지는 회사의 '임금 체계'에 따라 결정됩니다. 임금 체계는 임금이 어떤 항목으로 구성되고 항목별 임금이 어떤 방식으로 결정되는지에 관한 것입니다.

임금은 근로의 가장 중요한 목적이고 가장 확실하게 일할 의욕을 불러일으키는 동인입니다. 회사는 같은 예산으로 더 큰 효과를 얻을수록 좋습니다. 이것을 '임금 효율성'이라고 하는데 회사는 같은 임금 수준으로 가장 높은 효율성, 즉 동기부여 효과를 낼 수 있도록 임금체계를 설정하려고 합니다.

임금은 다양한 항목으로 구성됩니다. 그리고 항목마다 '지급 목적'이 있습니다. 임금은 크게 기본급과 법정수당, 약정수당으로 구성됩니다.

기본급은 본봉, 기준급, 본급이라고도 하는데 말 그대로 정해진 근로에 대해 기본적으로 지급하는 임금입니다. 특별한 조건에 따라 지급하는 각종 수당에 대응하는 말이라고 생각하면 됩니다. 기본급은 결정 요소나 지급 목적이 다양하지만 보통 생계비, 근속연수, 경력, 직무 가치, 보유 능력 등이 반영됩니다. 어떤 요소를 중요하게 생각하는지에 따라 기본급의 주된 결정 요인이 달라집니다. 경력이나 근속처럼 사람에게 속하는 요인을 중시할 수도 있고, 사람이 누가 됐든 일의 중요성이나 난이도처럼 객관적인 '일'에 속하는 요인을 중시할 수도 있습니다.*

기본급 외에 각종 수당이 더해져 임금이 구성됩니다. 수당에는 법에서 반드시 지급하도록 하는 '법정수당'이 있고, 회사마다 정해서 운영하는 '약정수당'이 있습니다. 이런 추가적인 수당은 지급 목적에 따라 '지급 조건'을 두고 있습니다. 근로했다고 해서 당연히 지급되는 것이 아니라 지급 조건을 충족해야 비로소 지급됩니다.

우리나라 기업들은 대개 '상여금'제도를 운영합니다. 영어로는 'Bonus'라고 하는데, 외국인들이 생각하는 보너스와 우리나라 기업에서 지급하는 상여금은 지급 목적과 운영 방식이 꽤 다릅니다. 본래 상여금은 기본임금 외에 추가적인 실적이나 공헌에 대해 지급하는 금품이지만 우리나라에서는 적은 기본급을 보충하고 생계비를 보조하는 수단으로 활용하고 있습니다. 보통 월 기본급의 몇 배로 연간 상여금 지급률을 정하고 이것을 '상여 월'에 지급합니다. '상여 월'은 대개 연 2회(설, 추석)에서 연 12회까지 회사마다 달리 정할 수 있지만 법정수당의 지급 기준이 되는 '통상임금'이 커지는 것을 막기 위해 매월 지급하지 않는 경우가 많았습니다. 그러나 법원에서는 상여금의 경우 매월 지급하지 않더라도 지급 시기가 일정하게 정해져 있다면 통상임금에 해당한다고 판단했고, 이러한 입장이 2013년

---

* 직무 가치에 따른 임금을 '직무급'이라고 합니다. 기본급에 직무 가치 요인이 포함돼 있을 수도 있고 따로 '직무급'이라는 임금 항목을 두고 지급할 수도 있지만, 직무급도 성격상 기본급에 포함됩니다.

12월 대법원 전원합의체 판결로 확정되었습니다.

이에 따라 매월 지급하지 않는다고 하여 상여금을 통상임금이 아닌 임금 항목으로 운영했다가 기본급 성격의 '통상임금'으로 바꾼 회사도 많아졌습니다. 그러나 상여금을 지속해서 통상임금이 아닌 항목으로 운영하기 위해 '임금 지급일 현재 재직 중인 자'나, '일정 등급 이상의 근무 성적' 등 상여금의 지급 조건을 추가로 설정하는 경우도 있습니다.*

임금은 중요한 근로조건이기 때문에 법에 많은 조항을 두어 규제하고 있습니다. 법은 최저임금 수준이나 임금 지급의 원칙(전액을 정기일에 지급할 것, 본인에게 직접 지급할 것, 통화로 지급할 것 등), 지급 시기, 기타 법정수당, 퇴직금 등을 규정하고 있습니다. 이 외에 임금제도를 구성하는 큰 틀이나 임금을 효율적으로 지급하는 방법을 회사마다 다양하게 설정할 수 있습니다.

회사의 임금제도는 인사 운영에 대한 회사의 가치관이나 전략을 포함하고 있습니다. 그렇기 때문에 회사의 임금제도를 이해하면 회사 생활을 할 때 어디에 가치를 두고 집중할 것인지 선택할 수 있습니다. 다른 요인에 의한 변동이 거의 없고 오래 근무할수록 안정적으로 급여가 올라가는 임금 구조라면 회사에 대한 장기적인 공헌과

---

* 상여금과 같은 통상임금 여부에 대한 법적 판단 기준이 무엇인지는 179쪽 사례 〈통상임금〉의 내용을 참고 바랍니다.

충성을 중요하게 생각하는 조직이라고 할 수 있습니다. 이런 조직은 승진이나 전환배치 같은 인사 결정을 할 때 경력이나 근속, 조직 내 인간관계나 충성도를 중요한 요소로 고려합니다. 반면 개인이 발휘한 능력과 성과에 따라 임금이 크게 변동한다면 '얼마나 일했는가'보다 '무슨 일을 어떻게 해냈는가'를 중시하는 조직입니다. 이런 조직에서는 능력과 업적 중심의 인사평가를 시행하고 그 결과에 따라 승진과 전보 등의 인사 결정이 이뤄집니다.

02 │
│ 호봉제와 성과연봉제 중 무엇이 더 좋은 건가요?

우리나라의 전통적인 임금 형태는 호봉제였지만 IMF 외환 위기를 계기로 1990년대 후반부터 성과연봉제를 도입하는 기업이 증가했습니다. 그런데 특이한 현상은 실제로는 연봉제가 아닌 '무늬만 연봉제'인 임금 형태가 많다는 점입니다.

연봉제가 유행처럼 도입되기는 했지만 오랜 시간 형성된 문화와 관행을 단번에 깨기는 어렵습니다. 이 때문에 연봉제의 본래 의미*가 많이 변형된 형태로 운영되기도 합니다.

* 전년도 실적을 평가해 매년 연봉을 결정하는 것이 '연봉제'의 원래 의미입니다. 실적 평가와 상관없이 연봉이 자동 인상되는 구조라면 본래 의미의 연봉제라고 할 수 없습니다.

호봉제와 성과연봉제는 대표적인 임금 형태로서 곧잘 비교 대상이 됩니다. 그러나 우리나라 기업에서 운영하는 임금 형태는 대부분 이 둘이 섞여 있는 '절충형'이라는 점을 알아두고 비교해볼 필요가 있습니다.

호봉제는 근속연수와 직급을 기준으로 사전에 구성된 호봉표에 따라 임금을 지급하는 제도입니다. 직급이 높아질수록(승급), 근속연수가 많아질수록(승호) 임금은 자동으로 올라갑니다. 징계를 통해 강등되는 특별한 경우가 없는 한 임금이 낮아질 우려가 없는 안정적인 임금 형태로 일반 공무원의 임금제도가 대표적인 예입니다. 경쟁 압력이 없고 안정적이며 직원들의 충성이나 장기근속이 중요한 조직에서 이러한 호봉제를 적용합니다. 학교 조직이나 공공 기관에서도 공무원 임금제도를 따라 대부분 호봉제를 적용해왔지만 이런 조직들에서도 경쟁과 효율성이 강조되면서 교원·교직원 성과연봉제, 공공 기관 성과연봉제*를 도입하기도 했습니다.

성과연봉제에서는 근속기간이 늘고 직급이 높아진다고 해서 호봉제처럼 임금이 저절로 올라가지 않습니다. 기본연봉이 있지만 '호봉표'를 적용하지 않습니다. 기본연봉은 개인이 보유한 능력이나 개인이 수행할 직무의 가치에 따라 '매년' 책정됩니다. 능력이나 직무 가치는 매년 달라질 수 있기 때문에 기본연봉 규모도 매년 달라질 수 있습니다. 매년 임금 인상률에 따라 전년도 기본연봉이 상승

* 공공부문의 경우 최근에는 성과연봉제 대신 직무급제를 통한 임금 체계 합리화를 추진하고 있습니다.

되는 누진 방식을 적용하는 것이 일반적이지만 100퍼센트 협상제를 실시하는 경우라면 전년도 기본연봉과 상관없이 해마다 백지 상태에서 연봉 협상을 진행할 수도 있습니다. 기본연봉을 누진 방식으로 인상하더라도 전년도 평가 결과에 따라 임금 인상률을 차등 배분하는 경우도 많습니다. 전체 임금 인상률이 5퍼센트라도 인사평가 등급이 낮으면 이보다 적은 인상률이 적용됩니다. 전년도 결과가 계속해서 영향을 주는 누진 방식이라면 낮은 평가 등급을 받을 때 생긴 불이익이 누적될 수밖에 없습니다.

성과연봉제의 두드러진 특징은 '성과'에 따라 지급률에 차등을 두는 '성과연봉'입니다. 성과연봉은 구체적인 '실적'에 따라 보상액이 계산되는 '성과급 또는 실적수당'과는 성격이 조금 다릅니다. 실적급은 '매출액의 10퍼센트', '실적당 얼마' 등으로 실적에 비례해서 계산되지만, 성과연봉은 매년 평가 등급에 따라 연봉 예산의 지급률에 개인별 차등을 둡니다. 성과연봉이 전체 연봉에서 차지하는 비중이 높을수록, 평가 등급에 따라 차등 지급되는 정도가 심할수록 개인의 성과가 연봉에 끼치는 영향이 커집니다.

우리나라 법제에서는 성과와 상관없이 일단 일을 하면 기본적으로 지급해야 하는 임금이 있기 때문에 연봉은 대개 기본연봉과 성과연봉으로 구성됩니다. 성과연봉 비율이 20퍼센트 이상이고 평가 등급에 따른 최고 지급률과 최저 지급률의 차이가 두 배 이상* 되어야

---

* '성과연봉 비율 20퍼센트, 최고와 최저 등급 간 지급률 격차 두 배 이상'은 정부 공공 기관 성과연봉제 권고안에서 '실질적인 성과연봉제' 달성을 위한 기준으로 제시되었습니다.

성과연봉이 개인의 행동을 변화시킬 정도로 영향을 줄 수 있다고 보기도 합니다.

호봉제와 성과연봉제 중 무엇이 더 근로자에게 좋은 것인지에 대한 정답은 없습니다. 어떤 임금제도든 누군가에게는 좋지만 다른 누군가에게는 나쁠 수 있습니다.

호봉제는 임금제도 운영이 비교적 단순하고 편리한 장점이 있지만, 내·외부 상황의 변화와 상관없이 매년 임금이 자동으로 상승하기 때문에 인건비 부담이 누진적으로 늘어난다는 단점이 있습니다. 또한 임금에 능력이나 성과가 직접 반영되지 않기 때문에 임금 수단으로 직원들이 더 열심히 일하도록 유도하는 데 한계가 있습니다. 근로자 입장에서 호봉제는 매년 안정적으로 인상되는 임금을 보장받을 수 있다는 장점이 있지만 '잘한 것'에 대한 추가 보상이 없기 때문에 능력이 탁월한 사람이라면 손해로 인식할 수 있습니다.

힘들고 어려운 일*을 열심히 하는 사람이라면 쉬운 일을 적당히 하는 사람이 똑같은 보수를 받아가는 것을 보면서 상대적으로 박탈감을 느끼게 됩니다. 특히 호봉제가 적용되는 조직에서는 일을 잘하는 것보다 '다른 것'에 신경을 써야 하는 경우도 많습니다. 대인관계를 잘 맺고 상사에게 충성심을 보이는 게 '능력'이 되는 상황이 자

＊ 일의 중요도, 난이도(직무가치)에 따라 보상에 차등을 두는 제도를 직무급제라고 합니다.

주 생깁니다. 일에 집중하고 일한 만큼 보상받고 싶은 사람에게는 호봉제의 장점보다 단점이 더 클 수 있습니다.

반면 성과연봉제는 임금제도와 평가제도가 밀접하게 연관되기 때문에 제도 운영이 입체적이어서 사용자가 성과연봉제를 처음 도입하고 운영할 때 관리 부담이 생깁니다. 그러나 인건비를 기업이 처한 환경에 따라 유동적이고 효율적으로 운영할 수 있고 무엇보다 직원들이 경영자가 원하는 대로 움직이도록 하는 데 유리합니다. 직원들의 능력과 성과가 의사 결정의 중요한 기준이 되기 때문에 그들이 가진 역량을 최대한 발휘하도록 하는 장점도 있습니다.

근로자 입장에서는 연봉액이 성과에 따라 매년 달라질 수 있기 때문에 임금에 대한 불안감이 생길 수 있습니다. 매년 평가를 받는 일이 스트레스가 될 수 있고 능력이 부족한 사람들은 연봉 불이익뿐 아니라 조직에서 도태되기 쉽습니다. 그러나 열심히 일한 사람은 큰 보상을 받을 수 있습니다. 업무에 의욕과 열정을 더 쏟을 수 있고, 무엇보다 '일 중심'으로 조직이 흐르기 때문에 다른 요인보다 일에 집중할 수 있습니다.

성과연봉은 '패자부활' 방식으로 운영되는 경우가 많기 때문에 지난해 성과가 좋지 않아도 올해에는 좋은 평가를 받을 수 있습니다. 이런 상황에서는 근로자가 자기 능력을 개발하기 위해 스스로 노력하는 수밖에 없습니다. 그러다 보면 대외적으로도 자신의 가치가 높아져 더 좋은 조건을 요구할 수 있게 되고 더 좋은 일자리로 옮길 기회도 많아집니다.

열심히 일하지 않으려고 하는 게 사람의 기본 심리라는 이야기도 있습니다. 어느 집단에서나 뛰어난 사람은 소수입니다. 뛰어난 사람이 아니라면 평가받는 것을 싫어하기 마련입니다. 게다가 평가에 따라 임금이 좌우된다면 그만큼 스트레스도 커집니다. 이런 이유 때문에 근로자 대부분이 불안정한 성과연봉제보다는 안정적인 호봉제를 선호합니다. 반대로 사용자는 보다 효율적으로 인건비를 관리하면서 근로자가 열심히 일하도록 유도할 수 있는 성과연봉제를 선호합니다.

이렇게 사용자와 근로자 간 입장 차가 뚜렷하기 때문에 임금제도의 변경을 두고 노사 간 갈등이 자주 발생합니다. 임금제도를 바꾸려고 할 때 근로자 모두에게 유리하지 않다면 근로자 과반의 동의를 얻어야 합니다. 근로자가 동의하지 않으면 도입조차 할 수 없기 때문에 사용자와 근로자 사이의 입장 차를 좁혀가면서 제도 도입을 시도하는 경우가 많습니다. 호봉제와 성과연봉제의 장점을 절충한 형태의 임금제도*를 운영하는 것도 이러한 이유 때문입니다.

---

* 기본연봉은 호봉제와 유사하게 운영하고 연봉의 일부를 성과연봉으로 운영하는 제도로, 성과연봉 비중을 낮추거나 등급 간 격차를 좁히는 방식으로 임금 체계가 변동되는 정도를 완화하기도 합니다.

03 | 제 월급이 최저임금보다 적은가요?

최저임금제도는 국제노동기구ILO, International Labour Organization 회원국의 90퍼센트가 시행하고 있는 전 세계적인 제도라 최저임금이 있는지조차 모르는 경우는 거의 없을 것입니다. 최저임금은 말 그대로 임금의 최저 수준을 정한 것입니다. 최저임금 이상으로 임금을 지급하지 않을 경우 사업주는 최저임금법 위반으로 처벌되며 근로자는 최소한 최저임금만큼의 임금을 추가로 받을 수 있습니다.

최저임금은 노·사·공익 대표로 구성된 최저임금위원회에서 결정하고 고용노동부 장관이 고시하면 효력이 생깁니다. 매년 8월에 다음 해에 적용할 최저임금을 결정하는데 올해 최저임금이 얼마인지는 뉴스 검색을 통해 쉽게 확인할 수 있습니다. 이때 최저임금은 '시급' 형태로 결정됩니다. 최저임금을 시급을 기준으로 결정하는 까닭은 최저임금법에서 그렇게 규정하고 있기 때문입니다.* 근로자마다 일이나 월 근로시간이 모두 다르기 때문에 일급이나 월급을 기준으로 표시하면 어차피 다시 시급으로 환산한 후에 계산해야 합니다. 즉 시급을 기준으로 최저임금을 판단해야 혼란이 없기 때문에 법에서도 그렇게 규정하고 있는 것입니다.

---

* 최저임금법에서는 최저임금액을 시간, 일, 주, 월 단위로 정하도록 하면서 일, 주, 월 단위로 정할 때는 '시간급'으로도 표시해야 한다고 정하고 있습니다.

시급제 직원이 아니라면 자기 시급을 따로 계산해야 합니다. 최저임금과 비교하기 위해 월급을 시간당 임금으로 환산하려면 1주의 소정근로시간과 유급 주휴일 시간을 합한 시간을 월 단위로 환산한 시간으로 나누면 됩니다. 주휴수당도 최저임금에 산입하는 임금이기 때문에 주휴수당에 대한 시간도 나누는 수에 포함하는 것입니다.* 1주의 소정근로시간이 40시간이라면, 40시간과 유급 주휴일 시간인 8시간을 합한 주 48시간을 월 단위로 환산해 월 209시간(주 48시간×365일/7일/12개월)으로 나누면 됩니다.

한편 토요일처럼 주휴일이 아닌 다른 휴무일을 유급으로 처리하는 회사가 있습니다. 이런 회사들의 사규에는 "토요일 4시간을 유급으로 한다"와 같은 특별한 규정이 있고, 통상임금을 시급으로 환산할 때도 토요일 4시간을 기본유급시간에 포함해 주 52시간의 월 환산 수인 226시간으로 나눕니다. 이러한 약정휴일수당은 최저임금

---

* 기존 최저임금법 시행령은 주급, 월급제인 경우 최저임금 시급 환산 기준을 "주, 월 소정근로시간"으로 규정했습니다. 고용노동부는 월 기본급에 주휴시간에 대한 임금이 포함되어 있기 때문에 소정근로시간에 주휴시간을 더해 시급을 환산하도록 했으나, 법원은 시행령 규정대로 주 소정근로시간(주40시간제인 경우 월 174시간)으로만 나누어야 한다고 판단했습니다. 월급을 시급으로 나누는 수에 따라 법 위반 여부가 달라지는데, 최저임금이 급격히 오르면서 분모에 주휴시간이 포함되는지 여부가 중요한 쟁점이 되었습니다. 고용노동부 기준으로는 주휴수당을 제외한 나머지 시급이 최저임금 이상이어야 하지만 법원 기준대로라면 주휴수당까지 포함한 시급이 최저임금 이상이면 됩니다. 행정과 법원의 판단이 달라서 혼선이 커지자 고용노동부는 최저임금 시급 환산 기준에 관한 최저임금법 시행령을 개정(2019. 1. 1.)해 시급 환산을 "주 소정근로시간＋유급 주휴시간"으로 명시했습니다. 이 시행령 개정에 반대하는 경영계에서 헌법소원을 제기했지만 헌법재판소는 시행령을 합헌이라고 결정했습니다.

계산에서 제외하는 임금이기 때문에 최저임금을 시급으로 환산하기 위해 나누는 수(최저임금 적용 기준 시간 수)에 그 약정휴일수당에 대한 시간은 포함하지 않습니다. 통상임금을 시급으로 환산할 경우 226시간으로 나누는 회사라도 월 최저임금을 시급 최저임금으로 환산할 때는 약정휴일의 시간 및 임금을 계산에서 모두 제외해야 합니다.

그런데 월급 중에는 최저임금에 포함되지 않는 것들도 있습니다. 자기 임금이 올해 최저임금 이상인지 아닌지를 확인하기 위해서는 내 월급 중에 최저임금 계산에 포함되는 것을 모두 골라내 더한 후 앞의 '최저임금 적용 기준 시간 수'로 나눈 시급과 올해 최저임금을 비교해야 합니다.

그렇다면 구체적으로 어떤 임금을 최저임금 계산에 넣고 빼야 할까요? 일단 '매월 1회 이상 정기적으로 지급되는 임금'이어야만 최저임금 계산에 넣을 수 있습니다. 두 달에 한 번 받거나 명절 등 특정한 시기에만 받는 임금은 애초부터 최저임금 계산에서 빠집니다. 그런데 매월 지급되는 임금이라도 법령에서 따로 정하는 임금은 추가로 빼야 합니다.

우선 시간외근로수당, 연차휴가 미사용 수당, 법정 주휴수당을 제외한 유급휴일수당은 소정 근로가 아닌 추가 근로에 대한 대가이거나 소정 근로와 무관한 임금이기 때문에 전액 빼야 합니다.* 다음으로 매월 지급하는 임금이라도 '1개월을 초과하는 기간에 걸친 사유에 따라 산정하는' 상여금, 장려가급, 능률수당, 근속수당이면 빼야 합니다. 임금은 대체로 산정 주기와 지급 주기가 일치하지만 서로 다를 때도 있는데 연간 지급률로 표시하는 상여금이 대표적입니다. '연간 기본급의 400퍼센트'처럼 연 단위로 책정하는 상여금은 연간 총액을 매월 분할해 지급하더라도 산정 주기가 1년이어서 최저임금 계산에서 빠집니다. 1개월을 초과하는 기간의 출근성적에 따라 지급하는 정근수당도 마찬가지입니다. 매달 출근성적에 따라 매달 지급하는 것이 아니라 '전년도 출근성적'에 따라 올해의 정근수당이 결정된다면, 매달 일정액을 지급하더라도 최저임금 계산에서 빠집니다.

그런데 이런 상여금을 전액 제외하는 것이 아니라 일정 액수를 한도로 빼고 나머지는 최저임금에 산입합니다. 그 한도는 그해 최저임금 월 환산액의 일정 비율로 정하고 있는데, 2019년 25퍼센트

---

* 우리나라의 기업 중에는 기본급 비중이 낮고 상여금과 각종 복리후생성 수당의 비중이 높은 임금 체계를 갖고 있는 경우가 많습니다. 상여금과 복리후생 수당은 예전 법에서 최저임금 계산에서 빼는 임금이기 때문에 연봉이 4000~5000만 원이 넘어도 최저임금법을 위반하게 되는 문제가 생겼습니다. 노동자들이야 최저임금 인상 혜택을 볼 수 있으니 좋겠지만 회사로서는 난감합니다. 공익을 고려해야 하는 정부 입장에서도 최저임금 혜택이 보호 필요성이 낮은 고임금 노동자들에게 돌아가는 문제를 시정할 필요가 있었습니다. 무엇보다 상여금과 복리후생 수당이 사실상 소득 보전 목적의 임금으로 지급된 것이어서 최저임금 계산에서 빼면 합리적이지 않다는 비판이 많았습니다. 최저임금이 급격하게 인상되는 상황에서 이런 문제들이 더 크게 부각되어 국회는 2019년 1월 1일부터 상여금과 복리후생 수당을 최저임금 계산에 포함할 수 있도록 하는 내용으로 최저임금법을 개정했습니다. 한꺼번에 상여금과 복리후생 수당을 모두 최저임금 계산에 포함하면 근로자들의 최저임금 인상 혜택이 급격히 줄어들 수 있기 때문에, 5년에 걸쳐 단계별로 포함하는 정도를 높여 2024년에는 전액 포함하도록 했습니다.

에서 매년 5퍼센트씩 줄어들어 2024년에는 0퍼센트로 전액 최저임금에 포함됩니다. 2022년 최저임금 월 환산액은 1,914,440원이고 이 중 최저임금 산입에 제외되는 상여금 금액 기준은 10퍼센트(191,444원)입니다. 내 월급 중 1개월을 초과하는 기간에 대해 산정하는 상여금, 장려가급, 능률수당 등의 월 지급액을 모두 합한 금액 중 2022년 제외 한도인 191,444원을 초과하는 금액을 최저임금 계산에 넣을 수 있습니다.

또한 식대, 교통비, 가족수당 등 근로자의 생활을 보조하거나 복리후생을 위한 수당 역시 매월 지급하더라도 최저임금 계산에서 제외하는 것이 원칙이고, 복지포인트나 식사 제공처럼 금전 통화로 지급하지 않는 복리후생 급여는 아예 최저임금 계산에서 제외됩니다. 그러나 금전 통화로 매월 지급하는 복리후생 수당이라면 전액 제외하는 것이 아니라 일정 액수를 한도로 빼고 나머지는 최저임금에 산입합니다. 위의 상여금과 마찬가지로 그 한도는 그해 최저임금의 일정 비율로 정하며, 2019년 7퍼센트를 시작으로 매년 줄어들어 2024년에는 0퍼센트가 됩니다. 2022년 최저임금 월 환산액의 제외 비율은 2퍼센트(38,289원)이므로 내 월급 중 매월 지급받는 각종 복리후생 임금을 모두 합한 후 38,289원을 제외하고도 남는 임금이 있는 경우 이를 최저임금 계산에 넣으면 됩니다.

한 가지 알아두고 넘어갈 것은 앞으로 설명할 '통상임금'과 '최저임금'은 목적과 요건이 다른 별개의 임금이라는 점입니다. 통상임금은 소정의 근로를 제공하기만 하면 지급 여부와 지급액이 확정되는 '고정성'을 특징적인 요건으로 하지만 최저임금은 고정성이 없어도 됩니다. 최저임금은 매월 1회 이상 지급해야 하지만 통상임금은 매월 지급할 필요는 없고 그저 지급 시기가 정해져 있기만 하면 됩니다. 격월로 지급하는 상여금처럼 통상임금에는 해당하지만 최저임금 계산에서는 빼야 할 때도 있고, 매월 실적에 따라 지급하는 성과급처럼 통상임금이 아니라도 최저임금 계산에 넣을 수 있는 임금도 있습니다.* 월 통상임금을 시급으로 환산하려면 소정근로시간과 법정, 약정 유급휴일 시간을 모두 포함한 월의 '기본 유급처리 시간'으로 나누어야 하지만, 월 최저임금을 시급으로 환산하려면 '소정근로시간과 법정 주휴시간'만을 포함한 시간으로 나누어야 합니다.

사용자는 그해 최저임금 이상의 임금을 근로자에게 지급해야 합니다. 최저임금보다 적은 임금을 지급하면 최저임금법 위반으로 처벌을 받습니다. 또한 최저임금이 얼마라는 이유로 기존의 임금을 최저임금 수준으로 일방적으로 깎아도 똑같이 처벌을 받습니다. 최저임금법 위반과 임금체불의 처벌 기준은 3년 이하의 징역 또는 2000만 원 이하의 벌금으로 동일하지만 최저임금법 위반에 대한 처벌이 더 강력합니다. 임금체불은 근로자의 처벌 의사가 없으면 처벌을 면할 수 있지만 최저임금법 위반은 근로자의 처벌 의사와 상관

＊　최근에는 사업장의 혼선을 방지하기 위해 최저임금과 통상임금의 범위를 동일하게 정해야 한다는 주장과 입법 논의가 진행 중입니다.

없이 처벌을 받습니다. 게다가 임금체불은 징역이나 벌금 중 선택하도록 돼 있고 대부분 벌금형이 선고되지만 최저임금법을 위반하면 징역과 벌금형이 동시에 부과될 수 있습니다.

최저임금법은 1인 이상 근로자를 사용하는 모든 사업 또는 사업장에 적용됩니다. 근로기준법처럼 꼭 5인 이상이 아니어도 적용되기 때문에 편의점 아르바이트생도 당연히 최저임금법의 적용을 받습니다. 단 같이 거주하는 친족이 운영하는 사업이나 집안일을 해주는 사람, 선원은 제외됩니다. 이런 예외에 해당하지 않는 한 근로자는 최저임금법에 의해 '최저임금 이상의 임금'에 대한 권리를 기본적으로 갖게 됩니다. 최저임금보다 모자란 만큼은 '임금체불'로 간주되기 때문에 사용자에게 추가 임금 지급을 청구할 수 있습니다. 물론 사용자가 신고나 점검 등에 의해 최저임금법을 위반한 사실이 확인되면 고용노동부 관할 지청에서 최저임금에 모자란 만큼을 지급하도록 시정지시를 내립니다. 이 과정에서 못 받던 임금을 받을 수 있는데 최대 3년분까지 소급해서 받을 수 있습니다.

04
법적으로 보장된 수당이 있다고요?

법에서 반드시 지급하도록 한 수당들이 있습니다. 원래 임금에 무조건 추가로 줘야 하는 것이 아니라 법에서 정한 '지급 사유'가 생기면 반드시 줘야 하는 수당입니다. 이런 수당을 지급하지 않으면 '임금체불'이 되어 사업주가 처벌받을 수 있고, 근로자도 못 받은 수당을 받을 수 있습니다.

법정수당*에 대해 잘 알고 있어야 자신의 임금에 이런 수당들이 제대로 포함돼 있는지 확인할 수 있습니다. 법정수당의 종류와 지급 조건을 모르면 무슨 수당을 얼마나 받아야 하는지 계산할 수 없습니다.

법으로 정한 것이기 때문에 사용자가 당연히 정확하게 계산해서 지급해줄까요? 그렇게 하지 않을 때가 생각보다 많습니다. 잘 몰라서일 수도 있고 착오가 있을 수도 있습니다. 어떤 경우든 법정수당이 제대로 지급되지 않을 때 사용자가 먼저 알아채고 시정해줘야 하는데 그렇지 않은 경우가 많습니다. 누군가 문제를 제기하거나 앞으로 문제가 될 수 있으니 고쳐야 한다고 조언해줘야 시정되는 경우가 대부분입니다.

법정수당으로는 주휴수당, 연차휴가수당, 시간 외 근로수당(연장근로수당, 야간근로수당, 휴일근로수당), 연차휴가일근로수당, 휴업수당, 출산전후휴가수당 등이 있습니다. 종류도 많고 각각의 지급 조건과 계산 방법도 복잡합니다. 그러나 알고 나면 쉽습니다. 최소한

---

* 법정수당 외의 각종 수당은 회사마다 정할 수 있는 '약정수당'입니다. 회사가 어떤 약정수당을 정해야 할 의무는 없지만 취업규칙이나 근로계약을 통해 정해진 약정수당이 있다면 이를 지급하지 않을 경우 임금체불에 해당합니다.

이런 법정수당에 대해서는 잘 알고 있어야 합니다. 몰라서 손해 보는 대표적인 예가 바로 법정수당 문제입니다.

법정수당은 크게 '일하지 않아도 주는 수당'과 '일하면 추가로 주는 수당'으로 나눌 수 있습니다.* 주휴수당과 연차휴가수당, 휴업수당, 출산전후휴가수당은 법정휴일·휴가와 관련 있습니다. 법적으로 사유가 생겨 휴일이나 휴가를 반드시 유급으로 줘야 하는 경우에 '일하지 않아도 주는 수당'을 지급해야 합니다. 그런데 주휴수당과 연차휴가수당은 보통 월 기본급에 포함돼 있습니다. 월 기본급을 주는 기본유급시간에 주휴일에 대한 근로시간과 주중의 모든 시간이 다 들어 있습니다. 따라서 주휴수당이나 연차휴가수당을 따로 지급할 필요는 없습니다. 유급휴일이나 유급휴가로 운영하는 날에 대한 임금은 월 기본급에 이미 포함돼 있고, 반대로 무급휴일이나 무급휴가를 쓴다면 월 기본급에서 쓴 날만큼 임금을 깎을 수도 있습니다.

이 외에 시간 외 근로수당(연장·야간·휴일근로수당), 연차휴가일근로수당은 '일하면 추가로 주는 수당'입니다. 연장근로수당은 법정근로시간인 일 8시간 또는 주 40시간을 넘어 일하면 발생합니다. 야간근로수당은 밤 10시부터 새벽 6시 사이에 일할 경우 발생합니다. 원래 밤에만 일하는 직업이라도 야간에 일하면 무조건 야간수당을 지급해야 합니다. 휴일근로수당은 휴일에 근로하면 지급하는 수당입

* 다른 소정근로일을 다 근무했다고 가정합니다. 결근일이 있을 경우 유급 주휴일이나 연차휴가가 발생하지 않을 수도 있습니다.

수당 명칭	지급 근거	지급액 계산방식	비고
주휴수당	1주간 소정근로일을 개근한 경우 1일간 유급으로 주휴일을 부여해야 함	• 1일분 통상임금: 통상시급×8(일 소정근로 시간이 8시간보다 짧은 경우 해당 시간) • 월급제인 경우 월기본급에 주휴수당이 포함되어 있음 • 시급제, 일급제인 경우 1주를 만근하면 주휴수당을 추가로 지급해야 함	
연차휴가수당	1년 동안 80% 이상을 출근하면 1년 후 유급 연차 15일을 부여해야 함	• 1일분 통상임금×연차일수 • 월급제인 경우 월 기본급에 연차휴가수당이 포함되어 있음 • 시급제, 일급제인 경우 연차휴가가 발생하면 연차휴가수당을 추가로 지급해야 함	
휴업수당	사용자의 책임이 있는 사정으로 휴업할 경우 평균임금의 70%를 지급해야 함	평균임금의 70%가 통상임금보다 많을 경우 '통상임금'을 지급할 수 있음	
출산전후휴가수당	출산 전후에 90일의 휴가를 주어야 함. 이 중 처음 60일을 유급으로 해야 함	• 통상임금×60일(다태아 75일) • 고용보험 출산전후휴가급여[잔여일 30일 (다태아 45일) 지급, 우선지원대상기업은 전액 고용보험에서 지급] • 통상임금이 고용보험 지급 상한액(2022년 90일 600만 원, 다태아 800만 원)보다 많을 경우 사업주가 차액 지급	

일하지 않아도 주는 수당

니다. 이때 휴일이 꼭 유급휴일일 필요는 없습니다. 무급휴일이라도 휴일인데 나와서 일한다면 휴일근로수당을 지급해야 합니다. 이런 시간 외 근로수당은 시간당 임금에 50퍼센트 할증이 붙습니다. 원래 받던 시급이 100이라면 시간 외 수당으로는 시간당 150을 받게 됩니다. 연차휴가일근로수당은 연차를 못 쓰고 일했을 때 발생합니다. 1년 동안 다 쓰지 못하고 남은 연차휴가는 '돈'으로 바뀝니다. 이 밖에 회사 사정으로 직장이 휴업하게 되더라도 그 기간에 평

수당 명칭	지급 근거	지급액 계산방식	비고
연장근로수당	1일에 8시간을 넘거나 1주일에 40시간을 넘어 근로한 경우	연장근로시간×1.5×시급	연장근로를 계속하던 중 야간근로를 하게 된 경우: 전체시간이 '연장시간'이며, 이 중 '야간시간'이 있게 됨 =(전체시간×1.5+야간시간×0.5)×시급
야간근로수당	밤 10시에서 새벽 6시 사이에 근로한 경우	야간근로시간×1.5×시급	
휴일근로수당	휴일에 근로한 경우	휴일근로시간×1.5×시급	휴일에 연장근로를 하는 경우: 전체 근로시간이 '휴일근로'이며 이 중 '연장근로'가 있게 됨 =(전체시간×1.5+연장근로시간×0.5)×시급
연차휴가일근로수당	연차휴가를 사용 기한(1년) 동안 사용하지 못하고 남은 경우 남은 일수만큼 수당으로 지급	남은 연차일수×통상시급×8(주 소정 근로시간이 40시간인 통상근로자)	

일하면 주는 수당

균임금의 70퍼센트를 지급해야 합니다. 출산을 전후해서 90일의 휴가를 쓸 수 있는데 이 중 최소 60일은 유급으로 사용할 수 있고 나머지 기간은 고용보험급여를 받을 수 있습니다.

주휴수당이나 연차휴가일근로수당은 '사용자'가 지급했다는 입증을 해야 합니다. 시급제나 일급제라면 주휴수당이 얼마인지 계약서에 적혀 있거나 적어도 시급이나 일급에 '주휴수당 포함'이라는 표현이 같이 있어야 합니다. 그렇지 않은데도 급여로 주휴수당을 따로 지급하지 않으면 주휴수당을 지급하지 않은 것으로 봅니다. 연차휴가일근로수당은 근로자가 연차를 못 쓰고 남은 것이 있을 때

자동으로 발생합니다. 근로자가 연차를 썼는지 안 썼는지 역시 사용자가 휴가신청서와 같은 자료로 입증해야 합니다. 연차휴가를 모두 사용했다는 주장을 사용자 스스로 입증하지 못하는 한 연차휴가일근로수당을 추가로 지급해야만 합니다.

그러나 연장·야간·휴일근로와 같은 시간 외 근로를 한 사실은 '근로자'가 입증해야 합니다. 시간 외 근로는 주휴나 연차휴가처럼 '당연히 발생하는 것'이 아니기 때문에 수당을 청구하는 사람이 수당이 발생한 사실을 입증하도록 하고 있습니다. 실제 시간 외 근로수당을 받지 못해 나중에 청구하려고 할 때 충분히 입증하지 못해 받지 못하는 사례가 많습니다. 몇 월 며칠에 몇 시간의 시간 외 근로를 했다는 사실을 입증하는 것 자체가 쉽지 않고 시간이 한참 지나면 입증 자료를 찾기도 만들기도 어렵기 때문입니다.

시간 외 근로를 입증하기 위해서는 출입카드 내역, 출퇴근기록부나 이에 준하는 자료가 필요합니다. 연장근로 내역이 포함된 근무일지나 메모, 수첩 등을 증거자료로 채택해 시간 외 근로를 인정받은 경우도 있지만 사용자의 확인이 없거나 내용이 구체적이지 않으면 객관적인 증거로 채택되기 어려울 수 있습니다.

사용자는 어느 정도의 시간 외 근로를 당연하다고 생각하기도 합니다. 일찍 출근하고 늦게 퇴근하는 근로자를 성실한 근로자라고 생각합니다. 시간 외 근로는 근로자가 일을 느슨하게 해서 시간 내에 업무 처리를 못한 탓에 발생하는 것이라고 생각하기도 합니다. 포괄임금산정제로 시간 외 근로수당 일정액을 급여에 포함해서 지급하기 때문에 시간 외 근로가 몇 시간이 되든 추가 수당을 지급하지 않아도 된다고 생각하는 사용자도 있습니다. 이런저런 이유가 있겠지만 시간 외 근로수당을 꼬박꼬박 계산해 지급하는 사용자는 그리 많지 않습니다. 대기업에서도 시간 외 근로를 근로자가 먼저 신청하도록 하고 사용자가 승인한 시간만 시간 외 근로로 인정해주기도 합니다.

물론 사무직이나 연구직, 외근이 많은 영업직 종사자들은 중간에 실제로 업무를 하지 않고 보내는 시간이 생길 수 있습니다. 임원 운전기사처럼 그저 대기하는 시간이 많은 직종도 있습니다. 시간 외 근로에 대한 보상은 과거 생산직이 대부분이던 시절에 나온 개념입니다. 근무시간과 업무량, 성과가 반드시 비례하지는 않는 현대의 다양한 직종과는 다소 맞지 않는 개념이기도 합니다.

그렇지만 여전히 사용자의 지시로 '칼퇴근'하지 못하고 회사에 묶여 있어야 하는 근로자 입장에서는 당연히 시간 외 수당을 받아야 한다고 생각할 수 있습니다. 그러나 시간 외 근로가 관행처럼 되거나 사용자가 먼저 알아서 계산해주지 않는 상황에서 근로자가 먼저 시간 외 수당을 청구하는 것은 실제로 매우 어렵습니다. 일찍 퇴근하면 불성실한 사람으로 낙인찍고 늦게 퇴근하면 열심히 한다고 칭찬하면서도 막상 시간 외 수당을 청구하면 "능력이 안돼서 업무시간이 지체된 것 아니냐", "사람이 염치없이 돈만 밝힌다" 등의 다양한 반응을 보입니다. 이렇다 보니 결국 울며 겨자 먹기로 늦게 퇴근하면서도 수당을 챙기지 못하는 근로자가 많습니다. 시간 외 근로 수당 문제는 겪으면 겪을수록 속 시원한 답이 나오질 않습니다.

　어찌 되든 현행법에서는 '근로시간'이 일 8시간, 주 40시간을 넘으면 '시간 외 근로'가 되고 사용자는 이에 대해 할증수당을 지급해야 합니다. 눈치와 부담 때문에 시간 외 수당을 청구하지 못한다면 퇴사 후에라도 청구할 수 있습니다. 청구 시점에서 과거 3년치까지 소급 청구가 가능한데, 차후에라도 청구하려 한다면 시간 외 근로수당을 받을 수 있느냐 없느냐가 '시간 외 근로에 대한 구체적인 입증'에 달려 있다는 점을 기억해야 합니다.

05 | 통상임금이 높을수록 좋은 건가요?

'통상임금'이라는 말은 법적인 개념입니다. 근로기준법을 보면 통상임금이라는 말이 자주 등장합니다. 통상임금에 대한 법의 정의는 근로기준법 시행령에 나와 있습니다.

근로기준법 시행령 제6조 【통상임금】

① 법과 이 영에서 "통상임금"이란 근로자에게 정기적이고 일률적으로 소정所定근로 또는 총 근로에 대하여 지급하기로 정한 시간급 금액, 일급 금액, 주급 금액, 월급 금액 또는 도급 금액을 말한다.

통상임금의 정의를 봐도 무슨 뜻인지 이해하기가 쉽지 않습니다. 인사나 급여 업무를 담당하는 사람들도 '통상임금' 개념을 어려워합니다. 법에는 '정기적이고 일률적으로 소정근로 또는 총 근로에 대하여 지급하기로 정한'이라는 추상적인 정의만 있습니다. 어떤 수당이 통상임금에 해당하는지 아닌지는 일일이 위의 개념을 적용해 판단해야 합니다.

따라서 법을 어떻게 해석하느냐에 따라 어떤 수당이 통상임금이 되는지가 결정되는데, 고용노동부의 해석 기준과 법원의 판단이 전혀 달라 회사에서 적용하는 데 혼선이 발생해왔습니다. 그래서 통상임금을 둘러싼 많은 법률 분쟁의 원인이 되기도 했습니다. 고용노동부의 과거 해석 기준에서는 통상임금의 범위를 매우 좁게 판단했습니다. 상여금의 경우 연 단위로 책정되는 것이라는 이유로, 식대나 교통보조비 등은 복리후생비 성격이 있다고 하여 통상임금에 해당하지 않는다고 해석해왔습니다. 매월 지급하지 않는 수당도 '정기성'이 없는 것으로 보아 통상임금에서 제외했습니다. 그러나 법원은 지속해서 통상임금의 범위를 확대하는 판결을 내려왔습니다. 어떤 수당이 복리후생을 목적으로 하는지 아닌지는 통상임금 판단과 무관하다고 보고 '정기성'에 대해서도 매월 지급해야 충족되는 것이 아니라 '지급시기가 정해져 있으면' 되는 것으로 해석해왔습니다.

고용노동부는 노동관계 법령의 준수 여부를 직접 감독하는 기관이기 때문에 대부분 회사들은 고용노동부의 해석이나 지침을 참고하여 직원들에 대한 근로조건에 적용합니다. 그러나 고용노동부의 해석 기준은 '내부 업무처리 지침'에 불과하므로 국민의 권리와 의무에 영향을 줄 수 없고, 최종적인 해석 권한은 법원에 있습니다. 회사에서 고용노동부의 해석 기준에 따라 통상임금 범위를 좁게 설정했지만, 법원에서는 이보다 더 넓게 통상임금을 인정해주기 때문에 근로자가 법원에 이른바 '통상임금' 소송을 연이어 제기하면서 통상임금 문제가 사회적 이슈로 부각된 것입니다.

결국 2013년 12월 대법원 전원합의체 판결을 통해 통상임금을 둘러싼 기존의 논란이 정리되었고, 고용노동부 역시 대법원 판결에 맞추어 사업장 행정지도 기준을 변경했습니다. 그러나 여전히 법률 전문가가 아닌 사람 입장에서는 전원합의체 판결문만으로 통상임금에 관한 법원의 판단 기준을 이해하기가 쉽지만은 않습니다. 그래도 자신의 임금에서 어떤 임금이 통상임금인지 정도는 알아야 합니다. 통상임금을 알아야 법정수당 계산이 가능하기 때문입니다.

우리나라 기업의 임금 체계는 기본급 외에도 많은 수당이 붙어 있어 매우 복잡합니다. 왜 이렇게 할까요? 바로 통상임금을 낮추기 위해서입니다. 통상임금은 법정수당을 계산하는 기준이 되기 때문에 기업은 가급적 통상임금을 낮추고자 합니다. 통상임금이 낮으면 낮을수록 법정수당도 함께 낮아지고, 통상임금이 높으면 높을수록 법정수당도 높아집니다.

통상임금은 말 그대로 '통상의 근로(평소, 보통의 근로)'에 대해 주기로 한 돈입니다. 소정의 근로를 제공하기만 하면 지급이 확정되는 돈으로 근로제공 말고 다른 추가적인 조건을 달성할 필요가 없습니다. 그런데 법적인 개념이라 조건이 조금 붙습니다. '전체 근로자나 어떤 고정적인 조건에 해당하는 모든 근로자'에게 지급해야 하고 '사전에 정해진 시기에 정기적으로' 지급해야 합니다. '사전성과 고정성'을 기준으로 판단해도 좋습니다.

기본급은 당연히 통상임금입니다. 담당하는 업무 특성에 따라 주는 돈도 대개 통상임금입니다. 여기에는 직책수당, 직무수당, 위험수당, 한지수당, 기술수당, 자격수당, 생산장려수당, 능률수당 등이 있습니다. 식대나 상여금도 정기적, 일률적으로 주고 다른 추가적인 조건이 없는 한 통상임금에 해당합니다. 정기적이라는 의미도 꼭 '매월'이어야 하는 건 아닙니다. 연 2회, 연 1회 지급하더라도 사전에 지급 시기가 정해져 있다면 '정기적'이라고 할 수 있습니다.

반면에 시간 외 수당, 연차휴가근로수당처럼 성질상 사전에 정할 수 없고 근로 내역에 따라 비로소 결정되는 수당은 통상임금이 아닙니다. 통상임금이 아닌 임금은 '사후성과 변동성'을 특징으로 합니다. 명칭만으로는 통상임금을 판단할 수 없습니다. 기술수당을 주더라도 재직자 조건(중도 퇴사 시 해당 월분 기술수당 미지급)이나 일정한 출근율 조건 같은 추가 조건이 붙는 경우 그러한 조건을 달성해야 비로소 지급이 확정되기 때문에 통상임금이 아닙니다. 포괄산정임금제에서 이런 법정수당을 고정적으로 주더라도 여전히 통상임금이 아닙니다. 앞으로 발생할 일을 예상해 당겨 준다고 해서 법정수당이 법정수당이 아닌 것으로 변하지는 않기 때문입니다. 잘했는지 못했는지에 따라, 즉 '실적이나 근무 성적'에 따라 지급할지 말지와 지급액이 결정된다면 통상임금이 아닙니다. 성과급이나 실적수당 등이 이에 해당합니다. 물론 '성과급' 항목으로 지급되더라도 근무 성적 결과와 상관없이 기본적으로 지급되는 '금액'이 있다면 해당 금액까지는 사전에 정해진 것이기 때문에 '통상임금'에 해당합니다.

통상임금 개념이 아무리 어려워도 회사는 법정수당을 계산해 지급해주기 위해서 어찌 되었든 통상임금을 정해야 합니다. 그러나 기업이 어떤 임금 항목을 통상임금으로 정하고 그에 따라 법정수당을 계산한다고 해서 그대로 효력이 생기지는 않습니다. 법 기준에 맞아야만 효력이 있습니다. 그런데 놀랍게도 대부분의 회사가 운영하는 통상임금이 법 기준에 맞지 않습니다. 기업은 되도록 통상임금을 적게 책정하려고 하지만 법원이 판단하는 통상임금 범위는 상당히 넓습니다. 기본급만 통상임금이라고 생각하는 기업도 꽤 많습니다. 이런 기업은 통상임금을 낮추기 위해서 다양한 수당 제도를 운영합니다. 그러나 급여 계산의 편의를 위해서, 그리고 근로자가 얼마를 받을지 쉽게 예측하도록 하기 위해서 그 수당들을 '고정액'으로 매월 지급합니다. 그런데 법원은 고정액으로 지급하기 때문에 통상임금이라고 판결을 내립니다.

실제로 통상임금 계산이 잘못되었다면서 분쟁을 제기하는 일이 많습니다. 대부분 통상임금을 실제보다 낮게 책정해 법정수당을 계산하기 때문에 발생하는 '법정수당 체불' 사건입니다. 기업 입장에서는 상당히 난처한 문제입니다. 한두 사람의 문제가 아니기도 하지만 3년치를 고스란히 지급해야 하며 법정수당액이 늘어나면 이를 기준으로 계산하는 퇴직금액까지 많아지기 때문에 퇴직한 직원의 퇴직금까지 추가로 지급해야 하는 막대한 비용 부담이 발생합니다. 줄 돈을 다 줬다고 생각하는데 임금체불로 처벌을 받게 된다면 억울한 일입니다. 법을 몰랐다고 해서 용서를 받지는 못하기 때문에 사용자는 이런 법적인 위험을 미리미리 잘 막아야 합니다.

하지만 회사가 통상임금을 제대로 계산하지 않은 사실을 알았다고 해서 곧장 회사를 상대로 분쟁부터 제기할 생각을 하지 말길 바랍니다. 통상임금 문제는 주기로 한 돈을 안 주는 '나쁜 사용자'의 문제라기보다 대부분 치밀하지 못해서 발생하는 '관리적인' 문제이기 때문입니다. 회사에 소속된 구성원으로서 사용자의 의도나 회사의 운영환경에 대해 최소한의 이해심을 발휘할 필요가 있습니다. 회사는 무작정 법만 앞세우는 '무서운 직원'보다 법과 회사의 사정을 함께 고려하는 '똑똑한 직원'을 신뢰합니다. 회사의 신뢰를 받아야 그 회사에서 계속 성장할 수 있습니다.

06 | 시급 계산은 어떻게 하나요?

시급을 기준으로 삼는 임금 문제가 많이 있습니다. 앞서 설명한 최저임금이 그렇고, 법정수당이 그렇습니다. 그런데 대부분의 근로자들은 '월급'을 받습니다. 따라서 시급은 이 월급을 가지고 계산해야만 알 수 있습니다.

시급은 월 통상임금을 '월의 통상임금 산정 기준시간 수'로 나누어 계산합니다. '월의 통상임금 산정 기준시간 수'라는 표현이 잘 와닿지 않으나 '월 기본유급시간'으로 이해하면 됩니다. 기본유급시간은 ① 소정근로시간에 ② 유급으로 처리되는 시간을 합해 계산합니다. ① 소정근로시간은 법정근로시간(일 8시간, 주 40시간) 이내여야하기 때문에 하루에 9시간을 일하기로 하거나 주 45시간을 일하기로 하는 연장근로를 처음부터 약정한 경우라도 소정근로시간은 일 8시간, 주 40시간이 됩니다. 하루에 7시간을 일하기로 했다면 소정근로시간은 그대로 7시간입니다. ② 유급으로 처리되는 시간은 '일을 하지 않아도 돈을 주는 시간'(유급휴일, 유급휴가)을 말합니다. 법정휴일인 주휴일은 유급으로 주어야 하는데, 일 소정근로시간이 8시간이라면 8시간이 유급입니다.

'월 기본유급시간'은 우선 '1주'를 단위로 한 기본유급시간을 계산한 후 월 단위로 환산하면 됩니다. 1주 소정근로시간이 40시간이고 그 외에 일하지 않아도 유급으로 주는 시간이 주휴일 8시간이라면, 1주간 '기본유급시간'은 ① 소정근로시간 40시간에 ② 유급으로 처리되는 시간 8시간(유급 주휴시간)을 더해 총 48시간입니다.

다음은 산수 문제입니다. 1주 기본유급시간이 48시간에 1년간 평균 주수(52주)를 곱하고 이를 12개월로 나눈 값이 '월 평균' 기본유급시간이 됩니다.

주 40시간 근무제라고 해서 항상 기본유급시간이 209시간인 것은 아닙니다. 똑같이 일하지만 어떤 회사의 기본유급시간은 209시간이고, 어떤 회사는 226시간, 또 어떤 회사는 243시간일 수 있습니다. 같은 월급이라면 기본유급시간이 많을수록 시급은 당연히 적어집니다.

우리 회사에서 적용하는 기본유급시간이 정확히 몇 시간인지는 취업규칙에 나와 있을 수도 있고 아닐 수도 있습니다. 그러나 취업규칙을 통해 우리 회사에서 적용하는 기본유급시간*이 몇 시간인지는 알 수 있습니다. 기본유급시간은 유급휴일이나 휴무일을 어떻게 설정하느냐에 따라 달라지기 때문입니다.

보통 토요일이나 일요일은 주 5일 근무제에서 '쉬는 날'입니다. 이 쉬는 날 중 하루는 법적으로 반드시 유급으로 부여해야 하는 '주휴일'이 됩니다. 대개 일요일이 주휴일이기 때문에 토요일을 어떻게 운영하기로 하는지에 따라 기본유급시간이 달라집니다. 토요일을 무급으로 운영하면 주간 '유급으로 주는 시간'은 총 48시간이 됩니다. 이게 원칙입니다. 취업규칙에 이와 관련해 아무런 규정이 없다면 원칙대로 주간 기본유급시간은 48시간이고 월 기본유급시간은 209시간입니다. 이런 형태가 대부분입니다.

* 회사 취업규칙에 '월 소정근로시간'이라는 표현을 사용해 기본유급시간을 정하는 경우도 종종 있습니다.

토요일을 유급으로 운영할 수도 있습니다. 8시간의 범위 내에서 몇 시간을 유급으로 줄지 정할 수 있습니다. 토요일 4시간을 유급으로 정하기도 하고 8시간을 유급으로 정하기도 합니다. 토요일 4시간을 유급으로 하면 주간 소정근로시간은 48시간에 추가로 4시간을 더해 52시간이 되고, 월로 환산하면 226시간이 됩니다. 토요일 8시간을 유급으로 주는 경우도 같은 방식으로 계산하면 됩니다. 주간 총 56시간이 되고, 월 기본유급시간이 243시간이 됩니다. 토요일을 무급으로 하는지 또는 토요일 몇 시간을 유급으로 하는지는 취업규칙에 나와 있습니다. 취업규칙에 별도 언급이 없다면 토요일은 '무급휴무일'이 원칙입니다.

토요일을 유급으로 하느냐, 몇 시간을 유급으로 하느냐는 근로기준법을 개정하며 주 44시간제에서 주 40시간제로 바뀌는 과정에서 근로시간이 적어지더라도 급여가 줄지 않도록 하기 위한 방법을 찾다가 나온 것입니다. 실제로 시급부터 계산하고 유급 시간을 따져서 월급을 주는 일은 거의 없습니다. 같은 월급을 가지고 이것이 몇 시간에 대한 것인지를 나중에 정하는데, 이 과정에서 회사마다 기본유급시간이 다르게 된 것입니다. 즉 토요일 유급 운영은 쉬는 토요일에 돈을 추가로 주는 것이 아니라 '지금 받는 돈'에 토요일에 대한 임금이 들어 있다고 '정하는' 문제입니다. 취업규칙으로 정해져 있다면 정한 대로 효력이 생깁니다.

07

평균임금은 왜 계산하는 건가요?

평균임금은 말 그대로 근로자가 평균적으로 받아온 임금을 뜻합니다. 평균임금 역시 법에서 정한 개념으로 법에서 계산 방법을 정하고 있기 때문에 정해진 대로 계산해야 합니다.

> **근로기준법 제2조【정의】**
> ① 이 법에서 사용하는 용어의 뜻은 다음과 같다.
> 6. "평균임금"이란 이를 산정하여야 할 사유가 발생한 날 이전 3개월 동안에 그 근로자에게 지급된 임금의 총액을 그 기간의 총 일수로 나눈 금액을 말한다. 근로자가 취업한 후 3개월 미만인 경우도 이에 준한다.

평균임금은 통상임금과 자주 비교됩니다. 통상임금이 사전에 '주기로 정한 임금'이라면 평균임금은 '실제로 발생한 임금'*입니다. 통상임금은 사전에 정할 수 있는 고정적이고 일률적인 것이어야 하지만, 평균임금은 실제 발생한 임금이면 '모두' 포함됩니다. 그래서 평균임금은 통상임금보다는 정하기 쉽습니다. 임금으로 발생한 것이라면 웬만한 것은 모두 평균임금 계산에 집어넣을 수 있습니다.

---

* 법에는 '지급된' 임금으로 정의하고 있으나 임금의 실제 지급일은 임금 발생일과 다를 수 있기 때문에 정확하게는 해당 기간에 '발생한' 임금을 계산합니다.

단 임금이 아닌 금품이 있습니다. 이것은 평균임금 계산에서 제외해야 합니다. 임금은 명칭과 관계없이 사용자에게 지급 의무가 있는 금품으로 '근로의 대가'로 지급한 것이어야 합니다. 따라서 포상금, 격려금처럼 사용자의 호의나 재량에 의해 지급하는 금품은 사용자에게 지급 의무가 없기 때문에 임금이 아니며, 경조사비처럼 직원 개인의 특수하고 우연한 사정으로 지급되는 순수 복리후생비도 근로제공과 관련되지 않아 임금이 아닙니다. 유류대, 교통비 등 실비를 변상해주기 위해 영수증 처리를 통해 지급하는 금품도 임금이 아니라고 봅니다.

평균임금을 계산할 때는 '산정할 사유가 발생한 날의 전일'을 기준으로 거꾸로 3개월 동안의 총임금을 먼저 합산해야 합니다. 예를 들어 퇴사해서 퇴직금을 계산해야 한다면 퇴사일 이전 3개월 동안의 총임금이 평균임금으로 계산됩니다. 이때 3개월을 계산하는 방식에 주의해야 합니다. 여기에서 '개월 수'는 달력에 있는 달 수가 아닙니다. 날짜를 기준으로 하기 때문에 오늘로부터 1개월 전은 '지난달의 오늘 날짜에 1을 더한 날'입니다. 이것을 세 번 하면 '거꾸로 3개월 동안'의 기간을 설정할 수 있습니다.

이 기간의 임금을 계산하는 일이 또 복잡합니다. 평소 임금을 산정하는 기간(매월 1일에서 말일까지)과 다르기 때문에 '일할계산'을 해야 합니다. 그리고 연차수당이나 상여금처럼 매월 지급하지 않고 특정 달에 지급하는 임금을 계산에 넣는 방식도 조금 다릅니다. 이

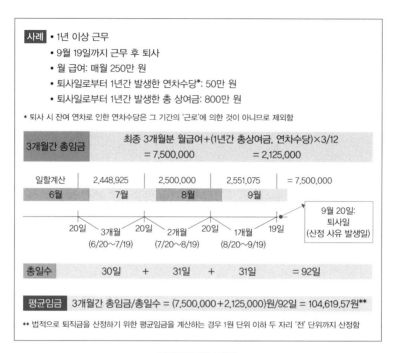

평균임금 계산 방법

런 임금은 '퇴직일같이 평균임금을 산정해야 할 사유가 발생한 날 이전 1년간 발생한 총금액'을 합한 후 이 중 3개월분을 환산해서 평균임금 계산에 넣을 '총임금'에 합산합니다.

예를 들어 1년 동안 연차수당이 총 50만 원, 상여금이 총 800만 원 발생했다면 총 850만 원에 12분의 3을 곱한 후 이것을 총임금에 추가하면 됩니다. 평균임금은 '평균적인 소득'을 계산하는 것이 목적입니다. 이렇게 특정 달에 지급되는 임금이 그 3개월에 빠져 있거나 집중돼 있을 경우 그대로 계산하면 평균적 소득이라고 할 수 없기 때문에 연간총액을 3개월분으로 환산하는 것입니다.

평균임금은 3개월간의 총임금을 그 3개월간의 총일수로 나누어 구한 '1일치 임금'입니다. 3개월의 기간은 날짜를 기준으로 계산하기 때문에 어떤 달이냐에 따라 그 기간의 총일수는 89일에서 92일까지 다를 수 있습니다. 이렇게 해서 나온 1일치 평균임금이 1일치의 통상임금보다 적을 수도 있습니다. 불법파업이나 결근을 한 경우 급여 공제로 이런 일이 생길 수 있는데, 이 경우 통상임금을 평균임금으로 간주합니다. 이런 경우라도 최소한 통상임금만큼의 평균임금을 인정*해주기 위해서입니다.

법에서는 평균임금으로 계산해야 하는 금품과 통상임금으로 계산해야 하는 금품을 명확하게 구분하고 있습니다. 그 금품을 받을 당시의 평균적인 소득을 반영해야 할 필요가 있다면 평균임금으로 계산하도록 하고, 평소의 고정적 소득수준을 적용할 필요가 있다면

---

* 그러나 일급 통상임금은 시간급×8시간(통상근로자)으로 산정하는 반면, 평균임금의 산정 과정에서는 무급휴무일이 포함된 일수까지 나누는 수인 '총일수'에 포함합니다. 이 때문에 결근, 불법파업과 같이 평균임금이 낮아지는 특별한 사정이 없더라도 평균임금보다 통상임금이 더 많은 현상이 오히려 일반적입니다. 법 취지는 특별한 경우 최소 통상임금 이상을 보장하고자 하는 것이고, 이는 '무급휴무일' 개념이 없던 과거에 평균임금이 통상임금보다 높은 것이 일반적이던 상황을 전제한 것입니다. 따라서 주5일제 근무의 확대로 무급휴무일이 존재하는 상태에서 그대로 적용하는 것은 합리적이지 않습니다. 그러나 근로기준법 제2조제2항에 "평균임금이 그 근로자의 통상임금보다 적으면 그 통상임금액을 평균임금으로 한다"고 명시되어 있기 때문에 고용노동부는 법문 그대로 적용하여 결근과 같은 특별한 사정이 없더라도 평균임금보다 통상임금이 더 많으면 통상임금을 기준으로 퇴직금을 산정하도록 조치하고 있습니다.

통상임금을 기준으로 계산하도록 합니다.

평균임금으로 계산하는 대표적인 경우가 퇴직금*입니다. 퇴직한 날을 기준으로 퇴직금을 계산해야 하는데, 이 퇴직금은 평균임금으로 계산합니다. 퇴직금에는 법정퇴직금이 있고 약정퇴직금이 있습니다. 사용자는 1년 이상 계속 일한 근로자에게 최소한 법정퇴직금 이상의 퇴직금을 지급해야 합니다. 법정퇴직금은 근속연수 1년당 평균임금 30일분입니다. 근속연수가 1년 6개월이라면 평균임금 30일분에 1.5를 곱하여 계산하면 됩니다. 약정퇴직금은 법정퇴직금 이상으로 퇴직금을 지급하는 제도로 퇴직금 누진제가 대표적인데, 근속연수에 따라 퇴직금 지급률이 누진하여 높아지는 제도입니다. 이런 회사에서는 장기간 근속할 때 법정퇴직금보다 훨씬 많은 퇴직금을 받을 수 있습니다. 평균임금을 법에서 정한 대로 계산하지 않더라도 지급된 퇴직금이 결과적으로 법대로 계산해서 나온 퇴직금보다 많다면 적법하고 그렇지 않다면 '임금체불'이 됩니다.

퇴직금 외에도 사용자에게 책임이 있는 사정으로 발생하는 휴업 기간에 지급해야 하는 휴업수당도 평균임금의 70퍼센트 이상을 지급하도록 하고 있습니다. 그리고 산재로 인한 재해보상금도 기본적으로 재해 당시 평균임금을 기준으로 계산합니다. 유족급여는 평균임금의 1300일분, 요양 기간 중 휴업급여는 평균임금의 70퍼센트,

---

＊   퇴직연금제인 경우 DB형(확정급여형)은 퇴직 당시 평균임금을 기준으로 급여가 확정되는 점에서 법정퇴직금제도와 동일하나, DC형(확정기여형)은 평균임금과 관계없이 '연간 임금 총액'을 기준으로 부담금을 납부합니다.

장해보상은 장해 등급별로 일시금액과 연금액을 평균임금 일수로
정하고 있습니다.

08 | 경영성과급도 퇴직금을 계산할 때 포함하나요?

기업은 연말 경영 이익에 따라 직원들에게 이윤을 배분하는 '경영성
과배분제도PS, Profit Sharing'를 운영하기도 합니다. 기업에 따라 경영
인센티브, 이익 배분, 경영성과급, 특별성과급 등 다양한 명칭을 사
용합니다. 경영성과배분제는 직원들에게 급여 외 추가적인 소득이
발생할 가능성을 부여해줌으로써 직원들의 근무 의욕을 높이고 회
사의 성과에 보다 적극적으로 기여할 수 있도록 유도하기 위해 운영
합니다. 경영성과급의 규모는 회사에 따라 차이가 많지만, 일부 대
기업의 경우에는 연봉의 50퍼센트까지 경영성과급으로 지급하기도
합니다.

그런데 경영성과급은 보통 근로기준법상의 '임금'이 아니라고 여
겼습니다. 임금이 아니라면 퇴직금 계산을 위한 평균임금에도 포함
하지 않습니다. 경영성과급은 경영 이익이 얼마 이상일 때 그중 일
부를 직원들에게 지급하는 것인데, 경영 이익이라는 것이 발생할지,
얼마나 발생할지가 확실하지 않습니다. 이익이 발생하지 않으면 경
영성과급은 아예 없을 수도 있습니다.

한편 경영성과급의 배분 비율이나 지급 방식을 미리 정해놓지 않고 운영하는 경우도 있습니다. "이익이 발생하면 배분금을 줄 수도 있다"라고만 한다든지, 미리 정하지 않고도 사용자가 경영 이익을 배분한다며 지급할 수도 있습니다. 이렇게 경영성과급에 대해서 아무것도 정한 것이 없는 상태에서 사용자가 '그냥' 지급했다면 누가 봐도 '임금'이라고 보기는 어렵습니다. 임금은 근로의 대가여야 하고 근로의 대가는 근로자와 사용자가 사전에 '정해야' 하기 때문입니다.

하지만 경영성과급의 지급 조건, 배분 비율, 지급 방식을 자세히 규정하거나 취업규칙, 근로계약서 등에 명시하여 운영할 수도 있습니다. 노조가 있는 회사라면 주로 단체협약이나 부속합의서에 경영성과배분율에 대해서 노사합의로 정해놓기도 합니다. 이렇게 미리 약속된 금품이라면 임금이라고 보아야 할 것 같은데 이런 경우에도 기존에는 경영성과급이 임금에 해당하지 않는다고 여겼습니다. 경영성과급이 발생하는 근거가 경영 이윤이라는 알 수 없는 사정에 있다는 이유 때문입니다.

그러나 최근 법원은 공공기관의 경영평가성과급을 비롯해 대기업의 PS, PI 등 사기업 경영성과급에 대해서도 근로기준법상 임금에 해당한다는 판결을 계속 내리고 있습니다. 구체적인 내용과 방식에 따라 경영성과급이 임금인지 아닌지가 달라질 수 있습니다. 장기간 지속적으로 지급된 경우, 단체협약이나 취업규칙, 이 밖에 노사합의, 내부결재 등으로 매년 구체적인 지급 기준을 마련하고 이

기준에 해당하면 경영성과급을 예외없이 지급한 경우 경영성과급은 더 이상 임시적이고 은혜적인 금품이 아니라 사용자에게 지급 의무가 있는 '임금'*으로 인정될 수 있습니다.

경영성과급은 회사마다 다른 방식으로 운영되고 특정 개인의 경영성과급이 결정되는 방법이 매우 복잡할 수 있습니다. 따라서 만일 미리 정한 틀을 가지고 경영성과배분제를 운영하는 회사에서 근무한다면 개인의 경영성과급이 어떤 기준과 과정을 거쳐 결정되는지 정확히 이해하는 편이 좋습니다. 금액이 적다면 크게 신경쓰지 않는 사람도 있지만 어느 정도 소득에 영향을 끼치는 정도라면 자신의 연간 소득에 대한 예측과 회사에서의 목표 설정에 도움이 될 수 있기 때문입니다.

경영성과배분제가 복잡하거나 관리 업무가 연말에 집중되면 때때로 관리 오류로 받을 수 있는 성과급보다 적게 입금되는 일도 생길 수 있습니다. 이를 대비해서 적어도 자신의 경영성과급이 얼마가 될지 예측할 수 있고, 실제 경영실적을 보고 맞게 지급되었는지 확인할 수는 있어야겠습니다. 경영성과배분제가 일반적으로 어떤 방식으로 구성되는지에 대한 다음의 설명을 보면 우리 회사의 경영

---

* 법원은 "경영성과는 개별 근로자들의 근로제공과 생산성 향상을 위한 노력이 모여서 이루어진 것이므로 근로자들의 근로제공 및 생산성 향상을 위한 노력에 대한 대가라는 측면에서 개인성과급과 본질적 성격을 달리 볼 이유는 없어 근로 대가성이 인정된다"고 판시 (서울중앙지법, 2021. 6. 17. 선고 2019가합542535) 하기도 했습니다.

성과배분제를 좀 더 쉽게 이해할 수 있을 것입니다.

경영성과배분제를 도입할 때 회사는 먼저 경영성과급을 정하기 위한 지표를 정합니다. 보통 '성과지표'라고 부르는데 회사 업종의 특성에 따라 매출액이 될 수도 있고 영업이익이 될 수도 있습니다. 성과지표는 회사가 중요하게 생각하는 경영전략을 가장 잘 표현하고 있는 것으로 선택합니다. 그래야 모든 직원이 회사의 경영전략과 목표를 성과지표를 통해 보다 명확하게 인식할 수 있기 때문입니다.

이렇게 지표를 선택한 다음 전체 경영성과급 규모를 결정하는 기준(배분율)을 정합니다. 예를 들어 영업이익을 성과지표로 정했다면 영업이익의 몇 퍼센트를 직원들에게 배분할지 정합니다. 직원 규모는 어느 정도 고정적이기 때문에 전체 경영성과금 배분율로 직원 1인당 평균 경영성과급 지급률을 환산할 수 있습니다. 어느 정도가 적정한 배분률인지 결정하는 것이 사실 가장 어려운 문제입니다. 경영자가 다른 경쟁업계 상황이나 경영과 관련된 각종 재무 요인을 고려해 결정할 수도 있고 노사 간 합의로 정할 수도 있습니다. 기업마다 자본 규모나 이익 배분 구조가 다양하기 때문에 어느 정도의 비율이 적당하다고 단정하기는 어렵습니다.

일반적으로 대기업이라면 자본수익 규모가 커서 성과배분율을 5~10퍼센트 정도로 낮게 책정합니다. 비율이 낮긴 하지만 실제 금액은 적지 않을 때가 많습니다. 반대로 중소규모 기업으로 대규모 투자가 이뤄지지 않아 이윤이 그대로 귀속되는 기업이라면 30퍼센트대의 높은 비율로 정하기도 합니다.

경영성과배분율을 정했다면 이제 직원 각자에게 나눠주는 방법을 정하게 됩니다. 전 구성원에게 똑같이 지급할 수도 있지만 대부분 기본급에 비례해서 지급합니다. 조금 더 정교하게 운영하는 회사는 직원들이 열심히 일하도록 하기 위해 팀이나 개인 성과에 따라 등급을 매기고 차등적으로 지급하기도 합니다. 직원의 기여도에 따라 다르게 지급해서 무임승차자를 막고 더 기여한 사람에게 정당하게 보상하겠다는 뜻입니다. 이렇게 차등 지급하는 경우라면 자신의 '성과 등급'에 따른 지급률이 어떻게 계산되는지 그 공식을 확인해야 계산과 예측이 가능합니다. 팀 성과와 개인 성과를 조합하는 형태로 구성이 복잡하더라도 공식을 정확히 이해하고 계산해보는 편이 좋습니다.

09 | 임금을 일부만 주거나 제때 주지 않으면 어떡하나요?

근로자에게 일을 시킨다는 것은 사람의 귀중한 시간과 노동력을 자기를 위해 사용한다는 의미입니다. 이렇게 자기를 위해 일하도록 하고서 임금을 주지 않는다면 정말 '나쁜 사용자'입니다. 처음부터 임금을 주지 않을 의도로 근로자에게 일을 시킨다면, 이런 행위는 임금체불이라는 근로기준법 위반뿐 아니라 형사상 '사기죄'에도 해당합니다. 그러나 일부러 임금을 떼먹는 나쁜 사용자는 그리 많지 않습니다. 대부분은 현금 흐름이 원활하지 않거나 급하게 갚아야 할 빚이 많다든지 하는 경영의 어려움 때문에 임금체불이 발생합니다.

임금은 근로자에게는 매우 중요한 생계수단입니다. 한 달치 임금을 통째로 받지 못하거나 평균적인 소득 수준 이하의 임금이라면 생활에 지장이 매우 큽니다. 게다가 회사 사정이 어려워지고 임금까지 체불되는 상황이라면 근로자는 더욱 불안합니다. 되도록 빨리 안정된 일자리를 찾으려 하거나 실컷 일을 하고도 임금을 떼일 것이 두려워 회사를 서둘러 그만두기도 합니다. 이렇게 근로자가 계속해서 회사를 그만두게 되면 근로자를 사용해 성과를 내서 경영난을 해소해야 하는 사용자는 큰 난관에 부딪히게 됩니다. 이럴 때 사용자는 임금의 일부라도 지급해가며 근로자에게 조금만 참아달라고 부탁하는 경우가 많습니다. 또한 사용자를 믿고 일부의 임금이라도 받아 계속 일하면서 회사가 좋아질 날을 기대하는 직원들도 있습니다.

이런 어려운 상황에서 회사에서 계속 일할지 그만둘지는 개인의 선택입니다. 다만 사용자가 급여를 일부만 주면서 계속해서 체불이 발생하는 상황이라면 반드시 먼저 발생한 체불액부터 일부 받게 되는 임금으로 채워나가야 합니다. 더욱이 사용자가 임금을 지급할 때 '10월분(이번 달) 임금'과 같은 식으로 특정 월의 임금이라고 지정해 지급한다면 즉시 이의를 제기하고 사용자에게 기존에 밀린 임금을 지급한 것으로 처리해달라고 꼭 요구해야 합니다.

지난달에 밀린 임금이 있는 상황에서 이번 달에 지급한 임금이 이번 달분의 임금이면 안 됩니다. 밀린 것부터 채워야 나중에도 불이익이 없습니다. 어려운 법률 용어로 이런 문제를 '변제충당'이라고 부릅니다. 변제충당이 무엇인지 자세히 알 필요는 없지만, 이렇게 일부의 임금만 지급하는 일이 발생하면 반드시 앞에 밀린 금액부터 순서대로 꽉꽉 채워나가야 한다는 사실은 '꼭' 기억하기 바랍니다.

임금도 하나의 '채권'이고 임금채권은 특별히 보호됩니다. 따라서 사업주가 갚아야 할 채무가 여러 종류라면 이 중 임금채무를 우선해서 갚아야 합니다. 밀린 임금 중 '최종 3월분의 임금과 휴업수당, 최종 3년분의 퇴직급여, 재해보상금'은 다른 어떤 채권보다 앞서는 '최우선변제채권'입니다. 그 외의 나머지 임금은 세금이나 공과금, 저당 잡힌 채권들에 밀립니다.

사업주가 빚이 많아져 재산을 처분하지 못하도록 압류나 가압류가 된 상태에서 사업주의 재산을 여러 채무자에게 강제로 나눠줘야 할 때에는 법이 정한 순위에 따라 나눠줍니다. 그러므로 순위에서 밀리면 자칫 끝까지 못 받는 돈이 될 수도 있습니다. 이런 채권 순위 때문에 밀린 임금은 앞에서부터 채워나가야 하는 것입니다.

┌─ 사례: 체불임금의 변제충당

임금이 200만 원인 근로자(연령 30대)가 임금체불로 10월에 퇴사했는데, 과거 6개월간 임금을 절반만 지급받은 경우를 예로 들어보겠습니다.

사업주가 5월, 6월에 급여를 100만 원만 지급하면서 '5월분 급여', '6월분 급여' 같은 식으로 급여 이체 항목을 기재하거나 해당 월 급여명세서에 표기해 발행할 경우 근로자가 이에 대해 아무런 조치를 하지 않으면 임금체불 내역은 5월 100만 원, 6월 100만 원, 7월 100만 원, 8월 100만 원, 9월 100만 원, 10월 100만 원 등이 됩니다. 총 600만 원의 체불 중 퇴사하기 전 3개월인 8~10월의 임금 300만 원만이 '최우선변제채권'입니다. 나머지 300만 원은 '일반 임금채권'이 되기 때문에 사업주의 세금 체납이나 담보채무 금액 규모가 크다면 순위에 밀려 받지 못할 위험에 처하게 됩니다.

그러나 같은 상황에서 이 근로자가 "사업주가 지급하는 모든 임금은 먼저 발생한 체불임금부터 충당한다"라는 내용으로 사업주에게 내용증명을 보내거나 사업주로부터 확인서를 받았다면, 앞의 5~7월까지는 일부씩 지급받은 임금 총 600만 원을 순서대로 충당했기 때문에 더 이상 체불이 없고 최종 체불 내역은 8월 200만 원, 9월 200만 원, 10월 200만 원이 됩니다. 이렇게 되면 총 600만 원이 최우선변제채권이 돼서 안전한 순위로 체불임금을 전액 받을 수 있으며, 대지급금 상한액(30대 기준)보다 적기 때문에 대지급금을 신청하더라도 손해 없이 전액을 받을 수 있습니다.

임금체불이 발생하는 상황은 다양할 수 있습니다. 돈이 있지만 고의로 안 주거나 최대한 임금을 늦게 주려고 할 수도 있고, 정말 돈이 없어서 못 줄 수도 있습니다. 특히 법정수당 문제와 같이 '관리상 법 적용의 잘못'에 따른 체불은 '몰라서' 못 준 경우이기도 합니다.

만일 어떤 근로자가 임금이 체불되었는데 어떻게 하면 되는지 문의한다면 대부분 "노동부에 신고해라", "법원에 소송해라"라는 답변과 함께 구체적 절차를 안내받을 것입니다. 그러나 이런 방식은 밀린 임금을 받기 위한 '최적의' 방법이라기보다는 '최후의' 방법이라고 할 수 있습니다.

많은 근로자가 임금이 체불되면 고용노동부 민원실부터 찾거나 온라인으로 진정서를 냅니다. 소송은 더 복잡해서 이런 고용노동부 절차로 해결이 안 되면 그제야 법원에 가는 것이 대부분입니다. 그런데 이렇게 고용노동부에 찾아가더라도 결국 해결이 안 되는 체불 사건이 매우 많습니다. 왜 그럴까요? 사업주가 정말 재산이 없어 어떻게 해도 방법이 없는 것처럼 '해결 불가'일 때도 있지만, 많은 경우는 체불임금을 받아내는 전략을 잘못 세웠기 때문입니다.

임금체불의 원인은 다양하지만 그 원인 속에 답이 있습니다. 근로자는 임금체불의 원인에 따라 체불임금을 받기 위한 '다른 전략'을 세워야 합니다. 우선 법정수당 중 시간 외 근로수당이 체불되었다면 '입증'이 가장 큰 문제이기 때문에 입증 자료부터 최대한 수집하는 게 우선입니다. 그러나 그 외 연차수당이나 퇴직금, 일반 임금은 사업주가 지급한 사실을 입증하지 못하면 그대로 체불이 되기 때문에 근로자 입장에서 입증 자료를 마련하기 위한 노력을 기울일 필요가 거의 없습니다.

다시 임금체불의 원인으로 돌아가 보겠습니다. 사업주가 돈이 있는데도 감정상의 문제나 다른 이유로 일부러 안 주고 있다면 고용노동부에 진정을 해도 '배 째라' 식으로 나올 가능성이 큽니다. 고용노동부는 임금체불이 확인되면 사업주에게 체불임금을 지급하라고 시정지시를 하지만 강제력이 없습니다. 다만 사업주가 시정지시를 이행하지 않거나 근로자가 취하서를 내지 않으면 사건을 검찰에 넘깁니다. 검찰은 사업주를 기소하고 벌금형을 부과하는데 대략 체불임금의 10퍼센트 정도가 벌금으로 구형됩니다. 500만 원을 체불하고도 50만 원만 내면 된다는 말입니다. 사업을 하다 보면 이런저런 경제사범이 되어 전과 한두 개 정도 갖고 있는 경우를 어렵지 않게 볼 수 있기 때문에 전과가 생기는 것이 사업주에게 별문제가 되지 않기도 합니다.

사업주가 근로자에게 나쁜 감정을 가지고 벌금을 내면서라도 끝까지 밀린 임금을 안 주고 버티면 난감한 사람은 근로자뿐입니다. 심한 경우 밀린 임금을 갚지 않기 위해 회사를 일부러 폐업하거나 재산을 빼돌리기도 합니다. 회사가 폐업한다면 다음의 **〈3장 10. 회사가 망해서 밀린 임금을 받지 못하면 어떻게 해야 하나요?〉**에서 설명할 '대지급금(체당금)'이라도 받을 수 있지만 재산을 빼돌리는 상황이라면 답이 없습니다.

따라서 이런 경우라면 매우 적극적으로 애를 써야 합니다. 그런데 고용노동부 진정부터 제기하는 것은 위험합니다. 감정적인 문제가 있다면 고용노동부 진정은 불에 기름을 끼얹는 격입니다. '감히' 자신을 고발했다는 생각에 분노한 사업주는 끝까지 버팁니다. 또 이런 사업주에게 진정 사건을 처리하는 동안 걸리는 시간은 재산을 빼돌릴 기회가 될 수도 있습니다. 그러므로 이런 상황에서는 진정을 제기하기에 앞서 회사의 재산 상태를 파악해둬야 합니다. 회사가 소유한 재산으로 무엇이 있는지, 거래 계좌는 어떤 것인지, 거래처

채권은 어디에 얼마나 있는지를 잘 알아두고, 가능하다면 자산 관련 서류를 수집해놓아야 합니다. 우리 회사에 채무가 있는 거래처 담당자와 잘 알고 있다면 회사에 임금체불이 발생한 사실을 알려주고 거래대금 지급을 미뤄달라고 부탁해볼 수도 있습니다. 다만 사업주에게 이런 부탁을 한 사실이 알려질 수 있다는 점은 주의해야 합니다.

이런 조치 후에 사업주로부터 임금체불에 대한 각서와 공증을 받으면 더 좋습니다. 고의로 체불하려고 한다면 쉽게 해주지 않을 가능성이 크지만, 최소한 내용증명을 통해 체불내역을 명시하고 체불된 임금을 조속히 지급해줄 것을 요청이라도 해야 합니다.

체불임금은 소멸시효가 3년이기 때문에 법정수당처럼 소급해서 3년분을 청구할 수 있는 체불임금이 있는 경우 내용증명을 보내 소멸시효가 계속 진행되는 것을 일단 막아놔야 손해를 덜 봅니다. 내용증명으로 체불임금 지급을 청구할 때에도 지급 기한을 일주일 이상 길게 설정하지 않는 편이 좋습니다. 길면 그만큼 사업주에게 또 다른 궁리를 할 시간을 주는 셈입니다.

이렇게 하고 난 후에도 사업주가 체불임금을 지급하지 않는다면 고용노동부에 진정을 제기하고 이와 동시에 사업주 자산에 대한 가압류 절차를 진행하는 편이 좋습니다. 근로자 자신이 직접 할 수도 있고 법률구조공단이나 법무사의 도움을 받을 수도 있습니다. 이때 부동산보다 거래계좌나 채권을 묶어두는 편이 더 좋습니다. 물론 고용노동부에 진정해서 고용노동부의 체불확인원을 받으면 가압류가 훨씬 쉽습니다. 그러나 사업주가 재산을 빼돌릴 가능성이 크다면 시간 싸움이 될 수 있기 때문에 상황을 잘 판단해야 합니다.

한편 사업주가 정말 돈이 없어서 못 주고 있는 상황이라면 대지급금제도를 이용할 수 있습니다. 다만 대지급금은 사업이 폐업하거나 한 달 이상 운영이 정지된 상태여야 받을 수 있고 그나마도 상한액이 있어 밀린 임금을 다 못 받을 수 있습니다. 돈이 없어 직원들 임금을 주지 못하는데도 사업주가 계속해서 사업을 운영하려고 한다면 사업을 포기하도록 설득하거나 사업 운영을 포기하도록 남아 있는 직원들과 함께 단체로 회사를 나오는 편이 좋습니다. 퇴사한 지 1년이 지나면 대지급금도 받을 수 없기 때문에 적어도 1년 이내로 회사가 정리되도록 같은 입장인 직원들이 잘 협조해 사업주를 설득해야 합니다.

마지막으로 '몰라서' 못 주는 경우라면 일단 사업주가 '알도록' 하는 방법을 택하되 되도록 고용노동부 진정이나 소송은 최후 수단으로 생각하는 편이 좋습니다. 규제 기관에 진정부터 제기하면 사업주는 처벌을 피하기 위해 가능한 수단과 논리를 동원해 적극적으로 방어하기 마련입니다. 또한 몰라서 못 주는 상황 중에는 법리적 판단이 분명하지 않을 때가 많습니다. 이에 대해 공식적인 분쟁을 제기하는 순간 길고 힘든 법적 싸움이 시작된다는 사실을 알아야 합니다. 법적 '논쟁'은 필요할지 모르지만 '분쟁'이 되면 감정싸움으로 번지기 십상입니다. 재직 중인 근로자라면 혹시라도 일이 잘못될 경우 사업주를 부당하게 고발한 이유로 사업주에게 징계를 받을 위험도 있습니다.

따라서 법리적인 판단이 필요한 임금 문제가 있을 때나 사업주의 관리 과실이 있을 때는 이러한 사실을 사업주가 인지할 수 있도록 먼저 인사·급여 담당자나 상급자 등을 통해 문의하거나 의견을 제시하는 편이 좋습니다. 사용자 측에서 지급 의무가 없는 것으로 판단하고 있어 설득이 필요하다면 일목요연한 근거를 제시하거나 공인된 법률전문가에게 의견서 작성을 의뢰해 이를 제출하는 것도 방법입니다. 이런 과정을 거친 후에도 사업주의 지급 의사가 없는 것이 확인되고, 근로자 본인이 체불임금을 받아야겠다는 의지가 확고하며, 사업주의 재산 상태를 볼 때 체불임금을 받을 수 있는 가능성이 있다면 우선 내용증명을 보내 체불임금을 청구한 후 독촉한 기한 내로 지급하지 않을 경우 고용노동부에 진정을 제기하거나 소송을 진행하면 됩니다.

10 | 회사가 망해서 밀린 임금을 받지 못하면 어떻게 해야 하나요?

앞서 근로자의 임금채권은 다른 채권보다 우선해서 변제받을 수 있다고 설명했습니다. 같은 돈이라도 누군가에게는 아주 절실하지만 누군가에게는 덜 절실할 수 있습니다. 근로자에게 근로의 대가인 임금은 절실한 생계수단이기 때문에 근로기준법에서는 임금을 보호하기 위해 많은 규정을 두고 있습니다. 임금은 주식이나 쌀 같은 것으로 지급해서는 안 되고 반드시 현금으로 지급해야 합니다. 다른 사람이 나의 임금을 받을 수 없도록 반드시 근로자 본인에게 지급해야 합니다. 임금을 일부만 주거나 늦게 주면 임금체불로 사업주를 처벌할 수 있습니다. 또한 근로자가 퇴사했을 때 이른 시간 안에 이전 회사와의 금전관계가 정리되도록 14일 이내에는 금품을 청산하도록 정하고 있습니다.

이와 함께 사업주의 재산이 적거나 채무가 많아 임금을 지급받지 못할 우려가 있는 상황에서 근로자의 밀린 임금이 먼저 지급될 수 있도록 '임금채권의 우선 변제'라는 조항을 두어 임금을 특별히 보호하고 있습니다. 사업주가 여기저기 빚이 많은 상황에서 발 빠른 채무자가 압류를 걸어 재산에 담보나 저당이 잡혀 있을 경우 사업주는 재산을 마음대로 처분할 수 없습니다. 이 경우 보통 경매 절차를 거쳐 법원에서 '채권의 우선순위'에 따라 돈을 배당해줍니다. 이때 임금채권을 다른 채권보다 앞선 순위에 두도록 함으로써 밀린 임금을 먼저 지급하도록 하는 것입니다.

그러나 모든 임금채권이 가장 우선인 것은 아니라는 사실에 주의해야 합니다. 채권의 배당 순위에서 임금채권은 두 가지 종류로 나뉩니다. 하나는 제1순위인 '최우선변제임금채권'이고 다른 하나는 1순위 채권 외의 나머지인 '일반 임금채권'입니다. 퇴사 직전 최종 3개월분 임금이나 휴업수당, 최종 3년치 퇴직급여, 재해보상금이 최우선변제채권입니다. 나머지 임금은 우선변제채권이지만 담보가 설정된 채권이나 일부 조세공과금보다는 나중 순위입니다.

사업주가 망해서 임금을 받지 못했을 때라도 사업주에게 남아 있는 재산이 있다면 법원의 배당 절차를 통해 밀린 임금을 받을 수 있습니다. 남아 있는 재산이 충분하다면 체불임금을 전부 받을 수 있지만 재산이 부족하다면 채무 규모와 배당 순위에 따라 못 받는 임금이 생길 수도 있습니다.

회사가 '재판상 도산'이라는 것을 하는 경우가 있습니다. 법원에서 회사에 대해 파산선고나 회생절차개시결정을 내리는 것을 말합니다. 이는 보통 규모가 큰 기업에서 채무 문제가 심각할 때 법원의 관리를 통해 복잡한 채무관계를 정리하기 위한 목적으로 이뤄지는데, 다니던 회사가 재판상 도산이 되면 밀린 임금을 지급받기까지 오랜 시일이 소요될 가능성이 큽니다.

만약 중소규모의 기업이라면 근로자들의 임금이 밀려 있는 상태에서 사업주가 경영난으로 결국 폐업하거나 더 이상 사업을 운영하지 않게 될 수 있습니다. 이때 사업주에게 남아 있는 재산이 없거나 있더라도 압류가 걸려 있어서 돈으로 받는 데 한참 걸릴 수 있습니다. 근로자가 이런 상황에 처하면 임금을 못 받은 것도 억울하지만 무엇보다 생계에 막대한 지장을 초래하게 됩니다.

이럴 때 국가에서 사업주를 대신해 밀린 임금을 지급해주는 제도로 '대지급금제도'*가 있습니다. 국가가 사업주를 대신해 우선 지급해주는 밀린 임금을 '대지급금'이라고 하는데, 대지급금의 지급과 관련된 사항을 '임금채권보장법'이라는 개별 법률에서 따로 정하고 있습니다. 임금채권 보장을 받을 수 있는 사업주는 산재보험 당연 적용 사업장으로 6개월 이상 사업을 운영해야 합니다. 산재보험은 몇 가지 예외를 제외하고는 근로자를 사용하는 모든 사업장에 가입 여부와 상관없이 '당연히 적용'됩니다. 국가는 '임금채권보장기금' 예산으로 대지급금을 지급합니다. 산재보험 적용 사업장이 임금채권 보장 대상 사업장인 이유는 회사가 산재보험료를 납부하면서 임금채권보장부담금을 함께 납부하기 때문입니다. 국가가 대신 지급해주기는 하지만 예산은 사업주가 부담한 임금채권보장기금을 쓰고, 이렇게 대지급금을 지급한 국가는 사업주에 대해 근로자의 임금채권(임금 지급을 청구할 권리)을 대신 행사하기 때문에 사업주 입장에서는 '대신' 지급해준다기보다 그저 '먼저' 지급해주는 것일 수 있습니다. 사업주에게 남은 재산이 있으면 대지급금을 지급한 국가가 지급한 대지급금만큼 가져갈 수 있다는 뜻입니다.

대지급금의 종류는 퇴직근로자에게 지급하는 '도산대지급금'과 재직근로자에게 지급하는 '간이대지급금'**이 있습니다. 도산대지급금은 기업이 재판상 도산 상태이거나 '사실상 도산' 상태인 경우 지급하며, 간이대지급금은 기업의 도산 여부와 관계없이 미지급 임

＊　기존에는 '체당금'이었으나 임금채권보장법 개정으로 2021년 4월 13일부터 '대지급금'으로 용어가 변경되었습니다.
＊＊　기존 '소액체당금'이 '간이대지급금'으로 용어가 변경되었습니다.

금 지급에 대한 법원의 판결, 명령, 조정 또는 결정 등이 있는 경우나 고용노동부에서 체불 임금에 대한 사업주 확인서를 발급하여 미지급 임금이 확인된 경우 지급합니다. 간이대지급금이나 재판상 도산 시 대지급금을 받는 절차는 상대적으로 간소하지만 '사실상 도산'은 조건이나 절차가 매우 엄격하고 까다롭습니다.

재판상 도산하지 않고 법원의 판결, 명령 등이 없는 상황에서 직원 수가 300명 미만이라면 고용노동부의 '도산등사실인정'이라는 것을 받아야 대지급금을 신청할 수 있습니다. '도산등사실인정'은 사업주가 사실상 도산 상태라는 것을 지방노동관서가 인정하는 것을 의미하는데, '사실상 도산'이란 사업이 폐지되었거나 폐지 과정에 있고 밀린 임금을 지급할 능력이 없거나 매우 곤란한 상태에 있는 경우를 말합니다.

이런 사업장에서 밀린 임금이 있는 근로자라고 해서 모든 근로자가 밀린 임금 전부를 대지급금으로 받을 수 있는 것은 아닙니다. 재판상 도산은 파산선고나 회생절차개시결정 신청일부터, 사실상 도산은 '도산 등 사실 인정 신청일'을 기준으로 '과거로 1년, 향후 2년 사

(단위: 만 원)

항목 \ 퇴직당시 연령	30세 미만	30세 이상 40세 미만	40세 이상 50세 미만	50세 이상 60세 미만	60세 이상
임금, 퇴직급여	220	310	350	330	230
휴업수당	154	217	245	231	161
출산전후휴가기간 중 급여	310				

도산대지급금 연령별 상한액(2021. 10. 14. 개정 고시)

이에' 퇴사한 근로자여야 합니다. 도산등사실인정 신청일이 2021년 10월 1일이라면 2020년 10월 1일~2023년 9월 30일 사이에 퇴사해야 대지급금을 받을 수 있습니다. 다니던 회사가 망해 직원들이 대지급금을 받더라도 자신이 퇴사한 후 1년이 지나서 '도산등사실인정 신청'을 했다면 정작 본인은 대지급금을 받지 못할 수 있습니다. '도산등사실인정' 신청은 회사가 사실상 도산 상태에 있는 경우 그 회사에서 근무하다 퇴사한 근로자면 누구나 할 수 있고, 회사당 한 번만 하면 됩니다.

대지급금은 근로자의 시급한 생활 안정을 위한 것이기 때문에 체불임금 중 지급해주는 돈의 범위가 한정돼 있습니다. 퇴사 직전 3개월의 임금이나 휴업수당, 출산전후휴가 기간 중 체불된 금액과 퇴사 시 퇴직금이 있다면 최종 3년분 이내의 법정퇴직금을 한도로 지급하며 근로자들의 연령대별로 상한액*이 있습니다.

대지급금을 지급받는 절차는 다음과 같이 네 단계로 구분할 수 있습니다. 이 중 도산등사실인정을 받는 일이 가장 까다롭고 오래 걸립니다. 사업주의 재산 상황을 일일이 파악해야 사업주의 지급능력을 판단할 수 있기 때문입니다. 이 판단을 위해선 대차대조표에 잔뜩 잡혀 있는 사업주의 자산이 현재 어떻게 되는지, 채무가 얼마나 있는지를 정확히 알아야 하고 증거자료를 모아야 합니다. 사업

---

* 연령대별 상한액은 임금의 일반적 증가 수준을 고려해 정해지는데, 50대 이전까지 상승하다가 50대 이후부터 하락하는 형태입니다. 대지급금의 상한액은 고용노동부 장관의 고시로 정해지기 때문에 일정 기간이 지나면 인상될 수 있습니다.

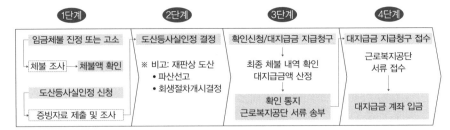

대지급금 청구 및 지급 절차

주의 재산 상황에 관한 자료를 충분히 갖고 있거나 사업주가 대지급금 신청을 위해 적극 협조하면 처리 기간을 단축할 수 있습니다.

만약 사업주가 도주했거나 연락두절이거나 근로자들의 대지급금 지급에 비협조적이라면 처리가 지체될 수 있습니다. 특히 사업주가 체불임금이 많고 사업이 이른 시일 안에 회복되기 어려운데도 사업 운영을 포기하지 않고 버티는 경우가 많습니다. 이런 상황이라면 '사업이 폐지되었거나 폐지 과정에 있을 것'이라는 요건을 충족하지 못해 사실상 도산이 인정되지 않을 수 있습니다.

대지급금은 근로자들의 '빠른' 생활 안정을 위해 지급하는 것입니다. 그러나 사업주가 사실상 도산한 경우 '도산등사실인정' 요건이 매우 엄격하고 절차가 까다롭습니다. 그러다 보니 근로자들의 생활 안정이라는 목적에 적합하도록 대지급금이 충분히 빨리 지급되지 않을 때가 더 많습니다. 지급되기까지 두세 달이 넘는 일도 있고 1년 이상 질질 끄는 사건도 있습니다. 대지급금을 받기가 쉽지 않은 이유는 여러 가지가 있겠지만 대지급금 업무를 처리하는 행정기관의 특성도 한몫합니다.

행정기관은 기본적으로 국민에게 '행정서비스'를 제공하는 기관이고 대지급금 업무는 특성상 근로자를 지원하는 '서비스 업무'입니다. 대지급금 업무는 주로 점검, 감독 등 '규제' 역할을 하는 고용노동부의 근로감독관이 담당합니다. 대지급금 업무가 '체불 확인'이라는 근로감독관 본연의 역할과 연결되기 때문인데, 여하간 규제에 익숙한 근로감독관이 서비스 업무를 처리하는 과정에서 근로자만 많은 어려움을 겪는 게 사실입니다.

그리고 회사를 퇴사한 근로자가 회사의 자산 상태를 파악하기란 쉽지 않습니다. 그런데도 '도산등사실인정'을 위한 입증의 제출 의무는 현실적으로 근로자에게 떠넘겨진 상태입니다. 고용노동부는 근로자의 생활 안정을 위한 서비스를 제공하기보다는 조사권과 결정권을 행사하면서 대지급금을 부정 수급하지 않는지 '감시'하는 역할에 치중하는 경향이 있습니다. 그러다 보니 충분한 자료가 없으면 도산을 인정해주지 않거나 추가적인 자료를 계속 요구하는 경우가 많습니다. 특히 확인 신청에 대한 조사 과정에서는 혹시라도 나중에 체불임금을 받은 게 있는지 체불 내역에 숫자 하나라도 틀린 게 있는지를 꼼꼼히 검토합니다. 일반 체불 사건에서 당사자가 인정하면 체불을 확인해주는 것과 다릅니다. 만약 체불 내역에 문제가 있다면 그다음 절차로 넘어갈 수 없습니다. 이 때문에 시간이 더 지체되기도 합니다.

'도산등사실인정'을 위한 업무가 까다롭고 시간이 많이 걸리는 업무가 된 상황에서 바쁜 근로감독관이 그 업무를 다 처리하기도 버거운 것이 현실입니다. 현재의 행정서비스 상황에서는 근로자가 대지급금을 신청하더라도 고용노동부에서 알아서 해결해줄 것이라고 기대하기 어렵습니다. 아직까지는 근로자가 적극적으로 우리 회사가 사실상 도산 상태임을 '입증'하기 위해 노력해야 겨우 받을 수 있는 게 대지급금입니다.

보통 대지급금을 신청하게 되는 상황은 '집단 체불'일 경우가 대부분입니다. 이럴 때 근로자가 단합해서 체계적으로 진행하지 않으면 처리가 매우 느려지거나 자칫 대지급금을 받지 못할 수도 있습니다. 따라서 근로자의 임금이 체불된 상황에서 회사의 경영 상태가 사실상 도산 상태에 있거나 그렇게 될 가능성이 크다고 생각한다면 직원들이 모여 정보와 의견을 나누고 함께 움직이는 편이 좋습니다. 직원 중 리더 역할을 하면서도 경영 사정을 잘 알고 사업주와 원만하게 소통할 수 있는 사람을 근로자 대표로 세운다면 체계적인 진행을 위해 많은 도움이 됩니다.

아직까지는 대지급금을 지급받는 절차가 까다롭고 행정서비스만으로는 한계가 있습니다. 다른 일자리를 구하거나 이미 취업해 일하고 있는 근로자가 대지급금 업무에 많은 시간과 노력을 쏟기 어려워 대리인이 필요하기도 합니다. 노사 간 갈등이 심각하다면 중간에서 입장을 조율할 제3자가 필요합니다. 무엇보다 집단 체불로 큰 금액이 걸려 있는 문제라면 공신력 있는 전문기관에 맡겨야 혹시라도 있을지 모를 위험을 방지할 수 있습니다. 이 같은 필요에 의해 대부분 공인노무사 같은 전문가를 대리인으로 선임해 대지급금 사건을 진행합니다. 만약 일정한 요건*에 해당한다면 '대지급금 관련 업무 지원 공인노무사'의 무상 지원을 받을 수 있습니다.

이렇게 전문가의 도움을 받게 되는 경우 대리인 선임이나 본격적인 진행에 앞서 근로자가 모두 모여 전문가로부터 대지급금 사건의 전반적인 진행 절차에 관한 설명을 듣는 편이 좋습니다. 근로자가 전문가에게 직접 정보를 얻고 그 전문성을 신뢰하게 되는 과정을 통해 근로자의 원만한 협조와 체계적인 진행이 보다 쉽게 이뤄질 수 있습니다.

 사례 　　　　　　　　　　　　　　 # 포괄임금제

내근 사무직 포괄임금제는 무효라고요?

정해진 대리는 A유통회사에 경력직으로 입사해 회계업무를 담당하고 있다. 월 마감 때마다 야근을 밥 먹듯이 하는 건 회계 담당자의 숙명이라 여기고 있지만, 이직한 회사는 업무량에 비해 팀 인원이 너무 적어 평소 6시에 칼퇴근하는 날이 손

＊ 퇴사한 회사의 연평균 상시근로자 수가 10인 미만이고, 전체 근로자의 월평균 보수액이 350만 원 이하인 경우

에 꼽을 정도다.

이전 직장에서는 그래도 꼬박꼬박 OT수당(시간외근로수당)을 지급받았다. 제조회사라 생산직에 노동조합도 있고 사무직 직원들도 시간외 근무에 대해 수당을 받는 걸 당연시하며 근무시간 계산에 민감한 분위기였다. 물론 특근 수당은 근태 시스템에 특근 신청을 해야 받는 것이고 매월 한도가 월 30시간으로 그 이상은 아예 시스템에 올릴 수 없어 어떻게든 한도 내에서 일을 마무리하느라 애를 썼지만, 그나마 다른 부서보다 한도가 높은 편이라 야근을 하더라도 OT수당을 챙기는 보람이 있었다.

이직한 회사는 IMF 이후 사무직에 연봉제를 도입했는데, 연봉에 OT수당이 포함되어 있기 때문에 특근을 하더라도 따로 지급하지 않는다고 한다. 이직한 회사의 직원들은 연봉제고 사무직이라는 이유로 OT수당이 없는 것을 당연하게 생각하는 분위기이고 자신의 근무시간을 꼬박꼬박 계산하는 직원도 거의 없다. 연봉계약서에도 "포괄임금제로서 매월 연봉에 월 52시간 분의 시간외근로에 대한 수당이 포함되어 있다"는 내용이 있다. 이전 직장보다 연봉 총액이 꽤 높아 이직을 결정했지만, 야근 시간은 이전 직장보다 훨씬 많은 것 같은데 추가 수당도 받지 못하니 기운이 빠진다. 마감 때면 어김없이 휴일인 토요일에도 일하러 나와야 했고, 지난달에는 팀 동료가 갑자기 그만둔 상태에서 결산기간까지 겹쳐 일요일까지 반납한 채 일해야 했다. 계산해보니 52시간 넘게 시간외근무를 했는데도 추가 수당이 없으니 월급은 이전 달과 똑같았다.

정해진 대리는 인터넷 기사에서 사무직처럼 근로시간 계산이 가능한 직종이라면 포괄임금제 계약이 무효라는 내용을 본 기억이 떠올랐다. 지금 연봉에 포함된 시간외수당이 무효라면 실제 연장 근무시간만큼 추가로 OT수당을 더 지급받을 수 있다는 것인가? 정해진 대리는 기대감이 들었지만 회사에서는 별다른 조치가 없다. 인사팀에 친분이 있는 동료 직원에게 조심스럽게 물어봤더니 우리 회사는 그런 포괄임금제와는 다른 것이어서 상관이 없다고 한다. 게다가 법정 한도인 52시간분을 넣은 것이기 때문에 추가 OT수당지급은 없을 것이라는 답을 들었다.

과연 내근 사무직인 정해진 대리에 대한 포괄임금제는 '무효'일까? 정해진 대리는 연봉에 정해진 시간외수당이 포함된 것과 관계없이 실제 시간외근로에 따라 추가로 법정수당인 OT수당을 지급받을 권리가 있는 것일까?

"

포괄임금제는 사실 IMF 이후 연봉제를 도입하는 회사가 급격히 늘어나면서 확대되었는데, 현재는 국내 10인 이상 사업장의 절반 이상이 포괄임금제를 적용* 중이고, 이 중 78.5퍼센트는 사무직에

---

* 2017년 고용노동부 기업체 노동비용 시범조사 결과

게도 포괄임금제를 적용하고 있을 정도로 '흔한' 임금지급 형태입니다. 오랜 동안 포괄임금제에 대해 특별한 규제도 거의 없었습니다. 오히려 포괄임금제는 일일이 근무시간을 계산해 임금을 지급하기 애매한 사무직에게 더 적합하고, 법정수당 지급에 대한 위반 문제도 방지하는 효과가 있어 '합리적인 제도'로 인식되어 왔습니다.

포괄임금제가 새삼 사회적 이슈로 떠오른 배경에는 고용률 상승을 위한 '근로시간 단축 정책'의 큰 흐름이 있습니다. 포괄임금제가 사무직, IT업계 등에서 정당한 대가 없이 장시간 노동을 조장하는 범인으로 지목되면서, 이른바 '변태임금제'인 포괄임금제를 폐지해야 한다는 노동계의 주장이 힘을 얻었고, 문재인 정부의 국정 과제에도 '포괄임금제 규제'가 포함되었습니다. 정부 차원에서도 사무직에 대한 포괄임금제의 원칙적 금지 논의가 진행되었고, 국회에서도 포괄임금제 전면 폐지의 내용을 담은 법 개정안이 발의되기도 했습니다. 고용노동부가 포괄임금제 규제를 위한 '포괄임금제 사업장 지도지침'*을 마련하는 과정에서 언론이 '포괄임금제 금지 지침, 사무직 포괄임금제 폐지' 등의 헤드라인으로 보도하면서 현재 포괄임금제를 운영 중인 많은 회사가 앞으로는 포괄임금계약을 할 수 없는 것인지 문의하는 경우도 많았습니다.

---

* 포괄임금제 폐지 규제는 산업 현장에 미치는 영향이 크다는 이유로 고용부에서 지침 발표를 계속 미루고 있지만 대표적인 IT 기업들이 포괄임금제를 전격 폐지하고 선택적 근로시간제와 같은 유연근로시간제를 도입하면서 '자발적인' 포괄임금제 폐지 추세를 주도하고 있습니다.

그러나 '포괄임금제'의 법적 의미와 정부 규제 대상에 대한 오해가 많습니다. 우리가 '포괄임금제'라고 부르는 임금지급형태는 크게 '전형적인 포괄임금제'와 '고정OT수당제'로 나눌 수 있는데, 전자는 '원칙 무효'이지만 후자는 원칙적으로 적법합니다. 내근 사무직처럼 근무시간 계산이 가능한 경우에는 포괄임금제가 허용되지 않는다는 법원의 판결도, 고용노동부의 지도지침에서 규제 대상으로 삼는 것도 '전형적인 포괄임금제'일 뿐, 오히려 더 일반적인 형태인 '고정OT수당제'는 이와 무관합니다.

'전형적인 포괄임금제'는 기본임금을 정하지 않은 채 연장근로에 대한 제수당을 포함해 월정액으로 급여를 정하고, 실제 근무시간과 관계없이 정해진 급여만 지급하는 임금제도입니다. 근로(연봉)계약서에 "연봉(월급)액에 시간외근무수당 등 모든 법정수당이 포함되어 있다"고만 표시하고 그 법정수당의 항목이나 항목별 금액, 보상하는 근무시간이 표기되어 있지 않다면 '전형적인 포괄임금제'에 해당합니다. 근로시간을 기초로 임금을 지급하도록 하는 근로기준법상 임금계약의 원칙에 정면으로 반하기 때문에 '원칙 무효'이지만, 판례에서 엄격한 요건을 갖출 때에 한해 예외적으로 허용하고 있습니다. 즉 경비나 외근 업무처럼 업무의 성질상 근로시간 계산이 곤란하고, 근로자가 포괄임금제에 동의해야 하며, 근로자에게 불이익이 없는 등 제반 사정에 비추어 정당하다고 인정되어야 합니다.
'고정OT수당제'는 '변형된 포괄임금제'에 해당하는데, 월 임금에 법정수당이 포함되어 있다는 이유로 '포괄임금제'로 많이 불리지만, 전형적인 포괄임금제와 임금 지급 원칙과 방법이 근본적으로 다른 임금 체계입니다. '고정OT수당제'는 전형적인 포괄임금제와 달리 기본임금이 정해져 있고, 그 기본임금(통상임금)에 따라 계산한 일정한 법정수당을 고정적으로 매월 급여에 포함해 지급합니다. 근로 (연봉)계약서에 기본급과 OT수당 항목이 명시되어 있고, 고정OT수당의 금액이나 보상하는 시간을 표기하고 있다면 '고정OT수당제'에 해당합니다. 수시로 시간외근무를 할 수 있는데 매번 계산하기 곤란할 때 계산의 편의를 위해 많이 도입하고, 고정적으로 지급하는 수당이라 시간외근무를 하지 않는 달에도 해당 수당을 받을 수 있다는 점에서 근로자에게 이익이 있기도 합니다.

'고정OT수당제'는 전형적인 포괄임금제처럼 근무시간과 관계없이 고정OT의 지급으로 모든 법정수당의 지급 의무가 없어지는 것이 아니라 근무시간에 기초한 임금 지급의 원칙을 그대로 유지하는 제도입니다. 만약 고정적으로 지급한 OT수당이 보상하는 근무시간보다 더 많은 시간을 근무했다면 그만큼 추가 수당을 지급해야 합니다. '고정OT수당제'는 단순히 실제 발생하는 OT수당 중 일정액을 매월 고정적으로 확보해 지급하는 것에 불과하기 때문에 현행법이나 해석 체계에서 무효나 위법이 될 근거가 없습니다. 전형적 포괄임금제는 근무시간 산정이 가능한 사무직에 도입할 수 없지만, '고정OT수당제'는 시간외근무가 일정하지 않은 사무직에 도입하는 것이 오히려 적합한 측면이 있습니다.

정해진 대리에게 적용되는 포괄임금제는 '전형적인 포괄임금제'가 아니라 '고정OT수당제'에 해당하기 때문에 일단 적법한 임금체계입니다. 그러나 운영 방식을 볼 때 위법 소지가 있습니다. 회사에서 개인의 근무시간을 제대로 체크하지 않고 있기 때문에 고정OT수당으로 보상하는 시간보다 더 많은 시간을 근무했을 때도 추가로 OT수당을 계산해 지급하지 않을 가능성이 있습니다. 연장근로 한도가 주 12시간이기 때문에 월 평균 52시간으로 법에서 허용하는 최대 연장시간을 잡아 고정OT수당으로 지급하고는 있지만, 이렇게 최대로 고정OT수당을 지급한다고 해도 실제 근무시간이 이를 초과한다면 회사는 추가 수당을 지급할 의무가 있습니다. 실제 사례에서도 정해진 대리가 52시간 넘게 초과근무를 한 달에 대해 추가 수당을 지급하지 않았기 때문에 이 부분은 '위법'입니다.

'고정OT수당제'에 해당하는 포괄임금제는 그 자체가 무효이거나 불법은 아니지만, 오·남용할 경우 위법이 될 수 있습니다. 실제 사례에서도 '고정OT수당제'라는 형태로 운영하고 있지만 직원들의 근무시간 기록 관리를 전혀 하지 않아 추가 근무에 대한 수당을 지급하지 않는 회사가 많습니다. 회사 역시 고정OT로 지급하기 때문에 실제 근무시간과 관계없이 시간외수당을 지급하지 않아도 된다고 '오해'하는 경우도 꽤 많습니다.

이에 대해 '오해'가 아니라 포괄임금제를 무임금 장시간 노동에 악의적으로 이용한다는 비판적 입장에서 '고정OT수당제'를 포함한 포괄임금제를 원천 금지해야 한다는 주장이 나온 것입니다. 실제 포괄임금제를 내세워 추가 수당을 아예 지급하지 않는 사례들이 적지 않기 때문에 일리가 있는 주장입니다. 근로자 입장에서도 애초 연봉을 책정할 때 예상되는 법정수당을 포함한 것인지, 연봉액을 쪼개어 법정수당을 충당하도록 한 것인지 알기 어려운 상태에서 추가로 받을 수 있는 돈을 못 받는 불이익으로 인식할 수 있습니다.

그렇지만 현행법을 개정하지 않는 한 '고정OT수당제' 형태의 포괄임금제를 정부 지침으로 원천 금지하기는 어렵습니다. 정부의 규제도 법이나 판례에 근거가 있어야 하고 이러한 법적 근거 없이 회사를 규제한다면 사용자들이 과도한 규제라며 집단적으로 반발할 수 있기 때문에 밀어붙이기도 곤란합니다. 다만 근로시간 기록 관리를 명확하게 하도록 하거나 근로계약서에 추가 근로에 대한 수당 지급 의무를 명시하도록 사업장을 '지도'할 수 있을 뿐인데, 회사에서 포괄임금제의 편의성을 포기하고 폐지하도록 유도하기에는 역부족일 수 있습니다. 만약 기존에 고정OT로 일정하게 지급받던 임금을 포괄임금제를 폐지한다며 없앤다면 근로자가 반발할 것입니다. 아무리 포괄임금제를 폐지하고 실제 근로시간에 따라 수당을 지급하기로 하더라도 실질적으로 '임금 삭감'으로 받아들이기 때문입니다.

물론 더 근본적으로는 사무직같이 근무시간을 자기 역량이나 업무의 질에 대한 자기 목표에 따라 유연하게 결정할 수 있는 직종에 근로시간에 정확히 대응하는 임금 체계를 적용하는 것이 과연 적합한가를 따질 필요가 있습니다. 그러나 여전히 근로기준법은 근로시간에 기초한 임금 지급을 원칙으로 삼고 있기 때문에 이 문제는 법을 개정해야 조정이 가능합니다. 현행법에서는 사무직이라고 해서 임금 지급 원칙이 배제되지 않기 때문에 포괄임금제건 아니건 근로한 시간만큼 수당을 받는 것이 원칙입니다.

" 사례 　　　　　　　　　　　　　　　　　　　 통상임금

정기상여금은 통상임금인데, 명절상여금은 통상임금이 아니라고요?

A제조회사에 다니는 최대치 씨의 월급에는 기본급과 두 달에 한 번씩 기본급의 100퍼센트로 지급되는 정기상여금, 직책수당, 자격수당, 시간외수당, 식대, 차량유지비가 포함되어 있다. 교대제 근로라 연장과 야간근로가 많아 시간외수당도 꽤 많은 편이다. 설과 추석 명절에는 각각 기본급의 50퍼센트에 해당하는 금액으로 명절 상여금을 받고, 매년 말에는 체력단련비라는 정액 수당이 전 직원에게 지급된다.

A사는 과거 기본급, 직책수당, 자격수당을 통상임금으로 계산한 시급으로 시간외수당을 지급해왔다. 그러나 A사의 임금체계는 상여금 비중이 높아 상여금이 통상임금이라는 판결들이 계속 나오고 노동조합의 반발이 예상되자 통상임금 문제 해결을 위한 법률 검토에 들어갔다. 그 결과 식대와 정기상여금은 통상임금에 포함하기로 했으나, 차량소유자로 업무를

위해 차량을 쓰는 사람에게만 지급하는 차량유지비와 명절상
여금, 체력단련비는 통상임금에서 제외하기로 결정했다.

최대치 씨는 같은 상여금인데 정기상여금은 통상임금이나 명
절상여금은 아니라는 것이 쉽게 이해되지 않았다. 체력단련
비나 식대나 모두 복리후생비 성격인데 식대는 왜 통상임금
이라는 것인지 혼란스럽다. 체력단련비도 식대처럼 전 직원
에게 같은 금액을 지급하는데 통상임금에서 제외한 결정을
이해하기 어렵다. 명절상여금과 체력단련비는 "왜" 통상임금
이 아닐 수 있는 것일까?

근로기준법 시행령에서 알 수 있는 바와 같이 어떠한 임금 항목
이 통상임금에 해당하려면 임금성(소정근로 대가성), 정기성, 일률성,
고정성의 속성을 모두 갖추어야 합니다. 조건이 까다로워 통상임금
범위가 좁게 보이지만 보통 받는 임금들은 늘 정해진 시기에 사전에
정해진 고정적인 조건에 따라 지급되기 때문에 특별히 변동급여가
아닌 이상 임금 항목 대부분이 통상임금에 해당할 수도 있습니다.
그러나 무엇이 통상임금인지는 해석에 맡겨져 있습니다. 즉 통상임
금 문제는 법령에서 정하는 추상적인 통상임금 규정에 대한 일종의
'해석 논쟁'이라고 할 수 있습니다. 그간 법원은 지속해서 통상임금
범위를 확대하는 판결을 내려왔습니다. 복리후생 목적의 급여라도
'임금'에 해당한다고 보아 임금 범위를 넓혔고, 정기성의 의미도 '매
월 1회'에서 '정해진 시기'로 확대했습니다. 일률성 역시 '고정적인

조건에 해당하면 지급하는 경우'로 해석하여 반드시 전 직원에게 일률적으로 지급하지 않아도 통상임금에 해당할 수 있게 했습니다.

통상임금 논쟁의 가장 쟁점이 되던 항목은 '상여금'입니다. 기본급을 줄이기 위해 도입되었기 때문에 금액의 비중도 큽니다. 과거 고용노동부 행정해석에서는 연 단위로 결정되는 상여금에 대해 통상임금이 아니라고 보았기 때문에 일선 회사에서 적용하기에 혼선도 많았습니다. 이와 관련한 법률 분쟁이 대법원까지 이어지고 기업역시 통상임금이 증가하면 막대한 비용 부담이 생겨 논쟁이 첨예했던 부분입니다. 결국 산업 현장의 혼란을 해소하고 법적 논쟁을 정리하기 위해 2013년 12월 관련 사건들을 대법원 전원합의체 판결에 회부했습니다. 대법원 전원합의체 판결은 기존 대법원 판결을 변경할 필요가 있거나 사회적으로 중요한 문제인 경우 이루어집니다.

동 판결에서 대법원은 정기상여금에 대해 반드시 매월 지급하지 않더라도 일정 기간마다 지급되므로 '정기성'을 충족한다고 하여 기존 판례의 입장을 재확인하며 통상임금으로 인정한 바 있습니다. 그러나 '고정성'과 관련해서는 기존 판례에서 별도로 명시하지 않던 새로운 판단 기준들을 제시했습니다. 그중 하나는 초과근로를 제공할 시점에 어떠한 임금 항목의 지급 여부가 사전에 확정되어야 한다는 점입니다. 바꿔 말해 초과근무하는 시점에서 업적이나 성과 등 다른 추가 조건과 상관없이 그 지급 여부가 이미 확정되어야 하기 때문에 성과급과 같은 변동성 급여*는 통상임금에 해당하지 않습니다. 그러나 성과급이더라도 기본 보장 금액이 있다면 그 금액은 확정된 것이므로 그 한도에서는 통상임금에 해당합니다.

다른 하나의 중요한 기준은 '특정 시점에 재직 중인 상황에만 지급하기로 한 경우' 고정성을 인정하지 않는다는 점입니다. 통상임금은 '정해진 근로에 대한 대가'여야 하는데, 급여 지급일이나 기타 특정 시점에 재직 중일 것을 '추가적인 지급 조건'으로 한다면 조건을 달성할지 여부가 불확실하기 때문에 '정해진 근로에 대한 대가'로 볼 수 없어 고정성이 없다는 논리입니다. 명절 상여금이나 하기 휴가비, 선물비, 생일자지원금 등의 경우 특별한 사정이 없으면 '재직 중인 사람'에게만 지급하는 금품으로 취급됩니다. 체력단련비도 특정 시점 재직자에게만 지급하는지 여부에 따라 통상임금이 될 수도 있고 아닐 수도 있습니다. 즉 복리후생비여서가 아니라 '특정 시점에 재직 중인 사람'에게만 지급하는 금품이어서 통상임금으로 인정되지 않은 것입니다. 그러나 명절 상여금이라고 하더라도 퇴직한 사람에게 근로 일수만큼 날짜로 계산해서 지급한다면 통상임금에 해당할 수 있습니다.

---

* 여기에서의 '성과급'은 인센티브, 성과수당과 같이 실적에 따라 사후에 비로소 결정되는 임금을 말합니다. 이와 달리 법원은 전년도 평가결과(성과)에 따라 올해 개인의 연봉이 확정되어 지급하는 성과연봉은 작년 근무에 대한 대가가 아니라 올해 근무에 대한 대가라고 봅니다. 즉 올해 근무에 앞서 사전에 결정된 임금을 올해 근무기간에 따라 지급받는 형태이기 때문에 올해 근무의 대가이며, 소정근로의 제공 외에 추가적으로 달성해야 할 조건이 없으므로 통상임금의 고정성이 인정됩니다.

퇴직금 중간정산 제한

결혼자금, 학자금이 필요해도 퇴직금 중간정산이 안된다고요?

왕등골 씨는 큰아들의 결혼과 막내딸의 대학 입학을 앞두고 갑자기 목돈 쓸 일이 많아졌다. 대출로 어렵사리 집을 장만했지만 대출이자에 늘 생활비는 빠듯해 저금도 제대로 하지 못한 터이다. 과거 왕등골 씨의 상사들은 이럴 때 퇴직금 중간정산을 받아 해결하곤 했다. 회사도 직원들 사정을 잘 봐주는 편이라 퇴직금 중간정산을 신청하면 거절하는 일 없이 처리해주곤 했다. 왕등골 씨도 그렇게만 알고 회사에 퇴직금 중간정산 신청서를 냈다. 그런데 회사에서 이제 법이 바뀌어서 결혼 자금이나 학자금 사유로는 퇴직금을 중간정산할 수 없다며 거절했다. 어쩔 수 없이 이자 부담을 떠안으며 대출을 받아야 하는 왕등골 씨는 이 상황이 답답하기만 하다. 퇴직금은 어차피 퇴직 후 받을 돈이고 중요한 일에 급하게 자금이 필요해 중간에 정산하겠다는 것인데, 왜 나라에서 중간정산 사유를 제한해 퇴직금을 놔두고 대출을 받아 쓰라고 하는지 이해하기 어렵다.

”

본래 퇴직금은 퇴직 후에 지급 청구권이 발생하는 금품입니다. 회사에서 퇴직금 지급을 위해 매월 적립하는 경우도 있으나 이것은 회사의 예산관리 행위일 뿐이고 적립된 퇴직금 자금을 근로자가 당연히 받을 수 있는 것은 아닙니다. 반면 보통 근속연수가 길어질수록 평균임금 계산 기준인 퇴직 전 임금 수준도 높아지기 때문에 퇴직금 중간정산은 일반적으로 근로자에게 불리합니다. 퇴직금을 중간정산 한다*는 것은 최종 퇴직 시점에서 받게 될 퇴직금 중 일부를 미리 당겨 받는 것이 아니라, 중간정산 시점의 평균임금을 기준으로 과거 재직기간에 대한 퇴직금을 '청산'하는 것이기 때문에, 중간정산 후 임금이 상승할수록 지급받는 퇴직금 총액의 손해가 커집니다. 따라서 퇴직금 중간정산은 사용자가 일방적으로 할 수 없고 반드시 근로자가 '요구'해야 합니다. 물론 사용자는 중간정산을 해줄 의무가 없기 때문에 거절할 수 있습니다.

그리고 고령화 사회로 넘어가면서 퇴직금의 노후보장자금 성격이 강조되고 일시금으로 목돈을 지급받을 경우 노후자금의 보존이 어려워질 수 있기 때문에 퇴직연금제의 도입과 함께 퇴직금 중간정산 사유에 대한 규제가 생겨났습니다. 퇴직급여(퇴직금과 퇴직연금제도)에 관한 법적 규율을 담고 있는 근로자퇴직급여 보장법에서는 퇴직금 중간정산이 허용되는 사유를 몇 가지로 제한하고 있습니다.

주택구입자금, 전세보증금, 근로자 본인이나 부양가족이 6개월 이상 치료가 필요한 질병이나 부상을 입어 근로자 본인 연간 임금 총액의 12.5퍼센트를 초과해 의료비를 부담한 경우, 파산선고나 개

---

* 퇴직금 중간정산 후 퇴직금 산정을 위한 계속근로기간은 정산 시점부터 새로 계산합니다.

인회생절차개시 결정을 받은 경우, 임금피크제나 근로시간 단축으로 임금이 줄어드는 경우, 천재지변에 의한 피해 등에 한정됩니다.

왕등골 씨처럼 자녀 결혼 자금이나 학자금은 중간정산 사유에 해당하지 않습니다. 중간정산 사유로 허용되는 주택구입자금이나 전세보증금이 필요할 때는 근로자 본인이 무주택자여야 하고 본인 명의로 주택을 구입하거나 본인의 거주를 목적으로 해야 합니다. 하지만 중간정산 사유에 해당하지 않는데도 중간정산을 한다고 해서 회사나 근로자가 어떤 처벌을 받지는 않습니다. 다만 퇴직금 중간정산으로 법적 효력이 인정되지 않아 나중에 퇴직할 때 회사가 근로자의 퇴직 전 평균임금 수준에 맞추어 퇴직금을 지급해야 하기 때문에 중간정산을 해도 실익이 없습니다. 또한 이후의 법적 분쟁이 우려되어 회사에서 중간정산을 꺼릴 때가 많습니다. 퇴직연금에 가입한 상태라도 일정한 사유*에 한해 담보대출이나 중도 인출이 가능하도록 엄격하게 제한하고 있으며, 확정급여형 퇴직연금이라면 중도 인출 자체가 불가능합니다.

물론 퇴직금이 노후자금으로 활용돼야겠지만 개인의 선택에 따라 필요한 목돈을 충당하는 용도로도 쓸 수 있어야 한다고 생각합니다. 이런 측면에서 퇴직금 중간정산의 사유 제한은 개인 재산에 대한 국가의 과도한 침해라는 비판도 있습니다. 그러나 위헌소송이 아

---

* 퇴직연금에 가입했다면 본인, 배우자, 부양가족의 대학등록금, 혼례비, 장례비를 가입자가 부담해야 할 때 연금 수급권의 일정 부분을 담보로 제공하여 대출을 받을 수 있으나 중도 인출은 불가능합니다.

니고서는 법을 바꿀 수 없는 노릇이라 왕등골 씨의 사례에 대해 명쾌한 해법을 찾기란 쉽지 않습니다.

　법정 사유에 해당하지 않을 때 회사가 함부로 중간정산을 해주기도 어렵습니다. 이후 퇴직금과 관련해 어떠한 이의도 제기하지 않겠다는 각서를 받아둔다고 해도 퇴직금의 사전 포기에 해당한다면 법정에서 효력이 없기 때문입니다. 이런 이유로 울며 겨자 먹기로 퇴직금을 놔두고 비싼 이자를 내며 대출을 받아야 하는 상황이 발생할 수 있습니다. 게다가 퇴직연금에 가입한 경우에는 중도 인출에 대한 제약이 크기 때문에 다른 용도로 자금을 활용하기가 더 어렵습니다. 따라서 퇴직금은 확고한 노후자금 용도로만 인식하고 현명하게 자금 운용을 해야 불시의 위험에 대비할 수 있을 것입니다.

근로시간 · 휴일 · 휴가,
시간이 돈이다

근로의 양(시간)과 질로 '근로의 가치'인 임금이 결정됩니다. 비슷한 질의 근로라면 근로시간이 길수록 임금이 높아집니다. 생산직 비중이 많이 줄어든 요즘은 근무한 시간과 근로의 질이 비례한다고 보기 어렵습니다. 실적급이 급여의 많은 부분인 영업직이라면 근무시간보다 근로의 질에 해당하는 영업성과가 임금을 결정하는 중요한 요인입니다. 그러나 여전히 법의 입장은 원칙적으로 '근로시간'을 기준으로 임금을 지급해야 한다는 것입니다.

몇 시간을 일하든 '특정 시간을 근로한 것'으로 간주하기로 정한 경우를 제외하면 대부분의 근로자에게 있어 근로시간은 그대로 '돈'입니다. 따라서 돈이 되는 근로시간이 어떤 것인지 분명하게 알아둘 필요가 있습니다. 반드시 업무시간만 근로시간이 되는 것은 아닙니다. 준비시간, 대기시간, 마무리시간, 교육시간, 행사시간 등도 근로시간이 될 수 있습니다. 법정근로시간보다 더 많이 일한다면, 신체리듬이 깨지는 밤에 일한다면, 원래 쉬기로 한 날인 휴일에 일한다면 근로시간의 가치에 각각 '할증'이 붙습니다.

근로시간도 '가치'이지만 휴일과 휴가도 '가치'입니다. 경제학에서는 '효용(만족)'이라는 말을 씁니다. 여가도 효용을 가지고 있고, 근로시간도 돈이 되면 효용을 지니게 됩니다. 그러나 일하는 것과 쉬는 것을 동시에 할 수 없기 때문에 근로자는 두 가치를 비교하며 '선택'합니다. 어떤 가치가 더 높은지를 알아야 최선의 선택을 할 수 있기 때문에 근로시간만 아니라 '쉬는 시간'에 대해서도 잘 알아야 합니다. 자신이 근로시간 중 언제 쉬고, 어느 날 쉴 수 있는지, 쉬었을 때와 쉬지 않았을 때 '돈'이 어떻게 되는지를 알아야 가치를 비교하고 만족이 극대화되는 선택을 할 수 있습니다. 근로자가 그 선택권을 행사하지 못하더라도 최소한 법이 보장한 권리 안에서는 '여가의 가치'를 보장받을 수 있습니다.

01 | 원래 근무시간보다 30분 일찍 출근하라는데 이것도 연장근로인가요?

근무시간이 오전 9시부터인데 9시에 딱 맞춰 출근하는 근로자는 많지 않습니다. 조금 일찍 출근해 그날 할 일을 계획하거나 커피 한잔을 하며 직원들끼리 대화를 나누기도 합니다. 여유롭게 하루를 시작하고 싶어 일찍 출근하기도 하지만 자신보다 일찍 출근하는 상사가 있으면 눈치가 보이기도 합니다. 이렇게 원래 정해진 근로시간보다 일찍 출근하는 것도 '연장근로'에 해당할까요?

연장근로는 어찌 되든 원래 시간보다 '늘어나면' 되기 때문에 늦게 퇴근하는 것만 아니라 일찍 출근하는 것도 연장근로입니다. 그렇지만 일찍 출근한다고 해서, 늦게 퇴근한다고 해서 항상 연장근로로 인정되지는 않습니다. 적어도 그 연장시간이 '근로시간'에 해당해야 합니다. 근로시간은 사용자의 지휘·감독 아래 놓이게 된 시간을 말합니다. 사용자가 지시하거나 의무가 된 시간, 이런 것이 없더라도 업무를 위한 준비나 마무리에 반드시 필요한 시간이라면 모두 근로시간에 포함됩니다.

사용자가 분명하게 30분 일찍 출근하라고 '지시'한다면 그 30분도 근로시간이기 때문에 '연장근로'가 될 수 있습니다. 업무를 시작하 전에 다 같이 청소하거나 체조하는 시간을 사용자의 지시사항으로 의무나 관행처럼 여기거나 그 시간에 나오지 않을 때 지각 처리를 한다면 근로시간으로 인정될 수 있습니다. 사용자의 분명한 지시가 없더라도 업무를 하기 위해서 원래 업무 시작 시간 전에 준비해야 하는 일들이 있다면 그 일을 하기 위해 필요한 시간도 근로시간입니다. 예컨대 업무를 위해 작업복이나 유니폼을 갈아입어야 하는 시간도 회사에 출근해서 해야 한다면 근로시간입니다.

그러나 업무가 개시되는 시간 이전에 출근하는 경우 특별한 사정이 없는 한 근로시간으로 인정하지 않는 것이 원칙이어서 연장근로로 인정받는 것이 쉽지 않다는 점을 알아둘 필요가 있습니다. 일단 업무를 시작하고 나서 발생하는 '늦게 퇴근하는' 상황과는 조금 다르게 취급합니다. 이른 출근을 하지 않을 때 임금을 깎거나 복무 위반으로 처리할 정도로 '의무적인 출근'이 객관적으로 명확할 것이 요구됩니다. 사용자가 너무 시간에 딱 맞춰 나오지는 말라고 해서 좀 더 일찍 나온다거나 단순히 상사의 눈치가 보여 '알아서' 일찍 출근한다면 연장근로로 보기 어렵습니다. 물론 일찍 나오라는 명확한 지시가 없는 상태에서 업무 개시 전의 시간을 커피를 마시거나 인터넷 검색처럼 '자유롭게' 쓴다면 그 시간 역시 근로시간으로 인정되지 않습니다.

업무 준비시간 외에도 실제 업무를 하는 시간은 아니지만 근로시간으로 인정되는 상황이 있습니다. 업무 마무리를 위해 필요한 시간, 자유롭게 이용할 수 없는 대기시간, 사용자 지시에 의해 의무적으로 참여해야 하는 교육이나 행사시간, 근로시간 도중에 있는 교육시간 등이 그렇습니다. 실제 업무를 하는 시간이 아니더라도 이런 시간이 근로시간으로 인정되는 까닭은 사용자의 구속 아래 놓이는 시간이기 때문입니다.

업무 준비시간과 마찬가지로 어떤 업무는 정리정돈이나 마무리가 필요한 경우가 있습니다. 이렇게 업무 특성상 필수적인 '마무리 행위'가 수반된다면 이를 위한 시간은 근로시간에 포함됩니다. 작업 도구를 정리하거나 주변 청소를 하는 시간, 기계를 점검하는 시간, 작업복이나 유니폼을 갈아입는 시간, 작업 후 목욕하는 시간도 퇴근

전에 해야 하는 일이면 근로시간입니다.

'휴게시간'은 근로시간 도중에 부여하는 것으로 법에서는 4시간당 최소 30분 이상 휴게시간을 주도록 하고 있습니다. 휴게시간은 근로시간에서 제외하는 것이 원칙인데, 그 이유는 '자유롭게 이용할 수 있는' 시간이기 때문입니다.

휴게시간과 비슷한 것으로 '대기시간'이 있습니다. 임원 운전기사나 애프터서비스A/S 담당자, 대기Stand-By 승무원, 경비원 등 호출에 의해 업무를 수행하고 나머지 시간에 업무를 위해 대기하는 상태에 있는 경우를 말합니다. 이런 대기시간은 근로시간이 될 수도 있고 휴게시간이 될 수도 있습니다. 사용자의 지휘·감독을 벗어나 자유롭게 쓸 수 있는 시간이라면 '휴게시간'이고, 그렇지 않다면 '근로시간'입니다. 그러나 미리 휴게시간으로 정해져 있는 시간과는 다릅니다. 휴게시간은 휴게시간에 쉬지 못하고 일했을 때 '예외적으로' 근로시간이 인정되지만 대기시간은 '원칙적으로' 근로시간입니다.* 만약 '예외적으로' 대기시간을 자유롭게 쓸 수 있다면 휴게시간으로 볼 수 있다는 것입니다. 그런데 '시간을 자유롭게 쓴다'라는 말의 의미는 아주 제한적입니다. 특정 장소나 회사 인근에서 대기하도록 제한을 두더라도 적어도 그 안에서 자유로운 '시간 이용'이 보장되

---

* 대기시간의 근로시간 해당 여부와 관련해 논쟁이 많습니다. 이에 근로기준법에 "사용자의 지휘·감독하에 있는 대기시간은 근로시간으로 본다"라는 규정을 두어 대기시간의 근로시간 여부를 판단하는 법률 근거를 정하고 있습니다.

면 휴게시간으로 보기 때문에 이때의 대기시간은 근로시간으로 인정되지 않을 수 있습니다.

이 밖에 근로시간 도중에 사용자가 시행하는 교육에 참여하는 시간은 당연히 근로시간입니다. 근무시간 외에 또는 주말, 휴일 등에 실시하는 교육에 참여한다면 참여가 '의무적인' 것이어야 근로시간으로 인정됩니다. 교육 참여가 권고사항으로 근로자가 자율적으로 선택할 수 있다면 근로시간으로 인정되지 않습니다. 행사 참여도 이와 비슷합니다. 근로일에 야유회나 행사가 있다면 근로시간으로 보는 것이 원칙입니다. 그러나 휴일에 야유회나 행사를 진행한다면 '의무적으로' 참여해야 하는 경우에 한해 근로시간으로 인정합니다.

반면 직원 단합을 위한 회식 시간이나 휴일에 부서원끼리 가는 워크숍은 참여가 의무라도 대부분 근로시간으로 인정하지 않습니다. 개인 사정에 따라 빠질 수도 있고 그 시간의 구체적인 운영이 보다 근로자의 자율에 맡겨져 있다고 보기 때문입니다. 임금을 지급해야 하는 근로시간으로 인정하지는 않더라도 실질적으로 참여가 의무화된 회식이라면 '업무의 연장'으로 봐서 회식이나 워크숍에서 재해를 입는다면 '업무상 재해'로 인정받을 수 있습니다. 산재 보상을 보다 넓게 인정해주기 위해서 꼭 근로시간이 아니더라도 업무 연관성이 있다면 재해 보상이 가능하도록 한 것입니다.

02 | 6시 칼퇴근, 눈치 주는데 어떻게 해야 하죠?

근로기준법에서는 일 8시간, 주 40시간을 '법정근로시간'으로 정해 놓고 '당사자 간에 합의'하면 1주간 12시간을 한도로 법정근로시간을 연장할 수 있다고 규정하고 있습니다. 연장근로는 원칙적으로 '본인 동의'를 받아야만 가능합니다. 그러나 현실적으로 해야 할 때마다 동의서를 받는 경우는 거의 없고, 오히려 연장근로를 할 때 근로자들이 '연장근로 신청서'를 내도록 하는 경우도 많습니다.

'본인 동의'라는 요건은 연장근로의 효력이 있느냐 없느냐와 상관이 없습니다. 동의를 받지 않아도 연장근로를 한다면 이에 따른 수당을 지급받을 수 있습니다. 동의 문제는 강제근로를 금지하는 법 원칙에 따라 그저 사업주를 처벌할지 말지 차원의 문제입니다. 근로자는 자신의 권리가 직접 구제받는 것에 관심을 둘 뿐 그와 상관없는 사용자의 처벌 문제 자체에는 크게 관심을 두지 않습니다. 이 때문에 일일이 동의를 받지 않고 연장근로를 해도 동의 자체가 문제가 되는 경우는 많지 않습니다. 근로자가 명시적으로 거부 의사를 표시하면서 이의를 제기하거나 연장근로를 거부한다고 근로자를 징계할 때 문제가 될 뿐입니다.

사용자가 근로자 동의 없이 연장근로를 시킨다면 처벌받을 수 있습니다. 사용자가 면책을 받기 위해서는 근로자의 동의를 받은 증거를 제시해야 합니다. 다만 근로계약을 체결하면서 "업무상 필요한 경우 연장근로를 할 수 있음에 동의한다"라는 내용으로 앞으로 있을 연장근로에 대한 '포괄적인 사전 동의'를 받을 수도 있습니다. 이때는 건건이 개별 동의를 받지 않아도 되지만, 근로자가 분명하게 연장근로를 거부하면 연장근로를 시킬 수 없습니다. 따라서 이 경우 동의 없는 연장근로가 문제 된다면 '연장근로 거부 사실'이 입증돼야 처벌이 가능합니다.

사용자가 연장근로를 거부한다고 근로자를 징계한다면 '법에 의해 부여된 정당한 권리'의 행사가 징계 사유가 되기 때문에 부당한 징계일 수 있습니다. 그러나 근로자 전체가 연장근로를 해야만 사업 운영에 지장이 없고, 신규 근로자를 채용해 투입하기 어려운 긴박한 상황에서 특별한 사유 없이 계속해서 연장근로를 거부하거나 다른 근로자가 연장근로를 하지 않도록 선동한다면 근로자로서의 기본적인 협조 의무 위반을 사유로 일정한 징계가 가능할 수도 있습니다.

요즘은 많이 변했지만 과거만 해도 기본급 수준이 낮은 우리나라에서 연장근로는 소득을 높이는 중요한 수단이었습니다. 이 때문에 사람이 더 필요한 상황에서도 신규 채용 대신 기존 근로자가 연장근로를 하는 것을 근로자 스스로 선호했습니다. 이런 배경과 회사의 직원으로서 연장근로가 필요할 때 추가로 일하는 것을 당연한 의무처럼 여기는 기업 문화가 섞여 어느 정도의 연장근로를 일상적인 일로 받아들이는 측면이 있습니다.

OECD 국가 중 근로시간이 가장 많은 우리나라의 장시간 근로관행 문제는 개선이 필요하다고 오래전부터 지적받았습니다. 소득 수준이 높아지고 여가 가치가 중요해지면서 연장근로가 필요한 상황이라 하더라도 근로자 스스로 거부하는 일도 점차 늘어났습니다. 사용자 역시 연장근로수당 지급에 따른 임금 부담과 생산성 저하 등 제반 비용이 장기적으로 더 커질 수 있다는 점을 인식하여 연장근로를 줄이기 위해 노력하는 경우도 많아졌습니다.

1주(휴일을 포함한 7일)의 근로시간을 총 52시간 이내로 제한하는 근로기준법 개정안이 오랜 진통 끝에 통과된 후에는 근로시간 단축을 위한 사업장의 조치들이 기존보다 더 적극적으로 이루어지고 있습니다. 바람직한 방향이지만 보다 충분한 근로시간 단축으로 일과 여가의 균형이 이루어지기까지는 더 많은 시간이 필요하다고 생각합니다.

일과 개인 생활 모두 삶의 중요한 내용입니다. 어떤 사람은 일보다 사적인 생활이 더 소중하다고 생각할 수 있습니다. 연장근로를 하지 않고 퇴근하면 저녁 시간에 맞춰 가족과 함께 식사를 하거나 여유롭게 자기계발이나 취미 생활, 운동 등을 위한 시간을 쓸 수 있습니다. 연장근로는 누구에게나 부담이 되는 일이지만 이렇게 여가 시간이 소중한 사람에게는 '하기 싫은' 일이 되기도 합니다. 그래도 회사에 일이 많아 어쩔 수 없는 상황이라면 어지간한 근로자는 추가로 일을 더 합니다.

하지만 단지 상사보다 빨리 퇴근하는 것이 눈치가 보이거나 일 썩 퇴근하는 사람을 불성실하게 취급하는 직장 분위기 때문에 괜스 레 한참 눌러앉아 있다 퇴근해야 하는 상황이라면 어떨까요? 게다 가 이런 경우 연장근로수당이 지급되지 않을 수도 있고 본인이 연장 근로 신청을 하기도 눈치가 보인다면? 이런 상황에 있는 근로자라 면 깔끔하게 불필요한 연장근로를 금지하는 회사에 다니는 사람들 이 부러울 것입니다. 그렇다고 소위 '칼퇴근'을 감행한다면? 눈치 받 고 잔소리 듣는 상황에서 자신의 '권리'와 '합리성'을 주장한다면 어 떻게 될까요? 상사의 전폭적인 신임을 받거나 능력이 견줄 데 없을 정도로 탁월한 직원이라면 얘기가 좀 다를지 모릅니다. 그러나 보 통 사용자 입장에서 '제일 빨리 퇴근하는 직원'은 '제일 불성실한 직 원'으로 보입니다. 칼퇴근이 목적인 사람이 사용자 입장에서 곱게 보일 리 없습니다.

모든 일을 법과 권리로 해결할 수는 없습니다. 근로관계에는 인 간관계, 사회 생활이라는 다양한 목적과 가치가 뒤섞여 있습니다. 한 가지 목적을 추구하면 다른 부분을 희생해야 할 수도 있습니다. 칼퇴근이 어찌 보면 바람직하고 좋지만, 그것이 지상 최대의 목적이 아닌 이상 칼퇴근으로 잃는 것도 고려해야 합니다. 가능하다면 적 은 희생으로 많은 것을 얻는 방법을 선택해야 하는데, 이런 과정에 서 직장 생활의 지혜가 필요합니다.

상사에게 부정적인 인상을 주지 않으면서 불필요한 연장근로를 하지 않을 방법을 찾아봐야 합니다. 일단 평소 업무능력이나 인간관계 능력이 만족할 만한 수준 이상이 되도록 노력해야 합니다. 업무 계획을 일간, 주간별로 꼼꼼히 짜놓고 처리 여부나 달성 정도를 적극적으로 점검하는 모습을 상사에게 보여주거나 알 수 있도록 한다면 '매우 계획적이며 업무 목표를 중심으로 행동하는 사람'으로 보일 수 있습니다.

이런 인상을 주는 사람은 일찍 퇴근하더라도 상사가 '무언가 계획이 있을 것'이라고 생각하기 때문에 크게 문제 삼지 않습니다. 또한 퇴근 후에 자기계발을 위한 일정을 짜놓고 그 일정이 자신의 업무에 얼마나 도움이 되는지를 상사나 동료들에게 어필하는 것도 좋습니다. 이것이 성공한다면 6시에 "먼저 갈게요"라는 말을 자연스럽게 하며 퇴근할 수 있고, 상사의 흔쾌한 응답이나 배웅도 받게 될 것입니다.

03 │ 일이 없어도 오래 남아 있으면 연장근로가 되나요?

연장근로수당을 받기 위해 '고의로' 연장근로를 하는 경우도 있습니다. 특별한 지시나 당장 해야 할 일이 없는데도 바쁜 척하며 시간을 때우거나 근무시간에 느슨하게 일하고 연장근로를 신청해 남은 일을 하기도 합니다. 사용자 입장에서 이런 근로자는 '월급 도둑'으로 보일 수 있습니다. 규모가 작은 기업에서는 이런 일이 많지 않지만 규모가 큰 기업에서는 일일이 감시하고 감독하기도 어렵습니다.

연장근로수당이 문제가 될 때 본래 소정근로시간보다 많은 시간 동안 그저 회사에 '있다'고 해서 법적으로 모두 연장근로로 인정받는 것은 아닙니다. 연장근로에 대한 지시가 없고 업무 상황상 연장근로가 불가피한 상황이 없다면 '고의로' 또는 '자발적으로' 한 연장근로는 '연장근로'로 인정되지 않을 수도 있습니다.

사용자는 불필요한 연장근로수당이 발생하는 상황을 막을 필요가 있습니다. 연장근로수당은 근로시간에 대한 임금보다 50퍼센트나 할증되기 때문에 더 그렇습니다. 그러나 근로자가 정해진 퇴근 시간보다 늦게 퇴근한다면 일단 '연장근로'로 보기 때문에 연장근로수당을 지급하지 않기 위해서는 연장근로 지시가 없고 연장근로가 불가피한 상황도 아니라는 사실을 사용자가 입증해야 합니다.

이를 입증하는 일은 결코 쉽지 않습니다. 이 때문에 연장근로가 필요할 때 근로자는 연장근로를 신청하도록 하고 그 신청에 대해 승인한 시간만 연장근로로 인정하도록 정합니다. 어떤 경우는 따로 관리 인력을 동원해 연장근로를 신청한 직원들이 제자리에 앉아 업무를 보는지 일일이 감시하기도 합니다.

이렇게 사용자가 승인한 시간만 연장근로로 인정하기로 회사에서 정하고 운영할 수 있으며, 보통 취업규칙이나 근로계약에 이에 관한 내용이 들어 있거나 업무 지침, 내부 공문 등을 통해 직원들에게 주지시키기도 합니다. 이렇게 운영하는 방식도 법적으로 허용됩니다. 따라서 회사에서 정한 승인 절차를 거치지 않고 연장근로를 한다면 실제 연장근로 사실이 있더라도 명확하게 연장근로 사실을 입증하지 못하는 한 연장근로수당을 받기 어려울 수 있습니다. 승인 절차를 거치지 않고 일한다면 늦게 퇴근하더라도 '자발적인 연장근로'로 보기 때문입니다. 자발적이지 않다는 것이 확인될 정도로 입증이 명확해야 한다는 뜻입니다. 이런 입증이 결코 쉽지 않기 때문에 회사에서 연장근로에 대한 사전 승인제도를 운영한다면 연장근로가 있을 때 정해진 절차를 밟는 편이 좋습니다.

04 | 계속 일하다 밤새 일하면 할증이 추가로 붙나요?

시간 외 근로의 종류로는 연장근로, 야간근로, 휴일근로가 있습니다. 그리고 시간 외 근로를 하면 원래 받던 임금에 50퍼센트의 할증이 붙은 임금을 받습니다. 그런데 각 종류의 시간 외 근로가 중첩해서 발생하는 경우가 있습니다. 대표적으로 저녁 연장근로를 하다가 밤 10시를 넘어서까지 계속 일을 하는 경우입니다. 밤 10시 이후부터는 일 8시간을 넘는 '연장근로'와 밤 10시에서 새벽 6시 사이의 근로인 '야간근로'가 동시에 발생합니다.

연장근로, 야간근로, 휴일근로는 각각 고유한 사유가 있습니다. 연장근로는 소정근로시간보다 많이 일하는 것, 야간근로는 야간에 일하는 것, 휴일근로는 휴일에 일하는 것입니다. 저마다 사유가 다르고 각각 사유 때문에 할증이 붙습니다. 비록 같은 시간 동안 연장근로와 동시에 야간근로를 하더라도 원래 각 시간 외 근로의 사유가 없어지지 않기 때문에 할증 역시 각각 붙습니다. 따라서 저녁 6시부터 밤 12시까지 계속 일한다면 저녁 6시부터 12시까지 6시간에 대한 연장근로수당과 밤 10시부터 12시까지 2시간에 대한 야간근로수당을 모두 받을 수 있습니다.

추가 시간에 대한 시급은 한 번만 계산합니다!

이렇게 시간 외 근로가 중복해서 발생할 때 수당 계산 시 주의해야 하는 점이 있습니다. 시간 외 근로수당 계산은 시급에 근로한 시간을 곱하고 할증을 더해 계산합니다. 시간 외 근로수당은 '근로한 시간에 대한 임금'과 '시간 외 근로에 대한 할증임금'으로 구분할 수 있습니다. 근로한 시간만큼 시급을 곱해 임금을 계산하고 거기에 시간 외 근로 사유에 따른 할증임금을 더해야 합니다. 시간 외 근로가 중복해서 발생할 때 할증임금이 각각 붙는다는 것도 '시간 외 근로에 대한 할증임금' 50퍼센트만 각각 계산된다는 것을 뜻합니다. 따라서 '근로한 시간에 대한 임금'은 여러 종류의 시간 외 근로가 있더라도 한 번만 계산합니다.

〈시간 외 근로수당 계산의 예〉

오후 6시부터 밤 12시까지 계속 근무한 경우: 연장근로시간 6시간, 야간근로시간 2시간

=근로한 시간에 대한 임금+시간 외 근로에 대한 할증임금

=(총 근로시간 6시간×시급×100%)+(연장근로 6시간×시급×50%)+(야간근로 2시간×시급×50%)

연장과 야간이 이어서 발생할 때도 있지만 급한 일로 휴일에 나와 일하다가 8시간 넘게 일하게 되는 경우도 있습니다. 이때도 할증이 각각 붙는다는 원칙은 동일합니다. 즉 휴일에 8시간 이상 일하게 되면 전체 근로시간에 대해서는 휴일근로 할증이, 8시간이 넘는 시간에 대해서는 연장근로 할증이 추가로 붙은 임금을 받을 수 있습니다. 예를 들어 휴일에 아침 9시부터 저녁 6시까지 8시간을 일하고 추가로 저녁 6시부터 8시까지 일한다면, 휴일근로는 총 10시간, 연장근로는 총 2시간이 발생합니다. 따라서 전체 근로한 시간에 대한 임금(10시간×시급×100%)에 휴일근로에 대한 가산임금(10시간×시급×50%)과 연장근로에 대한 가산임금(2시간×시급×50%)을 더한 임금이 시간 외 근로수당으로 계산됩니다. 그 휴일이 '유급휴일'인 경우에는 일하지 않아도 지급하는 8시간분의 임금을 추가로 지급해야 합니다.*

휴일에 일하게 되면 대부분 주 40시간이 넘게 됩니다. 법정근로시간은 일 단위와 주 단위로 정하고 있어서, 일 단위시간인 8시간이 넘어도 연장근로지만 주 단위인 40시간이 넘어도 연장근로**입니다. 이 때문에 휴일근로로 주간 근로시간이 총 40시간이 넘게 되면

---

* 월급제의 경우 기본급에 포함되는 시간에 유급휴일에 대한 임금이 포함돼 있으므로 일하지 않아도 주는 휴일 임금 100퍼센트를 추가로 더 지급하지는 않습니다.
** 어떤 사람이 하루 10시간씩 주 3일을 근무한다면, 주 단위로는 40시간을 초과하지 않지만 일 단위로 매일 2시간씩 8시간을 초과하는 근로가 발생하기 때문에 가산수당을 지급해야 하는 연장근로시간은 총 6시간입니다.

그 휴일근로 전체가 동시에 '연장근로'에도 해당하는지에 관해 법원과 고용노동부의 행정해석이 서로 달라 논란이 되다가 근로기준법 개정으로 정리되었습니다.

이른바 '근로시간 단축법'이라고 불리는 2018년도 개정 근로기준법의 핵심은 "1주란 휴일을 포함한 7일을 말한다"는 규정을 신설한 것입니다. 연장근로는 '1주 12시간'으로 제한되는데, '1주'는 휴일을 포함한 7일을 의미하기 때문에 '휴일근로시간'도 연장근로 한도에 포함되도록 한 것입니다. 그러나 휴일근로가 주 40시간을 초과해 발생하더라도 휴일 8시간까지는 중복할증 없이 50퍼센트의 휴일근로 할증임금만 지급하도록 정했습니다. 쉽게 말해 '연장근로한도'에 있어서는 '휴일근로시간'도 '연장근로시간'에 합산되지만, '수당 지급'에 있어서는 휴일근로시간을 '주 단위 연장근로'에서 제외하여 연장근로 할증임금을 중복 지급하지 않도록 하는 방식으로 노사의 입장차를 정책적으로 조율했습니다.

가령 주중 40시간의 소정근로시간을 모두 채워 근무한 후 휴일인 토요일에 10시간, 휴일인 일요일에 4시간을 추가 근무한다면, 1주 7일간 총 근무시간은 54시간으로 주 12시간의 연장근로 제한을 2시간 초과하여 위법이 됩니다. 법 위반과 별개로 실제 근무한 시간에 대한 수당지급 의무는 그대로 발생합니다. 휴일인 토요일 10시간 근무는 모두 '휴일근로'이므로 10시간×150퍼센트의 휴일근로수당을 지급하고, 휴일 8시간을 초과하는 '일 단위 연장근로' 2시간에 대해서 2시간×50퍼센트의 연장할증수당을 추가로 지급해야 합니다. 일요일 4시간에 대해서는 4시간×150퍼센트의 휴일근로수당만 지급하면 되고, 8시간을 초과하지 않았으므로 연장할증을 추가로 지급할 의무가 없습니다.

05 | 지각 세 번이면 결근으로 처리할 수 있나요?

"지각 3회를 결근 1일로 처리한다"라는 규정이 있는 회사가 꽤 많습니다. 이런 규정은 법적인 기준에 맞지 않아 효력이 없습니다. 지각과 결근은 법적으로 전혀 다른 개념이고 법적인 효과도 다릅니다. 따라서 지각이 아무리 많아도 그것이 '결근'이 되지는 않습니다.

법에서 지각이나 결근에 대한 사항을 따로 정해놓은 것은 없습니다. 다만 출근율에 따라 권리가 정해지는 상황에 대해 정하고 있는데 주휴일과 연차휴가가 그렇습니다. 유급 주휴일은 주중 소정근로일을 '개근'해야 발생합니다. 결근일이 있는 경우에도 주휴일은 주어야 하지만 '무급'으로 줄 수 있기 때문에 기본급에 미리 포함되던 주휴수당을 공제하고 급여를 지급할 수 있습니다. 연차휴가는 1개월 또는 1년간 출근율을 기준으로 발생합니다. 이때 지각 3회를 결근으로 처리해서 유급 주휴일을 주지 않거나 연차휴가 계산에 반영한다면 법을 위반했다고 해석합니다. 지각이나 조퇴를 하더라도 회사에 일단 나온다면 '출근'이라고 보는 것입니다. 만약 지각 3회를 결근으로 처리해서 하루치 임금을 공제한다면 이 역시 위법입니다. 임금 공제는 정확하게 일하지 않은 '시간'에 대해서만 할 수 있기 때문입니다.

지각 3회를 결근으로 처리하고 그 결근일을 '연차휴가'로 대체하도록 하는 경우는 어떨까요? 결근일을 연차휴가로 대체하는 것은 근로자에게 유리하기 때문에 가능합니다. 그러나 지각 3회를 결근으로 간주해 연차휴가로 대체하면 근로자에게 불이익이 발생하기 때문에 무효입니다. 다만 "지각, 조퇴, 외출 누계 8시간을 연차 1일을 사용한 것으로 한다"라는 규정을 두고 있다면 실제 일하지 못한 8시간의 임금을 공제할 수도 있기 때문에 임금 공제 대신 유급휴가인 연차로 처리하는 일은 근로자에게 유리하므로 위법이 아닙니다.

지각을 '결근'으로 만들 수는 없지만 지각한 만큼 일하지 못한 시간이 생기기 때문에 그 시간에 대해서는 원칙적으로 임금 공제가 가능하다는 점은 알아둬야 합니다. 회사에서 지각 때마다 시간을 계산해 임금에서 빼는 경우는 많지 않지만 원칙적으로는 가능합니다. 또한 지각에 따른 제재를 가할 수 있습니다. 여러 번의 지각을 징계 사유로 정할 수도 있고 특정 수당의 지급 조건을 '지각이나 조퇴가 없는 경우'로 정해서 지각할 때 받을 수 없는 임금 항목이 있을 수 있습니다. 다만 취업규칙이나 근로계약서 등에서 '시업 시간 한 시간 이후 출근한 경우'와 같이 지각의 의미를 구체적으로 한정하는 경우가 있습니다. 이렇게 정한다면 근무 시작 시간부터 한 시간까지는 지각을 하더라도 임금에서 공제할 수 없습니다. 법 기준보다 근로자에게 더 유리하도록 회사 내부 규정을 정한다면 정한 대로 법적인 효력이 생기기 때문입니다.

지각이나 조퇴, 외출, 결근, 시간 외 근무, 휴가, 휴직 등을 관리하는 일을 실무적으로 '근태관리'라고 합니다. 이 중 조퇴, 외출, 결근에 대해서는 법에서 구체적으로 정한 바가 없기 때문에 회사마다 관리하는 기준과 방식이 다양합니다. 따라서 회사의 취업규칙이나 근태관리 규정, 복무 규정 등에서 정하고 있는 회사의 관리 기준을 잘 알아둘 필요가 있습니다. 또한 근태사항은 인사평가의 기본 항목으로 많이 사용되고, 무엇보다 근로자로서 기본적으로 갖추어야 할 '성실성'의 징표가 되기 때문에 근로자 스스로 자신의 근태관리를 철저히 하는 습관을 기르는 편이 좋습니다.

06
5인 이상 사업장이 아니면 공휴일에 못 쉬나요?

'휴일'은 원래부터 근로의무가 없는 날로 미리 정한 날을 말합니다. 원래 근로의무가 있는데 특별한 사유로 근로의무를 면제하는 날은 '휴가'라고 부릅니다. 그래서 휴일은 미리 정해져 있지만 휴가일은 그때그때 달라질 수 있습니다. 근로의무가 없는 날인 휴일에 근로하면 휴일근로에 대해 할증을 붙여 150퍼센트의 임금을 지급해야 하지만 유급휴가는 월급에서 임금을 공제하지 않고 휴가를 사용하도록 하는 것이기 때문에 연차유급휴가 미사용수당과 같이 휴가권을 사용하지 않아 돈으로 보상할 때는 임금 100퍼센트만 지급하고 가산수당을 추가로 주지 않는 게 원칙입니다.

휴일은 '법정휴일'과 '약정휴일*'로 구분합니다. 법에 의해 사용자가 근로자에게 의무적으로 주어야 하는 휴일을 '법정휴일'이라고 하는데, 매주 부여하는 주휴일과 근로자의 날(5월 1일), 달력에 붉은 글씨로 돼 있는 날인 관공서의 공휴일(대체공휴일, 임시공휴일 포함)입니다.

매주 소정근로일을 개근하면 일주일에 하루 이상 주휴일을 유급으로 주어야 합니다. 보통 일요일이 주휴일인 경우가 많지만 어느 요일이든 상관없습니다. 소정근로일 중 결근이 있다면 주휴일에 쉬게는 하되 무급으로 할 수 있습니다. 주휴일을 무급으로 한다는 것은 월급제 근로자라면 기본급에 포함돼 있던 주휴수당을 빼고 월급을 준다는 뜻입니다. 그래서 하루 결근하면 결근한 날과 그 주의 주휴수당 1일분까지 합쳐 이틀치 임금이 삭감될 수 있습니다.

근로자의 날은 5월 1일로 「근로자의 날 제정에 관한 법률」에서 정하고 있습니다. 근로자의 날은 관공서나 공무원이 쉬는 공휴일이

---

* 법정휴일의 반대말은 '약정휴일'입니다. 법에서 정하는 휴일은 아니지만 회사의 취업규칙, 단체협약, 근로계약 등으로 회사가 자체적으로 부여하기로 한 휴일입니다. 근로자와 회사가 '약속'한 휴일이기 때문에 약속한 대로 지켜야 할 법적 의무가 있습니다.

아니지만 특별법에 의한 기념일로서 근로자들이 유급으로 쉬는 날입니다. 근로자의 날을 유급휴일로 줄 때는 주휴일과 같은 '개근' 요건이 법에 없습니다. 따라서 결근 여부와 관계없이 근로자의 날은 모두 유급으로 주어야 합니다. 근로자의 날도 근로자의 유급휴일이기 때문에 근로자의 날에 근로하면 일하지 않아도 받는 임금 100퍼센트(월급제라면 기본급에 포함)와 휴일근로가산수당 150퍼센트를 추가로 받을 수 있습니다. 한편 여러 종류의 휴일이 같은 날에 중복되면 어느 하나의 휴일만 인정됩니다. 근로자의 날은 공휴일과 달리 대체휴일제가 없고 근로자의 노고를 위로하고 사기를 북돋워 주기 위한 날이기 때문에 성질상 다른 날로 대체할 수도 없습니다. 따라서 근로자의 날이 주휴일인 일요일과 겹친다면 사실상 근로자의 날은 아무 보상 없이 그냥 사라지는 휴일이 됩니다.

근로기준법상 법정휴일인 관공서 공휴일은 「관공서의 공휴일에 관한 규정」에서 정하는 공휴일(일요일*인 공휴일은 제외)과 대체공휴일입니다. 이 '공휴일'에는 임기 만료에 의한 선거일(보궐선거일은 공휴일이 아님)과 임시 공휴일이 포함됩니다. 대체공휴일은 3·1절, 광복절, 개천절, 한글날, 어린이날이 토요일이나 일요일 또는 다른 공휴일과 겹칠 때, 설날과 추석 연휴가 일요일이나 다른 공휴일과 겹

---

* 근로자에게 일요일은 '공휴일'이어서 쉬는 날이 아니라 '주휴일'로 쉬는 날입니다. 주휴일이 '일요일'이 아닌 근로자라면 일요일은 공휴일도 주휴일도 아니므로 법정휴일이 아닙니다.

칠 때, 그 공휴일 다음의 첫 번째 비공휴일로 지정됩니다.

대체공휴일제도는 토·일요일에 휴무하는 일반적인 주5일제 근로형태를 염두에 둔 것이지만 교대제나 스케줄 근무자처럼 토·일요일이 아닌 다른 요일에 쉬는 경우에도 동일하게 적용됩니다. 그리고 근로기준법상 법정휴일을 '공휴일 및 대체공휴일'로 규정하기 때문에 대체공휴일은 공휴일을 대신하는 날이 아니라 공휴일과 대체공휴일이 각각 법정휴일로서 보장되는 것으로 해석합니다. 따라서 토·일요일이 당초 휴무일이나 휴일이 아니라 근무일인 근로자라면 공휴일이 토·일요일과 겹치더라도 사라지지 않고 그대로 '공휴일'로서 유급으로 쉴 수 있는 날이고, 그 공휴일의 대체공휴일이 있다면 공휴일에 쉬었다고 사라지지 않기 때문에 '대체공휴일'로서 또 유급휴일로 쉴 수 있는 날입니다.*

주휴일과 근로자의 날은 5인 이상 사업장이 아니어도 적용됩니다. 근로자를 한 명만 고용하더라도 주휴일과 근로자의 날을 유급으로 주어야 합니다. 그러나 '관공서 공휴일'은 현행법상 상시근로자 수가 5인 미만인 사업장에는 적용되지 않습니다.

공휴일은 원래 대통령령인 「관공서의 공휴일에 관한 규정」에서 정한 것으로 말 그대로 관공서가 쉬는 날일 뿐 근로자의 법정휴일이

---

* 만약 주중 평일을 근무하고 토·일요일에 쉬는 근로자라면 토·일요일과 겹치는 공휴일은 그저 사라지지만 대체공휴일이 있는 공휴일이라면 그 대체공휴일에 유급으로 쉴 수 있습니다.

아니었습니다. 그러다 보니 공공기관이나 대기업은 공휴일을 약정 휴일로서 쉬는 반면 중소규모 기업에서는 쉬지 못하거나 쉬더라도 연차휴가를 쓰는 것으로 처리하는 경우가 많았는데 대체공휴일제가 도입되면서 '휴일의 양극화' 논란이 더욱 커졌습니다.

결국 공무원과 일반 근로자, 대기업과 중소기업 근로자가 동등하게 휴식권을 누릴 수 있도록 하기 위해서 근로기준법 개정을 통해 관공서 공휴일도 법정 유급휴일로 정하고, 2020년부터 사업장 인원 규모에 따라 단계적으로 확대 시행되어 2022년 1월 1일부터는 5인 이상 사업장에까지 전면 적용되었습니다. 그러나 4인 이하 사업장까지 확대할 경우 소상공인과 같은 영세사업장이 유급휴일 수 증가에 따른 비용을 감당하기 어렵다는 이유로 적용 범위를 5인 이상으로 한정했기 때문에 공휴일은 여전히 4인 이하 사업장에서 일하는 근로자들에게는 '그림의 떡'입니다.

사실 2021년 6월 여당이 대체공휴일을 모든 공휴일로 확대 적용하기 위한 법률안 통과를 공식화하면서 4인 이하 사업장에 대한 공휴일 확대 적용에 대한 기대와 요구도 커졌습니다. 그러나 처음 논의와 달리 대체공휴일이 확대되는 폭이 줄어들었고, 국민 휴일 개념으로 공휴일을 확대하기 위해 신설한 '공휴일에 관한 법률'에서도 '근로자'에 대한 공휴일의 적용은 '근로기준법'에 따르도록 위임하는 것으로 마무리되면서, 4인 이하 사업장에서 일하는 근로자는 여전히 소외된 상태입니다.

원래 근로기준법이 5인 이상 사업장에 대해 적용되는 법인데, 특별 규정을 두어 4인 이하 사업장에도 적용되는 조항들을 지속적으로 확대한 역사를 갖고 있습니다. 더 열악한 환경에 있는 근로자를 보호 대상에서 제외한다는 비판은 오래 전부터 있지만 4인 이하 사업장까지 감독이 곤란하다는 행정력의 한계를 비롯해 노동법 규제를 감당할 만한 여력이 부족한 소규모 영세사업장이 여전히 많기 때문에, 4인 이하 사업장에 대한 법 적용의 확대는 제반 여건이 갖췄다는 공감대가 충분히 형성되어야 가능할 것입니다.

07 | 하루 차이 퇴직으로 연차휴가가 15일이나 차이난다고요?

근로자에게 법적으로 보장되는 연차휴가는 입사한 후 1년 동안 매월 발생하는 신입연차*와 입사 1년 후부터 매년 발생하는 정기연차, 근속 3년 차부터 매 2년 단위로 1일씩 정기연차에 가산되는 가

＊ 연차휴가제도는 근로시간 단축 논의의 흐름과 함께 휴식권의 가치에 대한 사회적 인식의 변화를 반영하며 지속적으로 확대되어 왔습니다. 2004년 주40시간제 도입으로 근로시간이 단축되자, 과거 월차제도를 폐지하는 대신 입사 1년간 매월 개근하면 1일씩 1년 후 발생하는 연차휴가를 미리 당겨쓰는 '가불연차'제도(입사 후 2년간 총 15일의 연차휴가 사용)를 시행했습니다. 이런 '연차가불제도'는 14년 동안 유지되었는데, 결국 입사 후 2년 동안 총 15일의 연차휴가만 쓸 수 있어 지나치게 휴가 일수가 적다는 문제가 있습니다. 근로기준법 개정으로 이러한 '연차가불규정'이 삭제되어, 입사 1년 동안 매월 발생하는 '연차'는 1년 후에도 공제되지 않은 '온전한 연차'로 바뀌었습니다. 따라서 입사 1년까지는 매월 총 11일의 연차휴가가 발생하고, 입사 1년 후에는 15일의 연차가 추가되어 입사 후 2년간 총 26일의 연차를 사용할 수 있습니다.

산휴가가 있습니다.

연^{年}차유급휴가는 말 그대로 1년간의 계속 근무에 대한 보상 차원에서 다음 해에 유급으로 휴가를 쓰도록 하는 제도입니다. 입사후 1년까지 발생하는 휴가는 발생 방식을 보면 이름만 연차휴가일뿐 예전의 '월차휴가'와 동일합니다. 입사한 후 1년을 채운 다음 날부터 지난 1년간의 근속에 대한 보상으로 본래 방식의 '연^{年}차휴가'가 발생합니다.

모든 법정휴가는 '조건'이 있습니다. 연차휴가는 일정 기간의 근무에 대한 보상이기 때문에 일정 기간 일정한 출근율을 달성해야 생깁니다. 입사*한 후 1년 동안은 매월 개근해야만 그다음 달에 하루씩 연차휴가가 생깁니다. 입사 1년 후부터는 전년도의 연간 '출근율'이 80퍼센트 이상이어야 온전한 연차휴가가 생깁니다. 입사 12개월 차를 다 근무하면 바로 근속 1년이 되고 1년 근무에 대한 정기연차가 15일 발생하기 때문에, 12개월 차는 개근하더라도 신입연차는더 발생하지 않습니다. 이 때문에 신입연차의 최대 일수는 11일이됩니다.

입사 후 1년을 채워 일하면 이에 대한 보상으로 연차휴가 15일이발생합니다. 그런데 구체적으로 연차휴가 15일이 '언제' 발생하는지

* '입사'란 특정한 사용자와 근로자가 근로관계를 새로 맺는 것을 뜻하므로 연령이나 경력여부와 무관하기 때문에 다른 회사로 이직할 때도 새로운 '입사'가 됩니다. 그러나 한 회사에서 근로계약을 갱신하거나 연장하는 경우는 '입사'가 아니라 '계속 근로'입니다.

에 대해 논란이 있었고, 그 결론에 따라 1년만 일하고 퇴사하는 사람에게 11일의 연차휴가만 주어도 되는지, 26일의 연차휴가를 주어야 하는지가 달라졌습니다.

먼저 고용노동부는 "연차휴가 사용권은 1년간의 근로를 마친 대가로 확정적으로 취득한다"는 2005년 대법원 판결을 "입사 후 1년만 일하고 퇴사해도 이미 확보한 15일의 연차청구권이 인정된다"는 내용으로 해석해 총 26일의 연차휴가를 주어야 한다고 보았고 이 기준에 따른 행정집행이 계속 이루어졌습니다. 1년 계약직이나 정규직이라도 1년만 일하고 퇴사하는 직원에게 거의 한 달치에 가까운 임금을 추가로 지급해야 한다는 해석이어서 쉽게 납득하기 어려웠던 사업주들이 울며 겨자 먹기로 그 비용을 부담했습니다.

그러던 중 1년만 일하고 퇴사한 직원이 고용노동부에 진정을 제기하여 총 26일의 연차휴가가 발생함을 전제로 지급받지 못한 미사용연차휴가수당을 추가로 지급받자 그 사업주가 고용노동부의 시정지시가 부당하고 근로자도 부당한 이익을 취했다며 국가(고용노동부)와 퇴직한 근로자를 상대로 소송을 제기했습니다. 그 소송의 대법원 확정 판결(2021. 10. 14.)에서 대법원은 1년간 근무의 대가로 발생하는 15일의 연차휴가는 "근로자가 1년간의 근로를 마친 다음 날" 발생한다고 판단해 사업주의 손을 들어 주었고*, 고용노동부도 대법원 판결에 따라 기존 행정해석을 바꾸었습니다.

＊　소송 당사자인 근로자는 추가로 받은 연차휴가 미사용수당을 사업주에게 반환할 의무를 지게 되었습니다.

따라서 딱 1년*만 일하고 퇴직하면 받을 수 있는 연차일수는 최대 11일입니다. 그러나 그 1년에서 하루만 더 일하고 퇴직하면 받을 수 있는 연차일수는 15일을 더해 총 26일입니다. 단지 하루의 퇴사일 차이로 휴가일수의 차이가 크게 달라진다는 점이 언뜻 불합리해 보이지만 특정일에 1년간 사용할 연차휴가를 한꺼번에 발생시키는 연차휴가의 특성상 불가피한 결과라고 할 수 있습니다.

근속기간이 늘어나면 가산휴가도 받습니다. 3년을 채워 일하면 처음 가산휴가가 1일 생기고 이후부터는 2년마다 가산휴가가 하루씩 추가됩니다. 근속 1~2년 차에는 각 15일, 근속 3~4년 차에는 각 16일, 근속 5~6년 차에는 각 17일 등으로 휴가일수가 늘어나지만 최대한도가 25일이어서, 근속기간 22년 차 이후부터 퇴직할 때까지 연차휴가는 매년 25일입니다.

전년도 출근율이 80퍼센트가 넘지 않더라도 전년도에 개근한 달이 있다면 개근한 달수만큼 다음 해 연차휴가가 생깁니다. 그러나 가산휴가는 출근율 80퍼센트 이상일 때 발생하는 15일의 기본 연차에 추가하는 것이기 때문에 출근율이 80퍼센트 미만이라면 근속기간이 아무리 길더라도 '가산휴가'가 적용되지 않습니다.

그러나 실제 1년간 출근율이 80퍼센트 미만이 되는 사례는 극히

---

* 법에서 '1년'은 일수로 365일이 아니라 특정 일자로부터 다음 해 그 일자의 '전일'까지를 뜻합니다. 따라서 2022년 1월 1일부터 1년은 2022년 12월 31일까지이고, 2022년 4월 23일부터 1년은 2023년 4월 22일까지입니다.

드뭅니다. 출근율은 근무하기로 정한 날에 출근한 비율로 계산합니다. 법정·약정휴일은 원래부터 근로할 의무가 없는 날이기 때문에 '근무하기로 정한 날' 자체에서 제외됩니다. 결근이나 불법파업으로 출근하지 않은 날이 연간 총 근무일의 20퍼센트를 초과하는것 같은 특별한 사정이 없는 한 다음 해 연차휴가일수에 아무 영향이 없습니다. 단 '결근'은 출근하지 않은 것을 뜻하므로 지각, 조퇴, 외출로 하루 중 일부 시간을 근무하지 못하더라도 '결근'으로 처리할 수 없습니다.

1년 중 일정 기간 이상 법으로 보장된 정당한 권리로 쉬는 경우가 있습니다. 이 중 산재로 휴업한 기간이나 출산전후휴가기간, 육아휴직 기간은 '출근'으로 간주하기 때문에 장기간 쉬더라도 출근한 것으로 취급합니다. 가령 육아휴직으로 1년을 통째로 쉬더라도 복직 후에 연차휴가를 육아휴직기간이 포함된 근속기간에 따라 정상적으로 사용할 수 있습니다. 연차휴가, 생리휴가, 공민권 행사를 위한 휴무일 등은 법적으로 보장된 휴가이기 때문에 '출근'으로 간주되는 날에 포함합니다.

그러나 법으로 보장된 휴가가 아닌 병가, 경조휴가, 특별휴가, 휴직, 이 밖에 회사에서 실시하는 휴업기간이나 적법한 파업기간은 취업규칙이나 단체협약 등에서 출근한 것으로 간주하도록 정하지 않았다면 특별한 사유로 근로제공 의무가 정지된 기간으로 보아 총 소정근로일수에서 제외합니다.

따라서 휴직기간, 병가기간 등을 총 소정근로일수에서 제외한 나머지 일수(실질소정근로일수)를 기준으로 근로자의 출근율을 산정합니다. 이 출근율이 80퍼센트 이상이라면* 본래 평상적인 근로관계에서 산출되는 연차휴가 일수 15일에 실질소정근로일수를 총 소정근로일수로 나눈 비율을 곱하여 연차휴가를 산출합니다. 그러나 이 경우에도 실질소정근로일수 중 출근한 날(소정근로일에서 제외한 날을 모두 결근으로 처리한다고 가정)이 총 소정근로일수의 80퍼센트 이상이라면 15일의 정상적인 연차가 발생하는 요건을 충족하기 때문에 비례로 계산하지 않고 그대로 15일의 연차휴가를 주어야 합니다.

08 | 연차휴가는 어떻게 써야 하나요?

연차휴가는 입사일을 기준으로 계산하는 것이 원칙입니다. 신입연차는 입사일을 기준으로 한 달이 지나면서 매월 순차적으로 발생하고, 발생한 휴가를 모으거나 나눠서 쓸 수 있지만 휴가 사용기한은 입사일로부터 1년까지**입니다. 정기연차와 가산연차는 각 근로자의 입

---

* 출근율이 80퍼센트 미만이라면 전년도에 개근한 개월 수만큼만 연차휴가가 발생합니다.

** 종전 법에서는 신입연차도 11개 연차의 각 발생일로부터 1년까지 사용할 수 있기 때문에 각 신입연차마다 사용종료일이 순차적으로 달랐지만, 신입연차에 대한 연차휴가사용촉진제도가 신설되면서 사용기한을 신입연차의 발생 시기와 관계없이 모두 통일해 '입사일로부터 1년까지'로 변경했습니다. (2020년 3월 31일 이후 발생하는 신입연차부터 적용)

사일을 기준으로 1년 동안 80퍼센트 이상 출근했을 때 발생하고 이것을 1년 동안 쓸 수 있습니다. 그런데 근로자의 입사일이 제각각이라면 회사가 연차 일수를 관리하는 데 어려움이 많아집니다. 이 때문에 관리상 편리하도록 연도 중 특정한 날을 기준으로 해서 연차 발생 요건인 출근율을 계산하고 직원들에게 일률적으로 연차를 지급하기도 합니다. 법적으로 이런 제도는 '근로자들에게 불이익이 없다'면 허용됩니다.

예를 들어 2022년 9월 1일에 입사한 김갑돌 씨가 1년 동안 출근율이 80퍼센트 이상이라면 2023년 9월 1일부터 1년 동안 연차 15일을 쓸 수 있습니다. 그런데 김갑돌 씨가 일하는 회사에서는 회계연도를 기준으로 연차제도를 운영하기 때문에 매년 1월 1일이 돼야 연차가 생깁니다. 김갑돌 씨는 2023년 1월 1일에 근무한 지 1년이 되지 않는다는 이유로 연차를 못 받았고, 다음 해인 2024년 1월 1일이 돼서야 15일의 기본연차를 받는다는 이야기를 회사로부터 들었습니다. 김갑돌 씨는 '법적으로' 2023년 9월 1일부터 정기연차를 쓸 수 있지만 이렇게 되면 법적인 시점보다 더 늦은 2024년 1월 1일에야 연차를 쓸 수 있게 됩니다. 이것은 근로자에게 불리한 제도이기 때문에 이런 방식으로 회계연도 연차제도를 운영한다면 위법이 됩니다.

근로자에게 불이익이 없도록 특정일 기준 연차제도를 운영하기 위한 방법으로 그 특정일까지 근무한 일수에 비례해 연차를 주는 방식이 있습니다. 김갑돌 씨는 2023년 1월 1일까지 총 4개월을 근무했기 때문에 12개월분인 15일의 연차 중 4개월분인 5일(15×4/12)을 주면 됩니다. 따라서 김갑돌 씨는 입사한 지 1년이 안 됐지만 2023년 1월 1일부터 1년 동안 '정기연차' 5일을 쓸 수 있습니다. 물론 다음 해 2024년 1월 1일이 되면 정상적으로 15일을 받게 될 것입니다.

한편 위 정기연차와 별도로 김갑돌 씨는 입사 후 1년이 되기까지 최대 11일의 연차휴가가 생깁니다. 각각의 연차휴가는 입사일로부터 1년인 2023년 8월 31일까지 김갑돌 씨가 원하는 때에 모아서도 나눠서도 사용할 수 있습니다. 회사가 회계연도 기준으로 연차를 운영하더라도 회계연도 기준은 '정기연차와 가산연차'에만 적용되는 것이기 때문에 신입연차는 여전히 '입사일'을 기준으로 발생하고 사용합니다. 그러므로 김갑돌 씨가 2023년 1월 1일에 5일의 정기연차를 받더라도 2023년 8월 1일까지는 매월 만근할 때마다 1일의 연차가 추가로 생깁니다. 즉 김갑돌 씨는 2022년 10월 1일부터 2022년 12월 31일까지는 총 3일의 연차휴가가 발생하고 2023년도에는 5일의 정기연차와 8일의 1년 미만 연차를 합해 총 13일의 연차휴가가 추가로 발생합니다.

연차휴가의 장점은 자유롭게 쓸 날을 정할 수 있고 묶어서도 나눠서도 쓸 수 있다는 점입니다. 선택 범위가 넓을수록 좋은 것입니다. 단 연차휴가는 '발생한 지' 1년 이내에 써야 합니다. 1년 이내에 쓰지 않으면 돈(연차휴가일근로수당)으로 바뀌기도 하지만 다음에 설명할 '연차휴가 사용촉진조치'가 있다면 수당을 못 받을 수도 있습니다. 그러나 근로자가 자유롭게 연차휴가일을 정해서 쓰기는 현실적으로 어렵습니다. 회사가 바쁜데 휴가를 가기도 그렇고, 자신이 휴가 간 동안 일을 대신해줄 사람이 없거나 누군가 일을 대신하는 것이 불가능하다면 차마 휴가를 신청할 수가 없습니다. 나름대로 업무에 지장이 없는 날을 골라 휴가 신청을 하더라도 한꺼번에 오래 쉬겠다고 하면 상사가 난색을 표하기도 합니다.

이런 지점에서 '법적인 권리'와 '원만한 회사 생활'이 또 충돌합니다. 대부분 근로자는 휴가를 가겠다고 우기지 않습니다. 회사가 꺼려하는데 휴가를 가겠다고 주장하면 칼퇴근하는 것보다 밉보이기 십상입니다. 근로자는 대부분 감각적으로 분위기를 파악하고 회사 입장에 협조하는 방향으로 선택하지만 휴가를 누리지 못하는 아쉬움은 일에 대한 스트레스로 이어지기도 합니다.

물론 법에도 사용자의 '시기 변경권'이라는 것이 있습니다. 근로자가 자유롭게 휴가일을 정할 수 있고 사용자는 근로자가 정한 대로 휴가를 주어야 하는 게 원칙이지만, 근로자가 휴가를 쓸 때 회사 운영에 막대한 지장을 초래한다면 회사가 그 시기를 예외적으로 변경할 수 있습니다. 즉 '막대한 지장'이 있어야만 시기 변경이 가능하다는 뜻으로 어지간한 지장을 이유로는 회사가 함부로 시기 변경권을 행사할 수 없도록 정하고 있습니다. 그렇지만 현실에서는 어지간한 지장뿐 아니라 특별한 지장이 없는데도 휴가를 못 쓰게 하거나 미루도록 종용하는 일이 비일비재합니다.

이런 문제를 '법으로' 해결한다면 어떻게 될까요? 그냥 원하는 날을 연차휴가일로 정해서 신청서를 내면 됩니다. 객관적으로 회사 운영에 '막대한 지장'이 생길만한 특별한 사정이 없다면 회사에서 승인해주지 않더라도 그냥 휴가를 쓰면 됩니다. 그렇지만 휴가에서 돌아오면 따가운 눈총에 시달릴 수 있고 괜한 일로 트집을 잡는 상사 때문에 스트레스를 받을 수도 있습니다.

만약 회사가 승인 없이 휴가를 썼다고 무단결근으로 처리해 불이익을 주거나 징계를 내리면 고용노동부에 고발하거나 노동위원회에 부당징계 구제신청을 하면 됩니다. 그렇게 하면 회사는 처벌을 받거나 징계를 취소해야 합니다. 그러나 상황이 이 지경이 되면 그 근로자가 회사를 정상적으로 다니기 힘들지 모릅니다. 회사를 고발한 직원을 직원으로 쓰고 싶어 하지 않을 테니까요. 어떤 방법을 동원해서라도 알아서 나가도록 근로자를 압박하는 경우도 많습니다.

이런 해결 방식이 현명하다고 보기는 어렵습니다. 그러므로 휴가권을 사용하는 데에도 지혜가 필요하며 앞서 제안한 '칼퇴근을 무리 없이 하는 방법'과 비슷한 방법을 시도해볼 수 있을 것입니다. 평소 성실하게 행동하고 능력을 보여주어 신뢰를 쌓고 일찌감치 휴가 계획을 짜서 상사와 충분히 협의한 후 휴가일을 정하는 편이 가장 바람직합니다. 상사가 그 기간엔 어렵다고 해도 반드시 휴가를 쓰고 싶다면 비행기표를 예매했다거나 여러 사람과 동행하는 여행이라 일정 변경이 어렵다는 점을 들어 양해를 구하는 방법도 좋습니다. 휴가 전후의 업무에 지장이 없도록 나름대로 계획을 세우고 있다는 점을 상사가 알도록 해서 '업무에 책임감 있는' 사람이라는 점을 인정받는다면 더 좋을 것입니다.

연차휴가 사용률을 높이기 위해 도입된 제도가 '연차휴가 사용촉진제도'입니다. 우리나라의 연차휴가 사용률이 낮은 원인은 크게 두 가지입니다. 하나는 사용자가 적극적으로 연차를 쓰도록 하지 않기 때문이고, 또 하나는 근로자 역시 휴가보다는 임금을 선호하기 때문입니다. 연차휴가 사용촉진제도는 간단히 말하면, 사용자가 연차휴가를 쓰도록 '촉진조치'를 했는데도 근로자가 연차휴가를 끝내 쓰지 않으면 남은 휴가가 있더라도 연차휴가미사용수당을 지급하지 않아도 된다는 내용입니다.

이런 연차휴가 사용촉진제도는 사용자가 촉진조치를 하는 방법과 시기를 법에서 구체적으로 정했기 때문에 그대로 따라야 합니다. 연차휴가 사용촉진조치는 연차휴가 사용 기한이 끝나기 6개월 전부터 시작됩니다. 사용자가 근로자의 남은 연차 일수를 확인하고 연차휴가 계획을 제출한 후 사용하도록 '서면으로' 1차 촉구합니다. 이 촉구에도 불구하고 연차휴가 계획을 제출하지 않으면 사용자가 임의로 특정일을 지정해(말하자면 강제휴가일을 지정해) 연차로 쓰도록 2차 통보합니다. 2차 통보가 있는데도 끝내 연차휴가를 사용하지 않은 상태에서 연차휴가 사용 기간인 1년이 지나면 휴가도 못 쓰고 돈으로도 받지 못합니다. 사용자가 연차휴가 사용촉진조치를 할 때 근로자가 휴가를 쓰지 않으면 그만큼 손해기 때문에 남은 연차휴가를 '모두' 사용하는 편이 좋습니다.

한편 연차휴가 사용촉진조치를 해서 휴가 일자를 받아놨는데 그 날짜에 출근하도록 지시하거나 휴가 쓰는 것에 눈치를 주는 바람에 나와서 일한다면 어떨까요? 연차휴가 사용촉진조치는 단순히 휴가를 쓰도록 서면으로 촉구하는 형식적인 과정을 의미하지 않습니다. 만일 근로자가 연차휴가 사용촉진조치를 통해 지정된 휴가일에 출근한다면 근로자의 노무수령을 사용자가 적극적으로 거부해야 온전한 연차휴가 사용촉진조치로 인정받을 수 있습니다. 노무수령을 적극적으로 거부하는데도 근로자가 순전히 임의로 나와서 휴가를 쓰지 않아야 휴가 수당 지급 의무가 면제됩니다.

노무수령 거부는 근로자의 노무수령을 거부한다는 의사를 명확히 표시하는 것입니다. 그러나 단순히 노무수령을 거부한다는 의사 표시만으로는 노무수령 거부가 인정되지 않고 실질적인 거부 의사로 인정되어야 합니다. 예컨대 이메일로 노무수령 거부 통지서를 보내기만 한 채 출근해 일해도 아무런 제재 없이 근로자의 노무를 수령한다면 실질적인 거부 의사로 인정되기 어렵습니다. 휴가일에 근로자 책상 위에 노무수령 거부 의사 통지서를 올려놓거나 회사 출입이나 컴퓨터 사용을 제한하는 실질적인 조치가 수반된 경우라면 노무수령 거부 의사 표시 방법으로 인정됩니다. 결국 근로자가 휴가일에 나와서 일을 하고 사용자가 근로자의 근무를 지시하거나 혹은 방관하면서 일하지 못하게 적극적인 조치를 취하지 않는다면 연차휴가 사용촉진조치가 제대로 이루어지지 않았다고 봅니다. 이런 상황이라면 사용하지 못한 연차휴가에 대한 수당을 지급해야 합니다.

09 | 결근일이나 병가를 연차휴가로 대체할 수 있나요?

결근일을 연차휴가로 쓴 것으로 처리하는 회사가 많습니다. 어떤 근로자는 결근일을 사용자 마음대로 연차휴가로 쓴 것으로 처리하는 일을 부당하게 생각하기도 합니다. 그러나 따지고 보면 결근일을 연차휴가로 대체하는 방법은 근로자에게 오히려 유리합니다.

결근을 하더라도 급여에서 공제할 수 없도록 한 규정이 있는 특별한 경우가 아니라면 결근일은 '무급 처리' 할 수 있는 것이 원칙입니다. 주중 개근하지 못하면 주휴수당도 받을 수 없고 그 달의 근무에 대한 신입연차도 사라져 최대 3일치 임금의 손해를 봅니다. 그런데 이것을 연차휴가로 대체한다면 임금 공제가 없을 뿐 아니라 '결근 처리'가 되지 않아 출근율에도 지장이 없어 주휴수당이나 연차휴가에 손해가 없습니다. 이 밖에 결근 처리에 따른 근태불량과 이로 인한 징계, 평가 불이익 등의 문제도 생기지 않습니다.

하지만 근로자가 결근을 하고 나중에 연차휴가로 처리해달라고 한다고 해도 처리가 가능하지는 않습니다. 연차휴가는 '신청'에 의해서 사용자가 '주는' 것입니다. 휴일처럼 당연히 사전에 쓰는 날이 정해져 있지 않습니다. 따라서 연차휴가를 쓰겠다고 미리 통보하지 않는다면 사용자는 출근하지 않은 날을 결근으로 처리할 권한을 갖게 됩니다. 이 권한을 행사할지 말지는 사용자의 선택이기 때문에 사용자가 연차휴가 대체를 '허용'해야만 결근일을 연차휴가로 처리할 수 있습니다.

몸이 좋지 않아 당분간 치료나 휴식이 필요할 때 '병가제도'를 활용할 수 있습니다. 업무상 재해로 치료를 받는 기간은 '요양기간'이라고 하여 법에서 유급으로 쉴 수 있도록 보장*하지만 개인 질병이나 부상에 대한 병가제도**는 아직까지 법적으로 보장되어 있지 않습니다. 따라서 개인 질병이나 부상으로 쉬어야 한다면 회사의 취업규칙에 병가제도가 있는지를 확인해야 하고 그 병가기간이 유급인지 무급인지도 확인해야 합니다. 회사에 따라 최대로 보장하는 병가기간이 다르고, 그 기간에 급여 전체를 줄 수도 있고 일부만 줄 수도 있으며 아예 주지 않을 수도 있습니다.

병가가 무급휴가라면 병가기간을 연차휴가와 대체하는 편이 근

---

* 산재보험으로 처리하는 경우 치료를 위한 휴업기간에 평균임금의 70퍼센트를 휴업급여로 지급받습니다.
** 코로나19 감염이나 밀접접촉으로 인한 격리기간이나 백신 접종 후유증으로 휴식이나 치료가 필요한 기간도 법에서 근로자의 '휴가'를 보장하고 있지 않기 때문에 사용자가 특별유급휴가를 주지 않는다면 연차휴가로 사용하거나 무급 병가 또는 결근으로 처리해야 합니다. 백신 접종률을 높이기 위해 '백신유급휴가'를 의무 휴가로 도입하려는 움직임이 있었지만 결국 입법화되지 못했습니다. 그러나 노동계는 '아프면 쉴 권리'를 보장하기 위해 법정 유급병가제도나 사회보장제도인 상병수당제 도입을 촉구하고 있습니다.

로자에게 좋습니다. 무급휴가일 때 그 기간에 급여를 받지 못하는 것인데, 유급휴가인 연차휴가와 대체하면 급여를 받으면서 휴가를 쓸 수 있기 때문입니다. 어떤 회사는 아예 취업규칙에서 병가를 무급휴가로 정해놓고 병가를 쓸 때 연차휴가부터 소진하도록 정하기도 합니다.

만약 취업규칙상 병가가 유급으로 돼 있다면 병가와 연차휴가를 각각 따로 쓰는 것이 당연히 유리합니다. 연차휴가는 쓰지 않고 모아두면 수당으로 바뀌지만 병가는 사용하지 않는다고 해서 수당으로 보상하지 않기 때문에 유급 병가가 있다면 연차휴가로 대체하지 않고 병가를 사용하는 게 유리합니다.

그리고 취업규칙에서 병가를 유급휴가로 정하면서 병가를 쓸 때 연차휴가를 먼저 소진하도록 하는 경우가 있습니다. 병가가 유급휴가라면 따로따로 쓰는 것이 유리하지만 취업규칙에 이런 규정이 있다면 그렇게 할 수가 없습니다. 병가는 법에서 정한 휴가가 아닌 '약정휴가'이기 때문에 사용자가 정하는 대로 효력이 있습니다. 위와 같은 취업규칙 조항은 사용자가 병가라는 약정휴가의 사용 조건으로 '연차휴가를 먼저 소진할 것'이라는 단서를 걸어둔 것입니다. 이런 조건이 근로기준법의 기준보다 근로자에게 불이익하지 않기 때문에 그 효력이 인정됩니다. 따라서 근로자가 연차휴가를 사용하지 않고 '병가'로 쓰겠다고 주장하더라도 사용자가 임의로 연차휴가로 처리할 수 있습니다.

10 | 생리휴가, 난임치료휴가, 가족돌봄휴가를 쓰면 급여가 깎이나요?

근로자 입장에서는 비슷하게 보이지만 휴일과 휴가는 법적으로 아주 다른 개념입니다. '휴직'은 휴가와 동일하지만 그 기간이 상대적으로 길 때 쓰는 말입니다. 휴일은 '원래부터 일할 의무가 없는 날'이고, 휴가는 '일할 의무는 있지만 특별한 사유가 있어서 그 의무를 면제한 날'입니다. 따라서 휴일은 임시휴일 말고는 사전에 정하는 것이 원칙이고 휴일에 근로를 하게 되면 150퍼센트의 할증임금을 추가로 받습니다. 그러나 휴가는 각각의 '휴가 사유'가 생겨야 비로소 '나중에' 발생하는 것이고, 휴가일에 근로를 하게 되더라도 100퍼센트의 임금을 받을 뿐 할증은 붙지 않습니다.

사용자는 여러 가지 휴가제도를 운영할 수 있습니다. 물론 법정 휴가인 연차휴가나 생리휴가, 출산휴가 등은 의무적으로 주어야 하지만 그 외에 경조휴가, 병가, 공가 등 다양한 명목으로 근로자가 필요할 때 휴가를 사용할 수 있도록 정할 수 있습니다. 그런데 휴가를 항상 유급으로 주어야 하는 것은 아닙니다. 유급으로 운영할 수도 무급으로 운영할 수도 있습니다. 법정휴가 중에도 생리휴가처럼 무급인 것이 있습니다.

그렇다면 유급휴가와 무급휴가는 어떻게 다를까요? 유급휴가는 휴가 때도 급여를 준다는 뜻입니다. 반대로 무급휴가는 휴가를 주되 급여는 주지 않는다는 뜻입니다. 월급이 정해져 있다면 유급휴가를 쓰더라도 공제하는 것 없이 월급을 그대로 받습니다. 그러나 무급휴가를 쓰면 마치 결근한 것처럼 월급(통상임금)이 휴가를 쓴 날만큼 깎입니다. 물론 결근과 무급휴가는 다릅니다. 결근은 일할 의무를 면제받은 것이 아니라 '어긴 것'이기 때문에 임금 공제 말고도 주휴수당 공제와 같이 이런저런 불이익이 따를 수 있습니다. 그러나 적어도 임금이 깎일 수 있다는 점에서는 결근과 동일합니다.

생리휴가, 난임치료휴가, 가족돌봄휴가 역시 '법정휴가'입니다. 생리휴가는 생리현상이 있는 여성이 '청구'해야 한 달에 하루씩 받을 수 있지만 특별한 규정이 없는 한 '무급휴가'입니다. 난임치료휴가는 인공수정, 체외수정 등 난임치료를 받기 위해 남녀 근로자가 '청구'하는 경우에 연간 3일 이내에서 사용할 수 있고, 최초 1일은 유급이지만 나머지 2일은 무급이 원칙입니다. 가족돌봄휴가는 가족의 질병, 사고, 노령 또는 자녀의 양육으로 긴급하게 가족을 돌볼 필요가 있는 근로자가 '신청'해야 연간 최장 10일 이내에서 무급으로 쓸 수 있습니다. 이런 휴가들은 청구하지 않으면 사업주가 주지 않아도 되고 연차휴가처럼 사용하지 못한다고 해서 돈으로 바뀌지도 않습니다.

무급휴가는 쓰라는 건지 말라는 건지 참 애매합니다. 쓰게 되면 임금이 깎일 수도 있기 때문에 무급휴가를 쓰는 일에 주의를 기울일 필요가 있습니다. 유급휴가와 달리 근로자가 무급휴가를 쓴다고 하면 사용자 입장에서는 무급인데도 휴가를 쓸 정도로 일보다는 쉴 생각이 앞선다고 여길 수 있습니다. 무급휴가를 쓴다면 사용자 입장에서는 손해 볼 게 없어 보이는데도 유급휴가보다 무급휴가를 쓰는 일을 더 좋지 않게 생각하는 사용자가 은근히 많습니다. 특히 생리휴가는 무급이라서 급여가 적어지는 것을 감수하며 쓰는데도 여전히 눈치가 많이 보입니다. 여하간 무급휴가를 쓸 때 이런저런 일을 감수해야 한다는 점을 알아둘 필요가 있습니다. 꼭 필요한 휴가만 신중하게 쓰는 편이 좋습니다.

무급휴가를 쓴다고 해서 모든 회사에서 임금을 깎는 것은 아닙니다. 규정대로 원칙대로 한다면 깎아야 하겠지만 그냥 공제하지 않고 월급 그대로 줄 때도 많습니다. 회사에서 이렇게 해준다면 고마운 일입니다. 그러나 취업규칙에 휴가에 대한 유·무급 여부가 분명하게 규정되지 않은 상태에서 관행적으로 유급으로 지급해온 휴가라면 이 관행에 의해 '유급으로 주어야 할 의무'가 생기기 때문에 이런 상황에서 갑자기 무급을 적용해 임금을 공제한다면 임금체불에 해당할 수 있습니다.

한편 저출산·고령화 시대에 일과 가정 생활의 조화에 대한 사회적 인식이 높아지면서 노동관계법에서도 일과 가정의 양립을 지원하기 위해 다양한 휴가제도를 도입하고 비용 지원도 확대하고 있습니다. 그러한 법정휴가제도들이 「남녀고용평등과 일·가정 양립 지원에 관한 법률」에 대부분 모여 있는데 배우자 출산휴가, 난임치료휴가, 가족돌봄휴직·휴가와 같은 제도가 대표적입니다. 배우자 출산휴가는 처음 도입할 때(3~5일, 이 중 3일만 유급)보다 휴가일수와 유급 범위를 확대하여 현재는 총 10일을 유급으로 사용*할 수 있도록 확대했고, 기업의 유급휴가 비용 부담을 덜기 위해 우선지원대상 기업에서 일하는 근로자의 경우 5일분의 휴가에 대한 임금을 고용보험급여로 받도록 했습니다. 가족돌봄휴가는 무급휴가지만 코로나19 장기화로 가족돌봄휴가 활용이 많아지면서 긴급지원 방식으로 1일 5만 원씩 최대 10일간 돌봄비용을 지원하기도 했습니다.

❝ **사례**　　　　　　　　　　　　　# 유연근로시간제도

유연근로시간제도를 도입하면 연장수당을 못 받나요?

유연해 씨는 영업지원팀에서 영업관리업무를 담당하고 있다. 영업팀처럼 외근도 없고 대부분 사무실에서 서류작업을 하는 내근직이지만 워낙 팀에 인원이 부족해 마감 때 일이 몰리면 주말에도 출근해야 해서 1주 52시간이 훌쩍 넘는 연장근로

---

* 10일에는 당초 휴무일, 휴일이 포함되지 않습니다. 따라서 연속으로 10일을 사용할 경우 2주간 연속 휴무할 수 있지만, 주 소정근로일을 배우자 출산휴가로 전부 일하지 않을 경우 이후 도래하는 주휴일을 '무급'으로 줄 수 있기 때문에 최대 2주분의 주휴수당이 공제될 위험이 있습니다. 배우자 출산휴가는 배우자의 출산일로부터 90일 이내에 사용하면 되고 1회에 한해 분할 사용도 가능합니다. 주휴수당 불이익을 피하기 위해서는 주 전체를 쉬는 방식보다 주중 일부에 걸쳐 사용하는 형태로 배치하고 10일을 한 번 나누어 사용 시기를 정하는 것이 좋습니다.

가 매월 발생한다. 그런데 주52시간제가 실시된 이후 회사에서는 부족한 인력을 보충하지 않은 채 유연근로시간제를 도입한다고 한다. 인사팀 동료를 통해 확인해보니 부서마다 업무 특성이 달라 근로기준법에 있는 여러 제도 중 적당한 제도를 골라서 도입할 예정이라고 한다. 유연근로시간제에 대해 인터넷에 검색해 보니 종류가 너무 많고 복잡해서 쉽게 이해가 가지 않는다. 유연시간제를 도입하면 연장근로를 해도 연장수당을 주지 않아도 된다고 하는데, 그렇다면 어차피 업무시간이 줄어들지도 않으면서 연장수당만 손해를 보는 제도가 아닌가? "

유연근로시간제는 부드럽지 못하고 융통성 없는 근로시간 운영의 틀에서 벗어나 근로시간의 결정이나 배치를 탄력적으로 운영하는 제도를 말합니다. 근로기준법에서 정하는 유연근로시간제*로는 탄력적 근로시간제, 선택적 근로시간제, 사업장 밖 간주근로시간제, 재량근로시간제, 보상휴가제** 등이 있습니다.

사업장 밖 간주근로시간제와 재량근로시간제는 직무 특성이 부

---

* 시차출퇴근제나 대휴제도는 야근, 밤샘 근무 다음 날 늦게 출근하거나 휴무할 수 있도록 하는 것으로 근로기준법에서 정하는 사항은 아니고 회사에서 자체적으로 운영하기도 하는 제도입니다.

** 보상휴가제는 연장근로, 야간근로, 휴일근로에 대해 돈이 아닌 휴가로 보상하는 제도로 근로자 입장에서는 시간외근로시간을 저금처럼 쌓았다가 가산시간을 포함해 자신이 원하는 때에 자유롭게 휴가를 사용할 수 있다는 점에서 유연근로제에 포함하기도 합니다.

합해야 도입할 수 있습니다. 사업장 밖 간주근로시간제는 외근이 발생하는 업무에 도입할 수 있고, 재량근로시간제는 프로듀서, 연구개발직, 전문가 등 법령에 도입 가능한 업무가 정해져 있습니다. 탄력적 근로시간제와 선택적 근로시간제는 직종이나 직무 특성에 대한 특별한 제한이 없습니다. 보상휴가제는 근로자의 휴가에 관한 선택권을 확장하는 제도이지 제도를 통해 직접 근로시간이 탄력적으로 운영되는 것은 아니기 때문에 연장근로한도(주52시간제) 문제의 해소를 위해 도입하는 제도는 아닙니다.

유연해 씨는 내근직 영업관리업무를 수행하는 사람으로 외근이 없고 재량근로제를 도입할 수 있는 업무에 해당하지 않기 때문에 주52시간제 상황에서 회사가 유연해 씨에 대해 적용 가능한 유연근로시간제는 탄력적 근로시간제와 선택적 근로시간제일 것입니다.

근로기준법상 근로시간 규제는 1일 단위와 1주 단위로 동시에 적용됩니다. 즉 1일 8시간을 넘어도 연장근로이고 1주 40시간을 넘어도 연장근로입니다. 근로기준법에서 정하는 탄력적 근로시간제나 선택적 근로시간제는 이러한 일·주 단위의 경직된 틀을 깰 수 있는 예외를 허용하는 제도입니다. 탄력적 근로시간제나 선택적 근로시간제를 도입하는 경우 어떤 날의 근로시간이 8시간 이상이거나 어떤 주의 근로시간이 40시간 이상이라는 이유로 '연장근로'가 되지 않습니다.

탄력적 근로시간제는 2주 단위, 3개월 이내 단위, 3개월 초과~6개월 이내 단위의 3가지 유형이 있고 유형마다 도입 요건이나 절차가 조금씩 다릅니다. 큰 틀에서 공통점은 매주 40시간 이내에서 편성하던 소정근로시간을 일이 몰리는 주에 길게 잡고 대신 한가한 주에 짧게 잡아 단위 기간을 평균할 때 40시간으로 재편성(예컨대 4주 단위 탄력적 근로시간제를 도입하는 경우 제1주는 52시간, 2주는 30시간, 3주는 42시간, 4주는 36시간으로 4주 평균 주 40시간으로 편성) 한다는 점입니다.

이렇게 재편성된 소정근로시간을 기준으로 이를 초과하는 근로가 발생할 때 비로소 연장근로가 됩니다. 따라서 재편성된 소정근로시간 이내에서 근로한다면 어떤 주에 40시간이 넘거나 어떤 날에 8시간이 넘어도 연장근로수당을 지급하지 않아도 됩니다. 그리고 연장한도는 동일하게 적용되기 때문에 재편성된 소정근로시간에 매주 최대 12시간을 추가로 근로하게 할 수 있습니다. 2주 단위 탄력적 근로시간제를 제외하고는 탄력적 근로시간제에서 소정근로시간으로 재편성할 수 있는 주 최대 근로시간이 52시간이기 때문에, 소정근로시간이 52시간인 주에 연장근로를 한다면 최대 64시간까지 합법적으로 근로하게 할 수 있습니다.

탄력적 근로시간제는 단위기간의 근로일과 근로일별 근로시간(3개월 초과 탄력적 근로시간제는 '주별 근로시간')을 편성해야 하기 때문에 연장근로가 예측 가능할 때 도입할 수 있습니다. 유연해 씨는 매월 마감 때 주 52시간을 초과하는 연장근로를 하고 있기 때문에 연장근로의 형태가 규칙적이어서 1개월 단위 탄력적 근로시간제 도입이 적합할 수 있습니다. 물론 총 근로시간을 줄인다면 연장근로수당에 손해가 있을 수 있지만 몰아서 일하는 대신 다른 주의 근로시간이 대폭 줄어서 몰아서 쉴 수 있다는 장점이 있습니다. 그리고 탄력적 근로시간제에서도 어차피 주 평균 40시간을 초과하는 시간에 대해 연장근로수당을 받을 수 있기 때문에 총 근로시간이 종전과 동일하고 당직·교대제처럼 특수한 근로형태가 아니라면 연장근로수당의 불이익을 걱정하지 않아도 됩니다.

선택적 근로시간제는 1개월(신상품 또는 신기술의 연구개발 업무는 3개월)이내의 단위로 정해진 총 근로시간의 범위 내에서 업무의 시작과 종료시각, 1일의 근로시간을 근로자가 자율적으로 결정할 수 있는 제도로, 근로자는 1일 8시간, 1주 40시간의 제한 없이 자신의 선택에 따라 자유롭게 근로할 수 있습니다. 선택적 근로시간제는 업무의 시작과 종료시각에 아무런 제한이 없는 '완전선택적 근로시간제'와 일정한 의무근로시간대를 두고 이 외의 시간에 대해 자율적 선택을 허용하는 '부분선택적 근로시간제'로 나뉘는데, 우리나라 기업 사례는 대부분 부분선택적 근로시간제입니다.

선택적 근로시간제 역시 탄력적 근로시간제와 마찬가지로 연장근로를 인정할 때 1일 및 1주 단위의 기준 시간이 적용되지 않고 이를 대신해 '총 근로시간'과 '주 평균 근로시간'을 적용합니다. 총 근로시간은 정산기간의 주 평균 시간이 40시간 이내가 되도록 노사합의로 미리 정하는데, 이 총 근로시간을 넘는 시간을 근로하면 '연장근로'가 됩니다.

유연해 씨의 경우 선택적 근로시간제의 도입도 가능합니다. 탄력적 근로시간제는 근무 스케줄 편성에 근로자 개인의 결정권이 없기 때문에 두 가지를 다 적용할 수 있다면 근로자는 대개 선태적 근로시간제를 선호합니다. 다만 업무의 특성과 기존 운영 방식을 감안할 때 출퇴근 시간을 근로자가 자율적으로 선택할 경우 업무에 지장이 얼마나 발생하는지, 그 지장을 최소화할 방안을 효과적으로 적용할 수 있는지 등에 따라 선택적 근로시간제 도입의 유용성이 달라질 수 있습니다.

5장

LABOR LAW

징계·해고,
남의 일이 아니다

직장 생활을 하면서 '위기'라고 할 수 있는 일에는 무엇이 있을까요? 무엇보다 큰 위기로 손꼽을 수 있는 것은 다니던 직장에서 강제로 해고되는 일일 것입니다. 해고된 상태에서 재취업이 쉽지 않은 상황이라면 생계에 큰 타격을 줄 수 있습니다. 해고까지는 아니더라도 이런저런 징계를 받는 상황도 있을 수 있습니다. 어지간해서는 근로자를 징계하지 않는 회사도 있지만 작은 잘못에도 복무규율을 엄격하게 적용하는 회사도 있습니다.

어떤 회사에 다니든 징계를 받게 되면 금전적인 불이익을 감수해야 할 수도 있고 그렇지는 않더라도 회사에 징계 기록이 남게 됩니다. 징계 전력이 있는 직원은 회사에서 인정받기 힘들고 승진도 어려워집니다. 다른 회사로 이직하고 싶어도 징계 전력이 알려지면 다른 회사에서 채용을 꺼리기도 합니다.

굳이 설명하지 않아도 대다수는 징계나 해고를 '심각한 문제'로 여깁니다. 그래서 그런지 이런 일을 자신에게 일어나지 않을 일처럼 생각하는 경향이 있습니다. 제정신이면 도저히 할 수 없는 심각한 물의를 일으키거나 재수가 없어야만 생기는 큰 실수로 회사에 막대한 손해를 끼치는 정도는 돼야 징계를 받는다고 생각하기도 합니다.

과연 그럴까요? 직장 생활을 하다 보면 판단 착오나 실수를 할 수 있고, 모함이나 함정에 빠질 수도 있습니다. 동료나 상사와의 갈등이 점점 심각해질 수도 있습니다. 경쟁에 밀리거나 기회를 얻지 못해 뒤처지고 낙오될 수도 있습니다. 이런 일들로 인해 징계나 해고 같은 심각한 문제를 겪게 될 수 있습니다.

징계나 해고는 불행한 일입니다. 자신의 잘못으로 그럴 만해서 받는 징계도 있겠지만 어찌 되었든 본인에게는 안된 일입니다. 징계를 받는 일은 전체적인 비율이나 확률로 따지면 매우 낮습니다. 그러나 '나에게' 일어난다면 일반적인 확률은 무의미합니다. 징계나 해고는 확률로 따질 문제가 아닙니다. 누구에게든 일어날 수 있는 일이기 때문입니다. 게다가 징계를 받게 되는 근로자는 억울한 경우가 상당수입니다. 부당한 징계나 해고에 대한 노동위원회 구제신청 건수는 지속해서 증가하는 추세에 있고 최근에는 연간 1만 5000건에 달합니다.

인간은 한 치 앞도 예측하지 못하는 삶을 사는 존재입니다. 직장 생활 역시 삶의 한 부분입니다. 회사는 근로자를 필요에 따라 징계할 권한이 있습니다. 따라서 회사에 다니는 근로자라면 누구나 징계나 해고의 대상이 될 수 있습니다. 남의 일로 여기던 일이 자신에게 일어날 때 무방비 상태에서 현명하지 못한 선택으로 큰 어려움에 처한다면 이보다 안타까운 일이 없습니다. 결과가 주는 영향이 심각한 만큼 대처도 현명하고 신중해야 합니다.

01 | 시말서를 쓰면 어떻게 되는 건가요?

징계에는 여러 종류가 있습니다. 가벼운 것부터 나열하면 경고나 시말서 처분, 감봉, 강등, 정직, 해고 등의 순입니다. 시말서始末書는 말 그대로 일(사건)의 시작과 끝을 적는 서면입니다. 잘못을 저지른 사람이 쓰는 경위서와 같은 개념인데, 보통은 '반성문'의 의미가 강합니다. 시말서를 쓰는 일이 징계의 종류로 취업규칙에 정해져 있을 수도 있고 없을 수도 있지만, 관례적으로 시말서를 받기도 합니다.

징계의 종류이건 아니건 시말서 처분 자체는 근로자에게 큰 불이익이 없습니다. 일종의 주의나 경고 조치와 비슷하다고 생각하면 됩니다. 그렇다고 해서 시말서 쓰는 일을 별일 아닌 것으로 생각하면 낭패를 보기 쉽습니다.

우선 시말서를 쓴다는 것은 가볍더라도 잘못을 스스로 시인하는 꼴입니다. 그리고 앞으로는 비슷한 잘못을 저지르지 않겠다는 약속도 하게 됩니다. 그런데도 비슷한 잘못을 되풀이한다면 처벌 수위가 높아질 수 있습니다. 엄격하게 복무 관리를 하는 회사일수록 시말서를 자주 받습니다. 회사가 근로자의 시말서를 많이 가지고 있을수록 그 근로자에게 무거운 징계를 내리기가 쉬워집니다.

또한 시말서를 쓴 일로 당장 특별한 불이익이 없을지라도 인사평가에서 감점 요소가 될 수 있습니다. 시말서가 정식 징계 기록으로 남는다면 승진에 걸림돌이 되기도 합니다. 한편 회사가 어려워져 정리해고를 하게 된다면 징계 전력이 있는 근로자는 그 대상자가 될 가능성이 큽니다.

상사가 시말서를 쓰라고 하면 어떻게 해야 할까요? 답변에 앞서 시말서를 어떤 경우에 쓰는지 알 필요가 있습니다. 시말서는 감봉이나 정직, 해고와 같은 무거운 징계를 내리기에는 잘못의 정도가 약하거나 처음 잘못한 상황일 때 경고 차원에서 쓰도록 합니다. 근로자에게 시말서를 쓰도록 하는 것보다 회사가 경고장을 주거나 시말서와 경고장 처분을 동시에 하기도 합니다. 어느 경우이건 '잘못의 정도'로 보면 비슷한 수준입니다. 지각이나 무단결근 같은 근태 사항부터 지시 위반, 복장 위반, 규정 위반, 태도 불량 등 사유도 다양합니다.

시말서를 쓰게 하는 경우는 심각하지 않은 잘못일 때가 많습니다. 그래서 사소한 실수에 대해 시말서를 쓰게 하기도 합니다. 그러나 관대한 회사라면 중징계가 가능한 잘못을 해도 한 번 정도는 봐주는 의미에서 시말서로 대신할 수도 있습니다. 회사의 방침이나 징계권자의 성향에 따라 시말서를 적용할 수 있는 징계 사유의 범위가 아주 넓다는 뜻입니다.

근로자는 시말서 작성을 요구받으면 어떻게 해야 할지 난감해합니다. 회사의 분위기를 파악할 정도로 경력이 있는 근로자는 좀 낫습니다. 그런데 갓 입사한 신입 사원들은 시말서 작성을 요구받으면 그게 큰일인지, 작은 일인지, 앞으로 어떤 영향이 있는지 가늠하지 못할 때가 많습니다.

시말서를 쓰게 된다면 어떤 점을 주의해야 할까요? 회사가 원하는 대로 써주는 게 좋을까요? 시말서도 징계 처분이므로 자기를 철저히 방어하는 방향으로 쓰는 게 좋을까요?

우선 회사가 원하는 시말서는 '확실하게' 자기 잘못을 인정하고 다시는 반복하지 않겠다는 약속이 담긴 내용입니다. 경위가 복잡하거나 당사자가 구체적인 내용을 부인할 수 있는 일인 경우 회사는 시말서를 사실관계에 대한 '증거'로 활용하고자 하기 때문에 자세하게 경위를 적고 구체적인 내용을 시인하는 시말서를 원할 수 있습니다. 그러나 회사가 원하는 대로 적다가 나중에 곤란을 겪을 수 있고, 너무 방어적으로 쓰면 회사에 밉보이거나 반성의 기미가 없는 사람으로 보여 무거운 징계를 받게 될 수도 있습니다.

그러므로 시말서를 적용할 수 있는 징계 사유가 다양하다는 점에 우선 주목해야 합니다. 시말서를 쓰게 되었을 때 그 사유와 상황에 따라 적절히 대응해야 한다는 말은 뻔하긴 하지만 '정답'입니다.

잘못한 일에 비해 시말서 정도로 끝나는 게 다행이다 싶은 상황이라도 시말서를 쓴다고 해서 잘못이 사라지는 것은 아니기 때문에 신중하게 잘 써야 합니다. 남들이 이해해줄 만한 불가피한 사정이나 있을 수 있는 실수에 대해 강조하는 편이 좋습니다. 구체적인 경위를 쓰되 명백한 사실을 중심으로 인정하는 내용이 중요합니다. 한편 입장에 따라 다르게 볼 수 있는 부분은 어느 정도 자신의 입장에서 정리하는 편이 좋습니다. 단 시말서의 마지막 부분에서는 "비록 이런저런 사정으로 어쩌다 보니 이런 일들이 생겼지만 결과적으로 심려를 끼쳐드려 매우 죄송하게 생각하고 앞으로는 더 성실하게 역량을 발휘하는 믿음직한 직원으로 인정받도록 노력하겠습니다." 같은 문구로 마무리해줘야 합니다. 무조건 사실을 부인하거나 잘못이 없다고 주장하는 게 능사는 아닙니다. 억울한 면이 있더라도 잘못한 게 전혀 없는 상황이 아니라면 '결과적으로 죄송하다'라는 표현 정도를 넣어주는 편이 좋습니다.

너무 사소한 일로 시말서 제출을 요구받아서 이런 일로도 시말서를 써야 하나 싶은 속상한 상황도 있을 것입니다. 그러나 작은 일이라도 명백하게 규정 위반에 해당한다면 회사는 시말서를 요구할 수 있습니다. 스스로 시말서를 쓸 만한 일이 아니라고 생각한다고 해서 시말서 제출을 거부한다면 '지시 위반'까지 더해져 더 무거운 징계를 초래할 수 있습니다. 그러므로 명확한 시말서 제출 사유와 앞으로 주의하겠다는 내용 정도를 담아 간결하게 시말서를 작성해 제출하는 편이 좋습니다.

어떤 경우는 잘못하지 않았다고 생각하는데 시말서를 쓰라고 하는 황당한 상황도 있습니다. 이럴 때 시말서 작성을 거부할 수도 있지만 일이 커질 수도 있기 때문에 시말서를 제출하되 '이런저런 사유로 이 문제는 본인의 잘못이라고 생각하지 않는다'라는 점을 분명히 표현해야 합니다. 잘못을 무작정 부인하려는 자세보다 자세한 사실관계를 적고 근거를 대면서 설명하는 편이 바람직합니다. 그리고 불쾌한 감정을 직접 또는 간접적으로 드러내는 표현이나 강한 어조보다는 객관적인 표현과 겸손한 어조를 유지하는 편이 좋습니다. 역시 마지막은 "잘못이 없다고 생각하지만 결과적으로 심려를 끼쳐드려 매우 죄송하게 생각합니다"라는 표현으로 마무리해야 합니다. 이렇게 하면 억울한 상황에서도 다른 이들을 배려하는 사람이라는 인상을 줄 수 있고, 이런 점이 향후 징계와 관련하여 법적 분쟁이 생길 때 근로자에게 유리하게 작용할 수 있습니다.

02 | 징계로 감봉을 받으면 급여가 얼마나 깎이나요?

감봉도 징계의 하나입니다. 징계는 근로자가 잘못한 만큼 적당한

'불이익'을 주는 것이 목적입니다. 감봉은 여러 불이익 중 '금전적인 불이익'을 주는 징계입니다. 일하지 못하도록 하고 그 기간에 임금을 주지 않는 '정직' 처분도 있습니다. 정직 처분은 1개월에서 6개월 정도 사이에서 이뤄지고 그 기간에 임금을 못 받기 때문에 감봉보다 무거운 징계라고 할 수 있습니다.

정직 기간에는 일하지 않고 돈도 받지 않지만, 감봉 기간에는 일하면서도 돈을 적게 받습니다. 이 때문에 관점에 따라서는 감봉이 정직보다 근로자에게 더 불이익한 처분이라고 볼 수도 있습니다. 그러나 대부분 정직 기간 중에는 다른 직장에서 일할 수 없기 때문에 소득이 줄어드는 폭이 감봉보다 훨씬 큽니다. 또한 직장인이 일에서 몇 개월간 배제되면 여러 기회를 잃거나 관계를 맺지 못하기 때문에 큰 타격을 받을 수 있습니다. 그래서 대개 임금을 덜 받더라도 일을 계속하는 편이 낫다고 여깁니다.

그렇다면 감봉으로 급여를 얼마나 제할 수 있는 것일까요? 근로기준법은 다음과 같이 감봉액을 엄격히 제한하고 있습니다.

> **근로기준법 제95조 【제재 규정의 제한】**
> 취업규칙에서 근로자에 대하여 감급減給의 제재를 정할 경우에 그 감액은 1회의 금액이 평균임금의 1일분의 2분의 1을, 총액이 1임금지급기의 임금 총액의 10분의 1을 초과하지 못한다.

이해하기 어렵게 써진 법조문이라 예를 들어 설명해보겠습니다. 어떤 근로자에게 감봉 처분을 내릴 때 보통 '감봉 몇 개월' 이런 식으로 내립니다. 여러 달에 걸쳐 감봉을 하겠다는 뜻입니다. 일단 1회의 위반 사유에 대해 감봉 6개월 징계가 있다고 칩시다. 이때 1회 감급액이 1일치 임금의 반액 이내여야 합니다. 월급이 150만 원이면 1일치는 대략 5만 원쯤 되는데 한 번에 2만 5000원까지만 감액할 수 있습니다. 6개월 동안 여러 번 감급해도 총액이 한 달 월급의 10퍼센트인 15만 원 이내여야 합니다. 6개월 동안 매달 2만 5000원씩 감급하면 총액이 15만 원이기 때문에 법 기준에 딱 맞게 됩니다. 보통 1회 감급 최대액이 월급의 1.7퍼센트 정도이기 때문에 여섯 번 이상이 되면 10퍼센트가 넘습니다. 그래서 감봉 처분은 많아 봤자 6개월까지만 할 수 있습니다. 더 많이 감급할 수 없기 때문입니다.

이렇게 감급액을 1회 및 총액 단위로 제한하고 있고 그 금액이 매우 적기 때문에 감봉 처분으로 금전적인 불이익을 주는 효과는 사실상 크지 않습니다. 이처럼 법에서 감봉액에 제한을 두는 이유는 '근로를 제공'했는데도 그 대가에 손을 대는 일이기 때문입니다. 정직 처분처럼 일하지 않고 돈도 안 받는 것이라면 괜찮겠지만 이미 발생한 임금에 불이익을 주는 행위는 엄격히 제한해야 한다는 취지입니다. 그러나 이런 제한 사항이 1회의 위반 사유에 대한 것이라는 점에 주의해야 합니다. 위반 사항이 여러 번이고 각각에 대해서 감봉 처분을 동시에 내릴 경우 감봉액이 그만큼 많아질 수 있습니다. 그러나 이 경우에도 총액이 한 달 월급의 10퍼센트를 넘을 수 없습니다.

법 규정을 어기고 더 많은 금액을 감액하는 감봉은 무효이므로 임금체불이 될 수 있습니다. 이 규정에 대한 처벌 규정을 따로 두고 있기 때문에 임금체불보다 약한 500만 원 이하의 벌금형이 적용됩니다.

만약 1회의 위반 사유로 몇 개월 감봉 처분을 받았는데 한 번에 한 달 월급 10퍼센트를 통째로 감봉한다면 법 위반입니다. 감봉 3개월 처분을 하고 매달 10퍼센트씩 월급을 깎는 일이 흔하게 일어납니다. 이 역시 법 위반입니다. 하지만 감봉 처분을 하면서 감액을 법 규정보다 많이 했다고 해서 '감봉'이라는 징계 처분 자체가 무효가 되는 것은 아닙니다. 감봉이 될 만한 징계 사유가 있다면 징계 자체는 효력이 있지만 법 기준보다 많은 금액을 감봉한 것은 무효이기 때문에 법 기준보다 많이 감봉한 만큼을 근로자에게 반환해야 합니다.

감봉액이 법 기준보다 많다면 고용노동부에 진정을 내서 처리할 수 있습니다. 감급의 제한 규정을 위반하면 사업주가 처벌될 수 있습니다. 임금체불처럼 근로자가 원하지 않으면 처벌할 수 없는 규정이 아니기 때문에 고용노동부에 곧바로 진정을 내게 되면 사업주와의 관계가 아주 불편해집니다. 징계 처분을 받은 입장에서 앞으로 심기일전해 원만하게 직장 생활을 잘해보고 싶은 상황이라면 고용노동부 진정은 신중에 신중을 기해야 합니다.

감봉을 한 달에 10퍼센트씩 하는 관행이 많은 까닭은 공무원이나 교원 징계에 그런 내용이 있기 때문에 그 영향을 받았다고 생각합니다. 감급 제한 규정을 위반하는 것은 근로기준법을 제대로 '몰라서'

일 때가 대부분입니다. 따라서 이에 대한 대응 요령은 우선 사업주가 '위법' 사실을 알도록 하는 것입니다. 자세한 내용은 〈3장 09. 임금을 일부만 주거나 제때 주지 않으면 어떡하나요?〉 중 '몰라서 못 주는 경우'를 참고하기 바랍니다.

03 | 지각을 여러 번 해도 해고될 수 있나요?

근로기준법에서는 정당한 이유 없이 징계나 해고를 할 수 없도록 규정하고 있을 뿐 어떤 이유가 '정당한 이유'인지 정한 것이 없습니다. 이렇게 법에 있는 용어가 추상적이고 애매하면 여러 법원의 판례나 행정해석 등에서 판단 기준을 정하는 수밖에 없습니다. 행정해석은 내부적인 행정 처리의 원칙적 기준일 뿐이라서 소송에 아무런 영향을 주지 못합니다. 그나마 대법원 판례가 해고가 정당한지를 다투는 법률 분쟁에서 중요한 판단 기준이 됩니다.

> **근로기준법 제23조【해고 등의 제한】**
> ① 사용자는 근로자에게 정당한 이유 없이 해고, 휴직, 정직, 전직, 감봉, 그 밖의 징벌懲罰(이하 "부당해고 등"이라 한다)을 하지 못한다.

'정당한 이유'가 인정되려면 그 징계 사유가 실제로 확인되고 잘 못의 정도와 징계의 정도가 균형을 이루며 정당한 징계 절차를 거쳐야 합니다. 특히 해고가 가능하려면 사회통념상 근로관계를 지속하기 어려울 정도로 중대한 잘못이 있어야 합니다. 여기에서 '사회통념'이란 말이 중요합니다. 일반인의 상식을 뜻하는데, 물론 만고불변인 것은 아닙니다. 겉으론 같은 잘못이라도 회사의 상황에 따라, 징계의 배경이나 의도에 따라 다르게 판단될 수 있습니다.

해고를 둘러싼 무수한 판례가 있습니다. 해고가 정당하냐 아니냐를 두고 무수한 법적 분쟁이 있었다는 증거입니다. 노동위원회에서는 부당해고에 대한 구제절차를 진행합니다. 전국 노동위원회의 부당해고 구제신청(심판사건) 접수 건수가 연간 1만 5000건에 이릅니다. 그만큼 징계나 해고의 정당성 문제는 딱 정리되지가 않습니다. 어찌 보면 정당할 수도 있는데, 달리 보면 부당할 수도 있습니다. 어떤 상황에서는 정당하지만 다른 상황에서는 부당할 수도 있는 일이 매우 많습니다.

지각 몇 번 한 것이 일반적으로 해고할 사유는 아닙니다. 실수로 늦잠을 잘 수도 있고 예상치 못하게 차가 막힐 수도 있습니다. 살다 보면 지각할 수도 있기 때문에 이 정도 잘못으로 해고까지 한다면 거의 대부분 '부당한 해고'로 결론이 날 겁니다.

그런데 경우에 따라 수차례 지각을 반복한 일이 해고 사유로 인정될 수도 있습니다. 어떤 근로자가 지각할 때 사업 운영에 큰 지장을 초래하는 경우가 그렇습니다. 항공기를 예정된 비행 스케줄에 맞춰 운전해야 하는 운항승무원이 지각한다면 항공기가 제시간에 못 떠서 승객이 엄청나게 항의하여 회사의 신인도가 실추될 수 있습니다. 호텔 조식 뷔페를 요리해야 하는 조리사가 지각한다면 음식이 시간에 맞춰 제대로 나오지 않는 바람에 투숙객의 불만이 쏟아져 호텔의 이미지에 먹칠을 할 수 있습니다.

실수는 사람이면 누구나 저지를 수 있기 때문에 한 번 지각을 빌미로 해고까지 바로 가기는 어렵습니다. 그러나 업무 특성 때문에 근태관리를 엄격히 해왔고, 지각에 대해 엄중하게 경고한 후에도 짧은 기간에 여러 차례 지각한다면 해고 사유에 해당할 수 있습니다. 한 사람이 지각한다고 해서 사업 운영에 큰 지장이 생기지 않는 일반적인 상황이라고 해도 상습적으로 지각한다면 근무태도 불량, 불성실 근무 등을 사유로 정직 이상의 중징계 처분도 가능합니다.

04 | 근무 성적이 나빠도 해고될 수 있나요?

일반적으로 근무 성적이 하위권이라고 해서 바로 해고 사유가 되지는 않습니다. 보통 해고 사유는 근로자로서 지켜야 할 중요한 의무를 위반하는 경우, 더 이상 고용할 수 없을 정도로 신뢰를 훼손하는 잘못이 있는 경우입니다. 근무 성적이 부족한 것은 역량이나 성과가 기대에 못 미치는 것이어서 근무태만이나 고의적인 불성실 근무와는 성격이 조금 다릅니다.

하지만 근무 성적 불량이 근로계약이나 취업규칙에 해고 사유로 명시돼 있다면 때에 따라 해고도 가능합니다. 넓게 보면 근무 성적 불량도 불성실한 근무의 결과로 해석할 수 있습니다. 취업규칙에 근무 성적 불량을 해고 사유로 정한다면 그 회사는 일정한 근무 성적을 중요한 고용 조건으로 생각하고 있다는 뜻입니다. 또한 근무 성적 관리를 근로자로서 중요한 의무로 여긴다는 뜻입니다. 이런 회사의 상황을 고려한다면 근무 성적 불량이 불성실 근무로서 해고 사유가 될 수도 있습니다. 단 근무평가가 강제적인 상대평가여서 아무리 열심히 일해도 누구든 최하위권이 되는 경우라면 정당성이 인정되지 않을 수도 있습니다.

한편 취업규칙에 해고가 가능한 사유로 정해져 있다고 해도 모든 경우가 '정당한 해고'로 인정되는 것은 아니라는 점을 기억해야 합니다. 취업규칙이 회사 내부에서 규율을 정하고 징계하는 기준이 되기는 하지만 취업규칙에 정하고 말고가 정당성과 부당성을 판가름하는 절대적인 기준이 되지는 못합니다. 해고의 정당성 문제는 이런저런 사항을 종합해볼 때 상식적으로 정당한지 아닌지를 판단하는 것이기 때문에 취업규칙에 규정돼 있는지 아닌지는 하나의 '고려 사항'일 뿐입니다.

근무 성적 부족을 결정적인 이유로 들어 해고하기는 쉽지 않습니다. 그렇지만 다른 잘못이 있을 때 근무 성적 불량을 추가하면 해고의 정당성이 인정되기가 더 쉽습니다. 보통 같은 회사에서 비슷한 상황이라면 징계에도 '형평성'이 있어야 합니다. 유사한 잘못을 한 사람들이 여럿이면 징계 수위도 비슷해야 합니다. 어떤 사람만 무겁게 징계하면 형평성에 어긋나 부당한 징계가 될 수 있습니다. 평소 근무 성적이 불량한 사람은 어쩌다 잘못을 해도 무거운 징계를 받을 수 있는 반면 평소 근무 성적이 탁월한 사람은 같은 잘못을 해도 징계를 면하기도 합니다.

근무 성적은 연봉을 결정할 수도 있고, 전보나 승진 같은 인사이동을 결정할 때 중요한 고려 사항이 됩니다. 따라서 근무 성적이 좋지 않으면 연봉, 전보, 승진 등의 상황에서 불이익을 받을 수 있습니다. 이렇게 근무 성적은 여러 인사 결정에 활용되기 때문에 취업규칙에서 근무 성적을 징계 사유로 정하지 않는다고 해서 근무 성적 관리를 소홀히 한다면 예상보다 많은 불이익을 당할 수 있습니다. 근무 성적 문제는 단순히 징계를 피하기 위한 목적보다는 성공적인 회사 생활을 위한 전략을 세우는 관점에서 적극적으로 관리하는 것이 여러모로 바람직합니다.

05 | 건강이 좋지 않다고 해고될 수 있나요?

직장 생활을 하다 보면 건강이 나빠질 수 있습니다. 지병이 악화되거나 사고로 다칠 수도 있습니다. 어느 정도의 휴식이나 치료로 회복이 가능하다면 괜찮겠지만 계속해서 업무를 수행하기 어려울 정도로 건강이 나빠진다면 회사 입장에서는 임금을 줘가면서 계속 고용하기 어렵습니다.

근로자가 어떤 잘못을 해서 해고하는 징계해고와 달리 근로자에게 질병 같은 '일신상의 사유'가 있어 근로관계를 유지하기 어려워 해고하는 경우를 '통상해고'라고 합니다. 건강 문제는 신체적인 것뿐 아니라 정신적인 것도 포함합니다. 정신적인 상태는 넓게는 능력뿐 아니라 '적성'의 문제까지 포함합니다. 업무마다 필요한 적성이 있기 마련인데, 어떤 직원이 그러한 적성을 갖추고 있지 않거나 기대하기 어렵다면 이것도 해고가 가능한 '일신상의 사유'에 해당합니다.

건강 상태나 적성이 해고가 가능할 정도로 업무에 중대한 지장을 주는지는 업무의 특성과 업무환경, 근로자의 구체적 상태와 변화 가능성 등을 함께 고려해야 판단할 수 있습니다. 보통 신체에 장애가 생겨 거동이 불편한 상황이면 해고가 가능합니다. 그러나 휠체어 같은 기구를 이용해 거동이 가능하고 업무환경을 개선했을 때 출퇴근이나 업무 수행이 가능한 상황이라면 해고가 부당할 가능성이 큽니다. 다만 질병 상태가 장기간 이어져 계속해서 통원 치료를 받아야 하고, 이 때문에 조퇴나 병가를 수시로 반복해서 업무에 계속 지장을 준다면 해고가 가능할 수 있습니다. 업무에 맞는 적성을 갖추고 있지 못해도 해고가 가능하지만 훈련이나 기회를 주어 해결할 수 있는 상황이라면 해고가 부당할 수 있습니다.

근로자가 업무상의 사유로 재해를 입고 질병이 생기거나 다치게 되면 산재에 해당합니다. 이 경우 산재 요양 기간이 끝난 후 30일까지는 해고가 아예 금지됩니다. 또한 해고 금지 기간이 지났다고 해서 무조건 해고할 수 있는 것도 아닙니다. 요양을 마치더라도 장해가 남을 수 있는데, 장해 상태가 심각하면 해고가 가능할 수도 있지만 그 장해 상태에 맞는 다른 직무로 배치전환을 해서 계속 근무할 수 있는 상황이라면 해고가 부당할 수도 있습니다.

통상해고는 근로자의 잘못에 따른 것이 아니기 때문에 회사 입장에서도 정당성을 인정받기가 어렵습니다. 회사가 이런저런 가능한 방법을 써보고, 적절한 기회나 시간을 주고 필요한 조치를 취했는데도 근로할 수 있는 능력이나 적성이 회복될 가능성이 거의 없는 상태가 돼야 정당성을 인정받을 수 있습니다.

이렇게 통상해고가 정당해지는 상황이 될 때까지 상당한 조치나 시간이 필요하기 때문에 근로자에게 문제가 생기면 사용자가 해고 대신 사직을 권고하는 일이 많습니다. 심신이 병약한 상태에 있는 근로자가 사용자로부터 사직 권고를 받게 되면 쉽사리 직장을 포기하고 퇴사하곤 합니다.

보통 회사에서는 취업규칙으로 병가와 상병휴직에 대해 정하고 있습니다. 상병휴직은 개인적인 상병으로 장기간 휴직이 필요할 때 사용할 수 있는데, 취업규칙에서 그 기간을 함께 정하는 것이 일반적입니다. 짧으면 1개월에서 길게는 1년 정도까지 상병휴직 기간을 두기도 합니다. 회사에서 병가나 상병휴직제도를 운영하고 있다면 적극 활용하는 편이 좋습니다. 또한 현재 건강 상태로 기존 업무는 어렵더라도 그보다 쉬운 일을 할 수 있다면 사용자에게 배치전환을 적극적으로 요구해보는 편이 좋습니다. 사용자가 이런 요구를 들어주지 않고 곧바로 해고하면 부당해고가 될 수 있다는 사실을 미리 알게 하는 것도 도움이 됩니다.

06 | 회사에서 그만두라고 하면 어떻게 해야 하나요?

부당해고에 대해 상담하면서 가장 안타까운 일을 꼽자면 '사직서'를 이미 내놓고 해고가 억울하다고 호소할 때입니다. 가령 상사가 근로자를 질책하며 "회사 그만둬라", "책상 정리하고 사직서 내라"라고 말합니다. 그 말을 들은 근로자는 자신이 '해고당했다'고 생각합니다. 그리고 사직서는 그저 퇴사할 때 다들 쓰는 것인 줄 알고 상사가 하라는 대로 사직서를 써줍니다. 그런 후 아무리 생각해도 억울하게 해고당한 것 같고, 알아보니 부당한 해고를 당하면 구제받을 수도 있다고 해서 여기저기 문의해봅니다. 그러나 듣게 되는 이야기는 "사직서를 써서 어렵습니다"라는 한결같은 답변뿐입니다. 왜 이런 일이 생기는 걸까요?

앞서 설명했듯이 우리나라 법제에서 근로자를 해고하는 일은 쉽지 않습니다. 어지간한 사유로는 '정당한 해고'로 인정받기 어렵고, 근로자가 부당한 해고라며 법적인 분쟁을 제기하면 오랜 싸움을 진행하기도 합니다. 분쟁 끝에 해고가 부당한 것으로 결론 나면 근로자를 복직시키고 해고 기간의 임금도 지급해야 합니다. 이 모든 일이 사용자 입장에서는 상당한 '비용'이 됩니다.

이렇게 큰 비용이 들 수 있기 때문에 사용자는 부담을 피하기 위해 해고 대신 법적인 부담이 없는 '사직'을 유도합니다. 기업의 인사 담당자들은 사직서를 받아두면 회사가 모든 법적인 부담에서 벗어난다는 사실을 잘 알고 있습니다. 사직서가 갖는 법적인 효력을 근로자가 모른다면 규정상 퇴사할 때 쓰도록 돼 있다고 설명하며 순순히 사직서를 쓰도록 하기도 합니다.

사직서를 쓰되 사직 사유에 '권고사직'이라고 쓰거나 '회사에서 그만두라고 해서 그만둔다'라는 내용을 쓰면 나중에라도 해고의 부당함을 문제 삼을 수 있을 거라고 생각하는 사람들도 있습니다. 회사에서 컴퓨터를 치우고 전산에서 이름을 지워버려 자신이 이미 해고됐다고 생각해 자포자기 상태에서 사직서를 쓰기도 합니다. 이런 경우에도 사직서는 '사직서'입니다. 근로자가 스스로 그만둔다는 뜻입니다.

　사용자가 '나가달라', '그만둬라'라는 말을 한다면 이것은 해고가 아니라 '사직 권고'입니다. '권고'가 꼭 부드럽게 이뤄져야 하는 것은 아닙니다. 말의 속뜻은 '해고하고 싶다'겠지만 표현 그대로의 의미는 '사직해달라'는 뜻입니다. 해고는 사용자가 '일방적으로' 근로관계를 종료하는 의사 표시입니다. '나가달라'가 아니라 '나가라'라고 해야 해고입니다. 근로기준법에서는 반드시 '서면'*으로 해고 통지를 하도록 하고 있기 때문에 말로만 한 해고나 문자 메시지로 통지한 해고는 무조건 무효입니다.

　권고사직은 일반 사직과 다르다고 생각하거나 권고사직과 해고가 같다고 생각하는 경우가 많습니다. 실질적으로는 맞는 생각입니다. 그러나 법적으로는 그렇지 않습니다. 법은 권고사직과 일반 사직을 구분하지 않습니다.** '사직'이냐 '해고'냐가 중요합니다. 권고사직도 '사직'입니다. 사직을 결정하는 과정에서 사용자의 권고가 있을 뿐입니다. 최종 결정은 근로자 본인이 한 것입니다. 권고사직은

＊　서면은 원칙적으로 '종이에 내용을 쓴 것'을 의미하지만, 이메일에 해고통지서를 첨부하여 발송해도 수신 사실이 증명된다면 적법한 '서면통지'로 인정될 수 있습니다. 「전자문서 및 전자거래 기본법」에 따라 전자적 형태로 되어 있다는 이유로 문서로서의 효력이 부인되지 않고, 즉시 출력이 가능한 상태의 전자문서는 종이 문서와 다르지 않다고 보기 때문입니다.
＊＊　실업급여에 대해 규정한 법은 '권고사직'과 '일반 사직'을 구분하고 권고사직인 경우 '비자발적 이직'으로 인정해 실업급여를 지급하는데, 이것은 단지 실업급여 지급 범위를 넓히기 위한 것이지 권고사직을 '해고'로 인정해서가 아닙니다.

결국 스스로 퇴사한 '사직'이며, 당연히 '해고'가 아닙니다. 법은 해고의 경우에만 근로자를 보호합니다. 사직처럼 해고 자체가 성립되지 않는다면 사유가 정당한지 부당한지 검토할 필요조차 없습니다.

여하간 혹시라도 부당한 해고에 대해 이의를 제기할 가능성이 있다면 절대 사직서를 제출해서는 안 됩니다. 정상적인 사고 능력을 가진 일반인이 직접 작성하고 서명한 사직서는 흉기를 든 용역 깡패 앞에서 강제로 쓰는 일처럼 정상적인 상태의 의사 표시라고 볼 수 없는 경우가 아닌 한 그대로 '사직의 효력'을 인정하는 가장 중요한 증거가 됩니다.

회사에서 사직을 권고할 때의 대처 방법 역시 사직을 권고하는 이유에 따라 달라집니다. 사용자가 근로자에게 사직을 권고하는 이유는 다양하지만 크게 세 가지로 구분할 수 있습니다. 경영 사정이 어려워져 구조조정이 필요한 경우, 해고할 만한 잘못은 없지만 근로자가 그만뒀으면 하는 경우, 해고가 가능한 잘못을 했지만 해고 대신 사직을 허용한 경우입니다.

먼저 경영 사정에 따른 구조조정을 위해 사용자가 근로자에게 사직을 권고하는 경우에 대한 대처 방식은 앞으로 설명할 '명예퇴직'(희망퇴직)과 유사합니다. 이런 경우 사직서는 사용자의 해고 부담을 덜어주는 '가치'를 지니고 있기 때문에 사직서를 내면서 일정한 대가를 받을 수 있습니다. 사용자 역시 어느 정도의 대가를 고려하고 있기 때문에 사용자가 제시하는 '사직의 조건'(사직서의 대가: 퇴직 위로금, 명예퇴직금 등)을 따져보고 사직 권고를 수용할지 여부를 결정해야 합니다.

두 번째로 해고까지 할 수 있을 만한 사유는 없는데 사용자가 이 래저래 못마땅해 퇴사를 바라는 경우도 앞의 경우와 비슷합니다. 그 러나 근로자에게도 잘못이 있고, 이미 사용자 눈 밖에 난 상황이라 는 사실을 근로자도 알기 때문에 사직을 거부하고 계속 근무하더라 도 회사 생활이 평탄치 않을 가능성이 큽니다. 사용자는 이런 점을 알고 있기 때문에 경영 사정으로 권고사직을 진행하는 경우보다 마 음속에 생각하고 있는 '사직서의 대가'가 매우 적습니다. 근로자는 앞으로 회사 생활의 어려움을 극복하는 데 드는 노력과 직장을 포기 하는 기회비용을 함께 생각해야 합니다. 다른 회사로 취업하기 어려 운 상황이라면 사용자에게 한번 숙이고 들어가더라도 원만히 화해 할 수 있도록 애를 써보고, 잘못한 부분에 대해 적당한 징계를 감수 하더라도 사직을 거부하는 편이 좋습니다.

마지막으로 큰 잘못으로 해고가 충분히 가능한 상황에서 사용 자로부터 사직을 권고 받는다면 근로자 입장에서는 고마운 일입니 다. 일단 '해고'라는 중대한 징계 전력이 남지 않아 해고되었을 때보 다 재취업에 유리할 수 있습니다. 대외적인 명예나 위신을 중요하 게 생각하는 사람이라면 해고보다는 '사직'의 형식을 스스로 원하기 도 합니다. 또한 취업규칙상 해고된 때와 사직한 때의 퇴직금 누진 율을 다르게 정할 경우 퇴직금 감액의 불이익에서 벗어날 수도 있습 니다.

가장 어려운 상황은 근로자의 잘못이 해고 사유가 될 수도 있고 아닐 수도 있는 애매한 경우입니다. 최종 결정은 역시 본인이 해야겠지만 확신이 서지 않는다면 자신의 잘못이 해고 사유가 될 수 있는지, 법적으로 분쟁이 진행되면 얼마나 가능성이 있는지를 여러 전문가에게 문의해보고 신중하게 판단한 후 결정하는 편이 좋습니다.

07 | 징계 사유에 대해 변명도 못하고 해고될 수 있나요?

징계는 가벼운 것부터 무거운 것까지 여러 종류가 있습니다. 가장 무거운 징계가 바로 징계해고이고, 몇 개월 임금을 주지 않고 일하지 못하도록 하는 정직 처분이 그다음으로 무거운 징계입니다. 가벼운 것이라고 해도 근로자에게는 직장 생활에 흠집이 남을 수 있기 때문에 시말서 하나를 쓰더라도 신중할 필요가 있습니다. 이렇게 회사는 징계권을 가지고 있고 근로자는 언제든 징계라는 불이익한 처분을 당할 위치에 있기 때문에 법은 근로자를 보호하기 위해 해고를 포함한 각종 징계가 반드시 '정당한 이유'를 가지고 이뤄지도록 규제하고 있습니다.

이 '정당한 이유'에는 징계 사유뿐 아니라 '징계 절차'도 포함됩니다. 사유가 정당하다고 해서 곧바로 징계가 정당하다고 인정되지 않고 징계가 이뤄지는 절차 역시 정당해야 한다는 뜻입니다. 만약 절차가 정당하게 진행되지 않는다면 큰 잘못을 저지른 근로자라도 징계는 무효가 됩니다.

징계 사유가 충분하다면 법적으로 무효로 판정되더라도 나중에 다시 절차를 밟아 재징계할 수는 있습니다. 그런 다음에는 '정당한 징계'가 될 수 있기 때문에 과연 절차의 문제가 징계를 무효로 만들 정도의 문제인지 의문스러울 수도 있습니다. 이것은 근로자에게 불이익을 줄 수 있는 징계가 사용자의 자의로 이뤄지는 것을 막기 위한 최소한의 조치입니다. 신중한 절차를 거치지 않고 징계가 이뤄지는 상황이라면 징계 사유에 대해 꼼꼼히 검토하고 고려해봐야 할 다른 사정들을 감안하지 못할 가능성이 큽니다. 이런 경우 잘못한 것에 비해 더 무거운 징계를 결정함으로써 결국 징계 사유의 정당성도 갖추지 못하게 될 수 있습니다.

그렇다면 어떤 것이 '정당한 절차'일까요? 보통 취업규칙에는 징계 절차에 관한 내용이 들어 있습니다. 주로 '징벌', '징계', '인사위원회' 등의 큰 제목에서 절차와 관련된 규정을 찾아볼 수 있습니다. 일반적으로 근로자를 징계할 때 징계(상벌·인사)위원회를 소집하고 근로자에게 징계위원회의 개최 사실을 통보합니다. 그리고 징계위원회에 출석하거나 서면으로 징계 사유에 대해 '소명'하도록 하고 위원회 의결을 통해 징계 여부와 징계의 종류를 결정하는 절차를 정하고 있습니다. 이렇게 취업규칙에 절차가 정해져 있으면 '취업규칙에 있는 그대로' 해야 정당한 절차로 인정됩니다. 보통 출석 통보나 징계 결정 통보 기한을 정하기도 하는데 하루 이틀 늦거나 부족한 것은 그럴 만한 사정이 있다면 큰 문제로 취급하지 않기도 합니다. 그러나 징계위원회를 열지 않거나 소명 기회를 주지 않은 경우, 징계를 결정할 징계위원회의 위원 구성이나 의결 정족수 등에 문제가 있는 경우에는 대부분 절차의 정당성이 없다고 판단합니다.

한편 취업규칙에 징계 절차에 대한 별다른 규정이 없을 수도 있습니다. 취업규칙에서 소명 기회를 '주어야 한다'가 아니라 '줄 수도 있다'라고 정하기도 합니다. 징계 절차는 법으로 정해진 것이 아니라 취업규칙에서 정하도록 하는 것이기 때문에 사용자가 지킬 의무가 있는 징계 절차가 없는 셈입니다. 따라서 징계위원회를 열지 않아도, 근로자에게 변명할 기회를 주지 않아도 문제가 안 될 수 있습니다. 물론 '신의성실의 원칙'이라는 법 원칙에 따라 규정이 없더라도 최소한의 변명 기회는 줘야 한다고 보는 입장도 있습니다. 최소한의 변명 기회도 주지 않고 일방적으로 징계 처분을 하는 상황이라면 전반적인 징계 과정과 징계 결정 내용이 사용자의 권리 남용에 해당할 가능성이 크기 때문입니다.

대부분의 경우 징계 처분을 하기 전에 근로자에게 소명 기회를 줍니다. 소명 기회는 말 그대로 징계 사유에 대해 본인의 입장과 주장을 밝힐 기회입니다. 그런데 막상 징계를 받을 수 있는 상황이 닥치게 되면 심리적으로 불안하고 당황하게 됩니다. 또 소명 기회가 있더라도 우왕좌왕하다 자신의 입장을 제대로 밝히거나 설득하지 못하고 넘어갈 때도 많습니다.

그러나 일단 징계 처분이 결정된 이후에는 바뀌는 경우가 거의 없습니다. 내부 질서를 규율한다고 징계를 결정했는데 이를 번복한다면 회사의 위신을 잃는다고 여기기 때문입니다. 징계가 억울하거나 과하다고 느껴 법에 호소하려 해도 회사를 상대로 법적 분쟁을 진행하기란 쉽지 않습니다. 따라서 징계 결정을 내리기 전 소명 기회를 충분히 활용해서 자신에게 불합리한 불이익이 발생하지 않도록 노력할 필요가 있습니다.

결국 징계 처분이 부당하게 결정되어 부득이 법적 구제를 구하는 단계로 넘어가게 될 때에도 소명을 하는 과정이 중요한 역할을 한다는 사실을 기억해야 합니다. 이 과정에서 자신의 입장을 잘 해명할수록 '이러한 소명에도 불구하고 내린 징계 처분'이 법적으로 정당해지기 어렵기 때문입니다.

취업규칙에서 공식적인 절차의 하나로 소명 기회를 두기도 하지만 사실 이 기회는 다양한 방식으로 다양한 시점에 있을 수 있습니다. 공식적인 소명 기회는 보통 징계위원회에 출석하여 위원들의 질문에 답변하거나 서면으로 소명서를 제출하는 방식으로 이뤄집니다. 하지만 회사에서 징계를 추진할 때 징계위원회부터 열지는 않습니다. 징계 사유가 있다고 감지하게 되면 정확한 사실관계를 확인하고 조사하는 과정을 거치고 나서 어느 정도 징계 방향을 결정한 후 최종적으로 징계위원회를 여는 것이 일반적입니다.

여하간 초반의 징계 조사 과정에서 상사나 인사담당자와 면담을 할 수 있습니다. 비록 이런 면담이 공식적으로 소명 기회를 부여하는 과정은 아니지만 근로자는 이를 소명 기회로 활용할 수도 있습니다. 징계조사자나 징계권자에 대해 말이나 서면으로 자신의 의사를 전달할 기회가 있다면 적극적으로 소명할 기회로 삼는 편이 좋습니다.

그렇다면 이런 상황에서 소명하고자 할 때 어떻게 하는 것이 좋을까요? 우선 상황에 따라 소명을 정리할 기회가 있을 수도 있고 없을 수도 있습니다. 회사에서 누군가를 징계하고자 할 때 징계에 대응할 수 있도록 친절하게 안내해주는 경우는 많지 않습니다. 따라서 취업규칙에 있는 징계 사유의 내용과 징계 절차에 관해 꼼꼼히 검토해본 후 일정을 예측해볼 필요가 있습니다. 이 과정을 통해 누구에게 어떤 방식으로 소명하는 것이 효과적일지 판단해봐야 합니다.

보통 글보다는 '말'(진술)로 호소해야 효과가 있을 것이라고 여기지만 언변이 좋은 편이라도 징계까지 검토할 정도의 혐의를 받고 있는 상황이라면 당황하거나 흥분하여 실수할 수 있습니다. 상대방이 자신의 입장을 귀 기울여 들어주는 것도 아닙니다. 오히려 몰아세우거나 확실한 징계 의지를 보여 말문을 막을 수도 있습니다. 한편 소명 기회를 '형식적인 절차'로 취급하거나 근로자의 징계 혐의를 확실하게 하기 위한 목적으로 활용하는 경우도 많습니다.

이런 상황에서는 말로 하는 소명이 효과를 거두기 어려울 뿐더러 소명을 잘해도 '증거'가 남지 않아 나중에 이런 상황을 본인에게 유리하게 활용하기도 어렵습니다. 따라서 여러 소명의 기회가 있을 때 말보다는 '잘 정리된 글'로 자신의 입장을 전달하는 편이 좋습니다. 공식적으로 서면을 제출할 수 있는 절차 전에라도 송수신 기록이 남는 이메일로 소명할 수도 있습니다. 이렇게 해야 향후 추가적인 조사가 있거나 징계위원회에 출석했을 때 징계 결정을 위한 검토 방향을 자신에게 유리하게 끌어올 수 있고, 일관적이고 체계적인 소명이 가능합니다.

글을 쓰거나 말로 소명할 때는 다음의 원칙을 지키도록 노력해야 합니다. 첫째, 주장하는 내용이 있다면 반드시 구체적인 근거를 제시해야 합니다. 근거 없는 호소는 도움이 되지 않을 때가 많습니다. 둘째, 전체적인 내용에 일관성이 있어야 합니다. 말이 계속 바뀌면 신뢰를 잃을 수밖에 없습니다. 셋째, 잘못한 부분이 있다면 분명하게 인정하는 표현을 하되 '무조건' 잘못했다는 것이 아니라 '어떤 부분'에서 잘못이 있는지 명확하게 짚어야 합니다. 소명할 때 잘못을 피하거나 숨기려는 인상을 주지 않도록 주의해야 합니다. 넷째, 중언부언하는 것도 좋지 않습니다. 잘못의 원인이 무엇이고 자신의 입장에서 꼭 밝히고 싶은 부분에 대해 간결하면서도 정확하게 표현하는 편이 좋습니다. 다섯째, 회사에 대한 애정, 과거의 기여, 앞으로의 다짐 등을 진솔한 표현으로 함께 언급하는 편이 좋습니다.

징계 혐의와 관련해 자신이 주장하는 내용을 입증할 수 있는 자료를 준비하는 것도 좋습니다. 그러나 무작정 다른 사람과의 대화를 몰래 녹취하거나 재직 중인 동료에게 진술서나 탄원서를 강요하는 일은 바람직하지 않습니다. 사실관계 자체에 큰 오해를 받고 있어 반론을 위해 절실하고 부득이한 상황 외에는 시도하지 않는 편이 좋습니다. 과도하게 방어하려는 태도로 비쳐 더 부정적인 결과로 이어질 우려가 있기 때문에 이런 방법은 시도하더라도 신중하게 접근하고 불필요한 오해를 사거나 분란을 일으키지 않도록 주의할 필요가 있습니다.

많은 회사에서 징계를 공정하고 신중하게 하기 위해 여러 위원이 의결해 결정하도록 '징계위원회'를 두고 있습니다. 징계위원회는 인사위원회, 상벌위원회 등으로 불리기도 하고 징계 외에도 평가나 승진 등 인사 결정을 내리기도 합니다. 징계위원회 위원은 대개 회사의 임원진으로 구성되지만 객관성과 공정성을 위해 노동조합 간부나 외부 위원을 위촉하기도 합니다.

징계 과정에서 징계위원회는 최종적인 의사 결정 단계를 맡습니다. 감사실이나 인사부서 등에서 징계 혐의에 대해 조사해 징계위원회에 회부하면 징계위원회 위원들이 모여 징계가 필요한지, 어느 정도 수위로 징계할지 등에 대해 회의를 합니다. 이 과정에서 징계 대상자를 출석하도록 해 필요한 질문을 하고 징계 대상자에게 징계 결정권을 가진 위원들 앞에서 직접 소명할 기회를 줍니다.

징계위원회에 근로자를 출석하게 하는 이유는 여러 가지가 있습니다. 보통 소명 기회를 주기 위한 절차로 생각하지만 잘못한 내용을 당사자에게 직접 확인하거나 '반성의 태도'를 살펴보기 위한 목적으로 진행할 때도 있습니다. 특히 사실관계가 분명하지 않은 경우 회사 입장에서 심증만으로 근로자를 징계하기 어렵기 때문에 징계위원회를 통해 근로자가 잘못을 '실토'하도록 유도하기도 합니다. 징계위원회에서 불손한 태도를 보이거나 감정이 격해져 위원들에게 욕설을 하거나 답변을 피하거나 묵비권을 행사하는 태도를 보이면 '반성의 기미나 개전의 정이 없다'며 징계 수위를 높일 수도 있습니다.

이처럼 징계위원회는 순전히 근로자의 소명을 '들어보고자' 열리는 것이라기보다는 징계의 목적과 의도를 생각해 징계위원들의 입장에서 판단에 필요한 근거를 찾기 위한 자리로 활용되는 경우가 많습니다. 따라서 징계위원회에 출석했을 때에는 발언과 행동에 주의해야 합니다. 일반적으로 징계위원회의 시간이나 진행 방식은 근로자가 아니라 징계위원들이 결정합니다. 근로자가 위원들이 하는 질문에 답변하게 하는 방식으로 진행하거나 징계위원회에서 답변의 시간이나 내용을 제한할 수도 있습니다. 다수의 위원이 한 명의 근로자를 상대로 질의하는 상황이기 때문에 위압감을 느껴 당황해 말실수를 하기도 쉽습니다.

이 때문에 근로자가 소명 기회로 징계위원회 출석을 적극 활용하는 데는 한계가 있습니다. 징계위원회 출석을 소명 기회로 생각하고 기대하다가 징계위원회에서 형식적인 질문만 하고 자신의 이야기를 들으려 하지 않는다는 생각에 감정이 격해져 항의한다면 오히려 낭패를 볼 수 있습니다. 따라서 가급적 자신의 입장을 서면으로 잘 정리해 먼저 전달하고 징계위원회 위원들이 할 수 있는 예상 질문 목록을 뽑아 답변 내용도 미리 정리해보는 편이 좋습니다. 특히 유도심문이나 감정을 자극하는 질문 상황을 예측해보고 적절한 대응방법을 마련해야 합니다. 보통 징계위원회 말미에 근로자에게 최종 진술을 할 기회를 주는 경우가 있기 때문에 이에 대한 준비도 미리 해놓습니다.

답변의 방향은 위의 '소명 기회 활용'에서 설명한 원칙과 동일합니다. 다만 징계위원회에 출석할 때는 시간 제약이나 압박감이 높은 상황을 고려해 가급적 간결하고 명확한 답변을 준비하는 편이 좋습니다. 징계위원회 내내 진지하고 침착한 자세로 질문에 답변하되 위원들에게 겸손한 태도를 보이는 것이 좋습니다. 특히 징계위원회는 서면 소명과 달리 여러 위원 앞에서 얼굴을 맞대고 발언하는 상황이기 때문에 태도나 자세에 문제가 없도록 하는 것이 중요합니다.

근로관계에서의 징계는 징계 사유인 '잘못'만 고려하는 것이 아닙니다. 근로관계에서는 '신뢰'라는 요소를 중요하게 생각하기 때문에 같은 잘못을 했더라도 근로자가 잘못에 대해 진심으로 반성하는 모습을 보일 때와 무작정 잘못을 부인하거나 회피하는 태도를 보일 때 그 근로자에 대한 '신뢰도'가 달라집니다. 한 번은 더 믿어줄 수 있는지, 더는 믿을 수 없는지가 징계의 정당성을 판단하는 중요한 요소입니다. 징계위원회에서도 이런 점을 고려해 최종적인 징계 정도를 결정하기 때문에 잘못에 대해서는 명확하게 인정하고 진지한 반성의 태도를 보여줄 필요가 있습니다. 소명을 하더라도 감정적인 태도로 답변에 급급하기보다는 침착하게 '그렇다', '아니다'라는 요지부터 언급한 후 구체적인 근거를 제시하는 편이 좋습니다.

08 | 정리해고는 어떤 사람들이 당하는 건가요?

우리가 보통 '정리해고'라고 부르는 해고는 주로 기업의 구조조정 과정에서 일어납니다. 경영난이 발생하거나 사업을 일부 폐지하게 되면 고용 인원을 유지하기 어려워집니다. 이 과정에서 잉여 인력을 강제로 해고하는 것을 '정리해고'라고 하고 주로 집단적인 인원정리의 형태를 보입니다.

   법에서는 '경영상 이유에 의한 해고'라는 용어를 씁니다. 이 '경영해고'는 정리해고와 비슷하기는 하나 조금 더 넓은 개념입니다. 해고 사유를 회사 측 사유와 근로자 측 사유로 크게 구분한다면, 징계해고나 통상해고는 근로자 측 사유에 의한 것이지만, 경영해고는 회사 측 사유에 의한 것입니다. 따라서 집단적인 형태를 띠지 않고 개별 근로자를 해고하더라도 회사 측 사정에 의한 것이라면 경영상 사유에 의한 해고, 즉 경영해고에 해당합니다.

경영해고는 회사를 살리기 위한 부득이한 수단일 수 있기 때문에 원칙적으로 허용됩니다. 그러나 근로자 입장에서는 강제로 일자리를 잃는 것이기 때문에 법에서는 경영해고가 정당하기 위한 엄격한 '효력 요건'을 두고 있습니다. 효력 요건은 그 요건에 해당하지 않을 경우 당연히 '무효'가 되는 요건입니다. 법에서는 네 가지 요건을 정하고 '모든' 요건을 갖춰야 경영해고가 정당하다고 보고 있습니다.

근로기준법 제24조 【경영상 이유에 의한 해고의 제한】

① 사용자가 경영상 이유에 의하여 근로자를 해고하려면 긴박한 경영상의 필요가 있어야 한다. 이 경우 경영 악화를 방지하기 위한 사업의 양도·인수·합병은 긴박한 경영상의 필요가 있는 것으로 본다.

② 제1항의 경우에 사용자는 해고를 피하기 위한 노력을 다하여야 하며, 합리적이고 공정한 해고의 기준을 정하고 이에 따라 그 대상자를 선정하여야 한다. 이 경우 남녀의 성을 이유로 차별하여서는 아니 된다.

③ 사용자는 제2항에 따른 해고를 피하기 위한 방법과 해고의 기준 등에 관하여 그 사업 또는 사업장에 근로자의 과반수로 조직된 노동조합이 있는 경우에는 그 노동조합(근로자의 과반수로 조직된 노동조합이 없는 경우에는 근로자의 과반수를 대표하는 자를 말한다. 이하 "근로자대표"라 한다)에 해고를 하려는 날의 50일 전까지 통보하고 성실하게 협의하여야 한다.

④ 생략

⑤ 사용자가 제1항부터 제3항까지의 규정에 따른 요건을 갖추어 근로자를 해고한 경우에는 제23조 제1항에 따른 정당한 이유가 있는 해고를 한 것으로 본다.

네 가지 요건은 '경영상의 긴박한 필요가 있을 것, 해고 회피를 위한 노력을 다할 것, 합리적이고 공정한 기준으로 해고 대상자를 선정할 것, 근로자 대표에게 해고 50일 전 경영해고를 통보하고 성실하게 협의할 것'입니다. 모두 지키지 않으면 경영해고가 무효라고 하지만 법 조항은 '긴박한', '회피를 위한 노력', '합리적이고 공정한', '성실하게' 등 추상적인 단어들로 구성돼 있습니다. 이렇게 법이 확정적이지 않은 개념으로 규정돼 있으면 분쟁이 생길 때마다 그 뜻을 법원이 해석해야 합니다. 많은 사례를 통해 쌓인 판례를 가지고 법의 내용을 구체적으로 해석하고 적용해볼 수 있습니다.

경영해고가 정당하려면 첫 번째로 불가피한 경영상의 긴박한 필요가 있어야 합니다. 보통 적자의 누적, 자금난, 부채 누적 등으로 회사가 도산 위기에 있는 심각한 상황이거나 경영 악화로 일부 사업을 폐지한 경우가 해당합니다. 회사가 양도, 인수, 합병을 하면서 인원을 정리하기도 하는데, 이런 조직 변경이 경영 악화 방지를 위해 이뤄질 때도 '긴박한 경영상의 필요'가 있다고 봅니다. 경영상의 필요가 꼭 도산 위기에 해당 하는 것은 아닙니다. 생산성을 높일 목적으로 작업 형태를 바꾸거나 신기술을 도입해 사람이 하던 일을 기계가 대신하게 하여 인원을 줄이는 것이 '합리적'이라고 볼 수 있을 때도 긴박한 경영상의 필요로 인정하고 있습니다. 다만 회사의 한 부분이 아니라 '전체'를 기준으로 경영상 필요를 판단해야 하고 일시적 경영난으로는 근로자를 해고할 수 없습니다.

두 번째로 사용자가 해고 회피를 위한 노력을 다해야 합니다. 회사가 할 수 있는 해고 회피 노력은 다양합니다. 사업이 일부 폐지된다면 그 근로자들을 해고하는 대신 다른 부서로 전보해야 합니다. 명예퇴직자를 모집하거나 신규 채용을 중단할 수도 있고, 일시 휴업을 하거나 조업시간을 줄여 인건비 부담을 줄여나갈 수도 있습니다. 해고 회피 노력을 '다해야' 한다는 말은 할 수 있는 일은 다 해보고도 다른 방법이 없을 때에만 해고가 정당하다는 의미입니다. 회사가 다른 조치를 취해 충분히 해고를 막을 수 있는데도 그런 조치를 하지 않는다면 그 해고는 무효가 될 수 있습니다.

세 번째는 합리적이고 공정하게 해고 기준과 대상자를 선정해야 한다는 사실입니다. 회사가 폐업해서 모든 인원을 정리해야 하는 상황이라면 이 요건이 문제 되지 않지만 대부분 '일부' 인원을 정리하기 때문에 누군가 정리될 사람을 선택해야만 합니다. 이때 '합리적이고 공정한' 기준이 있어야 하기 때문에 아무 기준 없이 근로자를 해고한다면 그 해고는 당연히 무효입니다. 기본적으로 성별이나 인종, 종교, 사회적 신분에 따른 차별이 금지되기 때문에 이런 것이 해고의 기준이 되어도 무효입니다. 그런데 이 합리성과 공정성은 근로자와 사용자 입장에서 확연히 다른 특성이 있습니다. 사용자 입장에서는 능력은 부족한데 임금이 높은 사람, 사업을 일부 접는다면 그 부분에서 일하던 사람을 정리하는 편이 합리적입니다. 근로자 입장에서는 나이가 많고 경쟁력이 떨어져 해고되었을 때 타격이 큰 사람보다 그렇지 않은 사람이 대상자가 되는 것이 공정합니다.

이렇게 기업의 이익과 근로자의 생활 보호라는 서로 다른 가치가 충돌하기 때문에 적절한 지점에서 균형을 잡아야 한다는 것이 판례의 결과입니다. 판례는 사례별 상황에 맞춰 판단하기 때문에 제각각인 부분도 있어 그대로 적용할 수 있는 기준은 아닙니다. 그래서 분쟁 과정에서도 이 요건이 회사나 근로자 모두에게 가장 중요하지만 가장 어려운 부분이 되고 있습니다.

마지막으로 근로자 과반수를 대표하는 노동조합의 위원장이나 근로자 대표에게 최소 해고 50일 전 해고 계획을 통보하고 성실하게 협의해야 합니다. '성실하게' 협의해야 한다는 말은 단순히 해고 계획을 설명하는 데 그치지 않고 근로자 측의 이해를 구하거나 구체적인 해고 기준이나 방법을 논의하는 등 협의의 내용이 형식적이지 않아야 한다는 의미입니다. 경영해고를 위해서 근로자 대표와 합의가 필요한 것은 아니고 '협의'만 진행해도 이 요건은 충족됩니다.

근로자 입장에서 가장 관심을 가질 만한 부분은 '누가 해고될 것인가'의 문제입니다. 법에서는 합리적이고 공정한 기준을 정해서 선정하도록 하고 있습니다. 물론 이 기준은 회사가 정하고 그것이 합리적이고 공정한지 여부는 누군가 분쟁을 제기할 때 법원에서 판단할 겁니다. 그러나 기존의 사례와 법원의 판단 기준 등을 고려하면 어떤 사람이 해고될 위험이 보다 높은지 예측할 수 있습니다.

일반적으로 회사에서 정리해고 대상자 기준을 정할 때 회사 측 입장을 우선적으로 고려합니다. 직종이나 근무 성적, 연령, 임금 수준, 공헌, 경력, 징계 전력 등이 그 기준이 됩니다. 이 때문에 기술직이나 영업직·생산직보다는 관리직이나 보조직이, 근무 성적이 낮은 사람이, 직급이 높거나 경력이 많은 사람이, 고령이거나 임금이 많은 사람이 주로 해고 대상자가 됩니다. 그러나 근로자 측 사정도 고려해야 해고가 정당하기 때문에 이렇게 선발한 인원 중 부양가족이 더 적거나 재산이 많은 경우, 상대적으로 연령이 적어 재취업이 쉬운 인원을 최종 해고 대상자로 선정합니다. 이렇게 회사 측 입장부터 적용한 후 근로자 사정을 고려하는 순차적 방식을 적용하기도 하지만 해고 대상자 선정 기준을 마련할 때 처음부터 두 입장을 고루 적용해 배점을 두고 점수를 합산해 선발하기도 합니다.

해고 기준이 너무 단순할 경우에도 해고의 정당성이 문제 되기 때문에 법의 요건을 충족하기 위해 복잡한 기준을 만들기도 합니다. 이런 경우에는 내가 해고 대상자가 될지 예측하기 어렵습니다. 특정 사업이나 부서를 폐지하면서 정리해고를 하는 과정에서 그 사업이나 부서에 속해 있던 인원만 정리하는 것은 부당하다고 봅니다. 해고 대상자 선정 기준은 '해고 시점의 상황'만으로 판단해서는 안 되고 과거의 이력과 현재의 상태를 아울러 종합적으로 고려해야 하기 때문입니다.

현실적으로 사내 부부나 맞벌이 가정(주로 여성)은 우선적인 정리해고 대상자가 되고 있습니다. 이런 기준이 합리적이고 공정한지에 대해서는 논란이 있습니다. 같은 상황이라면 사내 부부 중 한 사람이 퇴사하거나 맞벌이 가정인 사람이 퇴사하는 편이 공정하다고 보는 시각도 존재합니다.

이와 관련해 금융권 회사의 정리해고 과정에서 사내 부부라는 이유로 배우자에게 불이익이 있을 것이라고 하면서 사직을 강요해 부당해고에 해당한다는 판결이 있었으나 이에 엇갈리는 판결도 나오면서 사내 부부 정리해고 문제가 사회적 쟁점이 된 바 있습니다. 이것은 '사내 부부'라는 사실이 합리적이고 공정한 기준인지와는 무관합니다. 절차를 밟은 '정리해고' 형태로 이뤄진 것이 아니라 '권고사직'의 형태로 이뤄진 인원 정리 과정이기 때문입니다. 따라서 법원의 판단도 그 기준의 합리성이 아니라 '사직서 제출'이라는 의사 표시가 효력이 있는지에 대한 것입니다.

물론 사내 부부 중 퇴사를 강요받는 쪽은 주로 여성입니다. 이 때문에 성차별 논란도 함께 일어났는데, 사내 부부라는 사정이 근로자들의 전체적인 형평성을 고려한다면 해고 대상자 기준으로서 합리성과 공정성을 갖췄다고 볼 수도 있겠지만 사내 부부 중 여성만을 해고 대상자로 선정한다면 '성차별적 해고'에 해당해 정당성이 부인될 수도 있다고 봅니다.

09 | 명예퇴직이 무엇인가요?

명예퇴직(희망퇴직)을 회사마다 다른 의미로 사용하지만 크게 정기적인 것과 비정기적인 것으로 구분할 수 있습니다. 취업규칙, 근로계약 등에 처음부터 명예퇴직제도를 규정하고 정기적으로 신청을 받아 요건이 되는지 심사해 명예퇴직 위로금을 지급하는 방식으로 운영하기도 하고, 비정기적으로 정리해고가 필요한 상황에서 해고 회피 노력의 일환으로 운영하기도 합니다.

정기 명예퇴직제도는 주로 대기업이나 공공 기관 등 고용이 안정적인 대규모 조직에서 시행하는데, 퇴직금에 위로금을 추가해 지급함으로써 정년이 되기 전에 자발적인 퇴직을 '선택'할 수 있도록 유도합니다. 명예퇴직으로 꾸준히 인원 규모나 근속연수를 적정 수준으로 관리하고자 하는 것인데, 급박한 경영상의 필요와는 무관하기 때문에 신청한다고 해서 무조건 명예퇴직 대상자가 될 수 있는 것은 아닙니다. 회사가 명예퇴직 조건을 설정해놓고 일정 근속연수나 근무 성적 등의 조건에 부합하는지 심사하고 위로금 지급 대상자를 선발합니다.

대부분의 명예퇴직은 비정기적인 정리해고 과정에서 이뤄집니다. 법적으로 정당성을 갖춘 정리해고 절차를 밟아 진행하려면 시간이 오래 걸리고 까다로운 요건을 다 맞추기도 현실적으로 어렵습니다. 이 때문에 손쉽게 인원을 정리하는 방편으로 명예퇴직제도를 활용합니다. 명예퇴직을 실시하면 해고에 따른 법적인 부담을 피하고 빠른 고용조정 효과를 얻을 수 있습니다. 또한 부득이 정리해고 절차를 진행하더라도 명예퇴직이 해고 회피 노력의 하나로 인정받을 수 있습니다.

명예퇴직은 퇴직 위로금처럼 일정한 금전 보상을 하면서 근로자의 자발적인 퇴직을 유도하는 방식을 말합니다. 명예퇴직은 주로 정리해고가 필요한 상황에서 이뤄지지만 '사직'의 일종이기 때문에 '해고'는 아닙니다. 겉으로는 사직의 형식이라도 사실상 인위적인 고용조정, 즉 비자발적인 실업인 '권고사직'에 해당하기 때문에 명예퇴직을 하더라도 실업급여를 받을 수 있습니다.

　　회사 입장에서는 명예퇴직제도를 활용해 '해고'를 전제로 하는 법적 부담을 피할 수 있지만 동시에 일시적으로 많은 '명예퇴직금'이 발생하는 부담이 있습니다. 그런데도 명예퇴직제도를 선호하는 이유는 근로자를 계속 고용하거나 해고할 때보다 비용 부담이 적기 때문입니다. 해고에 무슨 비용이 따르는가 싶겠지만, 부당해고일 가능성에 따라 법적 위험 비용이 발생할 수 있습니다. 물론 기업의 경영 상황이나 특성에 따라 이런 비용 구조는 다릅니다. 기업마다 지급 가능한 명예퇴직금의 규모도 다양합니다. 흔히 3개월치 임금을 주면 된다고 잘못 생각하기도 하는데, 얼마의 명예퇴직금을 줘야 하는지에 대해서는 법에서 정하지 않고 있습니다. 적게는 1개월치부터 많게는 3년치 임금을 명예퇴직금으로 지급하기도 합니다. 애초 3개월치 정도로 생각하다가 그 조건으로 명예퇴직을 신청하는 사람이 적다면 명예퇴직금을 더 높이기도 하고, 근로자와 협상을 통해 각각 결정하기도 합니다.

　　회사에서 정리해고 계획을 밝히고 명예퇴직자를 모집할 때는 조기에 명예퇴직자 모집 목표를 달성하기 위해서 보통 기한을 정해둡니다. 퇴직 위로금과 같은 명예퇴직 조건을 미리 정해서 공지하기도 하지만 개별적인 협상으로 명예퇴직금을 결정하기도 합니다. 이런 상황에서 명예퇴직을 결정할 때 고려해야 하는 사항으로 무엇이 있을까요?

우선 본인이 최종적으로 해고 대상자로 선정될 가능성을 예측해볼 필요가 있습니다. 가능성이 큰 상황이라면 해고 수당 1개월분을 받고 해고되는 것보다 더 많은 명예퇴직금을 받을 수 있는 명예퇴직을 선택하는 편이 낫습니다.

선정 가능성이 불분명한 상황이라면 향후 진로나 재취업 가능성, 퇴직 위로금 수준을 모두 고려해야 합니다. 이런 상황에서 정답은 없습니다. 다만 다양한 경우의 수를 뽑아놓고 현재 상태와 위험 부담 정도를 고려해 선택해야 합니다. 명예퇴직을 하면 이후 재취업을 준비해야 합니다. 재취업 가능성이 크다면 그나마 낫지만 재취업에 실패하는 상황이 지속되면 어려워질 수 있습니다. 명예퇴직을 하지 않고 버티면 계속 근무할 수도 있고 해고될 수도 있습니다. 해고가 되면 부당해고를 다퉈 복직될 수도 있고 해고가 정당하다고 판정되어 복직을 못 하게 될 수도 있습니다.

마지막으로 선정 가능성이 적거나 거의 없는 상황이라도 명예퇴직에 대해 고려해볼 필요가 있습니다. 경영 악화 상황에서 정리해고가 이뤄지는 것이라면 회사 자체의 안정성이 그만큼 약해진 상태입니다. 당장은 자신이 해고될 가능성이 희박할지 모르나 중장기적으로 근로조건이 나빠지거나 또다시 정리해고 바람이 불어 닥칠 가능성도 있습니다. 그러므로 위험 요소가 많고 이직으로 대안을 선택할 기회가 있다면 명예퇴직을 진지하게 고려하는 편이 좋습니다. 그러나 위기 상황에서 회사와 함께한다면 경영진에게 인정받고 더 많은 기회를 얻는 계기가 될 수도 있습니다. 결국 개인의 성향이나 가치관에 따라 다른 결정을 하겠지만 적어도 신중하게 여러 상황을 고려해 결정을 내릴 필요가 있습니다.

명예퇴직금 같은 명예퇴직 조건을 개별 협의로 결정하는 경우라 해도 회사는 어느 정도 기준을 정해놓고 있습니다. 다만 최소치와 최대치의 범위를 정하고 협상에 임하는데, 해고가 필요한 사람이라고 하더라도 지나치게 많은 명예퇴직금을 요구하면 명예퇴직을 거절하고 정리해고를 통해 해고할 수도 있습니다. 반면에 계속 고용해야 하는 사람이라고 여긴다면 명예퇴직금을 요구하더라도 명예퇴직을 하지 않도록 설득할 수도 있습니다. 보통은 해고가 필요한 대상 중 '적정한 명예퇴직금'을 요구하는 사람을 대상으로 명예퇴직이 성사됩니다. 명예퇴직금 협상에 임할 때에는 이런 점을 고려할 필요가 있습니다. 비슷한 입장인 다른 사람들의 명예퇴직금이 어느 수준에서 결정되었는지, 동종업계 관행은 어떤지 등에 대한 정보를 나름대로 파악한 뒤 협상에 임하는 편이 좋습니다.

10 │ 징계나 해고가 부당하다고 생각되면
어떻게 해야 하나요?

임금, 근로시간, 휴가 등 근로조건과 관련해 사용자의 위반 행위가 있을 때는 사업장을 관할하는 고용노동부의 각 지청에 진정이나 고소, 고발 등 민원을 제기할 수 있습니다. 그러나 부당한 징계, 해고, 전직 등은 '노동위원회'라는 별도의 독립기관이 담당합니다. 고용노동부 지청에서는 근로감독관이라는 고용노동부 소속 담당 공무원이 접수된 민원을 처리하는 방식이지만, 노동위원회는 고용노동부와 별개의 독립기관으로 외부 전문 인사로 구성된 근로자위원, 사용자위원, 공익위원을 두고 서로의 주장과 반박이 오가는 약식 재판 절차를 준용하면서 공익위원들의 의결로 개별 사건을 판정하고 있습니다. 이렇게 노동위원회는 개별 근로감독관에 의한 감독보다 한층 전문성과 공정성을 갖추고 있는데, 부당한 징벌에 대한 판단을 노동위원회가 담당하도록 한 것도 징벌은 다른 근로조건 위반보다 판단권자의 재량에 의한 판단이 이뤄질 여지가 많기 때문입니다.

　법은 '정당한 이유' 없이 징계, 해고 등을 할 수 없다고만 규정하고 있습니다. 어떤 징벌이 정당한지는 판단권자가 판단하기 나름입니다. 이런 판단 기능은 원래 사법부에 있습니다. 법원의 판사가 부당한 해고인지를 판단하는 것이 원칙입니다. 하지만 부당한 징벌에 대한 구제가 필요한 대상은 근로자입니다. 근로자 개인이 소송을 진행하면 많은 비용과 시간이 듭니다. 해고당해 일자리를 잃은 상태에서 소송에 매달리다가 생계를 이어가기 어려워질 수도 있습니다. 또한 법원에서 '해고가 부당하다'고 판단하더라도 회사더러 '복직시켜라'라고는 하지 않습니다. 해고가 무효이기 때문에 법적 지위는 '근로자'가 되지만 현실적으로 복직해 다시 업무를 하도록 하는 것과는 다릅니다. 부당한 해고를 당한 근로자가 법원에 분쟁을 제기할 때 발생할 수 있는 이런 현실적인 어려움을 보완해 비용 부담 없이 이른 시일 내로 권리를 회복하도록 하고 사용자가 실질적으로 근로자를 복직시키도록 하기 위한 직접적인 조치가 필요합니다. 이러한 필요성에 따라 행정기관인 노동위원회에서 부당한 징벌에 대한 구제절차를 담당하게 된 것입니다.

부당한 징계, 해고, 전보 등을 당한다면 사업장을 관할하는 노동위원회에 '부당해고등 구제신청서'와 신청 이유를 담은 이유서를 제출할 수 있습니다. 주의할 점은 부당한 징벌이 발생한 때부터 3개월이 지나기 전 신청서를 접수해야 한다는 사실입니다. 기간이 지나면 노동위원회는 판단하지 않고 신청을 '각하'합니다. 이렇게 근로자가 신청서를 접수하면 노동위원회에서 사용자 측에 구제신청 접수 사실을 알리고 근로자가 제출한 서류를 그대로 보내줍니다. 사용자가 해고가 정당하다고 주장하기 위해서는 이에 대한 '답변서'를 노동위원회에 제출해야 합니다. 만약 사용자가 아무런 대응을 하지 않으면 근로자 주장만으로 심리를 진행하기 때문에 사용자 역시 대부분 적극적으로 대응합니다. 사용자가 제출한 답변서는 다시 근로자에게 그대로 전달됩니다. 근로자는 사용자의 주장을 보고 반박할 내용이 있으면 추가 이유서를 제출할 수 있습니다.

이렇게 서로 간에 주장과 반박이 오가고 나면 '심문회의' 일정이 잡힙니다. 심문회의에는 근로자 측 주장을 대변해주는 근로자위원 한 명과 사용자 측 주장을 대변해주는 사용자위원 한 명, 판단권을 가진 공익위원 세 명이 참석하고 근로자와 사용자, 양측의 대리인, 증인을 신청한 경우 증인, 기타 참관인 등이 참석합니다. 근로자위원, 사용자위원, 공익위원이 각각 사용자와 근로자에게 필요한 질문을 하고 사용자와 근로자가 답변하는 방식으로 심문회의가 진행됩니다. 심문회의 마지막에 양측 당사자에게 최종 진술을 할 기회가 있는데, 최종 진술이 끝나면 당사자는 퇴장하고 공익위원들이 따로 회의를 열어 해고가 부당한지를 결정합니다. 공익위원 세 명 중 두 명 이상이 해고가 부당하다고 판단해야 최종적으로 해고가 부당한 것으로 결정되고, 이후에 노동위원회의 결정문을 통해 '해고가 부당하다'는 판정과 '즉시 복직시키라'는 명령, '해고 기간의 임금 상당액을 지급하라'는 명령이 내려집니다.

노동위원회는 법원이 아니라 행정기관이기 때문에 노동위원회가 부당해고로 판정한다고 해서 곧바로 해고의 효력이 법적으로 무효가 되는 것은 아닙니다. 다만 당사자 모두 노동위원회의 판정에 이의를 제기하지 않으면 '확정 판결의 효력'이 생겨 사법상 효력이 확정됩니다.

노동위원회의 강점은 비용이나 시간 부담을 줄인다는 점 외에도 복직과 임금 상당액의 지급 등 부당한 징벌 이전의 상태로 '원상회복'하도록 사용자에게 '행정명령'을 내릴 수 있다는 점입니다. 이 행정명령을 지키지 않으면 지킬 때까지 상당한 금액의 '이행 강제금'도 부과됩니다.

하지만 이렇게 근로자가 회사를 상대로 법적인 분쟁을 제기하는 이유가 진정으로 '복직'을 원해서인 것만은 아닙니다. 자신에게 부당한 행위를 한 회사에 다니고 싶지 않지만 부당한 해고에 대해 보상을 받고 싶은 마음에 구제신청을 제기하는 경우도 상당수 있습니다. 원래 노동위원회의 구제 목적이 '원상회복'이기 때문에 노동위원회에서는 금전적인 보상보다는 '복직'에 초점을 두고 있습니다. 그렇지만 복직 명령이 내려지더라도 근로자 측에서 계속 근무를 원하지 않을 때가 많아 근로자 의사에 따라 복직 대신 금전 보상 명령을 신청할 수 있는 제도를 시행하고 있습니다.

부당한 징벌을 당하더라도 노동위원회에 구제신청을 하면 법원에 비해 쉽고 빠르게 원상회복 조치가 이뤄지리라 기대할 수는 있습니다. 그러나 징벌의 문제는 회사가 '인사권'이라는 고유 권한을 행사하는 과정에서 나오는 문제이기 때문에 채무를 불이행한 임금체불과는 성격이 다릅니다. 징벌이 부당하다는 공식적인 판정이 있을 때 회사는 근로자를 원직에 복직시켜야 하는데, 이런 결과는 직원들에 대한 인사권자의 위신과 신뢰에 손상을 줄 수 있습니다. 이뿐만이 아니라 회사 내부에서 징벌을 주도하던 담당자의 책임 문제도 불거질 수 있고, 회사 나름대로 문제가 있다고 판단해 징벌한 직원이 회사로 다시 돌아와 근무하는 상황을 어떻게든 피하고자 할 것입니다.

이런 이유로 회사는 부당한 징벌에 대한 구제신청에 매우 적극적으로 대응합니다. 공식적인 법적 분쟁 상황이기도 하지만 노동위원회 절차가 약식의 재판 절차와 유사하게 진행되기 때문에 주장이나 근거도 충실히 제시해야 하고 상대방의 주장도 조목조목 반박해야 합니다. 누가 보더라도 명백하게 잘못된 징벌이라면 조금 다를 수 있지만 공익위원들의 재량적인 판단에 따라 결론이 달라질 수 있는 애매한 사안이라면 판단권자를 설득하기 위한 노력에 더욱 적극적일 수밖에 없습니다.

앞서 언급했듯이 노동위원회가 근로자의 호소를 '근로자 입장'에서 들어주는 것은 아닙니다. 어디까지나 상식과 법 논리에 따라 객관적이고 공정하게 판단해야 하기 때문에 근로자 역시 설득을 위한 노력을 다해야 합니다. 또한 상대가 있는 싸움이기 때문에 상대방의 전략이나 방향에 따라 대응도 달라져야 합니다. 상대방인 사용자 측에서 주장하는 사실관계나 논리에 효과적으로 대응하기 위한 전략을 구사해가며 진행해야 합니다.

그래서 부당한 징벌에 대해 구제절차를 진행하기 전에 전문가와 상담하여 객관적인 관점에서 사안을 파악해볼 필요가 있습니다. 이런 과정 없이 직접 구제신청서와 이유서를 작성해 제출한다면 잘못된 논리를 펼 수도 있고 불리하거나 불필요한 사실을 넣을 수도 있습니다. 실제로 근로자 혼자 사건을 진행하다 충분히 이길 수 있는 사건을 안타깝게 놓치는 예가 많습니다. 일단 서류로 접수되면 되돌릴 수 없기 때문에 구제신청 이전에 충분히 상담하여 상황을 파악하고 전략을 세운 다음 신중하게 진행해야 합니다.

지방노동위원회에서 하나의 사건을 처리하는 데 걸리는 시간은 보통 2개월 내외입니다. 그러나 초심에 불과한 지방노동위원회 단계에서 모든 일이 마무리되는 경우는 생각보다 많지 않습니다. 대법원까지 길게는 2~3년의 시간이 걸릴 수도 있습니다.

지방노동위원회의 판정에 불복할 경우 전국 단위의 중앙노동위원회에 재심을 청구할 수 있고 재심 과정은 지방노동위원회 초심 과정과 거의 동일하게 진행됩니다. 중앙노동위원회에서 지방노동위원회의 결정을 취소할 수도 있고 지방노동위원회와 같은 결론을 내릴 수도 있습니다. 중앙노동위원회의 판정에도 불복할 경우 '행정소송'을 해야 합니다. 행정소송은 행정기관의 처분을 취소해달라는 소송입니다. 사용자를 상대로 직접 소송을 제기하는 것은 일반 민사법원에 하지만 행정소송은 행정법원에 제기하는 것으로, 그 내용은 중앙노동위원회 위원장을 상대로 '재심 결정'의 취소를 요구하는 것입니다. 1심 행정소송 결과에 불복하면 2심 고등법원에 항소를, 또 3심 대법원에 항고를 제기할 수 있습니다.

이렇게 해고 사건을 처리하는데 지방노동위원회 단계부터 대법원까지 총 5심의 절차를 진행해야 하는 경우도 생길 수 있습니다.

어느 쪽이든 판정 결과에 승복하지 않고 이의를 제기한다면 해고된 근로자는 2~3년 동안 소득이나 생활이 불안정한 상태에서 피 말리는 법정 싸움을 벌이게 됩니다. 이 과정에서 많은 근로자가 견디지 못하고 도중에 포기합니다. 워낙 많은 변수가 있기 때문에 노동위원회에 구제신청을 제기하는 일은 간단하거나 쉽지 않습니다. 따라서 앞으로 가능한 상황을 충분히 예측하고 자신의 입장과 진행 방향을 정리한 후 시작할 필요가 있습니다. 신청서만 넣으면 모든 일이 원하는 방향으로 해결되리라는 생각으로 접근하면 낭패를 보기 십상입니다.

이렇게 법적인 분쟁을 공식적으로 제기하고 나면 근로자와 사용자 간 감정이 나빠질 대로 나빠지기 쉽습니다. 어느 한쪽이 분쟁에서 이기기 위해 사실관계를 왜곡하거나 있지도 않은 사실을 주장한다면 다른 한쪽의 감정도 격해지기 마련입니다.

노동위원회에서는 상대방이 주장하는 내용을 서면으로 그대로 받아볼 수 있기 때문에 이런 일이 흔히 발생합니다. 이 때문에 노동위원회에서 부당해고로 판정하더라도 실제로 회사에 복귀해서 잘 지내는 경우는 많지 않습니다. 근로자는 사용자와 관계가 나빠진 점이나 사용자에 대한 신뢰를 잃은 점 때문에 회사에서 계속 일해봤자 견디기 힘들 것이라고 생각합니다. 사용자는 법적인 싸움에서 질 가능성이 점쳐지는 상황에서 복직이 아니라 적당한 선에서 금전적인 합의를 시도하기도 합니다. 더 이상 같이 일할 수 없다는 뜻입니다.

그렇기에 노동위원회도 '합의(화해)'를 자주, 때론 강하게 권고합니다. 노동위원회는 전문기관인 만큼 근로관계에서 부당한 징벌의 문제가 쉽게 회복되지 않는다는 특성을 잘 알고 있습니다. 권고에 따라 합의하게 되면 당사자 간의 법적 분쟁은 그것으로 끝납니다. 합의 내용은 다양하겠지만 주로 복직 대신 금전으로 합의하는 방향입니다. 이 과정에서도 금전 합의를 할지 말지, 금전 합의를 한다면 어느 선에서 해야 할지 신중한 상황 판단과 전략이 필요합니다. '합의'는 당사자 간 의사가 합치되는 것을 말합니다. 상대방이 받아들일 수 있는 '최대 선'에서 합의해야 성공적인 합의라고 할 수 있습니다. 그러나 상대방의 속마음을 모르는 상태에서 합의를 진행해야 하기 때문에 명확한 상황 판단과 경우의 수에 따른 사전 전략이 필요합니다.

부당한 징벌에 대한 구제절차를 진행하는 일은 쉽고 빠르게 끝날 수도 있고 엄청난 시간과 에너지를 소비할 수도 있습니다. 결국 판단과 선택은 스스로 해야 하지만 대부분 다른 방법이 없어 구제절차를 진행합니다. 따라서 각 과정에서 발생할 수 있는 위험 요인들을 잘 관리해가며 신속하고 명쾌하게 마무리할 수 있는 방법을 찾아 진행해야 합니다. 이런 특성 때문에 노동위원회 구제신청 과정도 법원과 마찬가지로 노사 양측이 각각 대리인을 선임해 진행하는 것이 일반적입니다.

사용자 측은 대부분 대리인을 선임해 사건을 진행하지만 저소득층 근로자는 수임료 부담 때문에 대리인을 선임하지 못할 수도 있습니다. 이런 상황에서 근로자가 주장과 반박을 효과적으로 진행하지 못해 불리한 결정을 받는 것을 방지하기 위해 월 평균임금이 일정액 (2022년부터 300만 원) 미만인 경우에는 국가에서 선임한 권리구제 대리인(변호사, 공인노무사 등)의 대리 서비스를 무료로 받을 수 있습니다. 조건에 해당할 경우 이를 적극 활용하는 편이 좋습니다.

❝ 사례   # 저성과자 퇴출제도

**누군가는 근무 성적 하위 5퍼센트일 텐데,
그게 해고 사유가 된다고요?**

안이한 씨는 오랜 고시생 생활을 청산하고 남들보다 늦은 나이에 어렵게 취업에 성공해 첫 사회 생활을 시작했다. 하지만 느긋한 성격에 눈치가 빠른 편이 아니어서 업무 처리 속도가 늦고 실수도 잦아 입사 초반부터 상사에게 질책을 받기 일쑤였다. 하고 싶던 일이 아니어서 일에 대한 열정도 적었고, 초반에 조직 생활에 빨리 적응하지 못해 일과 인간관계에 대한 자신감도 점점 없어졌다. 처음에는 이런 문제로 스트레스를 받기도 했지만, 안정적이고 조건이 좋은 회사여서 묵묵히 버텨온 지 벌써 10년이 넘었다.

안이한 씨가 다니는 회사는 평가제도가 없다가 3년 전부터 전

직원에 대한 인사평가를 시작하고, 작년에 "저성과자 관리 프로그램"을 도입했다. 안이한 씨는 '성과 관리'는 연구부서나 영업 쪽에서 중요한 것이기 때문에 일반 사무직인 자신과는 별 관계가 없을 것이라고 생각했다. 그래서 저성과자 관리 프로그램이 무엇인지에 대해서 별다른 관심을 기울이지 않았다. 그런데 최근 인사팀으로부터 "연속 2회 최하위 인사등급을 받아 'C-player'로 선정되었으니, 저성과자 관리 프로그램에 따라 업무를 중단하고 교육 프로그램 일정에 참여하라"는 통지를 받게 되었다.

그제야 당황한 안이한 씨는 회사의 저성과자 관리 프로그램이 무엇인지 자세히 알아보았다. C-Player가 되면 특별 교육 참여, 교육 성적 평가, 면담 등을 반복하며 1년간 업무 성과에 대해 집중 관리를 받게 되고 이후 인사평가 결과가 다시 최하위 등급이면 퇴출당할 수도 있다는 사실을 알고는 심장이 덜컥 내려앉는 듯했다. 상사나 동료들에게 늘 무능한 사람으로 낙인찍혀온 터라 다음 평가 결과가 갑자기 좋아지리라 기대하기는 어려웠다. 무엇보다 저성과자 관리 프로그램이라는 것이 계획된 구조조정의 하나로 이루어지는 것으로 보이기에, 아무리 노력해도 결국 퇴출 절차를 밟게 될 것이라는 두려움이 들었다.

특별히 해고될 만큼 잘못한 일도 없는 것 같은데, 5단계 평가 등급에서 최하위인 "D등급"은 전 직원의 5퍼센트가 무조건

'저성과자 관리 프로그램'은 성과주의 관리의 하나로 조직성과 증진을 위한 집중적인 저성과자 역량 개발 차원에서 운영되지만, 경영 환경의 불확실성이 높은 상황에서 전략적인 인력 구조조정의 방편으로 활용되기도 합니다. 이 때문에 '저성과자 퇴출제도'라는 이름으로 언급되기도 하며 사실상 저성과자 역량 향상의 목적보다 저성과자를 상시로 퇴출하기 위해 도입되는 측면도 있습니다.

일반적으로 '저성과자'(C-Player)*란 조직에서 효용성이 매우 낮은 구성원으로 성과나 실적이 최하위 수준에 있는 부진 인력을 가리킵니다. 저성과자는 근무태도가 불량하거나 조직에 적응하지 못하는 인력이 포함되는 경우도 있습니다.

기업을 경영하는 입장에서 저성과 인력은 '될 수 있으면 빨리 퇴출'하는 편이 이익이라고 생각할 때가 많습니다. 인건비만큼의 가치를 창출하지 못하면 그대로 비용 낭비가 누적됩니다. 한편 일 잘하는 사람들에게 간접적인 피해나 악영향을 끼치는 암적인 존재처럼 인식되기도 합니다. 매우 삭막하게 들리지만 많은 사업주나 인사 담당자가 조직 관리상의 애로점으로 꼽는 것이 바로 '저성과자' 혹은 '문제직원'의 관리입니다. 그래서 안정적인 철밥통의 대명사인

＊ 조직 구성원의 역량 수준 단계에 따라 A-Player(핵심인재), B-Player(대다수 그룹), C-Player(저성과자)로 구분하기도 합니다.

공무원 조직이나 일부 공공기관도 저성과자 관리제도를 도입하고 있습니다.

기업의 규모와 상관없이 업무 성과가 부진하거나 불성실한 인력에 대해서는 고용을 유지하기가 어렵기 때문에 권고사직, 대기발령, 해고 등 각종 조치를 통해 조직에서 퇴출하는 일이 종종 발생합니다. 이를 취해 취업규칙, 단체협약에 '근무 성적 불량', '연속 3회 이상의 최하위 근무평점' 등을 징계 사유나 해고사유로 정하기도 합니다. 이렇게 체계적인 절차를 갖추어 '저성과자 관리 프로그램'의 형태로 운영하는 기업이 늘고 있지만 인력난이 있는 중소기업보다는 주로 자발적 이직률이 낮은 대기업에서 채택합니다. 기업에서는 조직의 경쟁력 강화를 위해 우수한 인력의 지속적인 신규 유입이 중요합니다. 인재 수혈이 원활하게 이루어지려면 적정한 인원을 유지하기 위해 불필요한 인력을 수시로 퇴출해야 우수한 인력의 자리를 마련할 수 있습니다. 하지만 대기업은 자발적으로 이직하려는 사람 수가 필요한 수준보다 적고, 부진인력일수록 이직하지 않고 조직에 버티는 경우가 많기 때문에 상시로 부진인력을 가려내고 퇴출할 수 있는 제도를 도입하는 것입니다.

앞에서 살펴 본 것과 같이 우리나라 법제에서 근무 성적 불량자를 해고하기는 쉽지 않습니다. 정당한 해고 사유가 되려면 고용관계를 계속 유지할 수 없을 정도로 근로자의 잘못이 커야 하는데, 근무성적 부진은 단기적 결과만으로 정당한 사유로 인정받기가 어렵습니다. 회사가 근무 성적을 잘 낼 수 있도록 적절한 기회를 부여했는지, 그럼에도 불구하고 개선의 여지가 없다고 판단할 정도로 불량한 성적이 지속되어야 해고가 가능합니다. 이 때문에 부당해고의 위험 소지를 최소화하기 위해 전문 컨설팅을 거쳐 체계적인 형태로 저성과자 관리 프로그램을 설계하는 경우가 많습니다. 인사평가를 통해 인원 등급을 분류하고, 중간 절차로서 교육이나 역량 개발 과정을 거친 후, 배치전환-대기발령-권고사직-해고 등의 절차를 밟는 것이 일반적입니다.

저성과자에 대한 해고에서는 근로자에 대한 평가 역시 해고의 근거로 적용되기 때문에 절차, 기준, 방법이 공정하고 합리적인지 여부가 검토됩니다. 그러나 법원에서 인사평가의 공정성과 합리성을 따지는 기준이 그리 엄격하지는 않습니다. 평가 기준이 영업실적처럼 계량화되거나 객관적이어야 하는 것도 아닙니다. 인사평가에서 상사의 주관적 평가와 재량 여지를 인정하고 있기 때문에 어느 정도 평가 기준이 합리적이고 일정한 절차를 거친다면, 평가가 부당하다는 뚜렷한 반증이 없는 한 '결과의 객관성'이 인정될 때가 많습니다.

안이한 씨의 사례처럼 일정 비율 인원이 최하위등급을 받는 '상대평가'제도라면 더욱 엄격한 기준에서 검토하기도 합니다. 그래도 연속하여 여러 번 최하위 등급이 될 확률이 매우 낮다고 보기 때문에 이럴 때는 상대평가제도에 의해 최하위 등급이 된다고 하더라도, 절대적인 관점에서 근무 성적이 그리 나쁘지 않다는 것을 명확하게 반증하지 못하는 한 해고 사유가 충분히 될 수 있습니다.

그러나 저성과자 퇴출제도가 아무리 체계적이어도 실제로 '해고'까지 이어지는 경우는 그리 많지 않습니다. 해고라는 처분을 내리는 순간 실제 정당성을 인정받을 수 있는지와 상관없이 법률 분쟁이 제기될 수 있고 회사가 이에 대응하기 위해 추가 비용을 써야 하기 때문입니다. 이러한 비용을 최소화하기 위해 해고 처분 전 저성과자 관리 프로그램 진행 과정에서 '자발적인 퇴직'을 유도하는 경우가 많습니다. 해고는 자발적인 퇴직을 지속해서 거부할 때 최후 수단으로 적용됩니다. 이러한 '자발적 퇴직 유도' 과정은 저성과자라는 낙인찍기, 임금 삭감, 대기발령, 교육과정상의 스트레스, 전보발령, 직접적인 사직압박 등 각 시점에서 다양한 방식으로 이루어집니다. 이 때문에 여러 직원이 자살하여 물의를 빚은 사례도 있고 인권침해*라는 비판이 나오기도 했습니다.

우리나라 기업의 경우 가부장적 온정주의 문화가 강하기 때문에 외국에서 들어온 '저성과자 퇴출제도'에 대한 비판적 시각이 여전히 높은 편입니다. 그러나 경쟁의 심화와 경영환경의 불확실성 상황에서 유연한 조직 운영과 인적자원의 효율성 강화는 경영자가 포기하기 어려운 과제입니다.

최근에는 기업 안에서 개인주의가 팽배하고 구성원 간 내부 경쟁이 치열해지는 경향이 많아졌습니다. 이런 상황에서 임금 구조의 경직성으로 자신보다 무능력한 사람이 같은 임금을 받는 것 때문에

＊ 직장 내 괴롭힘 금지법 시행 이후에는 부적절한 방식의 퇴직 압박이 '직장 내 괴롭힘'에도 해당하기 때문에 과거와 같은 방식을 유지하기는 어려워진 상황입니다.

박탈감을 느끼거나, 무능한 사람이 잘못해 놓은 일을 보완하기 위해 추가적인 업무를 해야 하는 상황 등에 대한 불만 수준도 높아 근로자들조차 저성과자 퇴출이 필요하다고 여기는 경우도 많습니다.

자신의 '노동가치'를 파는 '근로자'로서 살기 위해서는 변화되는 상황의 흐름을 잘 읽고 현명하게 처신할 필요가 있습니다. 물론 어떤 사람이 저성과자가 된 상황에 대해 지나치게 개인의 문제로 취급하려는 시각은 바람직하지 않습니다. 본인이 통제하기 어려운 구조적인 문제나 환경적인 제약이 끼치는 영향도 분명 존재하기 때문입니다. 그러나 저성과자 퇴출제도의 전 과정은 저성과자가 된 원인이 개인에게 있다는 사실을 드러내기 위한 것이라고 해도 과언이 아닙니다. 저성과자 퇴출제도 안에서 저성과자가 되어 겪는 스트레스와 불이익은 결국 자신의 책임이 되기 때문에, 안이한 씨처럼 지나치게 안이한 태도와 처신으로는 위기 상황에 대처하기 어렵습니다. 따라서 노력으로 통제할 수 있는 범위에서 적극적인 태도로 노력하는 자세가 필요합니다.

초기 스트레스나 좌절감, 부정적인 정서를 극복하지 못한 채 지속하면 좌절감이 만성화되거나 위험을 기피하는 소극적 태도가 굳어질 수 있습니다. 부정적 자아상이 있는 경우 자기효능감이 떨어져 조직에서 기대하는 역할을 제대로 수행하지 못할 때가 많고, 자기방어 심리에 의한 공감능력의 부족으로 상황 파악을 못 하거나 인간관계에 지장을 초래하기도 합니다.

단지 외부 상황의 문제라면 위기와 기회에 대한 시행착오를 통해 해결할 가능성이 있지만 심리적 측면의 문제라면 늪에 빠지듯 지속적인 저성과자로 전락할 우려가 큽니다. 심리적 관점에서 고성과자의 가장 큰 특징으로 '자신감과 회복탄력성'을 꼽을 때가 많습니다. 자기 자신에 대한 진정한 신뢰는 그냥 생기지 않고 치열한 원인분석과 꾸준한 훈련을 통해 비로소 단단하게 형성됩니다. 회복탄력성역시 천성이라기보다는 수시로 겪게 되는 위기나 시련에 대해 적극적이고 긍정적인 마음으로 대처하고자 할 때 만들어지는 후천적 자질이라고 생각합니다.

6장

LABOR   LAW

인사이동(전근·전직·전출·전적),
어디서 무엇을 왜 하는지가 중요하다

직장 생활을 하면서 한 부서에서 정년퇴직 때까지 계속 일하는 경우는 거의 없을 것입니다. 회사에서는 조직 개편도 종종 있고 순환보직 인사방침이나 공개 경쟁 직위 공모제 등에 의해 정기적인 인사이동이 있을 수 있습니다.

기본적으로 인사이동은 사용자의 고유 권한입니다. 하지만 일하는 장소나 업무 역시 근로조건의 하나이므로 이것이 달라질때 근로자에게 큰 불편이나 불이익이 생길 수 있습니다. 사용자에게 인사권이 있다고 해서 무제한 행사할 수 있는 것은 아닙니다. 필요한 범위를 넘어선다면 인사권의 일탈이나 남용에 해당합니다. 큰 법 원칙상 권리 남용에 따른 행위는 '무효'라고 봅니다. 따라서 사용자가 '경영상 필요'에 의해 인사이동에 관한 결정을 내리더라도 부당하다면 구제를 받을 수 있습니다.

또한 인사이동은 회사 운영이나 인력 관리의 필요에 의해 이뤄지는 것이 원칙이지만 항상 그렇지는 않습니다. 겉으로는 '인사이동'의 형태이지만 실제로는 '징벌'이 목적일 때가 종종 있습니다. 근로자에게 불이익을 주기 위해 먼 지방으로 전근을 보내기도 하고 지금껏 해오던 일과 상관없는 일이나 고된 일을 주기도 합니다. 물론 이런 불이익을 주는 데는 당사자가 견디지 못하고 알아서 회사를 나가게 하고자 하는 의도가 숨어 있을 때가 많습니다.

이 장에서 설명하는 인사이동은 이러한 불이익에 초점을 두고 있습니다. 인사이동도 정당해야 효력이 있습니다. 다만 징계보다는 정당성을 인정해주는 폭이 더 넓습니다. 인사이동이 필요한 사정은 징계가 필요한 사정보다 다양할 수 있기 때문입니다. 또한 인사이동은 어찌 되었건 '근로관계'가 유지되는 상황에서 이뤄집니다. 인사이동으로 발생하는 불이익은 근로관계를 끝내버리는 '해고'나 일정 기간 임금을 전혀 받지 못하는 '정직'과는 성격이 많이 다릅니다.

이런 특성에 의해 부당한 인사이동에 대한 법적인 판단 기준을 일반적인 징벌과 다른 방식으로 설정하고 있습니다. 부당한 인사이동에 대한 구제 역시 원직에 복직하고, 임금 불이익이 있으면 이를 보상하는 '원상회복 조치'의 형태로 이뤄진다는 점은 징벌의 경우와 동일합니다.

01 | 집에서 먼 지방으로 전근 발령을 받았는데 어떻게 해야 하나요?

학자마다 용어를 다르게 정의하기도 하지만 일반적으로 근무지를 옮기도록 하는 인사 명령을 전근(전보)이라고 합니다. 회사의 사업장이 여러 곳에 있는 경우 전근 발령이 있을 수 있는데, 회사마다 전근이 활발한 곳도 있고 그렇지 않은 곳도 있습니다. 전근은 다양한 이유에서 이뤄집니다. 새로운 지점이나 사업장이 생기거나 이전한다면 대규모 전근이 발생하기도 하고, 회사의 순환보직 인사방침에 따라 주기적으로 타지역으로 전근 발령을 내기도 합니다.

근로기준법 제23조는 "정당한 이유 없이 해고, 휴직, 정직, 전직, 감봉, 그 밖의 징벌을 하지 못한다"라고 규정하고 있습니다. 법 문구를 보면 앞서 다룬 징계나 해고 외에 '전직'도 '정당한 이유'를 요구하고 있습니다. 여기서의 전직은 근무지의 변경, 직종의 변경 등 배치전환이나 인사이동을 아우르는 넓은 개념입니다. 이러한 전근 발령은 원칙적으로 인사권자인 사용자의 권한이기 때문에 업무상 필요하다면 사용자가 넓은 재량으로 행사할 수 있다고 보고 있습니다.

전근 발령이 근로기준법을 위반하거나 권리 남용에 해당하는 특별한 사정이 없는 한 '원칙적으로 효력이 있다'고 보는 것이 판례의 기본 입장입니다. 근로기준법에서 정한 '정당한 이유'에 대해 징벌보다 더 넓게 인정해준다는 뜻입니다.

그렇다면 '부당한 전근'은 어떤 기준으로 판단할까요? 전근 발령은 회사 입장에서는 '업무상 필요'에 의해 내리는 것이지만 근로자에게 '불이익'을 줄 수 있습니다. 이렇게 대치되는 두 입장이 균형을 이뤄야 한다는 것이 기본적인 판단 기준입니다. 쉽게 말해 업무상 필요에 비해 근로자가 감수하는 불이익이 훨씬 크다면 부당한 전근입니다. 여기에서 업무상 필요는 막연한 것이 아니라 '구체적이고 합리적인 필요'를 뜻합니다. 합리적인 업무상 필요도 없이 또는 내세우는 필요와 '다른 의도'로 전근 발령을 내린다면 근로자에게 불이익이 크지 않더라도 전근의 정당성이 부정될 수 있습니다.

전근 발령은 근무지를 옮기는 것이기 때문에 통근이나 생활 근거지에 변화를 줍니다. 통근 시간이 길어지거나 이동 비용이 더 많이 들 수도 있습니다. 거주지를 옮겨야 할 정도로 먼 지방으로 전근된다면 이사 비용의 문제도 발생하고, 다른 가족과 떨어져 지내야 할 수도 있습니다. 이렇게 전근 발령으로 생긴 불이익은 금전상 불이익보다는 '생활상 불이익'에 해당합니다. 생활상 불이익도 막연하거나 주관적인 것이 아니라 구체적이고 객관적인 불이익을 말합니다. 만약 전근이 합리적 이유 없이 이뤄지거나 근무지 변경으로 입게 되는 생활상 불이익이 업무상 필요보다 더 크다면 부당한 전근입니다. 이에 대해서는 노동위원회에 구제를 신청할 수 있습니다. 구제 신청이 인정되면 사용자는 전근 명령을 취소하고 원래 근무지로 근로자를 복귀시켜야 합니다. 이 외에 부당한 전근으로 금전상 불이익이 발생한다면 그만큼 보상해야 합니다.

부당한 전근 발령에 대해서도 노동위원회 구제절차가 마련돼 있지만 정작 구제신청을 제기하기는 쉽지 않습니다. 전근 명령은 해고와 달리 근로관계가 유지되는 상황에서 이뤄지고, 일방적으로 '당하고 끝나는' 징계 처분과 달리 근로자가 인사 명령에 부응하는 행위를 해야 합니다.

근로자로서 근무 중인 상황에서 인사 명령으로 이뤄지는 전근 조치에 따라 전근지로 부임하는 것이 원칙인데, 받아들이기 힘든 부당한 전근이라면 어떻게 해야 할지 고민스럽습니다. 특히 거주지를 바꿔야 할 정도로 먼 장소로 이동해야 한다면 그 부담이 만만치 않습니다. 또한 부당 전근에 대한 구제신청을 제기하더라도 이후 다양한 변수로 상황이 복잡하게 전개되는 경우가 많습니다. 사용자는 여전히 근로자에 대한 인사 명령권을 가지고 있기 때문에 전근이 정당하다고 주장하는 것 말고도 여러 압박 수단을 사용할 수 있기 때문입니다.

특히 구제신청을 제기할 정도로 심각하게 문제가 된 전근이라면 순수하게 '업무상 필요'에 따라 이뤄진 게 아닐 때가 많습니다. 단지 근로자의 업무능력 향상을 위해 다양한 기회를 주는 차원에서 이뤄진 것이거나 새로운 지점이나 사업장이 생겨 그곳에서 일할 인력이 필요한 경우라면 당사자와 협의하거나 전근지 근무를 원하는 직원들의 신청을 받는 방법 같은 일련의 '절차'를 거칩니다. 근로자가 나름의 사정을 들어 곤란하다고 호소한다면 강제적인 전근에 사용자도 부담을 느끼기 때문에 근로자에게 이점을 주어 설득하거나 다른 대안을 찾는 편이 일반적입니다. 그러나 어떤 근로자를 현재 업무에서 배제해야겠다는 의도가 있거나 지방 근무 등으로 불이익을 줄 필요가 있다고 여길 때는 근로자가 이유를 납득하기 어려운 상태에서 전근 명령을 속전속결로 진행하거나 일방적으로 결정하곤 합니다. 이런 상황에서 근로자는 전근 조치를 '부당한 처사'라고 여기게 되고, 사용자와 협의하여 해결할 가능성이 없다고 판단해 노동위원회에 구제신청을 제기하게 됩니다.

하지만 부당한 전근에 대해 구제신청을 제기한다고 해서 전근 명령이 곧바로 중지되거나 취소되는 것은 아닙니다. 갈등 상황에서 구제신청 사건이 진행되는 동안 사용자는 여전히 전근 명령을 유지하면서 인사권으로 다양한 수단을 활용할 수 있습니다. 대개 근로계약이나 취업규칙에는 사용자의 인사이동 명령에 근로자가 정당한 이유 없이 거부할 수 없도록 규정하고 있습니다. 인사이동 명령 거부는 복무규율 위반이나 징계 사유로 정해놓기도 합니다. 따라서 부당한 전근 조치에 반발해 거부하는 근로자에게 '지시 위반'을 이유로 추가적인 징계 절차를 진행하기도 하고, 전근지로 출근하지 않은 이유로 '무단결근'으로 처리해 임금을 공제하기도 합니다. 근로자로서는 부당한 전근에 더해 전근지 부임 거부에 따른 징계나 임금 불이익의 위험도 감수해야 하는 상황이 되는 셈입니다.

그렇기 때문에 부당한 전근이 있거나 있을 예정일 때는 조속히 전문가의 조언을 구할 필요가 있습니다. 전근은 시간적으로 충분히 고민할 여유가 많지 않을 때가 대부분이고 상황에 따라 선택해야 하는 전략이 다릅니다. 적정한 시기를 놓친다면 낭패를 볼 수 있으므로 서둘러 알아보고 대비책을 마련해야 더 큰 문제가 발생하는 상황을 막을 수 있습니다.

구제신청이 불가피한 상황이라도 향후 발생할 다양한 가능성을 알아보고 신중하게 판단해 결정해야 합니다. 징계라면 명확한 사유가 있어야 가능하지만 전근 명령은 '업무상 필요'가 있으면 됩니다. 업무상 필요는 꽤 넓게 인정되기 때문에 사용자가 그럴듯한 업무상 필요를 만들기란 그리 어렵지 않습니다.

근로자의 생활상 불이익도 회사가 전세자금을 대출해주거나 이사 비용을 지급하는 방식 등으로 어느 정도 보완해준다면 지방에 가기 싫은 마음, 가족과 떨어져 지내야 하는 불편만으로 불이익을 주장하기도 애매해집니다. 그래서 일반적으로 전근 명령의 부당성은 인정받기 어렵습니다.

어렵게 전근의 부당성을 인정받아 구제명령을 이끌어내더라도 복귀 후 직장 생활이 평탄하지는 못할 것입니다. 그저 원래 일하던 곳에서 일하기를 바라는 마음으로 구제신청을 제기했다가 결국에는 그 회사와의 인연을 접어야 하는 경우도 많습니다. 따라서 구제신청 제기는 항상 신중해야 하고, 먼저 구체적인 전략을 세우고 접근해야 합니다. 이런 과정에서 상황을 객관적으로 판단하고 노동위원회 절차를 비롯해 사용자의 행동에 대한 대응 전략을 수립할 수 있는 전문가의 조언을 충분히 구하는 편이 좋습니다.

02 | 하던 일과 전혀 다른 일을 하라고 하면 어떻게 해야 하나요?

근무장소의 이동을 '전근'이라고 한다면 직종이나 업무의 변경을 '전직'이라고 부를 수 있습니다. 사실 법에서 정한 '전직'은 더 큰 의미로 사용하지만, 여기에서는 명확한 구분을 위해 '하는 일'의 변경으로 의미를 제한하고자 합니다.

전직 명령이 정당한지 여부도 전근 명령과 같습니다. 업무상 필요가 있어야 하고 전직에 따른 생활상 불이익이 감수하기 어려울 정도로 커서는 안 됩니다. 다만 근무지 변경은 보통 통근이나 거주 비용 등 생활상 불이익이 발생하기가 쉬운 반면 단순히 직무가 바뀌는 상황은 객관적인 '생활상 불이익'이 생기지 않을 때가 많습니다. 또한 기업 내에 다양한 직종이 있고 순환보직이나 업무능력 향상 차원에서 기존의 일과 다른 업무를 하는 것이 당연시 되는 측면도 있기 때문에 '업무상 필요'도 아주 넓게 인정됩니다. 따라서 근로자가 하던 일과 다른 일을 하고 싶지 않거나 잘할 자신이 없더라도 전직 명령을 법적으로 '부당한 것'으로 인정받아 강제로 취소하기란 매우 어렵습니다.

그러나 근로계약서에 '직종'이 명시돼 있고, 사용자가 필요에 따라 직종을 변경할 수 있도록 하는 규정이 없다면 직종 변경 시 근로자의 개별적 동의를 받아야 하는 것으로 봅니다. 이런 경우에 근로자 동의 없이 직종을 일방적으로 변경하면 전직 명령의 부당성을 인정받기 쉽습니다.

직종의 변경에서 '직종'의 의미는 사무관리직, 생산직, 기술직, 영업직 등 성격이 뚜렷하게 구분되는 것으로 좀 더 크게 봐야 합니다. 같은 직종 내에서 단순히 과업의 종류가 변경되는 것은 늘 있는 일입니다. 하지만 사무관리직으로 채용한 사람을 생산직으로 보낸다든지, 디자이너로 일하던 사람에게 배송 업무를 하도록 한다면 '업무상 필요성' 자체가 인정되기 어렵습니다.

누가 보더라도 이해하기 어려울 정도로 엉뚱한 직무로 변경한다면 부당성을 인정받는 데 큰 어려움이 없습니다. 또한 근무지 변경 없이 직종만 변경된다면 전근에 비해 당분간 감수하는 일이 더 쉽기 때문에 인사 명령 거부에 따른 부담 없이 일단 변경된 업무를 하면서 이의를 제기하는 방법을 선택할 수 있습니다. 하지만 비슷한 직종 내에서 업무가 바뀌더라도 어렵거나 지나치게 단순한 업무를 갑자기 해야 할 때 근로자 입장에서 받아들이기 어려울 수 있습니다. 그렇지만 이 정도는 과업의 변경에 해당한다고 보기 때문에 부당한 전직 명령으로 인정받기가 매우 어렵습니다.

영업 기반으로 운영하는 회사의 경우 다른 직종으로 입사해 근무했어도 영업직으로 전근하는 경우가 종종 있습니다. 이 역시 '직종의 변경'이기 때문에 부당한 전직 명령에 해당된다고 볼 수 있지만 영업직은 다른 시각이 적용됩니다. 회사의 매출을 올리는 데 영업직이 아닌 다른 직원들도 기여하도록 할 필요가 있을 수 있고, 영업 업무를 통한 현장 경험이 본래 업무를 수행에 도움이 될 수도 있는

데 이런 점들이 '업무상 필요'로 넓게 인정될 수 있기 때문입니다.

이렇게 정작 본인은 받아들이기 어렵지만 법적으로 부당성을 인정받기 힘든 상황을 겪을 수 있습니다. 이런 상황에서는 법적인 대응보다 다른 방안을 찾는 편이 좋습니다. 먼저 받아들이기 어려운 전직 명령이 왜 이뤄졌는지 그 원인 파악이 중요합니다. 자신에 대한 상사의 평가가 부정적일 수도 있고, 자신의 생각과 달리 회사에서 보는 자신의 적성이 다를 수도 있습니다. 내부의 치열한 경쟁에서 밀려서일 수도 있고, 근로자가 어려운 미션을 잘 수행할 수 있는지 충직하게 인사 명령을 잘 따르는지를 시험해보기 위해서일 수도 있습니다.

그 원인을 파악한 후 넓은 관점에서 자신에게 닥친 위기나 도전을 어떻게 극복해야 현명할지 신중하게 고민해볼 필요가 있습니다. 받아들이기 어려운 전직 명령이 장기적이거나 영구적이라면, 또한 회사가 전직 명령을 통해 근로자에게 심적 부담을 주거나 불이익을 주려는 의도가 분명하다면, 그 상황을 극복하는 데 많은 노력이 들고 시간이 걸릴 수 있습니다. 이런 상황에서는 그 부담을 감수할지, 이직 같은 대안을 찾아볼지 결정할 필요가 있습니다. 그러나 일시적인 전근 명령이 단지 업무 경험을 확장하기 위한 의도라는 사실이 명확하다면 근로자로서 그 정도는 감수할 수도 있고 오히려 더 인정받을 기회로 적극 활용할 수도 있습니다.

03

계열사로 가라는데 불이익은 없나요?

전근이나 전직은 기업 안에서 이뤄지는 인사이동입니다. 그런데 기업과 기업 사이에도 인사이동이 있을 수 있습니다. 우리가 흔히 '사외 파견근무'라고 부르는 전출이나 계열사, 관계사로 소속을 옮기는 전적이 기업 간 인사이동에 해당합니다.

대기업이나 사업 영역이 다양한 중견기업은 모기업과 여러 자회사, 계열사를 둘 때가 많습니다. 작은 중소기업에서도 세무 문제나 영업상의 이점 때문에 그 안에 여러 법인을 만들어 운영하는 경우도 있습니다. 그룹이라는 이름으로 긴밀한 관계를 맺고 비슷한 회사명을 쓰면서 마치 하나의 거대한 조직처럼 움직이지만 사실 각 계열사는 '별개의 회사'입니다. 근로관계에서의 사용자는 법인 사업장의 경우 '법인 자체'입니다. 상법상 법인격을 갖춘 하나의 회사가 근로기준법상 근로계약의 당사자인 '사용자'가 됩니다. 따라서 법인격이 없는 그룹은 그저 여러 법인의 연합체일 뿐입니다. 또한 각 근로자는 그룹과 근로계약을 체결하지 않고 그룹의 모회사나 각 계열사와 근로관계를 맺어 그 소속으로 근로를 제공할 뿐입니다.

그러므로 다른 계열사로 옮기는 인사이동은 기존의 소속 회사를 그만두고 '다른 회사'와 새로 근로계약을 체결하는 것을 의미합니다. 여러 사업체를 둔 중소기업도 마찬가지입니다. 이런 방식의 인사이동을 '전적'이라고 하는데, 말 그대로 '소속을 옮기는 것'입니다.

이와 달리 소속은 그대로 두면서 장기간 다른 관계사나 계열사에서 근무하도록 하는 경우가 있습니다. 이를 '전출'이라고 하는데, 전적이나 전출에서 법적으로 중요한 사항은 그 인사 명령이 근로자의 개별적인 동의를 받아야만 효력이 있다는 점입니다. 전적은 소속이 바뀌는 매우 중요한 사안이기 때문에 당연히 동의가 필요합니다. 전출 역시 소속은 유지하지만 근로를 제공하는 대상이 바뀌는 상황이기 때문에 근로자의 동의가 필요하다고 보고 있습니다.

전출이나 전적이 근로자의 구체적인 동의 없이 일방적으로 이뤄진다면 그 인사 명령은 효력이 없습니다. 부당한 전출이나 전적도 노동위원회 구제신청 대상이 됩니다. 그렇지만 그룹 내 기업들이 긴밀한 관계를 맺고 있는 상황에서 입사 당시나 재직 중에 옮길 가능성이 있는 회사와 업무 등을 정해놓고 전적에 대해 미리 동의를 구하는 경우가 있습니다. 또한 근로자 동의 없이 계열사 간 전적이 관행적으로 이뤄져 직원들이 이를 당연하게 받아들일 때도 있습니다. 판례는 이런 특별한 사정이 있다면 예외적으로 근로자의 구체적인 동의 없이도 전출이나 전적이 가능하다고 보고 있습니다.

전적은 기존의 근로관계를 '합의해지' 하고 다른 기업과 새로운 근로계약을 체결하는 것입니다. 또한 전적을 하게 되면 종전 회사에서의 근속기간이 단절되고 임금 조건도 새로운 회사의 규정에 따라 적용되는 것이 원칙입니다. 같은 그룹에 속해 있더라도 계열사마다 근로조건이 다를 수 있습니다. 게다가 전 소속의 근속기간이 단절된다면 연차휴가 일수나 퇴직금, 근속수당 등에서 불이익을 볼 수도 있습니다. 따라서 전적에 동의하기에 앞서 전적 전후의 근로조건이 어떻게 달라지는지 정확히 확인해봐야 합니다.

현재보다 명확하게 불리한 근로조건이라면 전적을 거부할 수 있습니다. 이때 근로조건이 나빠지기 때문에 싫다고 직설적으로 표현하기보다는 우회적인 표현을 쓰는 편이 낫습니다. 현재의 근로조건만으로 판단하기 어려울 때도 있습니다. 현재의 근로조건보다 나쁘지만 성과가 좋으면 더 많은 임금을 받는 구조라거나 비약적으로 사업이 발전할 가능성이 큰 상황이라면 도전적인 성향의 근로자는 기꺼이 전적에 동의할 수 있을 것입니다. 이러한 판단은 본인에게 달려 있습니다. 하지만 적어도 전적 전후의 근로조건이 어떻게 바뀌는지 정확히 모른 채 동의서에 서명하는 우를 범하지는 말아야 합니다. 전적은 법률 효과가 말 그대로 '소속'을 옮기는 것이기 때문에 일단 동의한 후에는 되돌릴 수 없습니다.

회사끼리 근로관계를 '승계'하는 계약을 체결할 수 있습니다. 근로자의 소속은 바뀌지만 기존의 근속기간이나 임금을 새로운 기업이 그대로 떠안겠다는 의미입니다. 고용승계계약이 아니더라도 새로운 회사의 취업규칙에서 '계열사 간 전적이 있는 경우 고용승계에 준하여 종전 기업의 근속기간을 통산하고 종전의 근로조건을 유지'하도록 규정하기도 합니다. 이런 특별한 사정으로 근로관계의 승계가 인정되는 경우에는 전적 전후의 근로조건이 같습니다.

04 | 대기발령(직위해제)은 무엇인가요?

대기발령은 근로자가 잠정적으로 직무를 하지 못하도록 하는 인사 명령입니다. 대기발령이나 직위해제는 같은 뜻으로 사용되는 말입니다. 대기발령을 내리는 이유는 다양합니다. 징계를 내리기 전 그 혐의를 조사하기 위해, 조직 개편이나 직무 변동 과정에서 부여할 보직이 마땅치 않을 때, 정리해고 과정에서 잉여 인력에 대한 해고 회피 노력의 일환으로 대기발령이 이뤄지기도 합니다.

대기발령은 대기 기간에 출근하지 않도록 하는 '자택 대기' 형태로 이뤄지기도 하고, 일을 주지 않더라도 출근하게 하는 '출근 대기' 방식을 적용하기도 합니다. 대기발령 동안 임금 지급 조건은 회사마다 다르게 정할 수 있습니다. 그러나 일반적으로 대기발령은 징계와는 다르게 사용자의 경영상 필요에 의해 이뤄지기 때문에 대기발령 동안 출근하지 않더라도 최소한 휴업수당 상당액(평균임금의 70%)을 지급해야 합니다. 대기발령은 '잠정적인 조치'라는 특성이 있기 때문에 보통 3개월 이내의 짧은 기간 이뤄집니다.

대기발령 역시 전근이나 전직과 같이 인사 명령의 하나이고 근로기준법 제23조제1항에서 정당한 이유 없는 '휴직'을 금지하고 있는데 출근을 정지시키는 대기발령이라면 '휴직'에도 해당합니다. 따라서 대기발령도 '정당한 이유'가 필요하지만 전근이나 전직과 마찬가지로 넓은 범위에서 정당성을 인정합니다. 게다가 잠정적인 조치이기 때문에 확정적인 처분인 전근이나 전직에 비해 사용자가 재량권을 행사할 수 있는 범위가 더 넓습니다. 물론 대기발령의 사유나 방법을 취업규칙에 정해놓고 있다면 그대로 해야 합니다. 취업규칙에 정한 사유가 아닌 사유로 대기발령을 하거나 적절한 절차를 거치지 않으면 대기발령의 정당성이 부인될 수 있습니다.

대기발령 역시 '업무상 합리적인 필요'가 있어야 하고 근로자가 감수해야 할 생활상 불이익이 크지 않아야 합니다. 대기발령으로 인한 생활상 불이익은 그리 크지 않습니다. 짧은 기간 이뤄지고 업무를 하지 않으면서도 평균임금의 70퍼센트 이상을 받을 수 있기 때문입니다.

대기발령에서 주로 문제가 되는 것은 '합리적인 업무상 필요'가 있는지 여부입니다. 겉으로는 앞서 설명한 대기발령이 가능한 일반적인 사유를 내세우지만 실제 의도는 근로자를 업무에서 제외시켜 불안감을 주거나 불이익을 주고자 하는 이유도 있습니다. 그리고 대기발령이 가능한 사유에 해당하더라도 상황에 따라 업무 배제가 굳이 필요한지, 업무상 필요만큼의 적정한 기간을 정했는지 따질 수 있습니다. 다른 비슷한 입장에 있는 근로자들과의 형평성도 고려합니다. 예컨대 일반적으로 징계 처분 전에 징계 조사를 위한 대기발령은 가능합니다. 그런데 대기발령 기간에 아무런 조사를 하지 않거나 조사에 필요한 기간 이상으로 장기간 대기발령 상태에 있다면 합리적으로 업무상 필요가 있다고 보기 어렵습니다. 조직 개편 과정에서 일시적으로 줄 업무가 없는 상황도 대기발령 사유가 되지만 충분히 업무를 줄 수 있는 상황이지만 특정 근로자를 업무에서 배제하기 위한 의도로 대기발령을 내린다면 정당성이 부정될 수 있습니다.

대기발령을 내릴 때 기간을 정하지 않고 '복귀 명령이 있을 때까지'처럼 무기한의 대기발령을 내릴 때가 있습니다. 임시적인 조치인 대기발령을 내릴 당시 얼마나 대기발령 기간이 필요한지 예측하기 어려워서 그럴 수도 있지만, 퇴출 대상인 근로자에게 심적인 불안감을 주고 압박하기 위한 의도로 무기한의 대기발령을 내릴 때도 있습니다. 무기한으로 대기발령을 내린다고 무조건 부당한 대기발령은 아닙니다. 그러나 대기발령은 기본적으로 '잠정적인 조치'라는 특성이 있기 때문에 지나치게 긴 기간 대기발령 상태를 유지한다면 그렇게까지 오랜 기간 대기발령을 해야 할 합리적인 업무상 필요가 인정되기 어렵습니다.

과거에는 취업규칙에 "대기발령 후 3개월이 지나도록 복귀 명령이 없으면 자동면직된다"라는 조항이 있는 경우가 많았습니다. 이에 대해 여러 차례 법적 분쟁이 있었고 판례를 통해 논쟁이 정리되면서 요즘에는 취업규칙에서 이런 조항이 많이 사라졌습니다. 여기에서 '자동면직'은 그냥 '해고'입니다. 해고에는 '정당한 이유'가 있어야 하는데 '대기발령 후 3개월이 경과한 사실'이 정당한 이유가 될 수는 없습니다. 대기발령 사유부터 따져서 해고할 만한 이유가 있는지를 검토해야 한다는 것이 판례의 입장입니다.

부당한 대기발령에 대해서도 노동위원회 구제신청을 통해 구제를 받을 수 있습니다. 그러나 대기발령이 보통 잠정적 조치로 이뤄지기 때문에 기간도 짧고 휴업수당 이상의 임금을 지급한다면 불이익이라고 할 만한 점이 그다지 많지 않습니다. 보통은 대기발령 자체보다 그 이후에 있을 징계나 전환배치, 정리해고 등 '확정적인' 다른 인사 조치가 관심의 대상입니다.

그런데 대기발령 이유가 불분명하거나 무기한의 대기발령을 내린다면 근로자로서는 매우 불안정한 상태에서 불안감을 느낍니다. 근로자에게 뚜렷한 대기발령 사유를 통지하거나 제대로 설명하지 않는다면 대기발령의 '의도'가 다른 데 있을 경우가 많습니다. 노동조합 활동을 적극적으로 하는 사람에게 대기발령을 내려 직원들과 접촉하지 못하도록 하기 위해, 혹은 퇴출시키고자 하는 직원에게 대기발령을 내려 그 보직이나 업무를 다른 사람에게 주고 회사의 업무에서 철저하게 배제시키면서 사직을 압박하기 위해, 심지어 징계 대상자나 업무실적이 부진한 사람이 대기발령 기간에 반발하는 태도를 보일 때 그것을 징계 사유에 추가하기 위해 대기발령을 악용하는 수도 있습니다.

부당한 대기발령에 대해 무언가 조치를 하고 싶지만 '잠정적 조치'라는 특성 때문에 애매합니다. 대기발령 상태에서 기다리며 상황을 지켜보다가 신중하게 구제신청을 하고 싶을 수도 있지만 구제신청은 대기발령이 있는 날로부터 3개월 이내에 해야 합니다. 그러나 임시 조치인 대기발령 단계부터 반발하며 법적 분쟁을 시작하는 근로자를 회사가 곱게 볼 리 없습니다. 대기발령이 징계나 전근 같은 다른 처분을 앞두고 이뤄지는 조치라는 사실을 감안할 때, 회사가 가능한 수단을 사용해 근로자를 압박하고 불이익을 주고자 하면 상황이 더 나빠질 수도 있습니다.

이런 이유 때문에 대기발령에 대한 법적인 구제신청은 신중해야 합니다. 가장 중요한 점은 '대기발령 이유'를 명확히 파악하는 일입니다. 겉으로 포장된 이유 외에 숨은 의도가 감지된다면 그 속내를 잘 고려해봐야 합니다. 대기발령에 따른 임금 조건이 어떻게 되는지, 승진이나 전근 등 다른 인사 결정에 대기발령 이력이 주는 영향이 없는지도 확인해야 합니다. 대기발령 이후에 있을 상황에 대해 충분히 예측해보고 대응방법에 따라 어떤 결과가 나올 수 있는지도 검토해야 합니다. 대기발령이 단기간에 끝나버릴 수 있기 때문에 주어진 시간이 많지 않을지 모릅니다. 따라서 대기발령 처분 이후 당혹감과 긴장감으로 아까운 시간을 낭비하지 말고, 침착하게 상황을 파악하고 가급적 신속하게 대응방안을 선택할 필요가 있습니다.

자택 대기 상태라면 회사와 직접 부딪힐 일이 없지만 출근 대기 명령을 내린 상황이라면 언행에 주의가 필요합니다. 원래 하던 일을 하지 않는데도 출근하게 하는 데는 그만한 이유가 있기 때문입니다. 단순히 보직이 없는 시간을 잘 활용하도록 하기 위해 출근 대기 명령을 내리기도 합니다. 집에서 쉬게 하는 것보다는 다른 직원들 일을 돕도록 한다든지, 교육·훈련을 받거나 직무 능력 향상을 위한 과제를 수행하도록 하는 편이 낫다고 보는 것입니다.

하지만 대기 기간에 근무태도나 능력을 평가하고 대기발령 이후에 있을 징계나 전근 등의 인사 결정에 참고하기 위해 출근 대기 방식을 선택하는 경우가 많습니다. 따라서 이 기간에 근태관리를 더 철저하게 한다거나 까다로운 과제를 주고 평가하기도 합니다. 앉을 자리는 있는데 업무가 없기 때문에 컴퓨터를 주지 않는다든지, 회의에서 배제한다든지 하는 방식으로 상당한 심적 스트레스*를 주기도 합니다.

상황이 이러면 할 일 없이 앉아 있는 것이 답답해 자리를 비우거나 늦게 출근하는 일이 잦은데 회사는 이런 태도를 꼼꼼하게 확인하고 '대기 상태에도 근무태도가 불량하다'라고 하며 추가적인 징계 사유로 활용할 수 있습니다. 따라서 출근 대기 상태에서 기본적인 복무규율을 어기거나 감정적인 반응을 하거나 불성실한 태도로 비칠 수 있는 언행을 하는 등 더 나쁜 상황을 만들지 않도록 주의할 필요가 있습니다. 스트레스를 받는 상황일지라도 객관적으로 상황을 파악하도록 노력하고 가능한 상황을 예측하며 대응방안을 고민한다면 침착한 마음 상태를 유지하는 데 도움이 됩니다.

---

* 직위해제 중인 근로자에게 업무상 필요하지 않거나 부적절한 요구를 해서 신체적 정신적 고통을 주거나 제대로 업무를 수행할 수 없을 정도로 근무 환경을 악화시킨다면 '직장 내 괴롭힘'에 해당합니다.

05 | 인사이동 명령이 부당하다고 생각하면 거부할 수 있나요?

징계나 해고 등의 징벌은 그저 일방적으로 당하는 것이기 때문에 거부하고 말고 할 것도 없습니다. 인사 명령을 거부해야 할지 말지 고민되는 경우는 부당한 인사 명령이라도 일단 받아들이고 다른 방편을 찾아보는 것이 매우 부담스러울 때입니다.

보통 이런 상황은 장거리 전근 명령이 내려질 때 발생하지만 이제껏 해오던 일과 다른 일을 해야 하는 전직의 경우에도 발생할 수 있습니다. 근무장소가 바뀌는 일은 생활 근거지나 가족생활의 변화를 동반할 수 있기 때문에 짧은 시간에 쉽게 내릴 결정이 아닙니다. 게다가 부당한 인사 명령이라면 언젠가 취소될 것을 기대할 수도 있는데 이렇게 되면 이사를 두 번 해야 하는 번거로움이 생길 수 있습니다. 전직은 개인에 따라 하던 일과 다른 일을 하는 것을 어느 정도 감수할 수 있을지 모르나 자존심에 큰 타격을 준다고 여기거나 바뀐 일이 감당하기 힘든 일이라면 그 자리로 가고 싶지 않을 수 있습니다.

근로자는 사용자가 자신의 고유 권한인 인사권에 근거해 내리는 인사 명령을 따라야 할 기본적인 의무가 있습니다. 따라서 사용자의 인사 명령을 거부하는 행위는 징계나 해고 사유가 될 수 있습니다. 그렇다고 인사 명령을 '무조건' 따라야 한다는 말은 아닙니다. 근로자에게 '정당한 사유'가 있다면 거부할 수 있습니다. 부당한 인사 명령이라면 당연히 그 명령을 거부할 정당한 사유가 됩니다. 부당한 인사 명령을 거부한다고 징계한다면 효력이 없습니다.

주의해야 할 점도 있습니다. 인사 명령이 '부당하다'는 것을 사후에 인정받아야 거꾸로 부당한 인사 명령 거부를 사유로 내린 징계가 무효가 됩니다. 즉 거부할지 말지 선택해야 하는 시점에서는 인사 명령이 부당한지가 확실하지 않을 수 있습니다. 게다가 인사 명령을 정당하다고 보는 범위가 넓기 때문에 인사 명령의 부당성을 인정받기가 그만큼 쉽지 않습니다. 결국 근로자로서는 불확실한 상황에서 추가적인 징벌의 위험 부담을 안고 판단해야 하는 상황에 처하게 됩니다. 따라서 인사 명령이 부당하기 때문에 거부하고자 하는 경우 '법률적 조언'을 충분히 받고 신중하게 결정하는 편이 좋습니다. 인사 명령의 부당성은 법적인 분쟁을 통해 비로소 판단할 수 있기 때문입니다. 짧은 기간 내에 인사 명령을 따르도록 한다면 이렇게 검토할 만한 시간이 충분하지 못할 수도 있습니다. 이런 상황이라면 휴가를 이용하여 시간을 버는 것도 한 방법입니다. 인사 명령이 부당하다고 여길 가능성이 충분한 상황이라면, 어렵겠지만 일단 인사 명령을 받아들이고 나서 구제절차를 진행하는 편이 좋습니다. 징계의 위험 부담이 있긴 있지만 인사 명령을 거부하면 이후 대처해야 할 상황이 복잡해지고 사용자와의 관계가 더 나빠질 수도 있기 때문입니다.

위험 부담이 있더라도 인사이동을 도저히 받아들일 수 없다고 생각하면 인사발령을 거부한 이후에 발생할 수 있는 모든 상황을 꼼꼼히 예측해볼 필요가 있습니다. 근로자가 인사이동 명령에 따르지 않고 거부한다면 사용자 역시 이에 대해 적극적으로 대응합니다. 예를 들어 근로자가 부당한 전근 명령을 거부하고 원래 근무지로 출근한다면 단 하루도 그냥 놔두지 않을 가능성이 큽니다. 원래 근무지로 출입을 금지하거나 원래 있던 자리를 치워 업무를 볼 수 없도록 하면서 전근지로 출근하라는 내용증명을 지속적으로 보내기도 합니다. 이런 조치 때문에 어쩔 수 없이 출근하지 않으면 무단결근으로 처리하기도 하고, 인사 명령에 대한 지시 위반을 사유로 추가적인 징계 절차를 준비하기도 합니다.

이런 상황에서 인사이동 처분의 부당성을 확인받고 원직에 복직하고자 구제절차를 진행한다면 그 판정을 받기도 전에 회사의 징계가 먼저 이뤄질 것입니다. 회사는 인사 명령 거부에 대한 징계 조치를 신속하게 진행하는 경향이 있습니다. 단순히 회사의 명령을 거부한 근로자가 못마땅해서가 아닙니다. 인사이동의 부당성을 다투는 상황에서 회사는 어찌 되었건 인사 명령이 '정당하다'고 주장해야 하는 입장이기 때문에 신속한 징계로 인사이동의 정당성을 '보여줄' 필요가 있는 것입니다. 따라서 인사 명령이 부당하다는 이유로 거부하면 이에 대한 징계를 감수해야 하는 경우가 대부분입니다. 즉 부당한 인사 명령을 거부한 상태에서 구제절차를 진행하고자 할 때 부당한 인사이동에 대한 구제신청과 함께 부당한 징벌에 대한 구제신청을 함께 진행해야 할 가능성이 있습니다. 인사 명령을 거부하기에 앞서 이러한 가능성을 충분히 고려하여 신중하게 결정해야 힘들고 어려운 싸움을 잘 버텨나갈 수 있습니다.

" 사례　　　　　　　　　　　　　　## 승진과 노동법

부당한 평가와 승진 누락, 법으로 보호받지 못하나요?

고고해 씨는 현재 15년 차 만년 과장이다. 고고해 씨는 나름 대로 성실하고 업무능력도 우수한 편이지만 원칙주의자라 평소 바른 소리를 잘하고 종교적인 이유로 회식에서 상사가 권하는 술도 거절하는 일이 잦았다. 군대식 권위주의가 강한 조직 문화에서 상사에게 잘 보이려고 노력하는 것이 일반적인데, 입안의 혀처럼 굴지 않는 고고해 씨는 상사들에게 좋은 평가를 받기 어려웠다. 이 때문에 여러 차례 승진 누락의 고배를 마시고 지금은 한참 후배가 먼저 차장, 부장으로 승진하는 모습을 바라봐야 하는 처지다. 오랜 승진 누락으로 무능한 선배로 취급받는 상황을 견디기 어렵지만 그렇다고 비굴하게 평가 결과에 대해서 일일이 이의를 제기하거나 승진을 구걸하고 싶지 않았다.

그러던 중 회사에 흉흉한 소문이 돈다. 경기침체가 오래되면서 회사가 지속적인 구조조정을 계획하고 있고, 저성과자 퇴출제도도 도입할 예정이라고 한다. 인사팀에 있는 입사 동기

가 고고해 씨처럼 평가 결과가 계속해서 나쁘고 여러 번 승진 에서 제외된 사람들이 주된 대상이라고 귀띔까지 해준다. 고 고해 씨는 당황스럽고 억울한 마음이 들었다. 업무적으로 문 제가 될 게 없는데 단지 상사의 비위를 맞추지 못했다는 이유 로 나쁜 평가를 받고 이 때문에 연말성과급이나 승진에서도 불이익을 받았는데, 그것이 해고로 이어질 수 있는 근거가 된 다면 너무나 부당하다는 생각이 들었다. 고고해 씨는 지금 상 황에서 어떻게 대처할 수 있을까?

인사고과는 사용자 고유의 경영권에 해당하는 사항으로 직접적 인 법의 규율 대상이 아닙니다. 보통 인사고과는 평가만을 위한 평 가로 이용하는 경우는 거의 없으며 대부분 어떤 '처분'의 근거로 활 용하기 위해 시행합니다. 주로 성과연봉의 결정이나 승진, 배치전 환, 징계, 해고 등을 결정하는 기준으로 사용합니다. 그러나 부당한 인사고과를 근거로 임금, 징계, 전보, 해고 등 구체적인 근로조건이 나 신분상 불이익을 주는 인사 처분이 있다면 그 정당성을 판단하기 위해 우선 평가 기준의 합리성이나 결과의 공정성에 대한 법적 검토 가 이루어집니다.

대개 기존의 조건에 비해 불이익한 방향으로 처분이 이루어지는 징계, 해고, 임금삭감의 경우와 달리 승진이나 배치전환(전보)은 '불 이익 여부'가 불분명할 때가 많습니다. 또한 승진, 배치전환은 고유 의 경영권 사항으로 보기 때문에 사용자의 재량 범위를 넓게 인정합니다. 특히 승진 대상자 중 특정인을 '선발'하는 형태의 승진인사라면 근속 승진*과 달리 개개 근로자에게 승진에 대한 '권리'가 있다고 보기 어렵고 재량적인 판단의 여지가 매우 큰 것이 특징입니다. 이런 이유로 근속 승급 누락 같은 경우 외에는 '승진' 자체의 부당성을 다투는 사례를 찾아보기 어렵습니다.

고고해 씨 사례와 같이 인사평가 결과에 객관적인 합리성이 있다고 보기 어려운데도 이를 근거로 승진에서 누락되는 경우 부당한 승진 누락에 대해 인사재량권의 남용을 주장하며 취소를 구할 수 있습니다. 그러나 승진의 의사 결정은 일반적으로 평가 결과뿐 아니라 적격성, 인사배치 가능성 등 다양한 고려 요소에 의해 이루어지기 때문에 인사평가 결과의 불합리성만 가지고는 고고해 씨의 승진 누락이 부당하다고 보기 어렵습니다.

인사평가에서도 업무상 결과만을 평가하는 것이 아니라 자질이나 조직 인화력, 충성도, 인적성처럼 매우 주관적인 사항도 평가 대상에 포함될 수 있습니다. 그렇기 때문에 '상사에게 감정적으로 밉보인 것'이 조직인화력이나 충성도 부족으로 평가되었다면 이를 뚜렷하게 반박하기도 어렵습니다. 인사평가 결과에 대해 회사에 이의를 제기할 수 있지만 고고해 씨처럼 장기간 아무런 이의를 제기하지 않았던 경우 평가 결과를 수용했다고 볼 수 있기 때문에 기존 평가

＊　일정 기간 근속하면 자동으로 직위나 호봉(급여등급)의 승급(승진) 이루어지는 경우

결과의 부당성을 인정받기는 더 어려워집니다.

그런데 고고해 씨가 위법 행위를 고발하거나 부당한 지시를 거부한 것이 이유가 되어 평가상 불이익을 받거나 종교적인 이유로 차별을 받았다면, 그리고 정당한 노조활동, 적법한 연차휴가의 사용 등과 같이 법으로 보장된 활동이 불이익한 취급의 이유라면 각각의 사유에 따라 불이익한 취급 자체를 금지하는 법규를 근거로 사용자를 고발하거나 부당한 처분의 취소를 구하기가 보다 쉬울 수 있습니다. 또한 저성과자에 대한 해고같이 근로기준법상 '정당한 이유'를 필요로 하는 불이익한 처분을 행할 경우 해고의 취소를 구하는 법적 분쟁에서 인사평가의 부당성을 주장할 수 있습니다. 그러나 평가 결과에 객관적인 합리성이 없다는 사실을 입증할 책임이 고고해 씨에게 있기 때문에 회사의 평가 관련 규정 위반이나 평가 기준별 평정 점수의 근거에 대해 반박자료를 면밀하게 준비해야 합니다.

인사평가에서 주관적인 평가 요소들이라고 하여 무조건 불합리한 것으로 취급하지 않습니다. '조직 인화력'과 같은 지극히 주관적인 기준도 평가 기준으로 인정되기 때문에 '업무와 무관한' 상사의 개인적인 감정 때문에 부정적인 평가가 이루어졌다는 사실을 최대한 입증하는 편이 좋습니다. 특히 종교적인 이유로 음주를 거부한 사실같이 본인 행위의 객관적 정당성을 확인할 수 있는 구체적인 증거를 적극적으로 제시하여 이러한 증거와 평가가 긴밀하게 연관되어 있다는 사실을 구체적으로 보여주면 도움이 됩니다.

고고해 씨에게 대기발령이나 해고 등 구체적인 불이익 처분이 이루어진 상황은 아니지만, 발생할 우려가 있는 위기 상황이라면 기존 인사평가 결과에 대해서 정식으로 이의를 제기하는 편이 좋습니다. 이의제기 기한이 지났더라도 이의를 제기하게 된 배경을 설명하며 최대한 사전에 방어 조치를 취해야 합니다. 그리고 이의제기는 입증 자료로 남을 수 있도록 구두보다는 문서나 이메일로 하되, 구체적이고 논리적인 내용으로 충분히 소명할 필요가 있습니다. 주장하는 내용에 대한 입증 자료를 최대한 준비하여 제출하고, 진술서나 녹취록과 같은 것은 진술해 준 동료에게 불이익이 갈 우려가 있기 때문에 만일의 상황에 대비해 준비해놓되, 자료 제출 시기나 방법 선정에 신중을 기하는 편이 바람직합니다.

여성·비정규직·파견직,
취약계층은 특별히 보호된다

근로자 중에 상대적으로 열악하거나 불안정한 상황에서 근로를 제공하는 취약계층이 있습니다. 여성 근로자는 모성의 보호나 가정과 직장 생활의 균형 문제, 성별에 따른 차별 문제에서 일반적으로 남성에 비해 열악한 입장에 있습니다. 고용이 불안정한 비정규직 역시 언제 직장을 잃을지 모르는 상황에서 근로를 제공할 뿐만 아니라 정규직과 비교하면 적은 임금을 받고 복리후생 혜택을 제대로 누리지 못하는 경우가 많습니다. 파견직이나 용역직처럼 소속 회사와 일하는 회사가 다른 근로자들 역시 일반적으로 저임금과 불안정한 고용 환경에 처해 있습니다.

이런 취약계층을 보호하기 위한 정책은 그 시대의 사회적 환경과 요구, 정치적 가치의 큰 흐름을 반영합니다. 여성의 사회 진출이 늘어나고 출생률이 떨어지면서 '일과 가정의 양립' 필요성이 높아졌습니다. 비정규직의 수가 늘어나고 파견직 같은 간접고용직이나 특수고용직이 증가함에 따라 사회 전체적으로 불안정성이 높아지면서 이에 대한 정책적 해결을 요구하는 목소리도 높아지고 있습니다.

사실 노동시장도 수요와 공급에 따라 결정되는 엄연한 '시장'입니다. 기업의 수요와 근로자들의 공급이 자율적인 거래를 통해 일치하는 수준에서 고용이나 임금이 결정돼야 한다는 것이 시장주의의 기본 논리입니다. 이 때문에 여성을 특별히 보호하거나 비정규직을 보호하는 법이 시장 논리에 맞지 않는다며 비판하는 목소리가 늘 있어 왔습니다. 그러나 자유의 가치 못지않게 평등의 가치도 중요합니다. 두 가치는 대립이 아니라 균형과 조화를 이뤄야 합니다.

여하간 노동법 자체가 사회적 약자인 근로자를 보호하기 위한 것이기 때문에 상대적으로 열악한 취약계층인 근로자는 한층 특별한 법의 보호를 받습니다. 따라서 '보호가 필요한가'의 문제보다는 '어느 정도로, 어떤 방식으로 보호해야 하는지'가 논의의 대상이 됩니다. 취약계층은 여전히 법의 보호가 불충분하다고 생각합니다. 반면 사용자는 항상 규제가 과도하다고 생각합니다. 이 생각의 차이 사이에서 정책 결정자가 정치적인 판단을 통해 적정한 보호 수준과 방법을 선택하고 법에 반영합니다. 이 때문에 취약계층의 보호와 관련된 법들은 그 세부적인 내용이 자주 바뀌는 경향이 있습니다.

현재 자신이 취약계층에 속할 수도 있고 아닐 수도 있습니다. 지금은 아니더라도 앞으로 취약계층이 될 가능성이 있습니다. 경우에 따라선 취약계층에 대한 특별한 보호 때문에 그 외의 근로자가 손해를 볼 수도 있습니다. 이렇게 취약계층에 대한 보호와 관련해 같은 근로자라도 다양한 입장에 놓일 수 있습니다. 그러나 현재의 입장이 언젠가 달라질 수 있고 나와 다른 계층에 대한 이해 역시 사회와 삶에 대한 이해의 폭을 넓히는 데 필요할 수 있습니다. 이번 장의 내용은 '취약계층'에 해당하는 근로자의 입장에서 설명하겠습니다. 취약계층에 해당하지 않는 근로자라도 관심을 두고 살펴보기 바랍니다.

01 | 여성을 특별히 보호하는 법이 있나요?

여성을 보호하는 법은 크게 '모성을 보호하는 법'과 '차별을 금지하는 법'으로 나누어볼 수 있는데, 주로 근로기준법과 남녀고용평등법(「남녀고용평등 및 일·가정 양립 지원에 관한 법률」)에 그 내용이 있습니다.

여성은 생리적으로 남성과 달리 임신과 출산을 할 수 있는 '능력'이 있지만 이것은 직장 생활에 '장애'가 될 수 있습니다. 여성 근로자 스스로도 신체적으로 불편하고 조심해야 하기 때문에 왕성한 사회 활동을 하는 데 제약을 받습니다. 사용자 역시 업무가 단절되거나 힘든 업무를 시킬 수 없어 여성 근로자의 임신이나 출산이 달갑지 않을 수 있습니다. 함께 근무하는 동료 직원들도 동료의 임신이나 출산으로 추가적인 일을 떠안게 되면 부담스럽게 느끼기도 합니다.

임신과 출산의 연장선상에서 육아 부담 역시 여성이 지는 경우가 많습니다. 육아를 위해 아이와 함께할 '시간'이 필요한데 하루 대부분의 시간을 할애해야 하는 직장 생활과 육아를 병행하기란 현실적으로 매우 어렵습니다. 이런 이유 때문에 여성 근로자가 활발하게 사회활동을 하다가도 임신, 출산, 육아 등의 문제로 경력이 단절되는 현상이 빈번합니다. 경쟁이 치열한 직장 생활의 특성상 한번 경력이 단절되면 다시 복귀해 적응하거나 재취업하기가 굉장히 어려워집니다.

여성의 입장에서는 아이를 낳고 필요한 만큼 엄마의 손길을 주면서도 직장 생활을 병행해나갈 수 있기를 바랍니다. 이런 여성 근로자의 '소망'이 사용자 입장에서는 상당한 '부담'이 될 수 있습니다. 사용자는 근로자가 언제 어떤 상황에 있든 충실하게 지시한 업무를 수행하길 바랍니다. 이것이 근로자를 사용하는 본질적인 목적이기 때문에 근로자에게 그렇게 하지 못할 부득이한 사정이 있어도 사용자로서는 '핑계'로 느낄 수 있습니다. 이 때문에 임신, 출산, 육아 과정을 겪는 많은 여성이 '모성의 과정'을 당당하게 진행하지 못할 때가 많습니다. 무엇 하나를 포기해야 하거나 병행하더라도 눈치를 받는 상황을 버텨야 합니다.

여성 근로자의 모성에 대한 법적 보호 필요성은 이런 문제의식에서 출발합니다. 사용자가 모성을 이유로 여성 근로자에게 불이익을 주거나 사람의 생명과 직접 관련된 모성이 직장 생활로 침해받는 문제를 국가가 개입해 철저히 막아야 한다는 생각입니다. 여성 근로자의 모성보호 범위는 임신과 출산에 한정되지 않습니다. 가임 여성에 대한 보호부터 육아의 문제까지 모두 포함합니다.*

대한민국 헌법 제11조는 "모든 국민은 법 앞에 평등하다. 누구든지 성별·종교 또는 사회적 신분에 의하여 정치적·경제적·사회적·문화적 생활의 모든 영역에 있어서 차별을 받지 아니한다"라며 국민의 평등권을 명시하고 있습니다. 성차별 문제는 이렇게 기본권 문제로 다뤄집니다. 이런 헌법의 이념을 개별법에서 구체적으로 실현하고 있는데, '근로관계'의 성차별에 대해서는 근로기준법과 남녀고용평등법에서 정하고 있습니다.

근로기준법 제6조(균등한 처우)는 남녀 균등 대우의 원칙을 정하고 있습니다. 이때 남녀의 차별은 '합리적인 이유' 없이 남성 또는 여성이라는 이유만으로 부당하게 차별하는 것을 뜻합니다. 하는 일이나 업무 성적 등이 달라 다른 대우를 하는 것이라면 당연히 차등적인 처우가 가능합니다. '같은 것은 같게, 다른 것은 다르게'라는 상대적인 평등 논리로 합리적인 차별이 허용됩니다.

근로기준법은 고용 이후 적용될 임금, 승진, 인사 조치, 정년 등 '근로조건'에 관한 것이기에 고용 '이전' 모집이나 채용 과정상의 성

---

* 임신에서 출산, 육아기까지 현행 모성보호 법제에 관한 내용은 374쪽 사례 〈모성보호〉와 377쪽 표를 참고하기 바랍니다.

분야	지급 근거	법	벌칙
근로조건	합리적 이유 없이 성별을 이유로 한 근로조건상 차별 금지	근로기준법	500만 원 이하 벌금
해고	정리해고 시 여성 차별 금지	근로기준법	부당해고 성립
모집/채용	모집·채용 시 남녀 차별 금지 여성 근로자 모집·채용 시 불필요한 신체 조건, 미혼 조건 제시 금지	남녀고용 평등법	500만 원 이하 벌금
임금/복리후생	동일 가치 노동 동일 임금 지급 의무, 남녀 간 임금 차별 금지		3년 이하 징역 또는 3000만 원 이하 벌금
	임금 외 생활보조, 금품, 기타 복리후생에서의 남녀 차별 금지		500만 원 이하 벌금
교육/배치/승진	교육, 배치, 승진 시 남녀 차별 금지		500만 원 이하 벌금
정년/퇴직/해고	정년, 퇴직, 해고에서 남녀 차별 금지 여성 근로자의 혼인, 임신, 출산을 퇴직 사유로 하는 근로계약 체결 금지		5년 이하 징역 또는 3000만 원 이하 벌금

성차별 금지 법률의 주요 내용

차별은 근로기준법이 아닌 남녀고용평등법에서 금지하고 있습니다. 이와 함께 여성 근로자를 모집, 채용할 때 직무 수행에 필요하지 않은 용모, 키, 체중 등 신체 조건, 미혼 조건 등을 제시하거나 요구하는 것을 금지*하고 있습니다. 남녀고용평등법은 이 밖에도 고용 및 근로관계와 관련하여 분야별로 남녀 차별을 금지하는 규정을 두고 있는데, 고용관계에서 성차별을 금지하는 법의 주요 내용을 정리하면 위에 나오는 표와 같습니다.

---

* 「채용절차의 공정화에 관한 법률」은 남녀를 불문하고 입사지원 시 구직자에게 용모·키·체중 등의 신체적 조건, 출신 지역·혼인 여부·재산, 구직자 부모형제의 학력·직업·재산에 관한 정보를 기재하도록 요구하거나 입증 자료로 수집하는 것을 금지하고 있습니다.

성차별을 금지하는 법의 내용은 다양한 성차별의 유형을 포함하며 늘어나고 있지만 그 '실효성'이 항상 문제입니다. 특히 임금이나 정년, 해고 등의 불이익은 민사 절차나 노동위원회 구제신청을 활용할 수 있지만 그 밖에 모집, 채용 과정에서 발생하는 차별이나 교육, 승진, 업무 배정 등에서 발생하는 차별은 벌칙 규정이 있더라도 차별 조치에 대한 시정을 강제할 만한 절차가 미흡합니다.

차별을 당한 근로자가 원하는 것은 사용자의 처벌이 아니라 그 차별이나 그로 인한 불이익이 해소되고 공정한 대우를 받는 것입니다. 그러나 법은 벌칙 규정만 두고 있고 인권위원회에 시정을 신청해도 권고 수준이라 강제성이 없습니다. 근로관계가 유지되는 상황에서 성차별을 공식적인 법적 분쟁 상황으로 끌고 갔다가 퇴사 압박을 받거나 힘든 회사 생활을 감수해야 하는 수도 있습니다. 이 때문에 여성 근로자가 직장 내에서 성차별을 겪더라도 쉽게 시정을 요구하거나 진정을 제기하지 못하는 경우가 많습니다.

성별에 따른 차별은 참는 만큼 더 차별을 당하는 경우가 많습니다. 상황이 복잡해지고 요주의 인물로 부각되고 싶지 않아 차라리 회사를 나와버리는 편이 현명하다고 생각할 수도 있습니다. 하지만 그것은 더 좋은 직장을 찾을 기회나 여건이 되는 사람에게나 해당하는 이야기입니다. 차별을 받게 되면 마음에 큰 상처가 될 수 있고, 성차별이 관행적이고 지속적으로 이뤄지는 상황에 오래 있다 보면 자기도 모르게 차별을 당연시하여 자존감이 낮아질 수도 있습니다.

부당하고 억울한 성차별 문제를 겪어 무엇을 어떻게 해야 할지 고민스러울 때 누군가 자신의 입장을 이해해주고 적당한 방법을 함께 찾아준다면 큰 도움이 될 것입니다. 성차별과 관련해서 여성 근로자의 입장에서 문제 해결을 같이 고민하고 절차를 진행해주는 단체나 기관이 많습니다. 대부분 비영리기관이라 부담 없이 찾아갈 수 있고 관련 문제에 대해 경험과 지식을 갖춘 전문가의 도움을 받을 수 있으므로 이를 적극 활용하는 편이 좋습니다.

02 | 계약직이면 출산휴가나 육아휴직을 쓸 수 없나요?

육아휴직은 회사에서 6개월 이상 재직해야 쓸 수 있지만 출산휴가는 재직 기간의 제한이 없고 4인 이하 사업장도 적용되므로 출산 과정에 있는 여성 근로자라면 누구나 쓸 수 있습니다. 여성 근로자가 계약직, 임시직, 시간제 근로자라도 마찬가지입니다. 문제는 '계약 기간'입니다. 출산휴가는 어찌 되건 '재직 상태'를 전제로 사용자가 주는 것이기 때문에 출산휴가를 쓰는 도중에 계약기간이 끝나고 기간만료로 계약이 해지되면 사용자가 휴가를 줄 의무가 없어집니다. 이 때문에 많은 여성이 계약직으로 취업한 후 임신하게 되었을 때 출산휴가 90일을 제대로 쓰지 못하는 경우가 많습니다. 그리고 연장될지 모르는 계약이 임신이나 출산을 이유로 쉽게 해지될 것을 염려하여 일단 2년을 버텨내 무기계약직이 된 이후로 임신을 미루는 사례도 많습니다.

육아휴직은 만 8세 이하(또는 초등학교 2학년)의 자녀를 두고 있고 회사에서 일한 지 6개월이 지났다면 총 1년간 사용할 수 있습니다. 과거에는 계약직은 육아휴직을 쓰는 동안 계약기간이 종료되고 재계약을 하지 못하는 일이 많았습니다. 육아휴직 기간에 '해고'가 금지되어 있지만 '계약 기간 종료'에 따른 근로계약 해지는 가능하기 때문입니다. 특히 비정규직이나 파견직은 2년 이상 근무하게 되면 무기계약직으로 신분이 전환됩니다. 따라서 육아휴직을 쓰다가 계약기간이 끝나 갱신해야 하는 시점에 근로자의 근속기간이 2년이 되어간다면 무기계약직으로 전환하는 것에 대해 부담을 느낀 사용자가 근로계약을 갱신하지 않고 종료하는 일이 다반사였습니다.

이러한 문제점을 개선하기 위해 남녀고용평등법은 기간제나 파견직 근로자가 육아휴직을 쓸 때 그 기간만큼을 기간제나 파견직의 사용 제한 기간인 2년에서 제외하도록 정하고 있습니다. 즉 육아휴직 기간만큼은 비정규직이나 파견직의 사용 제한 기간인 2년에서 제외되기 때문에 육아휴직 후에도 무기계약직 전환에 대한 부담 없이 일정 기간 계속 일할 수 있도록 하겠다는 뜻입니다.

하지만 '무기계약 전환'을 다소 미룰 수 있을 뿐이지 육아휴직 기간만큼 '근로계약기간'이 '연장'되는 것은 아니기 때문에 육아휴직 도중 계약기간만료로 근로계약이 해지되는 현상은 여전히 발생할 수 있습니다. 또한 육아휴직 기간은 근속연수에 포함되기 때문에 사용자로서는 육아휴직 기간만큼 퇴직금에 대한 부담이 늘어납니다. 무기계약직으로 전환할 예정이 없는 근로자를 사용자가 이런 부담을 감수하면서까지 육아휴직 중이나 종료 후 근로계약을 유지할지는 의문입니다. 육아휴직 기간 '근로계약기간'을 연장하도록 하는 것이 실효성 있는 대안이겠지만 현재로는 이런 내용이 법에 반영될지는 미지수입니다.

출산휴가 도중에 계약기간만료를 통지받더라도 '기간만료'에 따른 실업에 해당하기 때문에 퇴직일 전 18개월 동안 총 180일 이상 근무*했다면 고용보험의 실업급여를 받을 수 있습니다.

실업급여는 '구직 활동'을 해야 지급되는 것이고, 퇴직일 이후 12개월이 지나면 받을 수 없습니다. 그러나 출산 이후 몸이 회복되기 전까지는 실질적인 구직 활동을 하기 어렵습니다. 출산 후 육아를 위한 기간이 더 필요할 수 있습니다. 이럴 때는 퇴직 후 고용지원센터를 방문해 실업 인정을 받으면서 '수급 기간 연장' 신청을 하면 됩니다. 임신, 출산, 육아로 인해 수급 기간인 12개월 안에 구직 활동을 할 수 없거나 자신이 받을 수 있는 실업급여일수(90일에서 최대 240일)를 다 채울 수 없는 경우 임신, 출산, 육아 기간을 12개월에 더하는

＊ 실업급여 조건인 '근무기간'은 정확하게는 '피보험단위기간'이고 피보험단위기간은 유급처리되는 날로서 무급인 일수가 제외되기 때문에 실질적으로 180일보다 2~30일 더 근무해야 충족 가능합니다.

수급 기간 연장이 가능합니다.

이런 수급 기간 연장은 최대 4년까지 가능하기 때문에 그 기간 안에서 육아 기간을 충분히 활용할 수 있습니다. 고용지원센터 직원과 상담하면서 임신, 출산, 육아 등으로 당장 구직 활동을 할 수 없다고 하면 담당 직원이 수급 기간 연장 제도에 대해 안내해줍니다. 직원이 미처 안내해주지 않더라도 수급 기간 연장 제도에 대해 문의하고 신청할 필요가 있습니다.

03 | 육아휴직 중인데 회사에서 그만두라고 하면 어떻게 해야 하나요?

육아휴직 기간 중에 해고는 금지되며 사용자가 이를 위반하면 처벌(3년 이하의 징역 또는 3000만 원 이하의 벌금형)을 받습니다. 또한 육아휴직 후 복직하더라도 얼마 후 육아휴직을 이유로 해고한다면 명확한 부당해고 사유가 되기 때문에 노동위원회 구제신청과 같은 해고에 따른 구제절차를 밟을 수 있습니다.

육아휴직은 보통 '사전'에 휴가 기간을 정하고 사용합니다. 최대 1년이 법으로 보장되는데, 1년을 연속으로 쓸 수도 있고 두 번까지는 분할해서 사용할 수 있습니다. 회사에 따라 허용하는 육아휴직 기간이 법정기준보다 많다면 규정된 대로 사용할 수 있습니다. 이렇게 법이나 취업규칙의 기준에 따라 적절한 절차를 거쳐 육아휴직을 사용하는 상황이라면 사용자가 그 기간을 일방적으로 단축하거나 연장할 수 없습니다.

육아휴직 기간이 길다 보니 육아휴직을 둘러싼 갈등으로 회사를 떠나게 되는 일이 빈번합니다. 애초 육아휴직을 쓰지 못하도록 압력을 행사하거나 길게 쓰는 것을 못마땅해 하기도 합니다. 육아휴직을 쓰는 동안에도 사용자가 육아휴직을 빨리 끝내고 복직하도록 요구하기도 합니다. 육아휴직을 마친 후에는 휴직 전과 같은 업무나 동일한 수준의 임금을 지급하는 직무에 복귀시켜야 하는데(위반 시 500만 원 이하 벌금), 복직 후 전에 하던 일이 아닌 다른 일을 맡게 하거나 일이 없다는 이유로 대기발령을 내리며 퇴사 압박을 하기도 합니다.

만약 육아휴직을 이유로 해고한다면 부당성이 명확하기 때문에 이를 잘 아는 사용자라면 직접적인 해고 조치보다는 다른 간접적인 방식으로 근로자의 자진 퇴사를 유도합니다. 물론 육아휴직 기간 중 해고가 금지되는 것을 역으로 이용하는 근로자가 있기도 합니다. 회사에 구조조정 칼바람이 불 때 육아휴직을 쓸 조건이 되는 여성이 정리해고를 피하고자 육아휴직을 쓰는 식입니다. 하지만 이런 일은 그리 많지 않고 육아휴직 때문에 직장을 포기하게 되는 안타까운 경우가 대부분입니다.

육아휴직은 무급휴직이기 때문에 회사가 크게 비용 부담을 지지 않습니다. 육아휴직 기간에 나오는 육아휴직급여는 고용보험급여라서 정부로부터 지급받습니다. 그런데도 육아휴직 사용에 민감해하는 회사가 많습니다. 출산휴가에 육아휴직까지 쓰게 되면 꽤 긴 기간 자리를 비우게 되기 때문입니다.

이때 회사는 해당 업무를 대체할 사람을 새로 채용하거나 기존 근로자에게 업무를 나눠줘야 하는 부담이 생깁니다. 또 여성 근로자가 장기간 육아휴직을 쓰고 돌아오면 업무가 단절된 동안 업무 감각을 잃을 수 있어 곧바로 중요한 일을 맡기기 어렵다고 생각하기도 합니다. 이런 이유 때문에 회사로서는 출산휴가까지는 어쩔 수 없다고 하더라도 육아휴직을 쓰는 데 대해 부정적으로 생각하는 경향이 있습니다.

못마땅해 하는 눈치가 보이는 상황일 때 개인의 성향에 따라 대처가 다를 수 있습니다. 눈치 받는 상황을 견디기 어렵거나 직장에 빨리 복귀하는 편이 낫다고 생각하면 육아휴직을 사용하지 않고 출산휴가 후 곧바로 복직을 선택할 수도 있습니다. 좋지 않은 분위기 정도는 그럴 수도 있는 것이기 때문에 적당히 넘기고, 육아휴직의 가치가 더 높다고 생각하여 당당하게 육아휴직을 쓰기도 합니다. 그러나 눈치를 주는 것을 넘어서 육아휴직을 쓰지 못하도록 압박하는 수준이거나 사직을 권하는 상황이라면 적당히 무시하고 넘길 수 없습니다.

육아휴직을 둘러싸고 사직을 권고하는 상황에서 회사가 자주 앞세우는 이유는 '경영상 어려움'입니다. 회사 경영 사정이 좋지 않은 상황에서 나 몰라라 하는 식으로 발 빼는 사람처럼 취급할 수 있습니다. 사람을 새로 채용해야 하기 때문에 육아휴직으로 자리를 비우면 지금 하던 일을 계속 주기가 어렵다고 압박하기도 합니다. 인사평가에도 불이익이 있을 수 있고 이후 승진이나 연봉에도 나쁜 영향을 줄 거라고 이야기하기도 합니다. 회사의 사직 권고에도 육아휴직을 쓰겠다고 하면 비협조적이고 이기적인 사람이 되게끔 상황을 연출하는 일도 많습니다.

대부분의 여성 근로자는 이런 상황에서 쉽게 육아휴직을 선택하지 못합니다. 요즘에는 맞벌이도 많고 육아에도 많은 비용이 듭니다. 젊은 인재가 넘쳐나는 세상에 출산과 육아로 직장 경력이 단절되면 다시 그만한 자리로 들어가기가 어렵습니다. 이런 이유 때문에 몸이 힘들고 아이와 떨어지는 마음이 아프고 미안하더라도 어쩔 수 없다고 생각하며 육아휴직을 포기합니다.

그래도 요즘은 과거에 비해서 육아휴직을 '당연하고 자연스럽게' 쓰는 일이 많아졌습니다. 저출생 시대 '독박육아' 문제를 해소하기 위해 남성의 육아 참여를 독려하는 정책이 확대되면서 육아휴직을 부모가 각각 1년씩 쓰거나 육아기 근로시간 단축 제도를 활용하는 방식으로 아빠의 육아 참여도 늘고 있습니다. 직장에서 육아휴직 이후 제자리로 복귀하는 선례가 생기고 나면 그다음에 육아휴직을 쓰고자 하는 여성 근로자는 마음의 부담이 훨씬 줄어듭니다. 당당하게 육아휴직을 쓰는 것이 회사의 관행이나 문화로 자리 잡으면 부담 없이 육아휴직을 사용할 수 있습니다. 이렇게 육아휴직을 '쉽고 편하게' 쓰는 정도는 회사 문화에 영향을 받습니다.

육아휴직을 쓰는 일이 당연한 문화로 자리 잡지 못한 회사에서는 육아휴직을 이유로 사직을 권고하는 상황이 자주 발생합니다. 쉽게 바뀌기 어려운 가치관이나 문화의 문제가 내재돼 있어 회사의 사직 권고에 '감정적으로' 대응하는 것은 도움이 되지 못합니다. 회사가 막연한 이유로 사직을 권고하면 합리적이고 구체적인 사유를 제시하도록 유도할 필요가 있습니다. 회사가 업무상의 장애와 같은 이유를 제시할 가능성이 크기 때문에 앞으로 있을 수 있는 업무 장애를 최대한 줄일 나름의 방법을 생각하고 가능한 조치를 취해둔 상태에서 대화에 임하면 아무런 조치나 의견이 없을 때보다 자연스럽고 쉽게 사용자를 설득할 수 있습니다.

육아휴직을 이유로 한 권고사직은 여러 가지로 일반적인 사례와 조금 다릅니다. 집단적인 정리해고와 달리 개별적으로 이뤄지는 육아휴직은 권고사직을 하면서도 퇴직 위로금과 같은 사직의 대가를 충분히 제시하지 않을 때가 많습니다. 심리적인 압박이나 상처, 불신을 주는 것*만으로도 여성 근로자가 쉽게 버티기 힘들 것이라고 생각하기 때문입니다.

출산 이후 여성은 가정에서 살림과 육아에 대한 부담을 더 많이

---

*　육아휴직자나 육아휴직 후 복직한 근로자에게 권고사직을 할 경우 다른 사유로 인한 권고사직과 달리 그 자체로 직장 내 괴롭힘이 성립할 가능성이 큽니다. 물론 권고사직 방법이 부적절하거나 적정한 방식을 넘어선 경우, 권고사직을 거부했다는 이유로 다른 불이익을 준 경우는 명확히 직장 내 괴롭힘에 해당할 뿐 아니라 육아휴직을 이유로 불이익을 줄 수 없도록 한 남녀고용평등 법 위반에 해당합니다.

지게 되기 때문에 가정과 직장 생활 사이에서 갈등하기도 하고 스트레스가 심하고 고된 직장 생활을 견디느니 차라리 전업주부가 되는 편이 낫겠다고 생각하기 쉽습니다. 사용자 역시 이러한 심리 상태를 잘 알기 때문에 육아휴직 과정에서 권고사직을 할 때 퇴직 위로금 지급을 고려하지 않는 경우가 많습니다.

육아휴직 이후 여성 근로자는 재취업에 대한 불안감이 큽니다. 이직하더라도 재직 중에 하는 것이 여러모로 유리합니다. 중간에 단절이 없도록 경력을 관리해야 재취업이 용이하기 때문입니다. 이런 상황을 고려한다면 어떻게든 사직 압박을 이겨내고 버티는 편이 유리할 수 있습니다. 육아휴직은 법이 보장한 대로 쓰면 되고 복직 후에 회사의 상황을 봐가며 적응이나 이직을 판단해도 늦지 않습니다. 게다가 퇴직 위로금이 충분하지 못한 상황이라면 막연한 불안감만으로 퇴직을 결정한 뒤 후회하게 될 수도 있습니다.

따라서 법의 보호를 받는 육아휴직을 필요한 만큼 사용하고 복잡한 문제는 직장에 복귀한 후 대응하는 편이 좋습니다. 휴직 중이라도 가까운 직장 동료들을 만나 회사의 분위기나 업무 흐름을 꾸준히 파악하거나 부담이 되지 않는 선에서 대체 근무자에게 필요한 도움을 주는 것도 복직 후 원만하게 적응하는 데 도움이 될 수 있습니다. 복직 후에 사용자와 직장 동료들에게 그간의 배려에 감사하는 마음을 표시하고 업무에 열의를 보인다면 사용자 역시 긍정적으로 받아들이고 근로자를 신뢰하면서 복직과 이후의 정착 과정이 원활하게 이뤄질 수 있을 것입니다.

04 | 회사에서 성희롱을 당했어요. 어떻게 해야 하나요?

사업주는 직장 내 성희롱을 예방하기 위한 교육을 매년 실시해야 하고 사업주도 성희롱 예방교육을 받아야 합니다. 직장 내 성희롱이 발생하면 사업주에게 가해자를 징계하거나 필요한 조치를 취할 의무가 생기고 이를 이행하지 않거나 사업주*가 가해자인 경우 과태료 처분을 받을 수 있습니다. 또한 사업주는 성희롱 피해자를 보호해야 하고, 성희롱 피해자에게 불이익을 주는 조치를 한다면 형사처분을 받을 수 있습니다.

'직장 내 성희롱'은 남녀고용평등법에서 의미를 정한 법적 용어입니다. 모든 성희롱이 아니라 법이 정한 '직장 내 성희롱'에 한해서 법의 규제가 적용되기 때문에 누가 직장 내 성희롱의 가해자와 피해자가 될 수 있는지, 어떤 문제가 직장 내 성희롱에 해당하는지 여부부터 논란거리가 되는 경우가 많습니다.

직장 내 성희롱의 가해자는 '사업주, 상급자, 다른 근로자'입니다. 그러나 '고객과 같이 업무와 밀접한 관련이 있는 사람'이 가해자가 될 수도 있습니다. 이때도 피해자 보호를 위하여 사업주는 고충 해

---

* 이때 사업주는 '개인사업주'나 '법인' 자체를 말합니다. 법인의 대표이사는 남녀고용평등법상 사업주가 아니라 '상급자'입니다. 따라서 대표이사가 성희롱 행위자라면 직접 과태료가 부과되지 않고, 법인이 대표이사를 징계할 책임을 이행하지 않을 때 법인에게 과태료를 부과합니다. 이 때문에 성희롱 가해자인 대표이사가 '셀프 징계'를 해서 고용노동부 과태료 처분을 피하는 일이 발생합니다.

소에 필요한 조치를 해야 하고, 고객의 성적 요구에 불응한 것을 이유로 근로자에게 불이익한 조치를 할 수 없도록 규정하고 있습니다.

직장 내 성희롱의 피해자는 '근로자'입니다. 남녀고용평등법상 근로자는 '고용된 사람과 취업할 의사를 가진 사람'이기 때문에 모집, 채용 과정에 있는 구직자도 포함됩니다. 보통 여성이 많지만 남성도 피해자가 될 수 있습니다. 아르바이트생이나 파트타임 등 비정규직도 피해자가 될 수 있습니다. 파견근로자나 사내 협력업체 직원도 피해자가 될 수 있지만, 사업주가 여럿이고 가해자와 피해자의 소속 회사가 다르기 때문에 사안에 따라 어떤 사업주가 법의 의무를 부담할지가 달라집니다.* 퇴직한 근로자라도 성희롱 피해 당시 근로자였다면 피해자가 됩니다.

사업주, 상급자, 다른 근로자가 직장 내 지위를 이용하거나 업무와 관련해 성적인 언동으로 굴욕감이나 혐오감을 느끼게 하면 직장 내 성희롱입니다. 또한 성적 언동이나 요구에 대해 불응한 것을 이유로 고용상 불이익을 준다면 성희롱에 포함됩니다.

성적인 언동으로는 육체적, 언어적, 시각적 행위가 있습니다. 육체적 성희롱으로는 입맞춤, 포옹 등 신체적 접촉, 가슴, 엉덩이 등

---

* 파견근로자에 대한 직장 내 성희롱 예방교육은 사용사업주가 실시해야 합니다. 피해자가 파견근로자이고 가해자가 사용사업주 소속 근로자라면 성희롱 사건의 조사와 징계 등 사후조치 의무가 사용사업주에게 있습니다. 그러나 피해자와 가해자 모두 파견사업주 소속이라면 징계 같은 사후조치 의무가 파견사업주에게 있습니다.

특정 부위를 만지는 행위, 안마나 애무를 강요하는 행위 등이 있습니다. 언어적 성희롱은 음란한 농담이나 음담패설, 외모에 대한 성적 비유나 평가, 성적 사실을 묻거나 성적인 내용의 정보를 의도적으로 유포하는 행위, 성적 관계를 강요하거나 회유하는 행위, 음란한 내용의 SNS 메시지나 전화 통화, 회식 자리에서 술을 따르도록 강요하는 행위 등이 있습니다. 마지막으로 시각적 성희롱으로는 외설적인 사진이나 매체물을 게시하거나 보여주는 행위, 팩스나 이메일, SNS 메시지 등으로 음란한 편지나 사진을 보내는 행위, 성과 관련된 신체 부위를 고의로 노출하거나 만지는 행위 등이 있습니다. 성희롱은 넓은 개념이기 때문에 형사상 성폭행이나 성추행도 당연히 성희롱에 해당합니다. 단 성추행이나 성폭행에 해당한다면 가해자를 상대로 한 형사고소를 직접 제기할 수 있습니다.

성희롱은 지위를 이용하거나 업무 등과 관련해 발생해야 성립합니다. 퇴근길이나 회식 자리, 야유회 등 사업장 밖에서나 근무시간 외의 행위도 업무 관련성이 폭넓게 인정됩니다.

성희롱에 해당하는지 여부와 관련해 종종 문제가 되는 것은 '이런 것도 성희롱인가?' 하는 의문이 드는 애매한 상황입니다. 단순히 개인적인 호감이나 친밀감을 표시하거나 별 뜻 없이 다들 하는 정도의 농담을 한 것뿐인데 피해자가 민감하게 반응하거나 오해해 가해자로 지목된 사람 입장에서는 당혹스럽고, 고충을 처리해야 하는 사업주의 입장에서도 명확한 판단이 서지 않는 상황이 자주 발생합니다. 때로 피해를 본 당사자 입장에서도 이것이 성희롱인지 아닌지 몰라 대처하기 애매해 그냥 넘어가는 일도 많습니다. 간혹 가해자와 피해자가 연인이나 내연관계일 때도 있는데 이 중 한 사람이 성희롱 피해를 주장하면 어떻게 판단해야 할지 참 애매합니다.

이런 상황에서는 먼저 피해자의 주관적인 감정을 우선적으로 고려합니다. 피해자가 굴욕감이나 혐오감을 느꼈는지가 중요합니다. 성적 언동이 있더라도 피해자가 굴욕감이나 혐오감을 전혀 느끼지 않았다면 문제가 되지 않습니다. 굴욕감이나 혐오감이 꼭 '심각한 수준'이어야 하는 것은 아닙니다. 못 참을 정도는 아니라도 은근히 불쾌하거나 언짢은 기분이 든다면 그것도 굴욕감이나 혐오감에 해당합니다.

피해자가 굴욕감이나 혐오감을 느꼈다면 그다음에는 그 상황에서 그런 감정이 상식적으로 '그럴 만한' 감정으로 인정돼야 성희롱이 성립합니다. 예를 들어 상사와 인사로 악수를 하는 상황이 있습니다. 상사가 모든 부하 직원과 악수를 하며 인사하는데 이런 신체 접촉을 불쾌하게 여긴 한 직원이 성희롱 피해를 당했다고 주장한다면 상식을 벗어난 과도한 반응으로 볼 수 있기 때문에 성희롱으로 인정받기 어렵습니다. 그러나 똑같이 악수를 하는 상황이라도 그 상사가 특정 직원과 지나치게 오래 손을 잡는다거나 힘을 주어 그 직원이 불쾌감을 느낀다면 객관적으로 성희롱에 해당할 수 있습니다.

일단 성희롱을 당하면 불쾌하기도 하고 어떻게 해야 할지 몰라 당황하기 쉽습니다. 직장 내 성희롱을 당했을 때 정색하고 대응하면 분위기가 어색하고 경직될 것 같아 모른 척하거나 무시하는 경우도 많고, 항의하다가 받을 불이익이 걱정돼 억지로 참기도 합니다. 경우에 따라서는 대범한 척 맞받아 장단을 맞추거나 같이 농담을 주고받기도 하고, 자신의 옷차림이나 외모에 대한 칭찬으로 받아들이거나 성희롱인지 아닌지 몰라 그냥 넘길 수도 있습니다.

성희롱은 당할 당시의 굴욕감으로 그치지 않습니다. 성희롱을 당한 이후 가해자와 마주치는 것 자체가 스트레스가 되고 위축감으로 업무 능률까지 떨어질 수 있습니다. 성희롱의 정도가 심하거나 지속해서 일어난다면 결국 직장을 포기하는 일도 발생합니다. 이처럼 성희롱으로 생긴 피해가 심각한 수준으로 커지기 쉽기 때문에 성희롱이 발생하지 않도록 예방하는 일이 무엇보다 중요합니다. 일단 발생한 문제에 대해서는 적정한 대처를 통해 현명하게 극복하는 것이 중요합니다.

사실 성희롱 예방은 가해자가 될 수 있는 사람들에게 '가해자가 되지 않도록' 하는 방법이 효과적입니다. 피해자가 될 수 있는 입장에서 성희롱 예방을 위해 할 수 있는 조치는 많지 않거나 조치를 하더라도 성희롱 피해를 얼마든지 볼 수 있기 때문입니다. 간혹 노출이 심한 옷을 입거나 술을 많이 마시기 때문에 성희롱을 당한다고 보는 사람들도 있습니다. 하지만 설사 그런 생각이 들더라도 밖으로 말하지 않는 편이 좋습니다. 그런 생각을 내보이는 사람은 노출이 심한 옷을 입거나 만취한 여자를 보았을 때 '나쁜 짓'을 할 수 있는 사람으로 비칠 수 있기 때문입니다.

성희롱 피해자가 되지 않기 위한 예방책이 마땅하지 않더라도 몇 가지 주의할 점은 있습니다. 업무 시간 외에 원하지 않는 만남은 적당히 피하는 편이 좋고, 평소 성희롱 행위를 습관처럼 하는 사람이 있다면 단둘이 있거나 붙어 있지 않도록 주의하는 편이 좋습니다. 성희롱은 보통 초반에 가벼운 농담을 하거나 친밀감을 표현하는 방식으로 이뤄지는데, 이런 과정에서 잘못 대응하면 심한 수준의 성희롱으로 이어지는 일이 많기 때문에 특별한 주의가 필요합니다.

가벼운 성희롱이더라도 불쾌감을 느꼈다면 정중하고 예의 바르게 자신의 감정을 전달하는 편이 좋습니다. 웃으면서 "왜 이러세요~ 이러지 마세요~" 한다거나 정색하면서 "성희롱으로 고발할 거예요!" 하는 대응은 그다지 좋지 않습니다. 웃으면서 대꾸하면 가해자는 피해자가 불쾌해할 거라는 생각을 잘 하지 못합니다. '좋으면서 그런다'고 생각하여 점점 더 심한 성희롱으로 이어질 가능성이 있습니다. 그렇다고 너무 정색하며 대응해도 직장 안에서 이런저런 불리한 상황에 처할 가능성이 있습니다.

웃거나 정색하지 않고 '정중하고 예의 바르게' 의사를 전달하되 고발한다는 말을 하거나 잘못된 행동을 직접 지적하면 가해자가 매우 불쾌하게 여기고 불이익을 주려 할 수 있습니다. 이럴 때는 '이런 행동을 당하니 기분이 언짢다'라고 자신의 감정만 전달하는 편이 가장 좋습니다.

피해자 입장에서 지속되는 성희롱 행위를 중단해야 한다는 생각이 들거나 가해자에 대한 적극적인 대응이 필요하다고 판단되는 상황이라면, 기록을 남기고 회사 내 고충처리기구나 주변에 도움을 요청하는 편이 좋습니다. 이와 함께 가해자에게 명확한 거부 의사를 표시하고 행위를 중단하도록 요구하는 이메일이나 내용증명을 보내는 것도 도움이 됩니다. 사업주가 가해자이거나 회사 내에서 적정한 처리를 기대하기 어려운 상황이라면 외부 기관에 도움을 요청하는 것도 한 방법입니다.

일단 법적 조치보다는 회사 내에서 원만하게 문제를 해결할 방법을 찾는 편이 좋습니다. 법적 분쟁으로 넘어가면 그때는 '가해자'를 상대로 하는 싸움이 아니라 '회사'가 적절하게 처리하지 못한 것을 문제 삼는 모양새가 됩니다. 이렇게 되면 회사가 오히려 가해자를 보호하려 들고 피해자를 상대로 적극적으로 대응하게 될 수도 있습니다.

노력해도 문제가 해결되지 않는다면 고용노동부나 인권위원회에 진정·고발을 접수하거나 민형사 소송을 제기할 수 있습니다. 성희롱과 관련된 법적 분쟁에서는 '입증'을 보다 명확히 해야 하고 상대방인 사업주나 가해자 대응에 대한 전략도 구상해야 하기 때문에 사전에 전문가와 충분히 상담한 후 진행하는 편이 좋습니다.

최근에는 성희롱 피해에 대한 진정이나 고발이 많아지고 회사에서도 고용환경의 악화나 생산성 저하 문제, 처벌에 따른 부담과 소송 비용 증가 등 성희롱에 따른 나쁜 영향을 인식하면서 성희롱에 대한 조치나 징계에 적극적으로 나서는 경우가 많아졌습니다. 남녀 고용평등법과 관련하여 직장 내 성희롱 예방, 발생 후 조치에 관한 사업주의 의무를 구체적으로 정하고 과태료 부과나 형사벌칙 등 위반에 대한 제재가 강화되었기 때문에, 회사 차원의 성희롱 예방과 사후 대처가 형식적이고 주먹구구식 방식에서 벗어나 보다 체계적인 제도를 통해 이루어질 필요성이 높아졌습니다.

하지만 여전히 성희롱이 무엇인지 제대로 알지 못하거나 사소한 문제로 취급하는 경우도 많습니다. 성적인 농담이나 가벼운 접촉을 직장 생활의 활력소로 여기기도 하고 친밀감의 표현과 성희롱을 제대로 구분하지 못하기도 합니다. 성희롱을 여성의 과다 노출이나 음주로 인한 성적 충동 등으로 정당화하기도 하고 관행이나 문화로 치부하기도 합니다.

이렇게 별다른 경계나 주의 없는 말과 행동으로 의도와 달리 오해를 사고 성희롱 가해자로 지목되어 곤혹스러운 상황을 겪는 사람이 늘고 있습니다. 성희롱 가해자가 되면 징계를 받아 직장을 잃거나 불이익을 당할 수 있고 경력에 오점을 남길 수도 있습니다. 또한 사회적 비난으로 심리적 부담도 상당하며 직장 안에서 다른 직원들과 원만한 관계를 맺는 데 큰 장애가 될 수 있습니다.

따라서 음담패설이나 성적 농담, 외모나 사생활에 대한 지나친 간섭을 자제할 필요가 있고, 불필요하거나 오해를 살 만한 신체 접촉 역시 주의해야 합니다. 피해자에게 직접 한 언동이 아니라도 타인에게 피해자의 성적 사생활에 대해 언급하거나 소문을 유포하는 행위, SNS 대화방에서 피해자를 성적 대상으로 삼고 대화를 나누는 행위 역시 명백한 성희롱에 해당한다는 점을 유념할 필요가 있습니다. 또한 사적인 만남을 강요하지 않도록 하고 상대방이 어떤 행동에 대해 불쾌감이나 거부 의사를 표시할 때 무시하지 말고 즉시 사과하고 행동을 중단하는 편이 좋습니다. 성희롱 피해가 공식적으로 접수되고 조사 과정까지 이뤄지는 상황이라면 공개 사과와 같은 피해자의 요구 사항을 이행하고, 징계가 합당한 수준이라면 수용하는 편이 좋습니다.

'단순한 오해이며 성희롱 의도가 전혀 없었다'라고 주장해야 하는 상황에서도 이런 사실을 사업주나 외부로 주장할 것이 아니라 피해를 주장하는 당사자에게 직접 알려야 신뢰를 얻을 수 있습니다. 하지만 '명백한 증거가 없으면 괜찮지 않을까'라고 안일하게 생각하는 가해자도 많습니다. 성희롱 사건의 특성상 객관적인 증거를 수집하기 어렵기 때문에 명확한 증거가 부족하더라도 피해자가 매우 자세한 정황을 진술하거나 목격자의 진술, 기타 관련 정황 등으로 보아 성희롱 사실을 추측할 수 있으면 성희롱 행위로 인정하기도 합니다. 그러므로 자세한 상황을 설명하지 못하고 '기억이 안 난다', '모르겠다'로 일관하면 신뢰성이 떨어지기 때문에 이런 태도로 대응하는 것은 좋은 모습이 아닙니다.

05 | 비정규직이면 정규직과 비슷한 일을 해도 월급이 적은 건가요?

우리나라의 비정규직 비율은 조사기관마다 기준이 다르고 숨어 있는 비정규직이 많아 수치 차가 큽니다. 2021년 통계청 경제활동인구 조사 결과 우리나라의 비정규직은 기존보다 증가해 전체 임금 근로자의 38.4퍼센트에 달하고 OECD 회원국 중 비정규직 비율 1위를 차지했습니다. 비정규직과 정규직 간 임금격차는 월 평균임금 기준 약 157만 원, 임금비율은 약 53퍼센트로 비정규직 임금이 정규직의 절반을 약간 넘는 수준입니다.

「기간제 및 단시간 근로자 보호 등에 관한 법률」은 비정규직이라는 이유만으로 임금 등 근로조건에 정규직과 차별을 둘 수 없도록 하고 있습니다. 또한 비정규직 차별이 있다면 노동위원회에 차별 시정을 신청하고 구제를 받을 수 있도록 하는 제도를 두고 있습니다. 이때 차별에 대한 입증 책임을 '사용자'가 지도록 해서 사용자가 차별이 없다는 사실을 입증하지 못하면 차별로 인정하도록 하고 있습니다.

이렇게 법은 비정규직 차별을 금지하고 있고, 최근의 법 개정으로 차별 시정의 실효성을 더 강화하는 조치들을 마련하고 있습니다. 하지만 현실에서 비정규직 차별이 해소되거나 점점 나아지고 있는 것 같지는 않습니다. 정규직 대비 비정규직의 임금 수준은 더 떨어지고 있고, 차별 시정 신청을 해도 지방노동위원회에서 약 12퍼센트 정도의 비율로만 차별이 인정되고 있는 실정입니다. 여러 이유가 있지만 법에서 정한 차별 기준이나 적용 대상이 한정돼 있어 사용자가 법의 제약을 벗어날 소지가 많기 때문입니다.

우선 차별을 판단하기 위한 비교 대상자를 '해당 사업 또는 사업장에서 동종 또는 유사한 업무에 종사하는 정규직'으로 규정하고 있습니다. 여기에서 '동종 또는 유사한 업무'라는 말의 뜻이 추상적이어서 판단권자의 재량적 판단 여지가 있습니다. 다만 차별시정법제가 시행된 지 15년이 되어가는 동안 법원이 꾸준히 그 범위를 넓히는 방향으로 판결해오고 있습니다. 그러나 사용자가 차별에 해당될 소지를 피하기 위해 비정규직으로만 이뤄진 부서를 만들거나 별도의 비정규직 직무를 설정하기도 하는데, 이렇게 되면 비교 대상이 없어져 차별 문제를 제기할 수 없습니다.

또한 2년 이상 일한 비정규직을 '무기계약직'이라는 별도 직종으로 구분해서 관리하면 정규직 직원들과 차별이 있어도 더 이상 비정규직이 아니기 때문에 차별 시정을 신청할 수 없게 됩니다.* 대기업의 사내하청회사 직원들은 대기업이 직접 고용한 정규직 직원들과 똑같은 일을 하면서 임금은 훨씬 낮은데, 외형적으로 '같은 회사'가 아니기 때문에 상대적인 박탈감을 느끼지만 법적으로 '파견근로'**

---

* 무기계약직인 경우 기간제 근로자가 아니기 때문에 기간제법에 의한 차별 시정 신청권이 없지만, 무기계약직과 '정규직' 간의 근로조건 차별에 대해 판례는 근로기준법 제6조에서 정하는 '사회적 신분'에 의한 차별에 해당한다고 보았기 때문에, 동법을 근거로 고용노동부 진정이나 소송 등을 통해 차별적 처우를 시정하도록 할 수 있습니다.

로 인정되지 않는 한 법적인 차별 시정의 대상이 되기 어렵습니다.

비록 충분한 범위는 아니지만 법이 정한 조건에 해당한다면 차별적인 처우의 시정을 신청할 수 있습니다. 차별적 처우는 임금뿐 아니라 정기상여금, 명절상여금 등 정기적으로 지급되는 상여금, 경영성과에 따른 성과금, 그 밖에 근로조건 및 복리후생 등에 관한 사항을 모두 포함합니다. 그러나 비정규직 근로자의 모든 근로조건을 정규직과 동일하게 해야 한다는 것은 아닙니다. 생산성이나 숙련도 차이, 장기근로에 대한 보상 등 '합리적 이유'가 있다면 차별이 아니라고 봅니다.

따라서 일단 같은 일을 하거나 비슷한 일을 하는 비교 대상 정규직의 근로조건을 확인하고, 비정규직에 적용되는 근로조건의 항목을 정규직과 비교해봐야 차별 여부를 판단할 수 있습니다. 정규직에게만 추가로 주는 돈이 있다고 해서 무조건 차별은 아니고 그 지급 사유에 '합리성'이 있는지 일일이 따져봐야 합니다. 비정규직이기 때문이 아니라 다른 이유가 있으면 합리성을 인정받을 수 있기 때문에 차별에 해당하지 않을 수 있습니다. 일반적으로 근속이나 직급에 따른 기본급 차이, 직급수당, 직책수당, 장기근속수당 등은

＊＊ 비정규직과 정규직의 차별을 금지하는 것과 마찬가지로, 파견직과 직접 고용 근로자 사이의 차별 역시 금지합니다. 그러나 '사내하도급'은 '파견'이 아니므로 차별이 문제가 되지 않습니다. 따라서 사내하도급이 실질적으로 '파견'에 해당한다는 '불법 파견'이 성립되어야 비로소 원청 소속 직원들과의 차별 시정을 구할 수 있습니다.

비정규직이 아닌 정규직이라도 조건에 따라 못 받을 수도 있는 것이기 때문에 차별로 보기 어렵습니다. 그러나 경영성과금을 지급할 때 비정규직을 제외한다면 차별에 해당합니다.

차별을 인식할 경우 곧바로 법적인 구제를 신청할지 내부적으로 해결할지가 문제입니다. 차별 시정 신청은 차별이 있은 후(계속되는 행위는 종료일로부터) 6개월 이내에 해야 하기 때문에 이른 시일 안에 내부적인 해결이 가능한지 판단하고 그것이 어려운 상황이라면 기간을 놓치지 말고 구제신청을 해야 합니다. 그렇지만 막상 차별 시정 신청을 제기하려 할 때 비정규직 입장에서는 고민스러울 수밖에 없습니다. 차별 시정 신청은 아직까지 노동조합과 같은 단체 이름으로는 할 수 없고 개인별로 해야 하는데, 이렇게 되면 사용자가 차별 시정 신청을 제기한 근로자와 계약을 연장하지 않고 종료할 우려가 있기 때문입니다.

그러므로 비슷한 상황에 있는 비정규직 근로자가 가급적 함께 행동하는 편이 좋습니다. 노동위원회에 차별신청을 할 때에는 효율적인 진행을 위해 대표자를 선정해 진행할 수 있습니다. 만약 비정규직 노동조합이 있다면 도움이 되겠지만 일반적으로 비정규직은 노동조합을 만들기 어렵고, 차별 시정의 문제에 대해 정규직 노동조합이 적극적으로 협조하지 않을 가능성도 있습니다. 따라서 차별이 시정됨으로써 혜택을 볼 수 있는 비정규직 근로자와 충분히 논의한 후 신중하게 진행하는 편이 바람직합니다. 단독으로 진행해야 하는 상황이라면 전문가의 조언을 구해 향후에 있을 상황을 충분히 예측하고 진행한다면 좋은 결과를 만들어낼 수 있습니다.

06 | 비정규직이면 한 회사에서 2년만 일해야 하는 건가요?

비정규직 보호법이 제정되기 전에도 법원은 기간제로 여러 번 계약이 갱신되는 경우와 같이 기간을 정한 것이 형식에 불과하다고 볼 수 있다면 기간 정함이 없는 근로자라고 판결했습니다. 비정규직 보호법은 이런 판례의 법리를 법으로 명문화하면서 비정규직으로 계약을 갱신해가며 장기간 사용하지 못하도록 하기 위해 기간제 근로자의 사용 기간을 2년 이내로 제한하고 있습니다. 비정규직으로 고용하더라도 2년 이상 근무한다면 2년이 되는 다음 날부터 '기간의 정함이 없는 근로계약', 즉 무기계약직으로 자동 전환된다는 뜻입니다.

하지만 비정규직을 보호하기 위한 법이 오히려 비정규직을 양산하고 더 오래 일할 수 있는 비정규직의 일자리를 빼앗고 있다는 비판이 있습니다. 실제로 과거에는 2년이고 3년이고 심지어 10년 이상 계약을 갱신해가면서 비정규직을 오랫동안 고용해온 회사가 많았습니다. 기간제로 하면 필요할 때 쉽게 인원을 조정할 수 있고, 고용이 불안정한 상태이기 때문에 사용자가 낮은 근로조건을 유지해도 쉽게 집단행동을 하지 못하고 재계약을 위해 더 열심히 일하리라

사유	사용 기한
사업 기간이 정해진 프로젝트에 투입되는 경우	사업의 완료 또는 특정한 업무의 완성에 필요한 기간까지
휴직·파견 등으로 결원이 발생해 이를 대체하기 위해 투입된 경우	휴직·파견된 근로자가 복귀할 때까지
근무기간 중 학업·직업훈련을 이수받는 경우	그 이수에 필요한 기간을 사용 제한 기간에서 제외
고령자(현행법상 만55세)와 기간제 근로계약을 체결하는 경우	무한대 기간제 사용 가능(단 기간제 계약 체결 당시 연령을 기준으로 '고령자' 여부 판단)
전문적 지식·기술의 활용이 필요한 경우: 박사학위 소지자, 기술사, 건축사, 공인노무사, 공인회계사, 변리사, 변호사, 손해사정사, 의사, 약사, 세무사 등 전문자격사를 그 해당 분야에 계약직으로 채용하는 경우	무한대 기간제 사용 가능
한국표준직업분류상 전문가 및 관련종사자로 근로소득이 상위 25%인 경우(매년 고용노동부 공고*)	해당 소득이 유지되는 범위 내에서 무한대 기간제 사용 가능
기타 정부 제공 일자리에 종사하는 경우, 조교, 강사, 연구기관 연구원, 겸임교원, 초빙교원, 주 평균 15시간 미만의 초단시간근로자 등	계약에서 정한 사용 기한까지 또는 무한대 기간제 사용 가능

2년 사용기간 적용의 예외 사유

고 기대하는 측면이 있기 때문입니다.

물론 이런 방식으로 계약을 갱신하면 근로자의 '법적인' 신분은 무기계약직이 될 수 있지만, 누군가 문제를 제기해야만 법적인 조치가 뒤따르게 됩니다. 이런 문제는 나중에 생기면 대응하더라도 미리 대응할 필요는 없었습니다. 그러나 비정규직 보호법으로 2년이 지나면 무조건 무기계약직이 되다 보니 사용자로서는 어쩔 수 없이

* 2021년 기준 66,000,000원

2년 시점에 '무기계약직 전환'과 '계약 종료' 둘 중 하나를 선택할 수밖에 없는 상황이 되었습니다.

대기업들조차 이 중 '계약 종료'를 선택하다가 노사분쟁으로 사회적인 물의를 일으키기도 했습니다. 경영이 안정적이지 못하거나 재무구조가 열악한 중소기업이라면 상황이 더 나쁩니다. 괜찮은 직원이라서 계속 일하도록 하고 싶어도 정년까지 고용해야 한다는 부담 때문에 2년 만에 계약 종료를 통보할 수밖에 없는 경우도 많습니다. 그러나 앞의 표를 보면 알 수 있듯이 2년이 넘는 기간을 계약직으로 사용할 수 있도록 한 '예외'가 있기 때문에 유의할 필요가 있습니다. 자신이 예외 사유에 해당한다면 2년의 기간에 상관없이 기간제로 고용될 수 있고 근속기간이 2년이 넘는다고 해도 무기계약직으로 전환되지 않기 때문입니다.

계약직이라고 해서 기간만료를 이유로 근로계약 종료가 항상 가능한 것은 아닙니다. 근로계약 내용에 따라 근로자에게 일정한 계약 갱신권이 있을 수 있습니다. 예를 들어 취업규칙에 비정규직 근로자가 일정 조건에 해당한다면 계약을 갱신할 수 있도록 정하거나 근로계약으로 이런 내용을 정한다면 근로자에게 '계약 갱신 권리'나 '갱신 기대권'이 있다고 봅니다. 이 경우에는 계약기간이 끝난다고 해서 근로계약이 당연히 종료되는 것이 아닙니다. 취업규칙이나 근로계약에서 정한 '갱신 조건'에 해당한다면 사용자가 계약을 갱신할 의무가 생깁니다. 근로자에게 갱신권이 있는데 사용자가 합리적인 이유 없이 계약 갱신을 거부하고 기간만료로 계약을 종료하면 '부당해고'가 될 수 있습니다. 다만 취업규칙이나 근로계약에 "원칙적으로 기간만료로 계약이 종료되며, 당사자 간 합의를 했을 때 갱신할 수 있다" 정도의 원칙만 있다면 갱신 기대권을 인정받기 어렵습니다.

갱신 조건이 명확하고 근로자 스스로 갱신 조건에 해당하는지 여부를 확인할 수 있는 상황에서 사용자가 계약 갱신을 거부한다면, 사용자에게 갱신 의무가 있다는 것을 '알려서' 내부적으로 해결하는 방법을 시도해볼 수 있습니다. 그렇게 해도 안 되면 부당해고 구제 절차를 진행할 수 있습니다.

갱신 조건이 있기는 하지만 곧바로 판단이 가능할 정도로 구체적이지 않고 "근무태도, 업무 성적, 회사 경영 사정 등을 고려하여 갱신 여부를 결정한다" 등으로 막연하게 정해져 있을 수도 있습니다. 이럴 때는 사용자에게 계약 갱신에 대한 재량이 좀 더 있다고 할 수 있기 때문에 갱신을 거부한 사용자에게 계약 갱신을 요청하더라도 결과가 달라지기 어렵습니다.

그러나 이런 경우에도 근로자에게 계약 갱신권이 어느 정도 존재하기 때문에 법적으로 다퉈볼 수는 있습니다. 특히 대부분의 비정규직과 재계약을 체결했는데, 자신이나 일부 근로자만 갱신이 거부된 상황이라면 좀 더 유리합니다. 사용자가 특정 근로자와 계약 갱신을 배제한 이유를 제시해야 하고 그 이유가 사회통념상 합리적이어야 하기 때문입니다.

07 | 단시간근로자의 시간 비례 조건은 어떻게 계산해야 하나요?

법정근로시간인 주40시간제를 적용하는 경우를 '통상근로'(풀타임 근로)라고 한다면, 이보다 주당 근무시간이 짧은 경우를 가리켜 법률 용어로 '단시간근로'(파트타이머)*라고 부릅니다. 단시간근로자는 과거 '기간제 또는 일용직' 고용과 결합해서 '시간제 아르바이트' 같은 비정규 일자리 형태로 운영되는 사례가 대부분이었습니다. 그러나 시간선택제 일자리 창출이나 임신기·육아기·가족돌봄 근로시간 단축과 같은 일·가정 양립 정책의 영향으로 최근에는 정규직이나 무기계약직이면서 단시간근로자인 경우, 원래 풀타임근로자였다가 육아, 가족돌봄 등의 필요에 의해 한시적으로 근로시간을 단축함으로써 단시간근로자가 되는 경우도 많아졌습니다.

단시간근로자의 근로조건에 대해서는 근로기준법뿐 아니라 「기

＊ 법상 '단시간근로자'는 비교대상인 동종 또는 유사 업무에 종사하는 '통상근로자'가 존재해야 인정됩니다. 바꿔 말해 단시간근로자가 수행하는 업무와 같거나 비슷한 일을 하는 통상근로자가 전혀 없는 상태라면 비록 주 소정근로시간이 40시간보다 짧더라도 법상 단시간근로자에 대한 특별한 보호는 적용되지 않습니다. 어떠한 직종이 단시간근로자로만 구성되었고 다른 직무들과 유사성이 없는 경우가 그렇습니다. 이 경우 주 소정근로시간이 40시간 보다 짧더라도 법정근로시간인 40시간을 넘는 근로만 연장근로가산수당을 적용하며, 차별 금지 보호나 시간 비례 원칙도 적용되지 않습니다. 다만 유급 주휴수당, 연차휴가와 같이 시간 비례에 의한 적용이 합리적인 법정 근로조건에 대해서는 단시간근로자와 마찬가지로 시간비례 적용이 가능합니다.

간제 및 단시간근로자 보호 등에 관한 법률」(기간제법)로 정하여 특별히 보호하고 있습니다. 근로조건을 서면으로 명시하도록 하는 의무가 일반 근로자와 비교하면 보다 구체적인 형태로 규정되어 있으며, 단시간근로자의 특성을 고려해 연장근로를 엄격하게 제한하고 있습니다. 또한 단시간근로자라는 이유로 '차별적 처우'가 금지되는데, 비교 대상은 같거나 비슷한 일을 하는 풀타임근로자들입니다.

단시간근로자의 근로조건은 통상근로자와 비교하여 '시간 비례'에 따라 적용할 수 있습니다. 풀타임근로자들의 소정근로시간(주 40시간)과 단시간근로자의 소정근로시간의 비율에 따라 임금 수준이나 휴일, 휴가 등의 근로조건이 책정됩니다. 시간 비례의 원칙 적용은 '최저기준'을 의미합니다. 따라서 그 이상의 조건 설정은 가능하지만 시간 비례의 원칙을 어겨 최저기준보다 낮은 기준을 적용한다면 '차별'이 성립하며, 법정 기준보다 모자란 부분에 대해서 차별 시정 신청을 통해 보전받을 수 있습니다. 성질상 '시간 비례에 따른 계산'이 불가능한 조건이라면 시간 비례의 원칙이 적용되지 않습니다. 이때는 단시간근로자라고 하더라도 통상근로자와 '동일하게' 처우해야 합니다.

단시간근로자의 근로계약서에는 반드시 계약기간, 근로일, 근로일별 근로시간(시작과 종료 시각), 휴게, 휴일, 연차휴가, 근무장소 및 종사업무, 임금의 구성항목, 계산방법, 지급방법 등의 내용이 포함되어야 하며, 단시간근로자의 임금은 근로계약서상 '시급'*으로도 표기되어야 합니다. 풀타임근로자와의 차별 여부를 판단하는 기준역시 '시급'입니다. 같거나 비슷한 일을 하는 근로자로서 적어도 동일 경력에 해당하거나 동일 가치 업무를 수행한다고 볼 수 있으면 '동일한 시급'을 책정해야 합니다. 그러나 비교 가능한 풀타임근로자가 전혀 없으면 비교 대상이 없어 '차별'이 성립하지 않습니다.

　임금의 경우 기본급 외에 각종 수당이 지급될 수 있는데, 직무수당이나 직책수당, 자격수당과 같이 통상임금 성격이 있는 고정수당들에 대해서는 대체로 '총 금액'을 기준으로 하여 '시간 비례' 기준을 적용하는 것이 원칙입니다. 예컨대 동종의 풀타임근로자가 월 10만원의 직무수당을 받을 경우 주 30시간인 단시간근로자는 10만 원의 75퍼센트인 7만 5000원을 직무수당(최소)으로 받아야 합니다.

　단시간근로자의 초과근로는 근로자의 동의를 얻어 시행할 수 있는데, 사용자가 동의를 구하는 과정 없이 초과근로를 지시하면 단시간근로자는 이를 거부할 수 있습니다. 단시간근로자가 초과근로를 거부한 이유로 해고 같은 불리한 처분을를 할 경우 형사처벌**을 받을 수 있습니다. 총 초과근로시간은 주당 12시간을 초과할 수 없는데, 소정근로시간이 주 30시간인 단시간근로자라면 합의로 연장

＊　단시간근로자의 근로조건은 '시간 비례'로 결정되며, 휴가 부여 역시 '시간' 단위로 정해지기 때문에 '시급'을 명시함으로써 근로조건에 대한 당사자의 확인이 명확하게 이루어지도록 하기 위함입니다.
＊＊　단시간근로자의 동의 없이 또는 주 12시간을 초과하는 연장근로를 시킬 경우 1000만원 이하의 벌금, 사용자의 부당한 초과근로 거부를 이유로 단시간근로자에게 불리한 처우를 한 경우 2년 이하의 징역 또는 1000만 원 이하의 벌금

근로를 하더라도 총 42시간을 초과할 수 없습니다.* 한편 단시간근로자의 경우 '소정근로시간'을 초과한 모든 시간에 대해 50퍼센트의 가산수당을 추가 지급해야 합니다. 연장근로를 포함해 주간 총 근로시간이 40시간 이내여도 당사자가 약정한 소정근로시간을 초과한다면 모두 '연장근로'가 됩니다. 만일 주 소정근로시간이 30시간인 단시간근로자가 주 10시간의 초과근로를 하여 해당 주의 총 근로시간이 40시간이 된다면, 10시간분에 대해서는 50퍼센트의 할증수당이 지급되므로 총 45시간분의 임금을 받을 수 있습니다.

단시간근로자도 법정연차휴가의 지급 조건이 성립한 경우 이를 부여해야 합니다. 다만 연차휴가는 '시간 비례'에 의해 적용되기 때문에 소정근로시간의 비율에 따라 적용되며, 단시간근로자의 근로 형태마다 일 단위시간이 다양할 수 있기 때문에 '일 단위'가 아니라 '시간 단위'로 계산하고 사용합니다. 즉 풀타임근로자의 총 연차시간(15일×8시간=120시간)에 소정근로시간 비율(30시간인 경우: 30시간/40시간=75%)을 곱한 값이 단시간근로자의 총 '연차시간(90시간=120시간×75%'이 되고 각 소정근로일의 시간만큼 휴가일에 사용한 시간**을 차감합니다. 이 중 사용하지 못한 휴가가 있는 경우 남은 시간에 시급을 곱해

---

* 연장한도를 준수할 의무는 '사용자'의 의무이므로, 근로자가 합의하여 실제 한도를 초과한 연장근로가 있더라도 근로자가 처벌을 받거나 연장근로수당에 불이익을 받지 않습니다.

** 휴가 부여는 일 단위가 원칙이지만 취업규칙, 근로계약 등에서 정하거나 당사자가 합의하면 반차나 시간 단위로 사용할 수 있습니다.

수당액을 계산합니다.

연차휴가는 시간 비례로 적용되지만, 생리휴가나 출산전후휴가와 같이 모성보호를 목적으로 하는 휴가는 시간 비례 기준이 적용되지 않기 때문에 일반 근로자와 같은 일수로 부여해야 합니다. 또한 병가나 경조휴가와 같은 약정휴가에도 특별한 휴가 발생 사유에 따라 부여하는 것이기 때문에 단시간근로자에게 같은 휴가 사용 필요성이 있다면 풀타임근로자와 같은 일수로 부여하는 것이 원칙입니다.

'휴게'의 경우 4시간당 30분 이상 부여하는 일반 기준이 그대로 적용되기 때문에 일 근로시간이 4시간이 되지 않으면 휴게시간이 없을 수도 있으며, 8시간 보다 적을 경우 30분만 휴게시간을 부여할 수도 있습니다. 그러나 '휴일'의 경우 '특정 일' 전체를 휴무하는 것이기 때문에 원칙적으로 '시간 비례'를 적용하지 않습니다. 따라서 법정휴일로서 주휴일(7일 중 하루)과 근로자의 날을 유급휴일로 부여해야 하며, 공휴일처럼 약정휴일이 있다면 풀타임근로자와 같게 부여해야 합니다.

다만 유급휴일에 지급하는 수당은 '1일 소정근로시간'을 기준으로 지급하는데, 이때의 '1일 소정근로시간'은 법령에서 정하는 방식(4주간의 근로시간을 그 기간의 풀타임근로자의 소정근로일수로 나눈 값＝주 5일 근무를 가정했을 때 1일 평균 근로시간을 의미)으로 계산해야 하는 '평균'의 개념으로 각 근로자가 실제 하루에 일하기로 정한 시간*과 다를 수 있습니다. 일 7.5시간씩 주 4일 일하기로 한 단시간 근로자의 주 소정근로시간은 30시간이고 4주간 근로시간은 총 120시간이며 주 5일 근무하는 풀타임근로자의 4주간 총 근로 일수는 20일이므로, 단시간근로자의 '1일 소정근로시간'(일 평균 근로시간) 은 6시간(=120시간/20)이 됩니다. 따라서 주휴수당과 같은 유급휴일 수당은 1일당 6시간의 임금으로 지급됩니다.

단시간근로자는 주 평균 소정근로시간이 15시간**을 넘고 1년 이상 근무했다면 퇴직급여의 지급 대상이 되며, 퇴직급여 산정 방식은 풀타임근로자와 같습니다. 기타 징계·해고·전보 등의 인사 처분이나 모성보호, 산업안전, 재해보상 등 '근로시간'의 장단과 무관한 조건이나 기준 역시 풀타임근로자와 같게 적용됩니다.

다만 장기근속을 전제로 하는 시간선택제 근로(단시간근로이나 정규직 또는 무기계약직인 경우) 형태에서는 교육기회의 제공, 경력개발, 승진 등을 단시간근로자에 대한 처우에 관해 고려하게 될 수 있습니다. 이때 교육 기회의 제공에서 풀타임근로자와 차등적인 교육비 지원 제도를 설정하거나 승진 연한이나 기준을 다르게 설정하는 경우 차별에 해당하는지 문제가 될 수 있습니다.

교육 기회의 제공은 인력개발 관점에서 될 수 있으면 풀타임근로

***

* 매일 정해진 시간이 동일할 수도 있으나, 단시간근로자의 경우 일 마다 소정근로시간을 다르게 정할 수도 있습니다.

** 초단시간근로자(4주간을 평균하여 1주의 소정근로시간이 15시간 미만인 경우)는 유급 주휴일, 관공서 공휴일, 연차휴가, 퇴직급여가 적용되지 않고 기간제 사용기한 2년 제한의 예외 사유로서 무기한 기간제 사용이 가능합니다.

자와 균등하게 이루어지도록 하는 편이 바람직합니다. 그러나 교육비 지원 시 금전적 비용 부담이 발생할 수 있는 경우에는 근로제공의 양적 수준을 '기여 정도'에 대한 하나의 기준으로 볼 수 있기 때문에 어느 정도 범위에서 차등이 가능할 수 있습니다. 이 경우에도 일방적인 교육 기회의 차단은 차별에 해당할 수 있으며, 금전 환산이 가능하다면 시간 비례 기준을 적용해야 할 것입니다.

승진은 대개 근속기간을 기준으로 '승진 연한'을 설정하고 있는데, 승진 연한 역시 일정한 업무 경험, 근속 기여 등 양적 투입이 전제되기 때문에 풀타임근로자보다 이러한 양적 투입이 적은 단시간근로자는 시간 비례 계산에 의해 승진 연한을 보다 길게 설정하는 것도 가능합니다. 그러나 단시간근로자에 대해 일체의 승진 기회를 배제하거나 승진 기준에 근무시간과 무관한 차등적인 조건을 설정한다면 차별에 해당할 수 있습니다.

08 │ 용역회사 직원인데, 용역계약이 끝나면 │ 퇴직해야 하나요?

용역계약은 어떤 일의 완성이나 처리를 위한 계약으로 범위가 넓고 종류가 다양합니다. 우리가 보통 '용역회사'라고 부르는 업체는 청소, 경비, 건물 관리, 판매 등의 업무를 다른 회사로부터 도급받아 대행하는 업체입니다. 이런 용역회사는 용역업무 수행을 위해 근로자를 채용해 근로계약을 체결하고 근로자는 도급을 준 회사나 학교, 빌딩, 아파트, 마트 등에 가서 일합니다. 앞으로 설명할 '파견'과 형태는 비슷하지만 도급을 준 업체가 근로자들을 직접 지시하거나 감독하지 못하고 독립적으로 분리된 업무를 한다는 것이 용역의 특징입니다.

용역계약은 용역회사와 도급을 준 회사가 '업무 도급'에 관해 체결한 계약입니다. 용역계약은 용역회사와 근로자가 체결하는 계약인 '근로계약'과는 전혀 별개의 계약입니다. 그런데 수익구조가 열악한 우리나라의 용역회사들은 일거리 없이 인력을 유지하기가 어렵습니다. 그래서 인력을 미리 고용하고 유지하면서 나중에 용역계약이 체결되면 그 회사로 사람을 보내는 방식으로 사업을 운영할 수가 없습니다. 거꾸로 용역계약이 체결되면 그제야 회사에서 일할 사람을 수에 맞춰 채용합니다. 이 때문에 용역계약이 해지되면 갑자기 일자리를 잃게 된 인력을 다른 곳으로 보내거나 휴업한 채 고용을 유지할 만한 여력이 거의 없습니다. 이런 특성으로 도급을 준 곳에서 용역업체를 바꿀 때 용역업체끼리 일하던 인력을 고용승계하는 경우가 많습니다. 결국 같은 사람들이 계속 한 장소에서 소속 회사를 바꿔가며 일하는 것이 관행처럼 돼 있습니다.

상황이 이렇다 보니 용역회사에 채용된 후 용역을 제공받는 회사에서 근무하던 중에 용역회사와 도급을 준 회사 사이에 용역계약이 해지되면 그대로 근로관계가 종료되는 경우가 많습니다. 그래서 근로계약을 체결할 때 '용역계약이 해지될 때까지'로 정하기도 하고, 근로계약기간을 1년으로 하더라도 "근로계약 도중에 용역계약이 해지되면 근로관계가 자동 종료된다"라는 규정을 넣어두기도 합니다. 물론 새로 용역계약을 체결한 다른 용역회사가 종전 근로자를 그대로 떠안으면 계속 일할 수 있어 큰 문제가 생기지 않습니다. 그런데 혹여 고용승계를 거부하거나 도급을 준 곳에서 더 이상 용역계약을 체결하지 않아 그대로 일자리를 잃는 경우가 많았습니다.

하지만 '용역계약'은 '근로계약'과 엄연히 다릅니다. 용역계약이 해지된다고 해서 근로계약이 당연히 해지된다고 볼 수는 없습니다. 과거에는 근로계약이나 취업규칙 등에 '용역계약기간만료'를 자동면직 사유로 정하면 효력이 있다고 보았습니다. 그러나 대법원에서 용역계약 해지를 정년, 사망, 폐업과 같은 근로계약의 자동소멸 사유로 볼 수 없다며 부당해고 판결을 내렸기 때문에 용역계약기간만료를 근로계약 해지 사유로 정하기 어려워졌습니다.

따라서 용역회사 소속으로 일하던 중 근로계약기간이 남아 있는데도 중간에 용역계약이 해지되었다는 이유로 해고한다면 부당해고에 해당할 수 있습니다. 그러나 애초 근로계약기간을 용역업무의 완료(종료) 시까지로 정한 이른바 '프로젝트 계약'을 체결했다면 '기간만료'로 근로계약이 적법하게 종료된 것으로 보며, 용역회사가 용역계약 해지로 폐업해서 근로관계를 계속 유지할 것을 기대할 수 없는 상황이라면 자동면직 사유로 인정될 수 있습니다.

용역계약 해지를 이유로 해고를 당하면 노동위원회에 구제신청을 제기할 수 있습니다. 이때 노동위원회에서 부당해고로 판정하고 복직 명령을 내려도 용역계약이 해지된 상태에서 복직하기란 쉽지 않습니다. 열악한 용역회사의 영업환경상 근로자를 보낼 만한 다른 장소를 찾기도 어려워 퇴사를 조건으로 금전 합의를 하는 경우가 많습니다. 이나마도 어려운 상황이면 이런 문제를 이유로 용역회사가 문을 닫는 경우도 종종 있습니다. 이렇게 되면 근로자는 복직도 못하고 금전적인 보상도 받기 어려워질 수 있습니다.

따라서 부당해고 구제신청 후 단순히 부당해고로 판정을 받으면 모두 해결된다고 기대하는 것보다 이후 실제로 복직할 가능성에 따라 합리적인 수준에서 금전 합의를 하는 상황을 미리 생각해둘 필요가 있습니다.

같은 직종으로 근무할 만한 다른 장소가 없거나 추가로 투입해 근무할 만한 상황이 아닌 경우 객관적으로 복직할 가능성이 거의 없는 상태라면 복직보다는 금전 합의를 선택하는 편이 나을 수 있습니다. 복직하더라도 일할 곳이 생길 때까지 휴업해야 하는 경우가 많습니다. 휴업 기간에는 평균임금의 70퍼센트를 받을 수 있지만, 휴업 중 다른 일을 하게 되면 근로계약 해지 사유가 될 수 있기 때문에 주의할 필요가 있습니다.

파견직으로 한 회사에서 2년 넘게 일하고 있어요.

파견근로자는 '파견회사'(파견사업주) 소속이지만 실제 일은 다른 회사(사용사업주)에서 하는 근로자를 말합니다. 파견회사와 근로계약을 체결하고 임금도 파견회사 이름으로 받지만 업무를 지시하고 관리·감독 하는 회사가 따로 있습니다. 이런 고용 형태를 '직접 고용'과 대비해 '간접 고용'이라고도 합니다.

파견근로자는 일반적으로 열악한 근로조건에 놓여 있기도 하지만 고용과 사용이 분리돼 있기 때문에 그냥 놔둔다면 사용사업주가 책임을 면할 의도로 파견근로를 무분별하게 활용하거나 파견근로자에게 부당한 근로조건을 적용할 가능성이 있습니다. 또한 파견근로자는 '내 회사'가 아닌 '다른 회사'에서 일하기 때문에 사용회사에 직접 고용된 다른 직원들과 섞여 같은 일을 하더라도 소속이 다르다는 이유로 신분과 대우에서 차별받을 때가 많습니다. 이 때문에 법을 통해 근로자 파견을 엄격히 규제하고 있습니다.

「파견근로자 보호 등에 관한 법률」(근로자파견법)에서는 파견업 허가 조건, 파견 조건, 파견기간, 파견 대상 업종, 파견근로자 처우 등 파견사업주 및 사용사업주의 의무에 대해 규정하고 법을 어길 때는 파견업 허가 취소나 영업 정지를 비롯해 형사 처분 등 강력한 제재 규정을 두고 있습니다. 또한 총 파견기간이 2년을 넘는 것처럼 파견기간 제한 규정을 위반한 경우, 파견 대상 업무 규제*를 위반한 경우, 무허가 파견의 경우 사용사업주가 파견근로자를 직접 고용할 의무가 있으며, 고용노동부의 직접 고용 지시를 이행하지 않으면 1인당 1000만 원의 과태료가 부과됩니다.

따라서 파견직으로 한 회사(사용사업주)에서 2년 넘게 근무한다면 사용사업주가 근로자를 직접 고용해야 하기 때문에 그는 더 이상 파견근로자 신분이 아니라 일하던 회사 소속으로 바뀔 수 있습니다. 그러나 파견법에서 근로자 파견기간을 최장 2년으로 제한하고 있기 때문에 일반적으로 파견업 허가를 받은 파견회사에서 파견법을 어겨가며 한 회사에서 2년 이상 근무하도록 놔두는 일은 거의 없습니다. 보통 '직접 고용'이 문제가 될 때는 파견 대상 업무가 아닌 업무에 파견하는 경우입니다.

파견직으로 한 회사에서 2년 이상 근무하고 있어도 사용사업주가 직접 고용하지 않으면 '파견법 위반'을 이유로 고용노동부에 진정을 제기**할 수 있고, 고용노동부에서는 처벌 조치 전에 직접 고용을 지

---

* 근로자파견법상 파견이 허용되는 업무는 32개로 한정되어 있지만, 결원 대체나 일시·간헐적 필요에 따라 파견하는 경우 파견 대상 업무가 아닌 업무에 예외적으로 파견근로자를 사용할 수 있습니다. 그러나 업무의 위험도 때문에 결원 대체와 같은 예외가 허용되지 않고 절대적으로 파견이 금지되는 업무가 있습니다. 건설공사현장 업무, 항만하역 업무, 선원의 업무, 산업안전보건법상 유해·위험 업무, 분진작업, 건강관리카드 발급대상 업무, 의료인 및 간호조무사 업무, 의료기사 업무, 여객·화물 운전 업무 등입니다.
** 파견사업주가 파견업 허가를 받지 않은 상태에서 파견하거나 파견 대상 업무가 아닌 업무에 파견하는 경우에도 진정을 제기해 직접 고용하라는 시정지시를 받을 수 있습니다.

시하는 시정명령을 내립니다. 만약 사업주가 시정명령을 이행하지 않으면 과태료를 부과할 수 있지만 부과액이 1인당 1000만 원에 불과해서 실제로 파견근로자를 직접 고용하도록 하기에는 미흡합니다. 다만 그 파견이 파견법을 위반한 '불법 파견'이라면 형사처벌이 가능하기 때문에 보다 강력하게 제재할 수는 있습니다.

사용사업주가 고용노동부 진정에도 불구하고 끝까지 직접 고용하지 않거나 파견계약을 해지하면서 근로자를 해고하면 법원에 '근로자 지위 확인의 소'나 '해고 무효 확인의 소'*를 제기할 수 있고, 해고된 경우에는 노동위원회의 부당해고 구제신청 절차를 이용할 수도 있습니다. 그러나 보통 근로자 파견을 받는 기업은 대기업이기 때문에 근로자가 제기하는 소송이나 법적 분쟁에 적극적으로 대응하는 경우가 많습니다. 특히 비슷한 상황에 있는 다른 파견근로자가 많을 때는 파급효과가 크기 때문에 대법원까지 사건을 끌고 가기도 합니다.

따라서 법적 분쟁을 제기하기에 앞서 전문가의 충분한 법률 검토와 조언을 받고 향후 승소 가능성과 발생 가능한 여러 상황을 예측한 후 신중하게 진행하는 편이 좋습니다.

---

* 고용노동부 진정 절차 없이 곧바로 소송을 제기할 수도 있지만 대부분 집단 소송의 형태이고 파견근로자 개인이 진행하기는 현실적으로 어렵습니다.

10

위장도급(불법 파견)이 무엇인가요?

두 사업주가 각각 도급인(도급을 의뢰한 쪽)과 수급인(도급 의뢰를 받은 쪽, 하청)이 되어 겉으로는 '도급계약'을 체결하고 수급인 소속 근로자가 도급인 회사에서 일하지만, 실질적으로 두 사업주와 근로자와의 삼자 관계가 '근로자 파견' 관계에 해당할 때 이것을 '위장도급'이라고 합니다. 위장도급에 해당하면 파견업 허가를 받지 않거나 금지 업종에 파견하는 행위처럼 파견근로자 보호법을 위반하게 되기 때문에 사실상 위장도급과 불법 파견을 같은 말처럼 혼용하기도 합니다.

그렇다면 근로자 파견과 도급관계는 어떤 점이 다를까요? 도급관계라면 도급인이 수급인에게 '일을 떼어주고' 수급인은 독자적으로 그 일을 처리하는 관계이기 때문에, 도급인과 하청 소속 근로자 사이에 '사용종속관계'가 없습니다. 그래서 도급인이 하청회사 직원에게 업무를 지시할 수도 없고 지휘감독권을 행사할 수도 없습니다. 그러나 근로자 파견관계는 파견근로자의 소속이 파견사업주라고 하더라도 사용사업주가 '지휘감독권'을 직접 행사할 수 있습니다. 그러므로 하청 소속 근로자가 사실상 도급인 회사의 구체적인 지휘·감독을 받으며 업무를 수행하면 그 관계는 실질적으로 '파견관계'가 되기 때문에 파견을 도급으로 위장한 '위장도급'이 됩니다.

위장도급 문제는 곳곳에서 발생하고 있지만 사내하청 근로자가 많은 대규모 제조업에서 하청 근로자가 소송을 제기하고 대법원의 위장도급 판결이 나오면서 사회적 이슈가 되었습니다. 위장도급으로 판정되면 불법 파견에 따른 각종 형사 처분과 과태료를 물게 될 수 있고 하청회사는 더 이상 도급계약을 유지할 수 없어 파견업 허가를 받거나 폐업하면서 근로자를 집단 해고해야 할 수도 있습니다. 무엇보다 도급인 사업주는 근로자를 '직접 고용'해야 할 의무를 안게 되고 비슷한 형태로 대규모 하청이 이뤄지고 있는 상황이라면 그 파급효과가 매우 큽니다.

이런 위험에도 불구하고 위장도급이 계속해서 발생하는 이유는 파견 금지 업종과 파견 가능 대상 업종이 정해져 있는 파견에 비해 도급은 활용 범위가 매우 넓고, 비용 절감이나 기업 유연성 확보, 법적 부담 경감 등의 이점이 많기 때문입니다. 특히 제조업 생산직(직접생산공정업무)은 파견 대상 업무에서 명시적으로 제외하기 때문에 파견근로자를 사용할 수 없고 일부 작업을 떼어서 하청을 주는 형태로 운영하는 것입니다.

고용노동부는 위장도급에 해당하는지 여부를 크게 두 가지 기준으로 판단합니다. 먼저 하청업체가 '사업주'로서 실체가 없다면 위장도급 여부를 복잡하게 따질 필요 없이 원청 회사(도급을 준 회사)에 원래부터 직접 고용된 것으로 봅니다. 이때 원청 회사의 취업규칙이 그대로 하청 직원에게 적용되고 하청 직원에 대한 해고의 직접적 책임도 원청 회사가 지게 됩니다. 하청업체가 사업주로서 실체가 없다는 것은 형식적으로 사업주로 돼 있지만 사실상 '회사'라고 볼수 없는 경우를 말합니다. 근로자의 채용, 해고에 대한 결정권, 자금 조달이나 지급에 대한 책임, 보험 가입·세금 부담 등 법령상 사업주로서의 책임, 기계설비·기자재의 자기 부담, 전문적인 기술·경험과 관련된 기획 책임이나 권한 등이 없는 경우 등이 사업주로서 실체를 판단하는 기준입니다. 그러나 실무적으로 유령회사 수준이 아닌 한 사업주 실체가 부정되는 일은 거의 없습니다. 적어도 법인이나 개인사업자 형태로 등록하고 세무, 보험료, 급여 처리 등을 직접 사업주 이름으로 하기 때문입니다.

따라서 실제 위장도급 판단에서는 도급인의 '지휘명령권 행사' 여부가 중요합니다. 하청업체가 사업주로서 실체가 있다고 인정되더라도 소속 근로자가 도급인의 지휘와 명령을 받으며 일한다면 위장도급에 해당합니다. 도급인이 작업을 배치하고 변경할 권한을 행사하는 경우, 구체적인 업무 지시와 감독권을 직접 행사하는 경우, 휴가·병가 등 근태관리권이나 징계권을 직접 행사하는 경우, 근로자의 업무 수행에 대한 평가권을 직접 행사하는 경우, 시간 외 근로 등 근로시간 결정권을 직접 행사하는 경우 도급인의 지휘명령권 행사가 인정되면서 위장도급으로 판정될 수 있습니다.

만약 이와 같이 도급관계가 위장도급으로 판정되면 파견근로자 보호법이 그대로 적용됩니다. 2년 이상 도급인 사업장에서 근무한 근로자는 하청 소속이 아닌 도급인 소속 정규직 근로자*로 직접 고용될 수 있습니다. 수행하던 일이 건설현장 업무, 선원, 유해·위험 작업, 간호조무사, 의료기사, 여객화물 운전사 등 파견 금지 대상 업무인 경우 또는 제조업 직접생산공정업무 등 법상 파견 대상 업무가 아닌 경우, 기타 무허가 파견 등 불법 파견의 경우 근무기간과 상관없이 즉시 직접 고용될 수 있습니다.**

　법에는 파견근로자를 2년 이상 계속 사용하면 직접 고용해야 한다고만 규정하고 있을 뿐 정규직으로 고용해야 한다는 내용은 없습니다. 다만 당사자끼리 합의해서 기간제로 근로계약을 체결하지 않는 한 사용자에게 계속해서 고용 의무가 부과되기 때문에 정규직으로 고용해야 한다는 의미로 해석할 수 있습니다.

＊　법에는 파견근로자를 2년 이상 계속 사용하면 직접 고용해야 한다고만 규정하고 있을 뿐 정규직으로 고용해야 한다는 내용이 없습니다. 이에 대해 고용노동부는 당사자가 합의하면 기간제 고용도 가능하다고 해석했고 이에 따라 2년이 넘은 파견근로자를 다시 기간제로 고용해 비정규직 형태로 총 4년을 사용하는 사례가 많았습니다. 그러나 최근 대법원(대법2018다207847)이 "특별한 사정이 없는 한 사용사업주는 직접 고용의무 규정에 따라 근로계약을 체결할 때 기간을 정하지 않은 근로계약을 체결하여야 함이 원칙"이라고 판결함에 따라 '비정규직 돌려막기 관행'에 제동을 걸었습니다.

＊＊　하급심 판례(서울중앙지법 2016가합531053)에서는 파견회사에 파견허가가 있더라도 파견법 회피를 위해 도급계약을 체결해 불법 파견에 해당하는 경우라면 '무허가 파견'과 동일하게 취급하여 파견기간과 관계없이 즉시 직접 고용의무를 부과해야 한다는 내용의 최초 판결을 내리기도 했습니다.

모성보호

모성보호제도, 몰라서 못 챙기는 게 많다고요?

열혈 워킹맘 연달아 씨, 결혼이 늦지는 않았지만 경쟁이 치열한 직장에서 인정받는 것이 중요해서 어느 정도 경력을 쌓고 승진할 때까지 임신을 계속 미뤘다. 그리고 서른을 훌쩍 넘기고서야 아이를 가지려 시도했으나 두 차례 유산의 아픔을 겪은 후 서른다섯이라는 늦은 나이에 겨우 첫 아이를 갖게 되었다.

연달아 씨는 출산 전날까지 회사에 출근하고 출산 후 2개월 만에 복귀해 지금은 아이의 첫돌을 앞두고 있다. 노산이고 어렵게 가진 아이라 조심하고 싶지만 당시 회사에 정리해고 바람이 부는 등 분위기가 좋지 않아 육아휴직을 쓰고 싶어도 엄두도 내지 못했다. 친정과 시댁 모두 지방에 있어 간신히 보모를 구하고 회사로 달려갔다. 일을 마치고 녹초가 된 몸으로 집에 돌아온 후 밤새 아이를 돌보느라 잠을 제대로 잔 날이 거의 없는 듯하다. 하루하루가 정신없이 지나갔는데 벌써 돌이라니, 연달아 씨는 감격해하며 자신을 스스로 격려했다.

그런데 얼마 후 연달아 씨는 둘째를 임신하게 된 사실을 알게 되었다. 요즘 시대에 두 아이를 키우는 게 만만치 않다는 주변 친구들의 말이 떠올라 걱정도 되고 부담도 되지만, 연달아

둘째가 생긴 게 기적같이 느껴지고 감사했다.

이번에는 직장 상황도 나쁘지 않고 더 노산이라 몸을 잘 챙기고 싶었다. 첫아이 때 너무 무리해 회사에 다니다 임신성 고혈압으로 고생하고 조산 위기도 겪은 게 마음에 걸렸다.

법으로 정해진 모성보호제도가 여러 가지 있다는데 회사에서 제대로 알려준 적도 없고 정보도 부족해 첫아이 때는 혜택을 본 게 거의 없는 것 같다. 임신 중에는 생각하지 못한 돌발 상황이 발생할 수 있어 이번에는 상황에 맞게 꼼꼼하게 잘 챙겨서 충분히 혜택을 누리고 싶다. 모성보호 쪽은 법이 자주 바뀌어서 그때그때 잘 알아봐야 한다는데 인터넷으로 검색한 내용이 복잡해 정리가 잘 되질 않는다.

연달아 씨가 순서대로 챙겨두면 좋은 것과 놓치지 않도록 유의할 점은 무엇이 있을까?

"

직장 여성의 모성보호를 위한 사항은 하나의 법률안에 정리되어 있지 않고 근로기준법, 남녀고용평등 및 일·가정 양립 지원에 관한 법률, 고용보험법 등에 규정되어 있습니다. 이들 3개 법률을 '모성보호 3법'이라고 부르기도 하는데, 여러 법률에서 정하고 있다 보니 복잡하게 느껴집니다. 또한 모성보호에 관한 지원 범위가 확대되면서 법도 자주 바뀌고 있어 수시로 개정되거나 신설되고 있는 내용을 일일이 찾아봐야 하는 어려움이 있습니다.

그러나 모성보호와 관련된 규정이 어느 법에 있는지 알고 있거나, 정보를 검색하고 관련 기관에 궁금한 사항을 문의하는 방법으로 조금만 신경 써서 알아본다면 그리 어렵지 않습니다. 한편 이러한 외부 법제뿐 아니라 회사 규정을 통해 자체적으로 시행하는 제도들이 추가로 있을 수 있으니 미리 알아보고 챙기는 편이 좋습니다.

일하는 여성의 모성보호에 관한 법률 규정들은 임신, 출산, 육아로 직장을 이직하게 되는 일을 방지하기 위한 목적이 있습니다. 모성보호 법제가 도입되기 시작한 시기도 선진국과 비교하면 많이 늦지만 법이 있어도 모성을 보호하는 각종 제도를 '비용 부담'으로 생각하는 기업문화가 강하다 보니 실제 직장에서 활용되는 비율이 저조했습니다.

출산휴가나 육아휴직을 쓸 때 여전히 눈치를 봐야 할 수도 있고 출산이나 육아에 대한 직장의 배려가 부족해 많은 여성이 한참 경력을 쌓아야 할 나이에 직장을 떠나는 일이 많습니다. 그러나 우리나라에서 저출생과 낮은 고용률 두 가지가 동시에 문제가 되면서 그 해법으로 강조되는 것이 직장 여성에 대한 모성보호입니다. 모성보호의 필요성이 주목받으면서 법제의 내용도 실효성을 확보하는 형태로 강화되고 다양한 규정이 신설되기도 했습니다. 임신에서 육아기까지 시기에 따라 챙겨둘 필요가 있는 모성보호 법제의 내용을 변경된 내용을 반영하여 다음의 간략한 표로 정리했습니다.

아울러 정부는 고용보험급여를 통해 사업주가 부담해야 할 임금을 대신 지원하거나 무급인 휴가·휴직 기간에 대한 급여로 배우자 출산휴가급여, 출산전후휴가급여, 육아휴직급여, 육아기 근로시간 단축급여 등을 지급하고 있습니다. 이런 고용보험급여는 각각 신청 기한이 있기 때문에 놓치면 받지 못할 수 있습니다. 따라서 고용보험 홈페이지나 각 고용센터 민원 상담을 통해 임신, 출산, 육아기 고용보험급여에 대해 확인한 후 제때 신청해야 합니다.

구분	내용	비고
시간외근로 금지	– 1일 8시간 및 1주 40시간 이상의 초과근로 '절대' 금지/탄력적근로시간제 적용에 의한 시간외근로 역시 금지 • 본인 동의가 있어도 위법하며, 실제 시간외근로가 있는 경우 수당은 당연히 지급해야 함	근로기준법 (2년 이하 징역 또는 2000만 원 이하 벌금)
쉬운 근로로 전환	– 임신 중인 근로자의 요구가 있는 경우 사업주는 '쉬운 일'로 업무를 바꿔주어야 함	
야간/휴일근로 제한	– 야간근로와 휴일근로는 원칙적으로 금지 • 임신 중 여성의 명시적 청구(산후 1년 미만 여성의 동의)+근로자대표 협의+고용노동부 인가를 받은 경우에만 가능	
유해·위험 업무 금지	– 도덕상, 보건상 유해·위험 업무 종사 금지 • 위험 기계, 정전작업, 터널작업, 추락위험 작업, 진동작업, 고압/잠수 작업, 고열/한랭 작업, 방사선 작업, 중금속/유해물질 취급, 신체를 심하게 펴거나 앞으로 구부리는 작업, 5kg 이상 연속, 10kg 이상 간헐적 중량물 취급 등	근로기준법 (3년 이하 징역 또는 3000만 원 이하 벌금)
태아 검진 시간	– 근로시간 중 모자보건법상 태아검진에 필요한 시간 청구 시 허용(임금 삭감 불가: 유급) – 근로자의 신청에도 불구하고 검진 시간을 불허하거나 조각, 조퇴, 결근, 연차 처리할 경우 위법에 해당 • 모자보건법상 검진 주기: 임신 28주까지(4주마다 1회), 29~36주(2주마다 1회), 37주 이후(1주마다 1회) • 필요시간의 범위: 왕복이동시간, 대기시간, 검진 소요시간 등 • 유의사항: '신청'에 의해서 부여하는 것으로 필요 시 반드시 신청해야 함. 임신 중이므로 생리휴가 사용이 제한될 수 있음	근로기준법 (벌칙 규정 없음*)

구분	내용	비고
임신 중 근로 시간 단축	– 임신 12주 이내 또는 36주 이후인 경우 1일 2시간의 근로시간 단축 신청 시 허용(임금 삭감 불가: 유급) • 유의사항: '신청'에 의해서 부여하는 것으로 필요 시 반드시 신청해야 함	근로기준법 (500만 원 이하 과태료)
임신 중 업무 시작·종료 시간 변경	– 임신 중 여성근로자가 1일 소정근로시간을 유지하면서 업무의 시작 및 종료 시각의 변경을 신청하는 경우 허용 의무 • 유의사항: 근로시간 변경 예정일의 3일 전까지 원하는 업무시간대 기재하여 신청서 제출. 정상적 사업 운영에 중대한 지장을 초래하는 경우, 야간근로를 하게 되는 경우 사용자가 거부할 수 있음	근로기준법 (벌칙 규정 없음)
난임치료휴가	– 인공수정, 체외수정 등 난임치료를 받기 위해 휴가를 청구하는 경우 연간 3일 이내의 휴가 부여 의무 – 최초 1일 유급으로 부여, 난임치료휴가를 이유로 불리한 처우 금지	남녀고용평등법 (500만 원 이하 과태료)
임신 중 육아휴직	– 임신 중 여성근로자가 모성보호를 위해 신청하는 경우 육아휴직 허용 의무 • 육아휴직기간 총 1년에 포함되나 육아휴직 분할 횟수에 포함되지 않으므로 자유롭게 필요할 때 활용 가능함. 육아휴직급여 지급 대상임 • 유의사항: 육아휴직과 동일하게 휴직 개시 예정일 30일 전까지 사업주에게 신청해야 함	남녀고용평등법 (500만 원 이하 과태료)

임신기

* 벌칙 규정이 없어 실효성에 한계가 있다는 지적이 있습니다. 다만 태아 검진 시간을 이유로 해당 시간의 임금을 삭감한 경우 '임금체불'이 성립할 수 있습니다.

구분	내용	비고
출산전후휴가	– 출산전후를 통해 90일(다태아 임신: 120일)의 휴가 부여, 산후 45일 (다태아: 60일) 확보* • 최초 60일은 유급(통상임금) • 근로자의 청구가 없어도 반드시 부여해야 하는 휴가(근로자의 동의가 있어도 휴가 일수를 줄일 수 없음)	근로기준법 (2년 이하 징역 또는 2000만 원 이하 벌금)
유사산휴가	– 유산 또는 사산한 경우** '청구' 시 휴가 부여 • 임신 11주 이내: 유사산일로부터 5일까지 • 임신 12주 이상~15주 이내: 유사산일로부터 10일까지 • 임신 16주 이상~21주 이내: 유사산일로부터 30일까지 • 임신 22주 이상~27주 이내: 유사산일로부터 60일까지 • 임신 28주 이상: 유사산일로부터 90일까지 • 최초 60일은 유급(통상임금) • 유의사항: '청구' 시 부여하도록 되어 있어 청구하지 않을 경우 휴가를 사용할 수 없음. 휴가 일수는 유사산일로부터 시작하여 연속기간을 의미하며, 중간 휴무일이나 휴일 수가 포함되므로, 유사산 즉시 청구하여야 보장된 휴가를 최대한 사용할 수 있음	
고위험산모 출산전후휴가	– 고령, 유사산 경험 등 고위험 산모인 경우 '출산전후휴가'를 임신기간에 언제든지 분할 사용 가능, 출산 후의 휴가기간은 45일 이상(다태아: 60일)이 확보되어야 함 • 과거 유산·사산 경험이 있는 경우, 만40세 이상인 경우, 현재 유사산 위험이 있다는 의료기관 진단을 받은 경우	근로기준법 (2년 이하 징역 또는 2000만 원 이하 벌금)
배우자 출산휴가	– 배우자의 출산을 이유로 휴가를 청구하는 경우 총 10일의 유급휴가 부여 • 배우자의 출산일로부터 90일 이내에만 사용 가능, 유산 또는 입양의 경우에는 비해당 • 유의사항: '청구' 시 부여하는 것으로 청구하지 않을 경우 휴가를 사용할 수 없음	남녀고용평등법 (500만 원 이하 과태료)

출산 전후 시기

＊ 출산 전에 사용한 휴가가 많아 총 90일의 휴가 중 출산 후에 사용할 휴가가 45일보다 적더라도 45일은 무조건 확보해야 함(추가되는 휴가는 무급으로 부여)
＊＊ 모자보건법에서 허용하는 사유 외의 사유에 의한 인공임신중절 수술은 제외

구분	내용	비고
육아휴직	– 만 8세 이하의 자녀(또는 초등학교 2학년 이하의 자녀, 입양자녀 포함) 양육을 위해 총 1년의 기간 동안 육아휴직 사용 가능 • 1년의 기간은 한 자녀당 기간이므로, 여러 자녀가 있는 경우 각각 연속하여 사용 가능(예: 쌍둥이 육아의 경우 각 1년씩 총 2년 연속 사용 가능, 초등학교 2학년 이하 자녀가 여럿인 경우 각각 1년씩 합산하여 연속 사용 가능) • 육아휴직은 2회에 한해 나누어 사용 가능 • 육아휴직 당시 회사의 근속기간이 6개월 이상이어야 하며, 배우자 동시 육아휴직 가능(한 자녀에 대해 부모가 각각 육아휴직을 사용하여 총 2년까지 사용 가능) • 출산휴가 기간 종료 후 질병(예: 산후 우울증, 기타 부인과 질병 등)이 발생해 취업규칙, 근로계약 등에서 정하는 '유급병가' 사유가 있는 경우 병가 사용이 가능하며, 병가는 '육아휴직' 기간(1년)에서 제외되므로 실질적인 육아휴직 기간이 병가기간 만큼 연장될 수 있음 • 출생 자녀의 질병 등으로 육아휴직 기간을 초과해 돌볼 필요가 있는 경우 '가족돌봄휴직제도'(연간 최대 90일, 30일 이상을 단위로 분할 사용 가능, 무급 원칙)를 활용할 수 있음*	남녀고용평등법 * 육아휴직 미부여, 휴직전 업무 미복귀: 500만 원 이하 벌금 * 육아휴직을 이유로 한 해고 기타 불리한 처우: 5년 이하 징역 또는 3000만 원 이하 벌금
육아기 근로시간 단축	– 만 8세 이하의 자녀 또는 초등학교 2학년 이하 자녀의 양육을 위해 신청을 통해 근로시간 단축 사용 가능(육아휴직과 별개의 제도로 인정) • 단축 근로시간: 주 15시간 이상~30시간 이내 • 총 1년간 단축 가능(육아휴직 잔여 기간이 있는 경우 가산 가능) • 분할 사용 가능(횟수 제한 없음. 단 1회당 최소 3개월 이상 사용) • 단축된 시간 외의 연장근로는 주 12시간의 범위 내에서 '근로자의 명시적 청구'가 있는 경우에 한해 허용 • 장점: 업무·경력의 일정한 연속성 확보, 육아기 근로시간에 따른 임금액 확보+육아기 근로시간 단축 급여액 • 육아휴직 신청권이 없는 경우 비해당. 기타 대체인력 채용 곤란, 업무성격상 근로시간 분할 수행 곤란, 정상적 사업운영의 지장 발생 등을 사유로 사업주가 승인을 거부할 수 있음	남녀고용평등법 * 근로시간단축 불허: 500만 원 이하 과태료 * 단축된 시간 외 연장근로 요구: 1000만 원 이하 벌금 * 근로시간 단축을 이유로 한 해고 기타 불리한 처우: 5년 이하 징역 또는 3000만 원 이하 벌금

육아기

* 가족돌봄휴직은 대체인력 채용 곤란과 같은 사용자의 사정으로 신청해도 거부될 우려가 있으며, 무급이기 때문에 휴가, 휴직제도를 연속하여 활용하고자 하는 경우 '유급휴가 또는 유급휴직'을 우선 사용하는 편이 유리합니다.

직장 내 괴롭힘

내가 괴로운데 직장 내 괴롭힘이 아니라고요?

서러운 씨는 입사 3년 차 사원이다. 입사 후 2년까지는 지방에 있는 지사에서 근무했는데, 전반적으로 업무량이 적고 특별히 어려운 일도 없었다. 그래서인지 팀장도 너그럽고 칼퇴근을 하며 나름 행복한 직장 생활을 했다. 그러다 작년에 본사부서에 결원이 생겨 지사에서 근무하는 직원 중 신청을 받아 선발한다는 공고를 보고 고민 끝에 지원했다. 본사에서 일할 기회가 자주 있지 않고 무엇보다 대리 승진을 앞두고 있어 지사 경력만으로는 한 번에 승진하기 어렵기 때문이다. 이전 팀장이 좋은 평가를 해서인지 경쟁을 뚫고 선발되어 본사로 발령받았다.

그런데 본사에서 새로 만난 차가운 팀장은 첫인상부터 차갑고 일에 대해서도 몹시 깐깐해서 뭐든 그냥 넘어가지 않았다. 기획안이나 보고서를 내면 자기 방으로 불러 한 시간 넘게 차가운 말투로 조목조목 리뷰하며 미흡한 부분에 대해 질책했고, '다시 해 오라'는 반복된 요구 탓에 야근도 많아졌다. 서러운 씨는 자신의 능력으로는 차 팀장의 높은 기준을 도저히 맞출 수 없다는 생각이 들어 무기력해지고, 회사에 출근하는 게 두렵고 우울감도 깊어져 정신과 진료를 통해 약까지 복용하

고 있다. 부서 분위기를 보니 다른 동료도 차 팀장 밑에서 꽤
나 힘들게 일하는 것 같았다.

차 팀장이 직원들에게 너무 무리한 수준의 역량을 요구하기
때문에 서러운 씨뿐 아니라 다들 정신적 스트레스를 심각하
게 받고 있다고 생각해 회사에 직장 내 괴롭힘으로 신고하고
차 팀장에 대한 징계와 배치 변경을 요구했다. 그런데 조사
결과 그 정도는 직장 내 괴롭힘이 아니어서 징계도 배치 변경
도 없다는 통보를 받아 무척 당황스러웠다. 직장 내 괴롭힘이
아닌데 신고한 자신만 이상한 사람이 된 것 같고 이후 차 팀장
으로부터 보복을 받지 않을까 두렵기도 하다. 서러운 씨는 정
상적인 생활이 어려울 정도로 괴로운데 왜 직장 내 괴롭힘이
아닌지 납득하기 어렵다.

"

기존 노동관계법령은 직장 내 성희롱이나 신체적 영향과 관련된
안전보건 조치에 관해 사업주에게 일정한 의무를 부과했지만, 조직
내 왕따 같은 다양한 형태의 괴롭힘에 대해서는 별도의 규정이 없었
습니다. 그러나 직장 내 괴롭힘이 사회적 이슈가 되면서, 이를 근로
자의 '정서적 안전'을 침해하는 행위로 보고 단순히 개인의 문제로
돌릴 것이 아니라 사업주에게 그 예방과 발생 시 조치 의무를 부과
해야 한다는 논의가 지속되었고, 2019년 이러한 내용을 전격적으로
반영하는 근로기준법 개정*이 이루어졌습니다. 최근에는 관련 내
용을 다시 개정해 괴롭힘 행위자가 사용자나 사용자의 친족(배우자,

4촌 이내 혈족, 4촌 이내 인척)인 근로자인 경우, 사용자가 조치 의무를 위반한 경우에 대한 과태료 규정을 신설하여 이전보다 실효성을 높였습니다.

근로기준법은 사용자나 다른 근로자에 의한 직장 내 괴롭힘을 금지하는 규정을 두고, 사용자에게 직장 내 괴롭힘 신고가 있거나 발생사실을 인지했을 때 지체 없이 객관적으로 사실 확인을 위한 조사를 실시할 의무, 조사 기간 중 피해근로자 보호를 위해 근무장소의 변경, 유급휴가 명령 등 적절한 조치를 할 의무, 조사 결과 직장 내 괴롭힘 발생 사실이 확인된 경우 피해근로자가 요청하면 근무장소의 변경, 배치전환, 유급휴가 명령 등 적절한 조치를 할 의무, 조사 결과 직장 내 괴롭힘 발생 사실이 확인된 때에는 지체 없이 행위자에 대하여 징계, 근무장소의 변경 등 필요한 조치(조치 전 조치에 대해 피해근로자의 의견을 들어야 합니다)를 할 의무 등 적절한 조치 의무를 부과하고 있습니다. 아울러 직장 내 괴롭힘 발생 사실을 신고한 근로자 및 피해근로자에게 해고나 그 밖의 불리한 처우를 금지(위반 시 3년 이하의 징역 또는 3000만 원 이하의 벌금)하고, 직장 내 괴롭힘 발생 사실을 조사한 사람, 조사 내용을 보고받은 사람 및 그 밖에 조사 과정에 참여한 사람에게 비밀 누설 금지 의무를 규정하고 있습니다.

근로자의 직장 내 괴롭힘에 대한 1차적인 조사 권한은 회사에 있

＊ 이를 '직장 내 괴롭힘 금지법'이라고도 부릅니다.

습니다. 따라서 직장 내 괴롭힘을 당한 경우 회사의 담당 기구나 부서(보통 고충처리기구 같은 전담 기구나 인사부서)에 신고해야 하고, 해당 부서에서 조사 및 판단 절차를 진행합니다. 객관적이고 공정한 조사와 전문적인 판단을 위해 외부 전문기관에 조사나 괴롭힘 여부 판단을 의뢰해 진행하기도 합니다. 다만 직장 내 괴롭힘 행위자가 사업주(개인)나 대표이사(법인)인 경우 회사에 신고하는 것이 무의미하기 때문에 고용노동부에 곧바로 진정을 제기할 수 있고 고용노동부 근로감독관이 직접 조사하고 괴롭힘 여부를 판단합니다.

직장 내 괴롭힘은 직장 생활에서 발생하는 모든 갈등이나 어려움을 포함하는 개념이 아니라 규제 법규에서 사용자의 책임 범위를 정하는 '법률 용어'입니다. 따라서 이 개념 정의에 비추어 '직장 내 괴롭힘'이 법적으로 성립되어야 이를 전제로 사용자의 각종 조치 의무도 부과되는 것입니다. 근로기준법에서는 직장 내 괴롭힘을 "사용자 또는 근로자가 직장에서의 지위 또는 관계 등의 우위를 이용하여 업무상 적정범위를 넘어 다른 근로자에게 신체적·정신적 고통을 주거나 근무환경을 악화시키는 행위"라고 정의하고 있습니다.

직장 내 괴롭힘의 행위자가 될 수 있는 사람은 '사용자 및 근로자'입니다. 사업주, 경영담당자 등 사용자를 비롯해 상사, 동료, 심지어 부하 직원*도 행위자가 될 수 있습니다. 근로자라면 고용 형태나 근로계약기간을 불문하고 누구나 피해자가 될 수 있습니다. 직장 내 괴롭힘에서 '직장'은 장소적인 개념에 국한되지 않습니다. 따라서 피해 장소가 반드시 사업장이나 업무와 관련된 공간이어야 하는 것은 아니며 사적 공간, 사내 메신저, SNS 등 온라인상에서 발생한 경우도 괴롭힘이 될 수 있습니다.

직장 내 괴롭힘이 성립하려면 다음 세 가지 '행위 요건'을 모두 충족해야 합니다. 첫째, 직장에서의 지위 또는 관계 등의 우위를 이용한 행위여야 합니다. 우위성은 피해근로자가 행위자에게 저항하기 어려울 가능성이 있는 상태를 말하는데, 행위자에게 이런 우위성이 없거나 우위에 있더라도 이를 이용한 행위가 아니라면 괴롭힘이 인정되지 않습니다. 사용자가 상급자라면 지위의 우위가 인정됩니다. 관계의 우위는 사실상 우위를 점하는 모든 관계를 포함하는 개념으로 훨씬 넓게 인정됩니다. 개인 대 집단(수적 우위), 학벌, 성별, 나이, 출신 지역, 인종과 같은 인적 속성, 업무역량, 조합원 여부, 직장 내 영향력, 정규직 여부 등도 사실상 우위를 점하는 요소가 될 수 있습니다.

둘째, 문제된 행위가 업무상 적정범위를 넘어야 합니다. 그 행위가 사회 통념에 비추어 업무상 필요성이 인정되지 않거나 업무상 필요성이 인정되더라도 그 방식이나 정도가 사회 통념에 비추어 볼 때

---

* 부서 직원들이 새로 외부에서 영입한 부서장에 대한 불만으로 텃세를 부리고 집단적으로 부서장을 따돌리며 교묘하게 지시를 거부한 경우, 새로 온 부서장이 저항하기 어려운 '집단', '조직 내 기존 세력'이라는 '관계의 우위'가 인정된다면 부하 직원들에 의한 괴롭힘이 성립될 수 있습니다.

적정한 수준을 벗어나야 합니다. 즉 사적 용무 지시와 같이 업무상 필요성이 인정되지 않는 행위라면 괴롭힘이 인정될 수 있습니다. 그러나 업무상 필요성이 있더라도 그 방식이 폭행, 폭언, 인격 모독 등 부적절한 형태로 이루어지거나 비슷한 처지에 있는 다른 근로자에 비해 합리적인 이유 없이 유독 피해자에게만 이루어진 것이라면 이 역시 적정범위를 벗어난 행위로 볼 수 있습니다. 이 밖에 집단 따돌림이나 업무수행 과정에서 의도적 무시·배제, 근로계약상 명시한 업무와 무관한 일의 부여, 과도한 업무 부여, 업무에 필요한 주요 비품을 제공하지 않거나 인터넷 접속을 차단하여 원활한 업무수행을 방해하는 행위 등도 불가피하거나 정당한 다른 사정이 없다면 괴롭힘 행위에 해당할 수 있습니다.

마지막으로 신체적·정신적 고통을 주거나 근무환경을 악화시키는 행위여야 합니다. 이때 행위자에게 고통을 줄 의도가 있는지 여부는 중요하지 않습니다. 피해자의 주관적인 입장을 우선적으로 고려하되, 객관적으로 피해자와 같은 처지에 있는 일반적이고 평균적인 사람의 입장에서도 신체적·정신적 고통을 느끼게 하거나 근무환경을 악화시키는 행위인지를 살펴 판단합니다.

차가운 팀장은 서러운 씨의 직속 상사이고 상사로서 업무상 지휘명령권을 행사하는 과정에서 문제된 행위가 발생했기 때문에 지위의 우위를 이용했다는 요건을 충족합니다. 서러운 씨는 차 팀장과 함께 일하면서 받은 스트레스로 우울증 약을 복용할 정도로 정신적 고통을 받았고, 차 팀장의 성격이나 업무 스타일이 부하 직원으로서 대하기 어렵고 충분히 스트레스를 유발할 수 있어 보입니다.

그러나 차 팀장이 방으로 불러 한 시간 넘게 리뷰를 하거나 미흡한 부분을 질책하고 보고서 재작성을 요구한 행위는 객관적으로 팀장의 권한 범위 내에서 업무를 지시하고 검토한 것으로 보입니다. 리뷰 시간이나 업무 능력에 대한 요구 수준의 문제는 원칙적으로 팀장의 재량과 권한에 맡겨진 사항이기 때문에 지나치게 정도를 벗어나서 상식적으로 용납하기 어렵거나 물리적으로 불가능한 수준이 아니라면 적정범위를 벗어난 행위로 보기 어렵습니다. 다만 차 팀장의 업무 지시나 질책 과정에서 서러운 씨에게 욕설, 인격 모독적 발언 등 모욕이나 무안을 주는 언동이 있거나 동료들이 참석한 회의 자리에서 공개적으로 질책하고 표현 방식이 부적절하다면 괴롭힘이 성립할 수 있습니다. 그러나 단지 차 팀장의 말투가 차가운 것만으로는 적정범위를 벗어난다고 보기 어렵습니다. 게다가 부하 직원을 자신의 방으로 불러 다른 직원들에게 노출되지 않는 상황에서 업무상 질책을 한 것은 적절한 방식이라고 볼 수 있습니다.

서러운 씨의 사례처럼 정신적 스트레스를 견디다 못해 괴롭힘 신고를 했는데 회사에서 괴롭힘이 아니라고 결론을 내고 후속조치를 취하지 않았다면 그 이유를 구체적으로 확인해볼 필요가 있습니다. 그 이유가 납득되지 않고 괴롭힘 문제를 보다 적극적으로 해소하길 원한다면 고용노동부에 진정을 제기하여 다시 판단을 받아볼 수 있습니다.

한편 차 팀장으로부터 보복당할 것을 미리 걱정할 필요는 없습니다. 차 팀장도 감정이 좋지 않을 수 있지만, 일반적으로 괴롭힘 행위자로 신고를 당한 상급자는 여러 면에서 위축되고 언동을 조심하는 경우가 많기 때문입니다. 징계를 받는 것보다 리더십에 큰 타격을 입었다는 인식이 더 괴롭기도 합니다. 게다가 직장 내 괴롭힘을 신고한 근로자에게 해고나 그 밖의 불리한 처우를 할 수 없기 때문에 회사 입장에서도 이후 직속 상사를 통한 새로운 괴롭힘이나 2차 가해가 발생하지 않도록 각별히 유의하는 수밖에 없습니다.

하지만 서러운 씨는 앞으로 차 팀장과 원만한 관계를 유지하기가 현실적으로 어려울 수 있습니다. 괴롭힘이 인정되지 않았기 때문에 직장 사람들이 서러운 씨가 편한 지사에서 올라와 깐깐한 상사 밑에서 일하기 싫어 괴롭힘 신고를 악용했다고 오해할 수도 있습니다. 차 팀장과의 관계가 껄끄러울 것으로 예상해 서러운 씨를 다른 부서로 전환배치할 수도 있는데 괴롭힘 신고를 한 사람을 다른 부서에서 꺼리는 일을 겪을 수도 있습니다. 법으로는 괴롭힘 신고자를 보호하지만 겉으로 드러나는 불이익 처우에 한정될 뿐 회사 내의 인간관계나 입지에 영향을 주는 상황까지 막아주지 못합니다.

직장 내 괴롭힘으로 신고하고 조사를 받는 과정에서 서로의 입장을 이해하고 양보하여 갈등을 해소하는 경우보다 서로에 대한 감정의 골이 더 깊어지는 사례가 훨씬 많습니다. 같이 계속 근무하고 싶지 않다며 피해자가 먼저 퇴사를 하면서 행위자의 징계를 요구하며 괴롭힘 신고를 하는 경우도 많고, 행위자를 퇴사시키지 않으면 자신이 퇴사하겠다며 배수의 진을 치고 괴롭힘 신고를 하기도 합니다.

괴롭힘 신고로 괴롭힘 행위 자체는 '일시 중단'될 수 있지만, 피해자가 괴롭힘에서 온전히 벗어나 행복한 직장 생활을 하게 되는 목표는 쉽게 이뤄지지 않습니다. 괴롭힘 신고의 결말이 씁쓸한 사례가 많기 때문에 괴롭힘 신고를 할 때 미래의 여러 가능성을 감안해 신중을 기하는 편이 좋습니다. 괴롭힘 피해를 당한 사람은 심리적으로 취약해진 상태에 있는 경우가 많아 감정적인 대응으로 이어지기 쉽습니다. 그러므로 자신을 보호하면서 보다 만족스러운 결론을 원한다면 스스로 정신건강 관리에 최선의 노력을 기울이면서 냉정을 찾고 객관적인 입증을 위해 최대한 준비해서 상대방의 사실 부인으로 진실게임의 진흙탕에 빠지는 위험을 예방할 필요가 있습니다. 사과나 재발방지에 관해 말보다는 사과문 같은 문서 형태로 받는 편이 좋습니다. 또한 행위자에 대해 무작정 원거리 전환배치, 징계해고, 자진퇴사 등을 요구하기보다 객관적인 잘못의 정도에 부합하는 합리적인 처분을 요구하는 방법이 바람직합니다.

산업재해,
업무 때문이라면 보상받는다

근로자는 직장 업무로 인해 다치거나 질병을 얻게 되는 일이 생길 수 있습니다. 업무상 재해 때문에 가족을 잃게 된다면 이보다 안타까운 일이 없습니다. 산업재해보상보험법(이하 산재법)은 업무 때문에 생긴 질병, 부상, 장해, 사망에 대한 보상을 정하고 있습니다. 근로자를 사용하는 모든 사업이나 사업장이 산재보험의 강제 가입 대상입니다.

　'근로자'로서 업무가 원인이 되어 재해를 입었다면 근로복지공단에 신청하여 산재법에서 정한 보험급여를 받을 수 있습니다. 그러나 산재 신청을 해도 업무상 재해가 인정되지 않아 보상받지 못하는 사례가 많습니다. 업무상 사고에 비해 업무상 발생한 질병은 입증하기 어렵고 판단 기준도 애매합니다. 이 때문에 근로복지공단은 공정하고 전문적인 판단을 위해 의사, 공인노무사 등 외부 전문가들이 모여 업무상 질병에 해당하는지를 판정하는 '업무상 질병 판정위원회'를 운영하고 있습니다.

01 | 어떤 경우에 산재 보상을 받나요?

'업무상 재해'가 있어야 산재 보상을 받을 수 있습니다. 산재법은 업무상 재해를 '업무상의 사유에 따른 근로자의 부상, 질병, 장해 또는 사망'이라고 규정하고 있습니다. 이렇게만 정하면 판단이 어렵기 때문에 같은 법에서 업무상 재해의 인정 기준을 따로 정하고 있습니다. 업무상 사고나 질병, 출퇴근 재해로 부상, 질병, 장해, 사망이 발생했다면 '업무상 재해'에 해당합니다. 이에 따라 법에서 정한 업무상 재해의 인정 기준은 '업무상 사고', '업무상 질병', '출퇴근 재해'로 구분돼 있습니다.

먼저 업무상 사고의 종류는 다음과 같습니다.

- 근로자가 근로계약에 따른 업무나 그에 따르는 행위를 하던 중 발생한 사고
- 사업주가 제공한 시설물을 이용하던 중 그 시설물의 결함이나 관리 소홀로 발생한 사고

- 사업주가 주관하거나 사업주의 지시에 따라 참여한 행사나 행사 준비 중에 발생한 사고
- 휴게시간 중 사업주의 지배관리하에 있다고 볼 수 있는 행위로 발생한 사고
- 그 밖에 업무와 관련하여 발생한 사고

꼭 업무수행 행위가 아니더라도 용변과 같이 생리적 필요 행위나 업무 준비와 마무리 행위, 부수 행위 중 발생한 사고도 업무상 사고에 해당합니다. 출장길이나 출장지에서 업무를 보다 발생한 사고도 업무상 사고에 포함되지만 사업주의 지시를 위반하거나 사적 행위, 정상적인 출장 경로를 벗어나 발생한 사고는 해당하지 않습니다. 시설물의 결함이나 관리 소홀은 매우 넓게 인정하고 있고 근로자의 부주의나 과실은 산재 보상에 문제가 되지 않기 때문에 회사 시설물을 정상적으로 이용하다가 다친 경우는 거의 업무상 재해에 포함된다고 생각하면 됩니다.

가령 회사 계단이 가파르게 되어 있어 뛰다가 다치거나 건물 입구에 눈이 쌓여 미끄러져 다친다면 업무상 재해로 인정될 수 있습니다. 그러나 이용을 금지한 시설을 이용하거나 기본적인 안전수칙을 지키지 않은 경우, 사업주의 구체적인 지시를 위반해 이용하거나 시설물의 관리나 이용권이 사업주와 상관없이 근로자에게 전속해 있는 경우 업무상 사고가 인정되지 않을 수 있습니다.

다음으로 업무상 질병으로 인정되는 경우는 아래와 같습니다.

- 업무 수행 과정에서 물리적 인자因子, 화학물질, 분진, 병원체 등 신체에 부담을 주는 업무로 근로자의 건강에 장해를 일으킬 수 있는 요인을 취급하거나 그에 노출되어 발생한 질병
- 업무상 부상이 원인이 되어 발생한 질병
- 「근로기준법」 제76조의2에 따른 직장 내 괴롭힘, 고객의 폭언 등으로 인한 업무상 정신적 스트레스가 원인이 되어 발생한 질병
- 그 밖에 업무와 관련하여 발생한 질병

업무 수행 과정에서 유해·위험요인을 취급하거나 그에 노출되어 발생한 질병을 '직업병'이라고 부릅니다. 직업병에 해당하면 보통 산재가 인정되지만 구체적으로 유해·위험요인을 취급하거나 그에 노출된 '경력'이 있어야 하고 이것이 그 근로자의 질병을 유발한다고 의학적으로 인정돼야 합니다. 또한 업무상 부상이 원인이 돼서 질병으로 이어지는 경우가 많습니다. 이때도 부상과 질병 사이의 인과관계가 의학적으로 인정돼야 하고 질병이 자연발생적으로 나타난 증상이 아니어야 합니다.

아울러 근로기준법상 직장 내 괴롭힘 금지 규정이 도입되면서 직장 내 괴롭힘 행위로 인한 정신적 스트레스가 원인이 되어 질병이 발병한 경우 업무상 재해로 인정하겠다는 내용을 산재법 법문에 명

시했습니다. 과거에도 직장 내 괴롭힘을 비롯해 업무상 스트레스로 우울증, 공황장애, 적응장애 등의 정신 질병이 발생한 경우 업무상 재해로 인정받을 수 있었지만, '직장 내 괴롭힘'을 특정한 발병 원인으로 명시하는 규정을 산재법에 신설함으로써 직장 내 괴롭힘으로 인한 피해를 산재보험을 통해서 보상받을 수 있다는 사실을 명확히 밝힌 것이라고 할 수 있습니다.

산재법 시행령(대통령령)은 업무상 질병에 대한 구체적인 인정 기준을 정해놓고 있습니다. 여기에 더해 노동부 장관 고시로 더 구체적인 결정 방법을 정하면서, 질병별로 구체적인 인정 기준도 정하고 있습니다. 일반적인 과로성 질병인 뇌혈관 질병과 심장 질병, 신체 부담 업무로 인한 근골격계 질병을 비롯해 질병의 발병 부위 별로 호흡기계 질병, 신경정신계 질병, 림프조혈기계 질병, 피부 질병, 눈 또는 귀 질병, 간 질병 등으로 구분하고 질병의 성격이나 요인에 따라 감염성 질병, 직업성 암, 급성 중독 등 화학적 요인에 의한 질병, 물리적 요인에 의한 질병 등으로 구분해 각 질환에 대해 업무상 질병으로 봐야 하는 경우를 구체적으로 정하고 있습니다. 기준이 구체적일수록 좋을 것 같지만 산재 근로자 입장에서는 꼭 그렇지도 않습니다. 산재 보상 제도의 취지에 맞지 않게 너무 구체적인 기준을 정해놓으면 보상받는 재해의 범위가 그만큼 좁아질 수 있기 때문입니다.

법에 있는 인정 기준 마지막 항목에는 '그 밖에 업무와 관련하여 발생한 사고나 질병'이라는 요건이 있습니다. 아무리 구체적인 인정 기준을 세워놓고 그 기준에 해당하지 않는 경우라도 어찌 되건 업무와 관련해 발생한 것이라면 산재가 인정된다는 뜻입니다. 법원에서 업무와의 관련성을 판단하는 기준은 '상당인과관계'입니다.

상당인과관계는 '업무'라는 원인이 없다면 '재해'라는 결과가 발생하지 않을 것으로 볼 수 있는 관계를 말합니다. 따라서 업무만이 재해의 원인일 필요는 없습니다. 다른 요인이 있을 수도 있지만 업무로 인해 결국 증상으로 나타나거나 업무 때문에 더 빨리 악화된다면 업무와 재해 사이에 상당인과관계가 성립할 수 있기 때문입니다. 예를 들어 과로성 질병은 고혈압, 고지혈증과 같은 기존 질환이 있고 이런 질환이 뇌혈관 질병이나 심장 질병의 원인이 되더라도 중간에 '과로 사실'이 있다면 그로 인해 급격히 악화되었다고 볼 수 있습니다. 이처럼 기존 질환이 있더라도 산재 인정이 가능하고 오히려 기존의 건강 상태가 좋지 않다면 같은 일을 하더라도 건강한 사람보다 신체 부담이 더 크기 때문에 '과로'에 대한 인정이 보다 쉬울 수 있습니다.

마지막으로 출퇴근 재해로 인정되는 경우는 아래와 같습니다.

- 사업주가 제공한 교통수단이나 그에 준하는 교통수단을 이용하는 등 사업주의 지배관리하에서 출퇴근하는 중 발생한 사고

- 그 밖에 통상적인 경로와 방법으로 출퇴근하는 중 발생한 사고

출퇴근 재해는 '질병'이 아닌 '사고'에 속하지만 사업주의 지배관리에서 벗어난 출퇴근 중 사고를 포함하고 있기 때문에 일반 '업무상 사고'와 구분해 별도로 정하고 있습니다. 출퇴근 재해에 관한 사항은 〈8장 06. 출퇴근길에 다쳐도 산재가 되나요?〉에서 설명했습니다.

02 | 산재가 되면 무슨 보상을 얼마나 받나요?

업무상 재해를 입으면 치료를 받아야 하는데 이때 치료비로 지급되는 보험급여가 바로 '요양급여'입니다. 진찰이나 검사 비용, 약제, 보조기, 처치, 수술, 입원, 이송비 등 의료기관을 이용할 때 드는 비용이 대부분 포함됩니다. 단 요양 기간이 3일 이내라면 지급되지 않습니다. 요양급여는 원칙적으로 '실제 요양'을 제공하는 방식으로 지급됩니다. 산재보험 의료기관에서 요양하도록 하고 의료 비용을 근로복지공단에서 의료기관으로 직접 지급하는 방식입니다. 국내 대부분의 의료기관이 산재 지정 기관으로 돼 있고 보건소 중에도 지정된 곳이 있습니다.

한편 산재 청구가 늦어져 요양급여를 받지 못한 상황에서 병원치료비를 이미 낸 경우가 있을 수 있습니다. 이 역시 차후에 진료비

내역서를 첨부해 '요양비 지급청구'를 하면 지출한 비용 중 요양급여 항목에 해당하는 금액이 지급됩니다. 다만 건강보험으로 우선 처리한 경우 건강보험공단과 근로복지공단 간 상호 정산*을 합니다.

요양을 마치고 생활하다가 부상이나 질병이 재발할 수도 있습니다. 이 경우 '재요양'을 할 수 있고 재요양이 인정되면 재요양 기간에 요양급여를 받을 수 있습니다.

요양하게 되면 업무를 볼 수 없기 때문에 '휴업'이 발생합니다. 업무를 하지 못해 소득을 얻지 못하는 것도 업무상 재해로 인한 손해이기 때문에 휴업에 대해서도 보험급여가 지급됩니다. 휴업급여는 1일당 평균임금의 70퍼센트를 지급하는데 이때의 평균임금은 재해 당시를 시점으로 계산합니다. 휴업급여는 요양급여와 마찬가지로 휴업 기간이 3일 이내면 지급하지 않습니다.

근로자가 통원치료를 받는 상황이면 요양 기간 중이라도 부분적으로 일할 수 있습니다. 이렇게 요양과 일을 병행하는 경우 일하지 않은 시간에 대해 휴업급여를 받는 동시에, 일한 시간에 대해서는 원래 평균임금에서 취업 중 받은 임금을 뺀 금액의 90퍼센트를 부분휴업급여로 지급받을 수 있습니다. 부분휴업급여제도는 일하지 못한 시간 비율만큼 기존에 받던 휴업급여가 지급될 뿐 아니라 요양 상태에서 부분 취업을 할 경우 임금이 기존보다 낮아질 수 있는데 그 차액의 90퍼센트만큼을 보전해주는 제도입니다.

---

* 산재에 대해서는 건강보험이 아니라 산재보험으로 처리하는 것이 원칙입니다.

업무상 부상이나 질병으로 치료받고 난 후 신체나 정신에 장해가 남을 수 있는데, 이때 지급하는 보험급여를 '장해급여'라고 합니다. 장해급여는 치료 후 장해 상태를 검진해 판정한 장해등급에 따라 금액이 다릅니다.

장해등급은 1급에서 14급까지 있는데, 이 중 1급에서 3급까지는 중증 장해로 노동력을 완전히 상실했다고 보기 때문에 장해 근로자의 생활 안정을 위해 '연금' 형태로만 지급할 수 있습니다. 그러나 목돈이 필요한 상황이 있을 수 있기 때문에 수급권자가 신청하면 연금의 1년분에서 4년분의 반액을 미리 지급할 수 있습니다. 4급부터 7급까지는 수급권자가 연금이나 일시금 중 선택할 수 있고, 8급 이하의 등급은 일시금으로만 지급합니다.

장해등급은 증상이 '고정된 상태'에서 판정하는 것이지만 때에 따라 장해등급 판정을 받은 이후에도 장해 상태가 호전되거나 악화될 수 있습니다. 장해보상연금 수급권자의 경우 이미 결정된 장해등급이라도 신청이나 공단의 직권으로 '재판정'이 가능합니다. 재판정을 통해 장해등급이 변경되면 변경된 등급을 기준으로 장해급여가 지급되는데, 재판정은 장해보상연금의 지급 결정을 한 날을 기준으로 2년이 지난 날부터 1년 이내에 한 번 실시합니다.

한편 요양 후 의학적으로 상시 또는 수시 간병이 필요하다면 '간병급여'가 별도로 지급됩니다. 간병급여는 실제 간병을 받은 날에 대해 지급하는데, 상시 간병과 수시 간병으로 구분해 고용노동부 장관이 고시한 금액을 기준으로 지급합니다.

근로자가 업무상 사고나 질병으로 결국 사망한다면 유족에게 '유족급여'를 지급합니다. 유족급여는 연금으로 지급하는 것이 원칙이지만 연금 수급 자격이 있는 유족이 없을 때는 일시금으로 지급할 수 있습니다. 다만 연금으로 지급하더라도 근로자의 사망으로 갑자기 목돈이 필요할 수 있기 때문에 연금 수급권자의 신청으로 유족보상 일시금(평균임금의 1300일분)의 반액을 먼저 지급받을 수 있습니다. 하지만 연금액은 50퍼센트가 감액됩니다. 연금은 연금 자격이 있을 때까지 계속 지급되기 때문에 유족의 연령과 연금 자격 기준을 고려해 어떻게 받는 편이 나은지 판단해볼 필요가 있습니다.

연금을 받을 수 있는 경우는 사망한 근로자와 생계를 같이하던 유족 중에서 배우자(사실혼 포함), 부모나 조부모로서 60세 이상인 자, 자녀로서 25세 미만인 사람, 손자녀로서 19세 미만인 사람, 형제자매로서 19세 미만이거나 60세 이상인 사람, 자녀·부모·손자녀·조부모 또는 형제자매로서 〈장애인복지법〉상 '장애의 정도가 심한 장애인'입니다. 근로자 사망 당시 태아인 자녀가 있다면 출생 이후부터 유족으로 보고 수급권을 인정하고 있습니다.

유족보상은 모든 유족에게 지급하는 것이 아니라 '수급권자'에게 지급하는데, 여기에는 순위가 정해져 있습니다. '배우자─자녀─부모─손자녀─조부모 및 형제자매' 순으로 지급합니다.

근로자가 업무상 사유로 사망한다면 장례를 치르는 데 일정한 비용이 듭니다. 이에 대해 평균임금의 120일분을 '장례비'로 받을 수 있습니다. 장례비는 장제를 지낸 유족에게 지급되고, 유족이 아닌 다른 사람이 장례를 지낸 경우 평균임금 120일분 범위 내에서 '실제 장례에 든 비용'을 실제 장례를 지낸 사람에게 지급합니다.

산재급여는 대부분 평균임금을 기준으로 지급하는데 근로자마다 소득 수준의 격차가 크기 때문에 하한과 상한을 두고 있습니다. 재해 당시 소득 수준이 너무 낮아도 최저 평균임금을 기준으로 소득 수준보다 많은 금액을 지급받을 수 있고, 소득이 많더라도 최고 평균임금을 기준으로 하기 때문에 실제 소득보다 덜 받을 수 있습니다.

장례비는 소득 수준과 상관없이 비슷한 비용이 드는 것으로 봐서 최고·최저 금액을 따로 정하되 그 격차를 평균임금 상한·하한보다 많이 줄이고 있습니다. 장의비의 최고액과 최저액은 고용노동부 장관 고시로 매년 결정됩니다.

03 | 직장 스트레스로 우울증이 와도 산재가 되나요?

우울증도 명백한 '질병'이고 그 원인이 '업무'에 있다면 당연히 업무상 재해로서 산재 보상의 대상이 됩니다. 업무 스트레스뿐 아니라 퇴사 압력이나 직장 내 괴롭힘, 따돌림, 기타 직장 내 갈등으로 생긴 우울증이나 이 밖에 적응장애, 외상 후 스트레스 장애 등 관련 정신과 질환도 업무로 인해 발생한다면 업무상 재해로 인정될 수 있습니다. 직장 스트레스로 우울증을 겪는 사람이 많이 있는데, 단순한 스트레스로 생각하거나 정신과 치료에 대한 부담감으로 제때 치료를 받지 않는 경우가 많습니다. 그러나 우울증은 방치하면 점점 심각해지는 경향이 있고, 직장 스트레스는 하루의 많은 시간을 보내는 직장에서 누적될 가능성이 크기 때문에 적기에 치료를 받는 것이 중요합니다.

직장 스트레스나 업무상 사고, 기타 업무와 관련된 정신적 충격 등으로 우울증을 앓다가 자살을 선택하는 사람도 종종 있습니다. 우울증으로 인한 자살도 업무상 재해로 인정되지만 우울증이 있다는 사실과 우울증이 업무 때문에 발생한 사실을 입증하기가 어려워 보상을 받지 못하는 경우가 많습니다. 게다가 우울증은 정신과 질환이기 때문에 근로자 입장에서도 다른 사람에게 알리고 싶어 하지 않는 경향이 있습니다. 직장에서 그 사실을 알게 되면 여러 오해나 편견에 시달릴까 두렵기도 하고 인사상의 불이익도 걱정됩니다. 그래서 우울증이 있어도 병원 치료를 하지 않거나 직장에 알리지 않고 병원에 다니는 근로자가 대부분입니다. 이런 탓에 우울증이 직장 스트레스 때문이라고 생각하는 사람이 많더라도 실제로 산재 신청을 하는 사람은 적습니다. 그러나 정신 질병도 신체 질병과 마찬가지로 적극적으로 치료하고 관리해야 한다는 인식이 높아지면서 정신 질병에 대한 산재 신청 건수 역시 지속적으로 증가하고 있고 업무상 재해로 인정되는 비율도 높아졌습니다. 정신 질병의 발병에 영향을 줄 만한 업무상 스트레스 상황이 인정된다면 업무상 재해로 승인될 가능성이 커집니다.

이런저런 사정을 고려해 산재를 신청하든 자비로 치료비를 부담하든 선택은 근로자가 해야 합니다. 현재로서는 산재 신청까지 생각하지 않더라도 이후에 상태가 악화되면 입원 치료나 요양 등 적극적인 치료가 필요해져 산재를 신청할 수 있습니다. 그런데 그 정도로 우울증이 악화된 근로자라면 판단력이나 자제력이 떨어진 상태일 수 있기 때문에 산재 신청을 위한 적절한 준비와 대응을 하기 어려울 수 있습니다.

따라서 우울증이 의심되어 병원 진료를 받기 시작할 때부터 진료기록이나 소견서, 상담일지를 꼼꼼히 작성해줄 것을 요청하거나 근로자가 직접 일기나 메모 등을 통해 자신에게 스트레스를 주는 원인들에 대해 구체적으로 기록을 남겨놓는 편이 좋습니다. 이런 노력들이 우울증을 치료하는 데도 도움을 줄 수 있지만, 산재 신청이 필요한 상황에서 중요한 입증 자료가 될 수 있습니다.

04 | 디스크도 산재가 되나요?

추간판탈출증은 척추 뼈 사이에 있는 추간판(디스크)이 어떤 원인으로 손상을 입으면서 추간판 내부에 있는 젤리처럼 생긴 수핵이 외부로 돌출하여 척추 주변을 지나는 척추신경을 압박해 통증을 유발하는 근골격계 질환입니다. 업무상 사고로 심한 외부 충격을 받았거나 신체에 지속적인 부담을 주는 업무를 해온 상황이라면 추간판탈출증, 일명 디스크가 발생할 수 있습니다. 원인이 업무에 있다면 디스크 역시 산재 보상을 받을 수 있습니다.

특히 디스크는 수술을 동반한 치료가 필요할 때가 많기 때문에 치료비 부담이 크고 수술이나 입원 치료를 한다면 장기간 휴업도 발생합니다. 이 때문에 디스크가 생겼을 때 산재 신청을 하는 경우가 많아졌지만 실제 디스크로 산재가 인정되는 예는 매우 적습니다. 그 이유는 디스크의 원인이 대부분 노화에 따른 퇴행성 변화이기 때문입니다.

일반적으로 고령이거나 퇴행성 디스크로 진단이 내려지면 산재 보상이 어렵습니다. 그러나 퇴행성 변화가 진행되고 있더라도 허리에 부담을 주는 업무를 반복했다면 업무가 질환을 악화시켰다고 봐서 산재로 인정받을 수 있습니다. 한편 연령층이 젊은 경우는 주로 무거운 물건을 들어 올리거나 허리 동작을 무리하게 해 디스크가 발생하기 때문에 강한 외상으로 척추골 골절이 발생한 후 디스크가 발병했거나 산업안전보건법상 '근골격계 부담 작업'에 해당하는 작업을 해왔다면 산재 승인 가능성이 큽니다.

외상성 디스크는 외부 충격에 의한 디스크 발병이므로 병원 진단으로 확인할 수 있지만 산재 보상을 받기 위해 외부 충격이 '업무상 사유'에 의해 발생했다는 객관적인 입증이 필요합니다.

허리는 일하다 심하게 삐끗하거나 사고로 다칠 수 있습니다. 그런데 목격자가 없거나 아프더라도 즉시 병원에 가지 않고 파스만 붙이다가 심해져서야 병원을 방문하는 경우가 많습니다. 이렇게 목격자가 없거나 충격이 있을 당시 즉시 병원을 방문한 진료 기록이 없으면 '업무상 사고'를 인정받기 매우 어렵습니다.

그러므로 업무 수행 중 사고로 허리를 다쳤다면 별것 아닌 것으로 생각되더라도 목격자가 없으면 동료나 상사에게 다친 경위와 증상을 곧바로 설명하고 병원 진료를 받아야 합니다. 병원에서 문진을 할 때도 사고 경위를 구체적으로 설명해 진료 기록에 남기는 편이 좋습니다. 추간판탈출증이 사고 초기부터 진단되지는 않습니다. 초진에서는 주로 염좌 정도로 진단받은 후 한두 달 치료를 계속해도 낫지 않아 정밀검사를 하면 그제야 발견되는 예가 대부분입니다. 따라서 최초 사고 경위를 명확하게 확인할 수 있도록 초반에 조치를 잘해두는 편이 좋습니다.

05
암에 걸려도 산재가 되나요?

암 질환은 발병 원인이 명확하게 밝혀지지 않은 것이 많습니다. 하지만 작업환경에 노출된 발암물질로 인해 발생하는 '직업성 암'은 그 역학관계가 인정되면 산재 인정이 가능합니다. 직업성 암은 산재보험법 시행령 [별표3]〈업무상 질병에 대한 구체적인 인정기준〉

에 규정돼 있는데 석면, 카드뮴, 라돈, 비소, 유리 규산, 콜타르, 검 댕, 전리방사선 등 직업성 암을 유발하는 원인물질과 발병의 의학적 연관성이 확인된 폐암, 백혈병, 방광암, 피부암 등을 업무상 질병으로 인정합니다. 시행령 [별표3]의 기준을 충족하지 못하더라도 암의 발병이 업무와 상당인과관계가 있다면 산재 인정이 가능하지만 실질적으로 직업성 암에 예시되지 않은 암에 대해서는 인과성 인정이 매우 어렵습니다.

직업성 암의 산재 인정 가능성은 개인의 노력보다는 연구 결과나 정책적 접근에 좌우되는 경향이 있습니다. 직업성 암으로 인정되는 범위가 꾸준히 넓어졌지만 우리나라에서 직업성 암을 인정받아 산재 보상을 받는 비율은 매우 낮습니다. 세계보건기구에 따르면 전체 암 환자 중 약 4퍼센트를 직업성 암 환자로 추정하지만 우리나라 암 환자 중 직업성 암은 0.08퍼센트 수준에 그치고 있습니다. 유해 물질에 노출된 이후 10~40년 뒤에 발생하는 암의 특성도 한몫하지만 직업성 암이 산재가 될 수 있다는 인식이 부족해 산재 신청 건수 자체가 매우 적기 때문으로 볼 수 있습니다.

간암의 경우 산재보험법 시행령에서는 염화비닐에 노출되어 발생한 간 혈관육종 또는 간세포암, 보건의료업에 종사하거나 혈액을 취급하는 업무를 수행하는 과정에서 B형 또는 C형 간염바이러스에 노출되어 발생한 간암을 직업성 암으로 예시하고 있습니다. 간 질환은 업무상 유해물질에 중독되거나 병원체에 감염되면서 발생할 수 있기 때문에 독성 간염, 급성 간염, 전격성 간염, 간농양, 만성 간염, 간경변증, 원발성 간암 등이 업무상 질병이 인정될 수 있습니다.

그러나 업무상 과로 및 스트레스에 따른 간 질환에 대해서는 여전히 논란이 많습니다. 바이러스에 의해 발병하는 것으로 알려진 B형 간염이 과로나 과도한 스트레스로 인해 자연적인 진행 속도 이상으로 급격히 악화되면 간경변증이나 간암으로 발전할 수 있습니다. 대법원에서는 이를 인정해 업무와 재해의 상당인과관계가 있기 때문에 업무상 재해에 해당한다고 판결하기도 했습니다. 그러나 근로복지공단은 산재법의 업무상 재해 인정 기준에서 과로성질병으로 간염, 간경변증, 간암 등을 정하고 있지 않다는 이유로 과로와 간암의 인과관계를 쉽게 인정하지 않는 경향이 있습니다.

06 | 출퇴근길에 다쳐도 산재가 되나요?

사업장을 벗어난 출근과 퇴근은 보통 통근 방법이나 경로를 근로자가 선택할 수 있습니다. 이러한 면에서 출퇴근 과정은 사업주의 지배관리가 가능한 범위가 아니라는 이유로 과거에는 출퇴근 중에 발생한 사고를 업무상 재해로 인정하지 않았습니다. 다만 통근버스와 같이 사업주가 출퇴근용으로 제공한 교통수단이나 사업주가 제공했다고 볼 수 있는 교통수단을 이용하던 중 재해가 발생한다면 예외적으로 사업주의 지배관리가 미치는 것으로 보아 업무상 재해를 인정했습니다.

그러나 헌법재판소가 출퇴근 사고를 산업재해로 인정하지 않는 산재법에 대해 헌법불합치 판결을 내리면서, 출퇴근 재해를 업무상 재해로 인정하는 내용의 산재법 개정이 이루어지고 2018년 1월 1일부터 시행하고 있습니다.

'출퇴근'이란 "취업과 관련하여 주거와 취업 장소 사이의 이동 또는 한 취업 장소에서 다른 취업 장소로의 이동"을 말합니다. 산재법에 출퇴근을 이렇게 정의한 까닭은 출퇴근 재해가 '이동 중 경로 상에서 발생한 재해'라는 특성이 있기 때문입니다. 즉 출퇴근 이동 과정에서 발생한 재해는 '출퇴근 재해'에 해당하지만, 경로상에 있는 특정 장소에서 머무르는 동안 발생하는 재해는 출퇴근 재해에 해당하지 않습니다. 아울러 장애인택시와 같이 수요응답형 여객자동차 운전자, 개인택시 운전자, 퀵서비스 기사와 같이 본인의 주거지에 차고지를 보유하고 있어 출퇴근 경로와 방법이 일정하지 않은 직종(예외 직종)은 출퇴근 재해가 적용되지 않습니다.

산재보험법상 출퇴근 재해는 '사업주 지배관리하의 출퇴근 재해'와 '통상의 출퇴근 재해' 두 가지입니다. '사업주 지배관리하의 출퇴근 재해'는 사업주가 제공한 교통수단이나 그에 준하는 교통수단을 이용해 출퇴근하는 중 발생한 사고를 말합니다. 근로자가 이용한 교통수단을 사용자의 책임이나 권한으로 관리할 때 적용되며, 교통수단을 누가 '소유'하는지는 중요하지 않습니다. 그래서 법인 차량처럼 회사 소유 차량이라도 근로자가 자유롭게 사용·관리하고 있다면, '출퇴근용으로 이용한 교통수단의 관리 또는 이용권이 근로자 측의 전속적 권한에 속하는 경우'에 해당해 사업주 지배관리하의 출퇴근 재해로 인정되지 않습니다. 그렇지만 이러한 경우라도 다음에 설명하는 '통상의 출퇴근 재해'에는 얼마든지 해당할 수 있습니다.

'통상의 출퇴근 재해'는 통상적인 경로와 방법으로 출퇴근하는 중 발생한 사고를 말합니다. 출퇴근할 때 통상적인 경로와 방법에 해당한다면 자가용, 대중교통, 배, 비행기, 이륜차 등은 물론 자전거, 도보(전동휠, 인라인스케이트 포함) 이동 과정 중 재해가 모두 포함됩니다. 출퇴근의 '통상적 경로와 방법'의 의미는 법령에 구체적으로 정해진 것이 없는데, 근로복지공단이 작성한 "출퇴근 재해 업무 처리지침"*에 다음과 같이 그 구체적인 판단 기준을 규정하고 있습니다.

'통상적인 경로'는 일반인이라면 사회통념상 이용할 수 있다고 인정되는 경로로서 최단 거리 또는 최단 시간이 소요되는 경로는 아니지만 일반적으로 선택할 수 있다고 인정되는 경로, 공사나 시위·집회 등으로 도로 사정에 따라 우회하거나 직장동료와의 카풀 이동 경로를 의미합니다.

---

* 근로복지공단의 내부 업무 처리 지침으로 일종의 행정해석에 불과하기 때문에 법원은 지침의 내용과 관계없이 법령에 따라 판단하지만 산재보험을 승인하는 기관에서 적용하는 실무 처리 기준이어서 산재를 신청하는 근로자에게 실질적인 영향을 끼칩니다.

'통상적인 방법'이란 사회통념상 인정되는 합리적인 방법으로 교통수단을 이용하는 것을 뜻합니다. 일상적으로 이용하는 주된 교통수단만이 아니라 가끔씩 이용하는 교통수단이나 방법이라도 '합리성'만 있다면 '통상적인 방법'으로 인정됩니다.

통상적 경로를 일탈하거나 중단한다면 출퇴근 재해 인정이 어렵습니다. 경로의 일탈은 '통상적 경로를 벗어나는 것'을 뜻하며, 경로의 중단은 출퇴근 경로상에서 출퇴근과 관계없는 행위를 하는 것을 말합니다. 이러한 경우는 출퇴근 목적과 관계없는 사적인 행위가 원인이라고 봐서, 경로 일탈·중단 중 발생한 사고나 경로 일탈·중단 이후 이동하던 중 발생한 사고는 '출퇴근 재해'로 인정하지 않습니다. 하지만 차량 주유, 커피 테이크 아웃, 생리현상, 소나기 피하기 등과 같이 통상적인 경로에서 30분 내외의 경미한 일상 행위는 일탈·중단으로까지 보지는 않습니다.

출퇴근 경로의 일탈·중단은 출근길보다 퇴근길에 자주 발생할 수 있습니다. 가령 퇴근길에 주거지와 다른 방향에 있는 사적 모임 장소로 가던 중에 일어난 사고는 '경로 일탈'에 해당하며 퇴근길에 집으로 가는 경로에 있는 사적 모임 장소에서 하는 음주는 '경로 중단'에 해당합니다. 일탈·중단 중의 사고 외에 일탈·중단이 일단 발생한 후 다시 통상의 경로로 돌아와 이동하더라도 출퇴근 재해의 보호 대상이 아니라는 점에 유의해야 합니다.

출퇴근 경로에서 일탈이나 중단이 있더라도 그것이 일상생활에 필요한 행위*라면 '경로 일탈·중단의 예외'를 인정하여 출퇴근 재해로 봅니다. 일상생활에 필요한 행위는 잦은 빈도로 발생하거나 출근 전이나 퇴근 후 '들르는 방식'으로 이루어질 때가 많으며, 일상생활에 필요한 행위로 보호받을 필요가 있습니다. 이러한 경우를 모두 일탈·중단에서 제외한다면 출퇴근 재해의 인정 범위가 지나치게 줄어들고 산재보험의 생활보장 목적을 달성하기 어렵기 때문에 예외를 인정하고 있습니다.

산재보험은 무과실 책임주의 원칙을 따르기 때문에 근로자의 과실이 있어도 보상하는 것이 원칙입니다. 그렇지만 단순한 과실을 넘어 고의, 자해행위나 범죄행위로 재해가 발생했다면 업무상 재해로 인정하지 않습니다. 출퇴근 재해도 마찬가지입니다. 출퇴근 재해는 그 특성상 교통사고의 형태로 발생할 가능성이 큰데, 교통사고가 근로자의 음주, 무면허 운전, 중앙선 침범과 같은 범죄행위로 발생한다면 출퇴근 재해로 보상받지 못합니다.

음주, 무면허 운전, 중앙선 침범은 원칙적으로 '범죄행위'에 해당하지만 출퇴근 재해 보상 관점에서는 그 행위가 '사고 발생의 원인'이 되어야 보상에서 제외됩니다. 만약 음주운전 중이지만 신호대기로 정차하고 있는 상태에서 다른 차량이 뒤에서 충돌해 사고가 났다면 음주운전과 무관한 사고이기 때문에 피해자의 음주운전을 이유로 보상에서 배제되지 않습니다. 또한 운전자의 혈중 알콜농도가 면허취소 기준 수치 이상이라면 곧바로 음주운전에 의한 사고로 보

---

* 일상생활 용품 구입, 직업교육훈련기관 교육, 선거권·투표권 행사, 보호 중 아동 또는 장애인의 보육(교육)기관 픽업, 의료기관 질병 진료, 요양 중 가족 돌봄 등

지만, 혈중 알콜농도가 면허취소 기준 수치 미만이라면 구체적 상황에 따라 음주운전과 그에 따른 과실이 사고 원인인지를 다시 판단합니다. 이 밖에 신호위반, 무단횡단, 과속, 보복운전 등 도로교통법 위반으로 사고가 발생한다면 사고 발생의 원인이 주로 근로자 자신의 위법 행위에 있을 때에 한해 보상 대상에서 제외합니다.

출퇴근길에 자동차 사고가 발생한다면 산재보험뿐 아니라 자동차보험에 따른 보상도 가능합니다. 그러나 산재법상 이중배상 금지 원칙에 따라 동일한 사유에 대해 산재보험급여와 다른 보상을 중복해 받을 수 없기 때문에 그 범위에서는 둘 중 하나로 보상을 받아야 합니다. 사안에 따라 보험제도의 유·불리를 고려해 신청할 수 있으며 자동차보험으로 먼저 보상받은 후 산재신청을 추가로 할 수도 있습니다.

구체적인 사안에 따라 다를 수 있지만 자동차 보험은 보통 운전자의 과실비율을 따져 보상액이 결정되기 때문에, 재해를 입은 근로자의 과실이 낮은 경미한 사고는 자동차보험이 산재보험보다 보장수준이 높고 법률상 손해배상책임까지 보장해주어 더 유리합니다. 반대로 재해를 입은 근로자의 과실이 크거나 장해, 사망 등으로 이어지는 큰 사고인 경우 자동차보험보다 산재보험이 더 유리합니다. 중대한 장해나 사망에 대해 자동차보험이 과실비율에 따라 일시금으로 지급하는 것에 비해 산재보험은 과실과 관계없이 법에서 정한 연금방식으로 보상하기 때문입니다.

07 | 회식으로 술에 취해 다쳐도 산재가 되나요?

회식은 업무의 연장이라는 말이 있습니다. 회식은 직원들 간 단합을 도모하고 업무 중에 하지 못하던 이야기를 나누거나 회포를 풀며 직장 생활의 윤활유 역할을 하기도 합니다. 이 때문에 사용자가 회식을 주도하거나 회식비를 주며 필요한 경우 회식을 장려하기도 합니다. 그런데 우리나라의 회식 자리에는 음주가 빠지질 않다 보니 시간이 길어지고 음주로 인해 건강이 나빠지거나 사고를 당하기도 합니다.

회식 자리에서 과도한 음주로 만취 상태가 되면 주변 상황을 판단하지 못하고 몸을 가누지 못해 생각지 못한 사고가 발생할 수 있습니다. 계단에서 발을 헛디뎌 넘어지거나 길가에서 택시를 잡으려다가 차에 치이는 사고도 있습니다. 이렇게 회식 자리 과음으로 만취 상태에서 일어난 사고도 업무상 재해로 인정될 수도 있습니다.

회식 자리 음주로 인한 사고가 업무상 재해에 해당하기 위해서는 그 회식 과정이 사용자의 지배관리 범위에 있어야 합니다. 회식을 사용자(사업주나 상사 등)가 주최한 경우, 회식의 목적이 직원 단합같이 업무상 필요에 의한 경우, 회식 참여에 어느 정도 강제성이 있는 경우, 회식비를 사용자가 지급한 경우 등 회식 과정이 사용자의 지배관리 범위에 있다고 볼 수 있습니다. 이런 회식 자리에서 과음으로 만취한 상태에서 사고가 난다면 업무상 재해가 인정될 가능성이 있습니다. 다만 근로자가 회식 모임의 순리적인 경로를 이탈하지 않아야 합니다. 근로자가 주량을 초과해 음주를 했고 그 때문에 사고가 발생하더라도 특별한 사정이 없는 한 업무상 재해에 해당할 수 있습니다.

회식 자리는 2차, 3차까지 이어지기도 합니다. 그런데 일반적으로 2차 회식부터는 업무의 연장으로 보지 않는 경우가 많다는 점에 유의해야 합니다. 1차까지는 공식적인 회식이더라도 2차부터는 더 마시고 싶은 사람들이 남고, 하나둘 빠져나가기도 합니다. 사업주가 법인카드를 주며 회식비로 쓰도록 허용하더라도 사업주가 참석하지 않고 근로자의 참석 여부도 각자 자율에 맡긴다면 2차 회식 이후 발생한 사고는 산재로 보상받기 어려울 수 있습니다.

회사 직원들끼리 하는 회식과는 조금 다르지만, 음주 때문에 사고가 발생할 수 있는 상황이 거래처 접대 과정에서의 음주입니다. 판례는 회사 지시에 따른 접대 자리나 거래처의 공식 초청으로 우호적인 관계를 유지하기 위해 회식에 참석한다면 업무 수행의 일환이나 연장으로 보고 있습니다. 그러므로 거래처 접대 과정에서 음주로 발생한 사고도 업무상 재해에 해당할 수 있습니다.

그렇다면 회식 후 귀가하던 중 사고가 발생한다면 어떨까요? 귀갓길 사고도 업무상 재해로 인정받을 수 있습니다. 다만 걸어서 귀가하던 중이나 택시를 잡던 중, 대중교통을 이용하던 중 '음주'가 원인이 된 사고가 발생해야 합니다. 본인이 음주 상태에서 자기 승용차를 운전하다 사고가 난다면 범죄행위나 자해행위에 해당할 수 있기 때문에 업무상 재해로 인정되지 않을 가능성이 큽니다.

08 | 자기 부주의로 다쳐도 산재가 되나요?

산재 보상은 기본적으로 '무과실 책임주의' 원칙을 채택하고 있습니다. 보통 일반적인 손해배상은 잘못이 있는 만큼 배상합니다. 이와 달리 산재 보상은 재해 발생에 있어 근로자나 사용자의 잘못이 있건 없건, 잘못이 크건 적건 업무와 재해가 서로 상당인과관계가 있으면 법에 정해진 보상을 지급합니다. 그러므로 재해 발생 과정에서 자신의 과실이나 부주의가 있더라도 산재 보상에 주는 영향은 없습니다. 과로성 질환이나 과로사의 경우 민사 배상에서는 근로자의 과실을 상당히 높게 보지만 산재 보상에는 영향이 없습니다.

산재 보상이 무과실 책임주의를 채택하고 있더라도 근로자가 고의적으로 다치거나 자해행위를 한 경우까지 보상해줄 수는 없을 것입니다. 산재보험법은 근로자의 고의, 자해행위나 범죄행위가 원인이 되어 발생한 재해는 업무상 재해로 인정하지 않도록 정하고 있습니다. 그렇지만 자살처럼 겉으로는 자해행위로 보이지만 '정상적인 인식능력이 떨어진 상태'에서 스스로 자신을 통제하지 못한 채 하는 행위가 있습니다. 그러한 정신적인 이상이 발생하게 된 원인이 '업무상 사유'에 있을 수 있습니다. 즉 업무상 이유로 '정신적 이상 상태'에 빠지고 그 상태에서 자해행위를 한다면 결국 업무상 사유가 연속적인 인과관계를 통해서 재해까지 이른 것이기 때문에 예외적으로 산재를 인정합니다. 예를 들어 업무상 스트레스로 우울증을 앓다가 자살한 경우, 업무상 충격적인 사고를 목격하고 정신이상 상태를 겪다가 자살한 경우, 업무상 재해를 입어 요양하던 사람이 장해를 입은 자신의 모습에 충격받고 좌절하다 정상적인 인식능력이 떨어진 상태에서 자살한 경우 등은 업무상 재해로 인정될 수 있습니다.

그러나 자해행위에 대한 산재 인정 비율은 매우 낮습니다. 정신 상태와 관련된 판단이 필요하기 때문에 의학적 입증이 필요하지만, 우울하다고 해서 모두 병원을 찾고 기록을 남기는 것은 아니기 때문에 입증의 어려움으로 결국 보상받지 못하는 경우가 많습니다.

09 | 회사에서 산재 신청을 해주지 않으면 어떻게 해야 하나요?

업무상 재해를 입는다면 사업장을 관할하는 근로복지공단 지사에 요양신청서나 유족급여신청서를 제출할 수 있습니다. 산재 신청을 '회사가 해주는 것'으로 알고 있는 사람이 많은데, 산재보험은 회사가 가입하고 보험료도 회사가 납부하지만 보험급여를 수급할 권리는

'근로자'에게 있기 때문에 재해를 입은 근로자나 유족이 직접 신청하는 것이 원칙입니다. 다만 직원 지원 차원에서 회사가 근로자를 대신해 신청서를 작성하고 접수 과정을 지원할 때가 있을 뿐입니다.

기존에는 각종 보험급여 신청서에 재해 사실이나 기타 기재 사항에 관해 사업주의 확인 날인을 받도록 했지만, 사업주의 날인 거부로 산재신청 과정이 지연된다는 지적이 있어 2018년부터 산재 신청 시 사업주 확인 및 날인제도가 폐지되었습니다. 근로자는 사업주의 날인 없이 직접 최초요양신청서와 같은 산재신청서를 작성해 공단에 접수하거나 치료 중인 산재보험 지정 의료기관에 신청 대행을 위임하여 접수할 수도 있습니다. 사업주 날인을 받지 않는다고 해도 회사는 근로자의 산재 신청 사실을 확인할 수 있습니다. 실무상 근로복지공단이 산재 신청 후 재해와 관련된 조사 과정에서 근로자와 사업주 양쪽의 문답과 의견청취절차를 필수적으로 거치기 때문입니다.

산재 신청은 근로자가 하는 것이고 업무상 재해 사실을 주장하고 입증하는 것도 근로자가 해야 합니다. 근로복지공단이 신청한 내용에 대해 '조사'를 하기는 하지만 보험급여를 지급하는 입장이고 예산을 관리해야 하기 때문에 적극적으로 산재 인정이 되도록 발 벗고 조사하거나 근로자에게 도움이 되는 증거를 찾아주지는 않습니다. 오히려 근로자 주장에 허위 사실이 있는지, 입증이 부족하거나 객관적이지 못한 건 아닌지를 확인하는 데 더 적극적으로 나서는 경우가 많습니다.

　이런 상황에서 재해를 당한 근로자는 스스로 '입증'해야 하는 부담을 느낄 수밖에 없습니다. 정황이나 자료가 충분해 입증에 문제가 없다면 괜찮겠지만 보통 입증하기가 쉽지 않습니다. 특히 업무상 질병은 업무와 질병 간의 인과관계를 입증하기 어려운 것이 일반적입니다. 의학적인 입증도 필요하지만 실제로 업무와 연관이 있는지를 파악하기 위해서는 업무 내용이나 관련 사실을 회사가 인정해 줄 필요가 있습니다. 또한 회사가 보유한 자료를 제공받기 위해서도 회사의 협조가 필요합니다.

　과로성 질환은 근로자의 '주장'만으로는 어떤 업무를 수행하고 연장근로를 얼마나 하는지, 스트레스가 어느 정도인지를 인정받을 수 없습니다. 회사도 과로 사실을 인정해줘야 하고 객관적으로 입증할 근태 내역서나 컴퓨터 로그인 기록 등도 회사가 협조해줄 때 쉽게 구할 수 있습니다.

　반대로 회사가 산재 승인을 적극적으로 원하지 않는 경우도 있습니다. 어지간한 회사라면 소속 직원이 재해를 입게 되면 산재보험 처리가 되도록 돕지만, 회사의 이미지가 나빠지거나 경영상의 손실이 발생할 수 있다고 판단하는 경우, 재해 근로자를 못마땅하게 여기는 경우 등이라면 비협조적이거나 방해할 수도 있습니다. 재해율이 높은 사업장에 대해 산재보험요율을 높이거나 산업안전감독 대상으로 삼는 패널티가 적용되는 점도 비협조적 태도의 원인이 될 수 있습니다. 특히 건설업은 재해율이 공사 입찰을 받는 데 중요한 요소가 되기 때문에 어떻게 해서든 산재 승인이 나지 않도록 나설 때가 많습니다. 이런 상황에서는 재직 중인 동료 직원의 진술서조차 제대로 받기 힘들 수 있습니다.

만약 산재 신청을 하는 과정에서 입증이 불명확한 상황인데다 회사 역시 비협조적인 상태라면 전문가를 찾아 방법을 논의하는 편이 좋습니다. 덜컥 접수부터 해버리는 것보다는 입증 자료를 충분히 준비한 후에 하는 것이 좋습니다. 처음 근로복지공단에 신청할 때 충분한 입증을 통해 주장하지 않으면 승인받지 못할 가능성이 커집니다. 또한 최초 신청 단계에서 허술한 준비로 승인받지 못하면 이후 불복을 제기할 때 결과를 바꾸기가 현실적으로 어렵습니다. 그러므로 어려운 산재 신청은 처음부터 충실한 준비를 거쳐 신중하게 제기해야 합니다.

10 | 산재로 치료받고 있는데 회사에서 해고할 수 있나요?

아무리 정당한 이유가 있더라도 해고를 금지하는 기간이 있습니다. 말하자면 해고 사유가 있더라도 그 시기에 해고하는 것은 너무 가혹하기 때문에, 또는 그 시기에 해고할 가능성이 크지만 부당해고에 대해 대처하기가 어려운 경우 '해고의 시기'를 제한하는 것입니다.

근로기준법에서는 업무상 질병이나 부상으로 요양하기 위해 휴업 중인 근로자나 출산휴가 중인 근로자는 법에 의한 휴업 기간과 그 후 30일간 해고할 수 없도록 규정하고 있습니다. 하지만 법원은 요양하더라도 휴업 없이 '정상적으로' 출근하고 있거나 요양 기간 중에 있고 휴업 중이지만 사실상 요양을 위해 휴업할 필요가 없는 경우에는 해고가 제한되지 않는다고 보고 있습니다. 근로기준법의 '휴업'을 단지 형식적인 것이 아니라 '실질적인 휴업 필요성'으로 이해하는 입장입니다.

해고가 제한되는 기간 중에 근로자를 해고하면 그 해고는 당연히 무효이고, 근로자 스스로 해고를 승인하더라도 여전히 근로기준법 위반에 해당합니다. 이 때문에 요양 기간이 길어지면 사업주가 사직서 제출을 요구해 퇴사 처리하는 예가 많습니다. 이런 해고 제한 기간에 있더라도 예외적으로 해고가 허용되는 경우가 있습니다. 요양 기간이 몇 년이 넘도록 길어져 근로관계를 유지하도록 강제하는 것이 합리성이 없는 경우와 사업 폐지로 더 이상 근로관계가 불가능할 경우입니다.

법에서는 이런 사유로 사용자가 '일시보상'(요양 후 2년이 경과된 후 평균임금의 1340일분을 일시에 지급하는 것)을 한 경우, 요양을 시작한 후 3년이 지난 날 이후에 상병보상금을 지급받는 경우, 사업을 계속할 수 없게 된 경우를 규정하고 있습니다. 그러나 일시보상을 하거나 상병보상연금을 받은 것은 '해고 시기의 제한'을 벗어날 수 있는 사정일 뿐이기 때문에 근로자를 해고하려면 일반적인 해고의 경우처럼 역시 '정당한 사유'가 있어야 합니다.

업무상 재해를 입고 요양 기간에 치료를 마친 후에는 복직할 수 있습니다. 건강을 회복한다면 본래 하던 일을 계속할 수 있지만, 복직 당시 장해가 남아 신체나 정신적 능력이 기존 업무를 수행하기 어렵거나 자주 통원해야 한다면 정상적인 업무 수행이 곤란할 수 있습니다. 이때 사용자는 다른 가능한 업무로 전보할 수도 있지만 마땅한 일자리를 부여하기 어려운 상태라면 통상해고도 가능합니다. 이런 사유로 해고된다면 근로자는 다른 적정한 직장을 구하기 위한 구직 활동을 하면서 실업급여를 받을 수 있습니다.

> **" 사례**　　　　　　　　　　　　　　　 **과로와 산재**
>
> **불법적인 수준까지 일해야만 '과로성 산재'가 인정된다고요?**
>
> 40대 초반의 전천후 씨는 영업부서 과장으로 발주처에 대한 입찰을 통해 공급 계약을 따내는 일을 총괄하고 있다. 일 잘하기로 소문난 전천후 씨. 시장 조사에서 영업전략 수립, 거래처 유대관계에 입찰 업무까지 여러 방면에서 역량이 뛰어나 '만능'이라거나 '일당백'이라는 칭찬을 자주 받지만 일이 자신에게만 쏟아지는 상황이 힘겨웠다.

석 달 전 업무 보조인 부하 직원이 갑자기 그만둔 뒤로 회사에서 채용을 차일피일 미루는 바람에 부하 직원 몫까지 떠안게 되면서 수시로 야근을 해야 했다. 연장근로 신청은 일주일에 12시간 안에서만 할 수 있기 때문에 남은 일을 하기 위해 집으로 일감을 가져와 밤새워 일하는 날도 자주 있었다. 서류 작업만이 아니다. 영업 부서 특성상 수시로 거래처 인사들과 유대관계를 유지하기 위해 술자리 접대를 해야 했다. 입찰 업무 실무 책임자이기 때문에 술자리에 빠지기가 현실적으로 어렵고 거래처 사람들이 자신에게 직접 연락해 약속을 잡는 통에 전날 밤을 새우고 피곤이 몰려와 정신이 멍할 지경이어도 새벽까지 이어지는 술자리에 참석하곤 했다.

요즘 경기가 좋지 않아 경영사정이 나빠지면서 영업실적에 대한 압박의 강도도 심해졌다. 성과급 제도로 인해 실적이 나쁘면 임금도 깎일 수 있는데 몇 차례 입찰에서 탈락하면서 스트레스도 누적되었다.

그러던 어느 날 피곤에 지친 몸을 이끌고 귀가해 그대로 쓰러져 잠들었는데, 새벽에 가슴 부위가 쥐어짜는 듯 아픈 느낌이 들었다. 전천후 씨는 몇 년 전부터 고혈압과 고지혈증이 있어 뇌혈관 질환이나 심장 질환에 주의해야 한다는 건강검진 결과를 받아왔기 때문에 두려운 마음이 들었지만, 통증이 이내 괜찮아져 다시 잠자리에 들었다.

다음 날 전천후 씨는 이러다 큰 병에 걸리거나 갑자기 잘못된다면 산재 보상이 가능한지 궁금해져 인터넷에 검색해보고 전화로 상담도 해봤다. 과로로 산재 인정이 되려면 3개월 동안 일주 평균 60시간 이상을 근무해야 하는데 전천후 씨의 경우 근무시간이 기준에 모자라 '과로'로 인정받기 어려울 수 있다고 한다. 평소 업무량이 많지 않다가 일주일 전에 갑자기 많아지면 오히려 쉬운데 만성적인 과로는 산재 인정이 더 어렵다는 이야기도 들었다.

3개월 넘게 연장근로한도를 꽉 채우며 일하는데도 '과로'가 아니라고? 갑자기 잠깐 하게 된 과로가 오랜 기간 누적된 과로보다 산재 인정이 쉽다고? 전천후 씨는 도무지 이해가 되질 않는다. "퇴근 후 집에서도 일한다면 근무시간으로 인정받을 수 있을까?", "거래처 접대 때문에 술자리를 갖게 된 시간도 근무시간이 될까?", "실적 압박으로 인한 스트레스가 발병의 원인이 될 수도 있는 것 아닌가?" 궁금증이 꼬리에 꼬리를 문다. 현재 상태에서 전천후 씨에게 심근경색 같은 심장 질환이 발생한다면 과로로 인한 산재로 인정될 수 있을까? 앞으로 전천후 씨가 건강관리에 신경을 써야 하는 것 말고 산재와 관련해 유의해야 할 점은 무엇일까?

"

뇌출혈, 뇌경색, 심근경색 같은 뇌심혈관계 질환은 '침묵의 살인자'로 불릴 만큼 갑자기 찾아와 생명을 위협하는 위험한 질환입니다. 나이가 많아질수록 발병 위험이 급격하게 커지는데, 최근에는 서구화된 식생활과 직장 스트레스 등의 영향으로 30~40대 젊은 층의 발병률도 높아지는 추세입니다.

뇌심혈관계 질환은 과로 때문에 발병하거나 악화할 수 있는 대표적인 '과로성 질병'입니다. 과로가 아니라면 질병이 발병하지 않을 것으로 추정되거나, 전천후 씨처럼 기존에 고혈압, 고지혈증 같은 위험인자를 갖고 있다고 하더라도 자연적인 진행 속도보다 빠르게 질병이 발병하거나 악화한다면 산재(업무상 재해)로 인정될 수 있습니다. 정신적인 스트레스 역시 이러한 뇌심혈관계 질환의 중요한 발병원인이 될 수 있기 때문에 과로와 스트레스가 동반될 경우 산재 인정 가능성이 더 커질 수 있습니다. 그러나 '과로 사실'에 대한 인정 기준이 매우 까다롭기 때문에 과로성 질병이나 소위 '과로사'가 발생하더라도 이에 대한 산재 인정은 생각보다 쉽지 않은 경우가 많습니다. 스트레스 역시 매우 특별한 상황이 있지 않고서는 인정받기 어렵고 '과로 사실'에 비해 부수적인 요인으로 취급되는 경우가 많습니다.

'과로'의 개념은 모호하고 추상적이며, 사람마다 건강상태나 스트레스에 대한 취약성이 다를 수 있습니다. 노동 강도란 업무의 양적 측면만이 아니라 질적인 측면의 어려움도 고려해야 하는 개념입니다. 법령은 뇌심혈관계 질환을 유발하는 과로에 대하여 "업무의 양·시간·강도·책임 및 업무 환경의 변화 등으로 뇌혈관 또는 심장

혈관의 정상적인 기능에 뚜렷한 영향을 줄 수 있는 육체적·정신적 부담"으로 정하고 있습니다. 이처럼 근로시간뿐 아니라 '강도'나 '책임' 같은 질적인 측면도 포함하며, '육체적 부담' 외에 정신적인 스트레스와 관련되는 '정신적 부담'도 '과로'의 범위로 인정합니다.

업무상 재해를 일으키는 과로의 종류는 크게 '단기적 과로'와 '만성적 과로'로 구분되는데, 법령에는 '단기간 동안 업무상 부담의 증가' 또는 '만성적인 과중한 업무'라는 표현 외에 다른 설명이 없습니다. 다만 이에 따른 업무상 질병 인정 여부 결정에 필요한 사항을 '고용노동부 장관 고시'*로 정하도록 덧붙이고 있습니다. 문제는 바로 이 '고시'에서 정하는 과로 인정 기준이 지나치게 높고 비현실적**이어서 산재 보상에 관한 근로자의 권리를 침해하고 있다는 비판이 많았습니다. 주52시간제라는 근로시간 단축 정책을 적극적으로 추진하는 정책 기조에도 부합하지 않았습니다. 이에 따라 과로성 질병을 유발할 수 있는 근무시간이나 근무형태의 범위를 기존보다 확대하는 내용으로 뇌심혈관계 질환의 업무상 질병 인정 기준에 관한 고시를 개정했습니다.

현행 고시에서는 만성 과로의 인정 기준으로 제시된 "발병 전 12주간 주 평균 60시간, 발병 전 4주간 주 평균 64시간" 외에 '발병 전 12주

＊ 「뇌혈관 질병 또는 심장 질병 및 근골격계 질병의 업무상 질병 인정 여부 결정에 필요한 사항」
＊＊ 과거 고용노동부장관 고시는 만성과로의 기준으로 "발병 전 12주 동안 주 평균 60시간, 발병 전 4주 동안 주 평균 64시간을 초과하는 경우"만을 제시했습니다.

간 주 평균 52시간을 초과하는 경우'에도 업무와 질병과의 관련성이 증가하는 것으로 평가하도록 하는 규정을 두고 있습니다. 아울러 주 평균 52시간을 초과하지 않더라도 '근무일정 예측이 어려운 경우, 교대제, 휴일 부족, 유해한 작업 환경, 육체적으로 높은 노동강도, 큰 정신적 긴장 등' 부담을 가중하는 요인에 노출된 업무라면 질병과의 관련성이 증가한다는 규정도 있습니다. 특히 밤 10시에서 다음 날 새벽 6시 사이에 이루어지는 야간근무시간은 주간근무시간에 30퍼센트를 가산해 업무시간을 산출하도록 함으로써 야간근무가 신체 부담이나 생체리듬에 끼치는 영향을 '근무시간' 자체에 반영할 수 있도록 했습니다.

전천후 씨의 경우 동일한 업무 패턴이 이어지다 뇌심혈관계 질환이 발병했을 때 앞의 고시 기준을 적용하면, 기존에 비해 산재로 인정될 가능성이 큽니다. 물론 전천후 씨가 남은 일감을 집에 들고 와서 일한 시간이나 거래처 회식 시간 등을 구체적인 '근무시간'으로 합산하기는 어렵지만, 실질적으로 업무의 연장으로 충분한 휴식을 취하지 못한 채 피로가 누적된 근거 사실로 삼을 수 있습니다. 또한 영업직으로 실적에 대한 중압감이 높기 때문에 업무와 질병과의 관련성이 강하다고 평가하는 '업무부담 가중 요인' 중 하나인 "정신적 긴장이 큰 업무"에도 해당할 수 있습니다.

전천후 씨는 갑작스러운 심장 통증과 같은 전조증상을 그냥 넘기지 말고 곧바로 병원 진료를 받아 위급 상황으로 이어지지 않도록 조치해야합니다. 그리고 정밀검사를 통해 필요한 약물이나 처치를 받고 건강관리를 철저히 할 필요가 있습니다. 산재 인정과 관련해서도 스스로 금연, 금주, 병원 진료 등 건강관리를 잘해왔다면 개인 질병의 자연적인 악화보다는 업무상 과로에 의한 발병으로 인정될 가능성이 커집니다.

특히 병원의 의무기록이 중요하므로 문진 기록에 업무상 과로 사실이나 스트레스 요인들이 남을 수 있도록 담당의에게 상세한 상황을 설명할 필요가 있습니다. 근로시간과 관련해서도 자택에서 업무를 연장할 때는 근로시간의 입증이 어렵습니다. 가능하면 사무실에 남아 마무리하거나 주말에 사무실로 출근해 남은 일을 수행하는 편이 좋습니다. 회사에서 연장근로나 연장수당을 인정해주지 않더라도 회사 출퇴근 시간에 대한 기록이나 컴퓨터 사용 기록, 업무 수행 기록 등이 객관적으로 남을 수 있기 때문입니다.

물론 이렇게 산재를 대비하는 일도 필요하지만 질병이 발병하지 않도록 예방하는 일이 최우선입니다. 고혈압이나 고지혈증도 뇌심혈관계 질환의 위험인자이지만, 어떤 학자들은 '스트레스'를 주범으로 지목하기도 합니다. 그러니 업무와 관련한 스트레스를 스스로 관리할 필요가 있습니다. 스트레스가 해소되지 않은 채 누적되면 갑자기 증폭되어 스스로 조절하기 어려울 정도로 악화할 수 있기 때문에 수시로 심적인 중압감이나 긴장을 해소하기 위한 적절한 방법을 찾는 편이 좋습니다.

중대재해처벌법은 왜 생겼고 종사자*에게 어떤 영향이 있나요?

안전한 씨는 입사 3년 차 생산직으로 직원 수가 50명이 채 안 되는 소규모 제조 공장에서 설비 운전 업무를 하고 있다. 공장 환경이 좋지 않고 설비도 노후된 상태라 일하면서 늘 불안했다. 매뉴얼상 위험 작업은 2인 1조로 해야 하는데 얼마 전 동료가 그만두어 사람이 새로 들어올 때까지 혼자 해야 하는 상태다. 회사에 안전관리자가 없어 안전을 스스로 지켜야 하는 실정이라 아무것도 모르는 신입사원이 들어와도 안전교육은 거의 형식적으로 이루어진다. 정말이지 이대로 놔두다가는 큰 사고가 일어날 것만 같아 걱정이다.

안전한 씨는 언론에서 중대재해처벌법 시행과 관련된 뉴스를 자주 접하지만 정작 일터에서는 아무런 변화를 느낄 수 없다. 중대재해처벌법은 중대재해가 발생하면 경영자를 강하게 처벌하고 손해의 5배까지 배상하도록 할 수 있는 법이라는데, 사장이 처벌을 받느냐보다 큰 사고가 아예 발생하지 않도

---

*　중대재해처벌법에서 중대산업재해로부터 보호해야 하는 대상을 '종사자'로 규정합니다. 종사자는 근로기준법상 근로자뿐 아니라 도급, 용역, 위탁 등의 형식으로 대가를 목적으로 노무를 제공하는 사람, 다단계 하도급 구조에서 각 단계의 사업주와 그 소속 근로자나 노무 제공자를 모두 포함합니다.

> 록 예방하는 게 더 시급한 일 아닌가? 안전한 씨는 산업안전
> 보건법이 있는 상태에서 중대재해처벌법이 왜 생겼는지 문득
> 궁금해졌다. 중대재해처벌법과 관련된 뉴스는 대부분 처벌이
> 과하다는 경영계 주장이나 회사의 대처 방법에 관한 것이라
> 중대재해처벌법으로 인해 종사자에게 어떤 영향이 있는 것인
> 지도 궁금하다. ''

2016년 구의역 스크린도어 사망 사고, 2018년 태안화력발전소 김용균 사망 사고 등을 계기로 위험 작업에 대한 도급을 제한하고 하청 노동자에 대한 원청의 책임을 강화하는 산업안전보건법 개정 (2020. 1. 16. 시행)이 이루어졌습니다. 「중대재해 처벌 등에 관한 법률」(약칭: 중대재해처벌법)은 일명 "김용균법"으로 불리는 산업안전보건법(산안법) 전면 개정 법률이 시행된 지 1년도 되지 않은 시점에 새로 생긴 법입니다.

그러나 이후에도 비슷한 사망 사고가 재발하면서 원인으로 산안법 위반에 대한 솜방망이 처벌이 지목되었고 영국의 기업살인법처럼 안전의무를 위반한 기업을 강력하게 처벌해야 재범을 막을 수 있다는 지적이 있었습니다. 2020년 4월 이천 물류센터 공장 화재로 인한 집단 사망 사고를 계기로 중대재해처벌법 제정 여론이 확산되었고, 이후 정부의 특례법 제정 대책 수립, 국회의 입법 발의, 국민의 입법청원 등의 과정을 거쳐 중대재해처벌법이 2021년 1월 국회 본회의를 통과했습니다. 중대재해처벌법은 상시 근로자 수

50인 이상 사업장에 대해 2022년 1월 27일부터 시행되었고, 상시 근로자 5인 이상~50인 미만 사업장에 대해서는 2024년 1월 27일부터 적용됩니다.

중대재해처벌법은 안전한 씨가 알고 있는 바와 같이 안전보건 확보 의무를 위반해 사망자가 발생한 중대재해*에 대해 사업주나 경영책임자에게 "1년 이상의 징역 또는 10억 원 이하의 벌금"**을, 양벌규정에 의해 법인이나 기관에 대해서는 "50억 원 이하의 벌금"이라는 강력한 처벌을 가할 수 있는 법입니다. 나아가 사업주나 경영책임자의 고의 또는 중대한 과실로 중대재해처벌법에서 정한 의무를 위반해 중대재해를 발생하게 한 경우 중대재해로 손해를 입은 사람에게 손해액의 5배까지 배상하도록 하는 '징벌적 손해배상 제도'를 도입하고 있습니다. 우리나라에 징벌적 손해배상 제도가 흔하지 않고 그나마도 대부분 배상액을 3배 이내로 정하는 점을 감안하면 중대재해처벌법의 규제 강도는 센 편이라고 할 수 있습니다.

규제가 강력한 만큼 경영계의 반발도 큽니다. 경영계는 과잉입법, 규제 만능주의라며 입법 과정에서 반대의 목소리를 높였고 우여

---

* 중대재해처벌법은 종사자를 보호 대상으로 하는 '중대산업재해'뿐 아니라 공중이용시설 또는 공중교통수단의 설계, 제조, 설치, 관리상의 결함을 원인으로 하여 발생한 재해로서 일반 시민을 보호 대상으로 하는 '중대시민재해'에 대해서도 안전 및 보건 확보 의무와 처벌 규정을 두고 있습니다.
** 사망 외 질병, 부상 등이 발생한 중대재해에 대해서는 7년 이하의 징역 또는 1억 원 이하의 벌금형을, 법인에 대한 양벌규정으로 10억 원 이하의 벌금형을 정하고 있습니다.

곡절 끝에 법이 제정된 후에도 법률 내용의 불명확성을 들어 보완 입법을 주장하고 있습니다. 특히 '누가, 어떤 의무를 지켜야 하는지'와 '중대재해의 범위가 어디까지인지'가 중요한 논란 대상입니다. 법문의 내용이 추상적이어서 법 적용 과정에서 해석을 통해 확정해야 할 필요가 있는데 앞으로 적용이 얼마나 엄격할지 느슨할지는 두고봐야 합니다.

노동계라고 환영 일변도는 아닙니다. 당초 제시된 내용에서 후퇴한 내용으로 누더기가 되었고, 특히 5인 미만 사업장에는 적용되지 않아 생명차별법이라고 비판합니다.

중대재해처벌법은 제1조(목적)에 "중대재해를 예방하고 시민과 종사자의 생명과 신체를 보호함을 목적으로 한다"라고 규정하고 있습니다. '처벌'이라는 수단을 쓰지만 목적은 '예방'이라는 것입니다. 중대재해처벌법이 정하는 "안전 및 보건 확보 의무"를 위반해 중대재해가 발생한 경우 사업주나 경영책임자 등을 처벌하는 것이기 때문에 중대재해 예방 활동에 대한 경영책임자 등의 관심과 의지를 강력하게 유인할 수 있습니다.

중대재해는 어쩌다 재수가 없어 발생하는 사고인 경우보다 불안전 요소들이 쌓이거나 연결되어 발생할 때가 많습니다. 따라서 위험성 평가, 안전 환경 조성, 안전 설비·시스템 구축, 매뉴얼 수립, 교육, 점검, 작업 감시, 사후조치 등 일련의 관리체계가 적정하게 수립·운영되는 경우 그 자체로 중대재해 예방 효과가 큽니다. 그런데 이런 관리체계를 구축하고 유지하는 데에는 상당한 비용이 들고 경영 성과나 업무 효율성과 상충하는 면이 있을 수 있기 때문에 '안전 제일'에 관한 최고경영자의 우선순위와 예산 투자 없이는 현장에서 제대로 운영되기 어렵습니다.

중대재해처벌법은 이러한 특성을 반영해 실권을 지닌 경영책임자를 처벌하고 징벌적 손해배상책임을 지우는 방식으로 중대재해 예방을 위한 관리체계의 구축을 적극적으로 유도하려는 법입니다. 법 취지에 따라 사업장의 안전·보건 관리체계가 발전할수록 종사자는 보다 안전한 환경에서 일할 수 있기 때문에 그 혜택은 직접 종사자에게 미칩니다.

안전한 씨가 중대재해처벌법이 시행된 이후 업무 현장에서 별다른 변화를 느끼지 못한 이유는 안전한 씨가 일하는 회사가 법 적용 대상인 50인 이상 사업장이 아니기 때문일 것입니다. '방치해서 난 사고 처리 비용'이 '예방적 안전관리 비용'보다 적다는 말이 있을 정도로 안전 시설, 설비 투자나 안전 인력을 유지하는 데 많은 비용이 듭니다. 50인 미만 사업장은 대부분 비용 여력이 부족하고 산업안전보건법상 안전관리자를 두어야 하는 사업장이 아니기 때문에 준비를 위한 시간을 주기 위해 2024년 1월 27일까지 법 시행을 미뤘습니다. 이런 상황에서 안전한 씨의 사장이 법 적용에 대비해 노후화된 설비를 교체하고 안전관리체계를 조속히 구축하는 데 많은 비용을 투자할 것으로 기대하기는 현실적으로 어렵습니다. 그렇다고 안전한 씨에게 알아서 스스로 위험을 회피하라고 하거나 곧바로 사업주를 고용노동부에 고발하라고 조언하는 것은 적절하지 않다고 생각합니다.

근로자의 안전은 개인 책임이 아니라 기본적으로 회사의 책임에 속하는 문제이고, 안전 문제는 일단 중대한 사고가 발생한 이후에는 회복하기 어려운 특성이 있기 때문에 예방의 중요성이 너무나 큽니다. 50인 미만 사업장이어서 아직 중대재해처벌법이 적용되지 않더라도 안전보건관리 담당자 또는 관리감독자 선임, 안전보건교육, 위험성 평가, 안전조치 등 산업안전보건법상 과태료 같은 제재가 부과되는 의무 규정이 꽤 많이 적용됩니다. 비록 산안법상 산업안전보건위원회 구성 의무가 적용되지 않더라도 30인 이상 사업장이라면 노사협의회가 구성되어 있을 수 있습니다.

안전한 씨가 작업 중 불안전 요소를 확인했다면 '방치'는 스스로의 안전을 위해서라도 금물입니다. 발견 즉시 그 내용과 근거를 기록·수집해서 관리자에게 보고하고 사고 예방을 위한 조치를 협의해야 합니다. 만약 상급자와 관리자 차원에서 문제해결이 이루어지지 않는다면 산안법 위반에 해당하는 내용에 대해 수집한 근거자료를 제시하며 노사협의회 근로자위원이나 고충처리위원에게 고충처리를 요청하는 방법도 고려할 수 있습니다. 현장 작업자로서 위험 요소의 심각성을 직접 경영진에게 구체적으로 알리면서 안전 작업을 위한 방안을 제안할 수도 있습니다.

근로자가 이렇게 적극적으로 법 위반 사항을 지적하고 안전 조치를 요구하는데도 제대로 조치가 이루어지지 않은 상태에서 사고가 발생한다면 사업주의 과실 책임은 매우 중대해질 수밖에 없기 때문에 회사로서도 쉽게 묵살하기 어려울 것입니다.

9장

LABOR LAW

노동조합,
뭉칠 권리가 있다

사용자와 근로자는 사용종속관계에 있습니다. 대등하지 않다는 뜻입니다. 그래서 법이 보호해주지만 그것만으로는 충분하지 않습니다. 법은 대부분 '최저 기준'입니다. 그 이상의 '좋은 조건'을 법이 강제할 수 없습니다. 근로자는 근로조건을 현재보다 개선하고 싶고 충분한 대우를 받고 싶을 것입니다. 그러나 혼자서는 어렵고 여럿이 뭉쳐야 그나마 사용자와 대등한 관계에서 필요한 사항을 요구할 수 있습니다.

이런 이유로 근로자는 노동조합이라는 집단을 결성하고, 노동조합의 이름으로 사용자와 교섭을 벌이며, 필요한 경우 집단행동을 하여 사용자를 압박할 수 있습니다. 이것을 노동 3권(단결권, 단체교섭권, 단체행동권)이라고 하는데 이는 헌법에서 정한 '기본권'입니다. 그만큼 '본질적인 권리'라는 뜻입니다. 그러나 우리나라의 노동조합 가입률은 최근 몇 년간 상승세를 보이지만 2020년 기준 14.2퍼센트로 OECD 국가들에 비해 여전히 낮습니다.

노동조합은 근로조건을 개선하기 위해 결성하는 단체이기 때문에 근로조건이 열악할수록 노동조합이 많을 것이라고 생각할 수 있습니다. 그러나 아이러니하게도 근로조건이 열악한 중소기업에 노동조합이 있는 경우를 찾아보기 힘듭니다. 반면 고용이 안정되고 급여 수준도 높은 대기업, 공공기관, 공무원의 경우 노동조합 조직률이 높고 활동도 활발합니다.

노동조합 활동 덕분에 좋은 근로조건을 얻게 된 경우도 있지만 이런 현상이 나타난 원인은 사실 '근로자 집단의 규모와 동질성'에 있다고 볼 수 있습니다. 집단 규모가 클수록, 집단의 성격이 동질적일수록 노동조합을 만들고 발전시키기 쉽습니다. 규모가 작고 이질적인 사람들로 구성된 조직에서는 근로자끼리 뭉쳐 집단행동을 하기 어렵고 조직 시스템이 안정적이지 않기 때문에 노동조합을 만들고자 할 때 상당한 위험 부담을 느낍니다. '우리 회사에는 왜 노동조합이 없을까?'에 대한 원론적인 답변일지 모르겠지만, 아마도 공감가는 부분이 있을 것입니다.

01 | 노동조합은 어떻게 만드는 건가요?

노동조합은 '단체'여야 하기 때문에 혼자서는 만들 수 없고 두 명 이상이면 자유롭게 설립할 수 있습니다. 노동조합을 만들고자 하는 이유는 다양하겠지만 노동조합이 없는 회사에서 노동조합을 설립하려고 할 때는 상당한 부담이 뒤따릅니다. 사용자가 노동조합 결성을 법이 인정한 권리로 자연스럽게 받아들이면 좋겠지만 그렇지 않은 경우가 대부분이기 때문입니다. 여태껏 노동조합 없이 운영해 온 회사에 노동조합이 생기는 상황을 민감하게 받아들이는 곳도 많습니다. 심지어 노동조합이 생겼다고 멀쩡한 회사를 폐업하는 예도 있습니다.

이런저런 우려가 있지만 노동조합을 만들 때는 나름대로 '목적'이 있고 '각오'가 있습니다. 처음에 만들 때 주먹구구식으로 했다가는 이도 저도 안 될 수 있기 때문에 알아볼 만큼 알아보고, 도움을 받을 수 있다면 민주노총이나 한국노총 같은 상급 단체의 지원도 받아가며 노동조합 설립 절차를 체계적으로 진행하는 경우가 대부분입니다. 최근에는 산별 노조의 위상이 높아지면서 노동조합을 신설할 때 산업별 단위 노조의 지부나 분회로 시작하는 사례가 증가하고 있습니다.

노동조합을 설립할 때는 보통 사전에 설립준비위원회를 구성하고 설립총회를 준비하면서 노동조합의 내부 규율인 '조합규약'을 작성합니다. 이후 설립총회를 열어 임시 의장을 선출하고 규약 제정이나 임원 선출에 관한 안건을 결의합니다. 이와 함께 참여 근로자들에게 노동조합 가입원서를 배포해 조합원 가입을 독려하고 선출된 임원들이 구비서류를 갖춰 설립신고서를 제출하는 과정을 거칩니다.

노동조합 활동은 「노동조합 및 노동관계 조정법」(노동조합법)으로 보호하고 있습니다. 노동조합법은 '설립신고제'를 채택하고 있기 때문에 노동조합을 만들 때는 설립신고서와 조합규약을 첨부해 고용노동부 장관이나 시·도지사에게 제출해야 합니다. 행정관청이 설립신고서를 접수하고 결격 사유가 없는지 검토한 후 신고증을 교부하면 신고서를 접수한 때부터 '적법한 노동조합'이 됩니다.

노동조합법의 각종 보호는 원칙적으로 설립신고증을 교부받은 적법한 노동조합을 대상으로 합니다. 노동조합을 구성하기는 했지만 설립신고를 하지 않은 상태에서는 법의 보호를 제대로 받을 수 없는 경우가 많습니다. 이 때문에 설립신고증 반려를 놓고 행정관청과 노동조합 사이에 갈등이 생기기도 합니다. 설립신고증을 교부하는 기준 중 판단이 애매한 경우가 있기 때문입니다. 특히 다음에 설명할 '사용자 또는 항상 그의 이익을 대표하여 행동하는 자의 참가를 허용하는 경우'라는 기준이 그렇습니다.

저는 노동조합에 가입할 수 없나요?

노동조합 역시 '근로자'여야 가입할 수 있습니다. 노동조합법에 규정된 '근로자'는 근로기준법에서 정하는 근로자와 범위가 다릅니다. 근로기준법은 현실적으로 고용되어 근로를 제공하는 사람들을 보호하기 위한 것이지만 노동조합법은 노동조합을 결성할 권리가 있는 사람들을 보호하기 위한 것이기 때문에 실업자도 노동조합법상 근로자가 될 수 있습니다.

하지만 같은 근로자라고 하더라도 '사용자'(사업주, 경영담당자, 근로자에 관한 사항에 대하여 사업주를 위하여 행동하는 자) 개념에 해당하거나 항상 사용자의 이익을 대표하여 행동하는 자의 참가를 허용할 수 없습니다. 노동조합은 사용자와 기본적으로 대립해야 하는 입장이기 때문에 사용자나 '측근'을 조합원으로 한다면 자주성이 침해(이른바 어용조직화)될 수 있습니다.

여기서 사용자의 이익 대표자가 과연 어떤 개념이고 어디까지 인정할 것인가의 문제가 논란거리입니다. 판례는 형식적인 직급이나 직책이 아니라 실제 기업의 운영 실태에 따라 판단해야 한다고 하지만 실제로는 단체협약이나 규약에 이익 대표자의 범위를 명시해놓고 운영하는 경우가 많습니다. 보통 차·부장급 이상, 팀장 등 직급이나 직책을 기준으로 정하는 경우가 대부분입니다. 그러나 규약상 조합원 가입 범위에 포함되어 있더라도 노동조합법상 가입 대상이 아니라면 설립 과정에서는 설립신고가 반려될 수 있고 규약에 대해 시정명령이 내려질 수도 있습니다.

03 │ 노동조합을 만들거나 노동조합 활동을 하면 불이익이 있나요?

노동조합을 결성하거나 노동조합 활동은 법이 보장한 근로자의 '권리'이며 헌법상의 기본권입니다. 당연히 이를 이유로 불이익을 주면 안 됩니다. 그러나 현실에서는 사용자가 불이익을 줄 우려가 있고 실제로 그런 일이 발생합니다. 이렇게 노동조합 활동과 관련해 불이익을 주는 행위를 '부당노동행위'라고 합니다.

불이익의 종류는 다양합니다. 해고, 퇴직 강요, 전보, 대기발령 등 신분적인 불이익이 있고 차별적 승급, 강등, 각종 수당의 차별적 지급 등을 통한 경제적 불이익도 있습니다. 이 밖에도 다양한 형태의 정신적 불이익이나 노동조합 활동에 대한 방해가 있을 수 있습니다.

사용자가 노동조합 활동을 이유로 불이익을 주면 처벌받기 때문에 이런 불이익 취급이 '다른 이유' 때문이라고 주장할 때가 많습니다. 이런 경우 노동조합 활동과 다른 이유 중 어떤 것이 불이익한 취급의 원인인지가 문제입니다. 두 가지 원인이 다 있는 상황이라면 '정당한 노동조합 활동 사실이 없더라면 불이익 취급이 없을 것으로 판단할 수 있는 경우' 부당노동행위가 성립됩니다.

이러한 '불이익 취급'뿐 아니라 노동조합에 가입하지 않거나 탈퇴를 고용조건으로, 혹은 특정한 노동조합의 조합원이 될 것을 고용조건으로 하는 '비열한' 근로계약 yellow-doc contract 을 체결한 경우, 정당한 이유 없이 단체교섭을 거부하거나 해태*하는 경우, 근로자가 노동조합을 조직 또는 운영하는 것을 지배하거나 이에 개입하는 행위와 근로시간 면제한도를 초과하여 급여를 지급하거나 노동조합의 운영비를 원조하는 행위 등도 부당노동행위입니다.

사용자가 부당노동행위를 하면 노동위원회에 권리를 침해받은 근로자나 노동조합이 구제신청을 제기할 수 있습니다. 노동위원회에서 부당노동행위로 판정하면 구제명령을 내리는데 구제명령의 내용은 신청 취지에 따라 다릅니다.

04 | 노동조합이 하는 일은 무엇인가요?

노동조합이 하는 일은 다양하지만 기본적이고 공통적인 것은 노동 3권인 단결권, 단체교섭권, 단체행동권을 행사하는 일입니다. 노동조합을 결성하거나 더 많은 조합원을 가입하도록 홍보할 수 있고, 조합원 간 단합을 강화하고 정보를 공유할 수 있습니다. 더 나은 근

---

* 어떤 법률 행위를 할 기일을 이유 없이 넘겨 책임을 다하지 아니하는 일

로조건과 지위 향상을 위해 사용자와 교섭을 행하고 단체협약을 체결해 사용자에게 약속한 것을 지키도록 할 수 있습니다. 교섭이 결렬되면 파업과 같은 단체행동권을 행사해 사용자를 압박할 수도 있습니다. 결국 이 모든 일은 조합원의 근로조건과 노동조합의 권리를 담은 "단체협약"을 체결하기 위한 것이라고 볼 수 있습니다.

노동조합은 기본적으로 조합원의 권리와 이익을 추구하는 이익단체이긴 하지만 수익사업이나 사회공헌활동, 기타 정치활동 등을 할 수도 있습니다.

노동조합이 여러 활동을 할 수 있지만 '정당한' 활동이어야 법의 보호를 받습니다. 정당한 쟁의행위(파업, 태업 등) 중에는 민형사상 책임이 면제되고 현행범 외에는 노동조합법 위반을 이유로 구속되지 않습니다. 정당한 쟁의행위에 참여한 것을 이유로 해고와 같은 불이익을 줄 수 없고, 파업으로 중단된 업무를 대체근로자나 하도급·파견근로자를 통해 수행하지 못하도록 하고 있습니다.

하지만 정당성이 없는 활동에 대해서는 법이 보호해주지 않기 때문에 사용자가 이를 이유로 징계하거나 민형사상의 조치를 취할 수 있게 됩니다. 예를 들어 불법 파업을 하면서 사업장을 점거해 농성을 벌인다면 사업주가 징계 처분과 함께 손해배상을 청구하거나 업무방해죄, 손괴죄 등으로 형사고발을 해도 노동조합법상의 보호를 받을 수 없게 됩니다.

이 때문에 이런 노동조합 활동의 '정당성' 문제가 중요한 논란거리입니다. 목적이 정당해야 하고 절차나 방법도 정당해야 합니다. 목적은 노동조합 본연의 목적인 '근로조건의 유지, 개선, 단결 강화' 여야 하고 그 방법이 사용자가 갖고 있는 노무지휘권이나 시설관리 권을 침해해서도 안 됩니다. 업무시간 중이나 기업 시설 내에서는 원칙적으로 노동조합 활동을 할 수 없고, 시설 점거나 폭력 등을 동반한 행위를 할 수 없습니다. 원칙은 이렇지만 실제 노사관계가 극도로 나빠졌을 때는 노동조합 입장에서도 생존의 문제가 걸려 있다고 생각하기 때문에 정당성이 문제가 되는 행동을 하게 되는 사례가 많습니다.

05 | 회사에 노동조합이 있는데, 가입하지 않으면 불이익이 있나요?

근로자는 기본적으로 노동조합 가입과 탈퇴의 자유가 있습니다. 그러므로 특정 노동조합에 가입하거나 탈퇴한다는 이유로 사용자가 불이익 취급을 하면 부당노동행위가 될 수 있습니다.

회사에 이미 있는 노동조합에 가입한다면 어떤 직접적인 이익과 불이익이 발생할지는 노동조합의 규모나 단체협약의 수준으로 따져볼 수 있습니다. 노동조합이 어느 정도 규모가 있어 영향력을 행사할 수 있거나 단체협약의 수준이 일반 근로조건보다 높은 경우 비조합원에게는 그러한 조건이 적용되지 않기 때문에 가입하는 편이 유리합니다.

하지만 회사의 동종 근로자 과반수가 하나의 단체협약의 적용을 받게 되면 비조합원인 다른 동종 근로자에게도 단체협약 중 근로조건에 관한 사항이 확장 적용됩니다. 이때 '동종'의 범위를 비교적 넓게 해석하기 때문에 일반적으로 한 회사 소속 근로자로 보기도 합니다. 보통 한 회사에 노동조합 가입이 가능한 직원의 과반수로 조직된 노동조합이 있는 상황이라면 노동조합에 가입하지 않아도 노동조합과 체결한 단체협약의 이익을 적용받을 수 있습니다. 그러나 이런 생각으로 노동조합에 가입하지 않고 이익만 향유하려고 하는 사람이 늘어난다면 노동조합의 교섭력이 점점 줄어들어 근로조건 개선 역시 어려워질 것입니다.

'유니온숍 협정'이라는 것이 있습니다. 노동조합과 사용자가 노동조합에 가입하는 것을 고용조건으로 하도록, 바꿔 말해 노동조합에 가입하지 않으면 해고할 수 있도록 하는 협정을 말합니다. 유니온숍은 노동조합 강제 가입 제도로 노동조합의 단결을 강화하는 수단이 될 수 있지만 근로자의 '단결하지 않을 자유'를 침해할 수도 있습니다. 노동조합법에서는 이를 감안해 노동조합이 회사 근로자의 3분의 2 이상으로 구성된 경우에 한해 유니온숍 협정을 체결하도록 허용하고 있습니다.

유니온숍 협정이 체결된 상태에서 신규 채용되었다면 그 노동조합 가입이 강제됩니다. 만약 노동조합 가입을 거부하거나 임의로 탈퇴하면 단체협약에 따라 노동조합이 요구할 때 사용자는 해당 근로자를 해고해야 할 의무가 생깁니다. 그렇지만 노동조합에서 제명당하거나 다른 노동조합의 조직 또는 가입하기 위해 탈퇴한다면 노동조합의 해고권 행사를 방지하고 복수노조 제도를 보호하기 위해 사용자가 신분상의 불이익을 줄 수 없도록 규정하고 있습니다.

06 | 회사의 노동조합 경비 지원이 불법인가요?

사용자와 노동조합은 기본적으로 대립하는 관계입니다. 이른바 '어용노조'라고 불리는 사용자와 매우 '친한' 노동조합이 있다면 노동조합이 자주성과 민주성을 잃고 근로자의 입장을 대변하는 역할을 제대로 수행하지 못할 수 있습니다. 예전에 복수 노동조합이 금지되었을 때에는 다른 노동조합의 설립을 막기 위해 사용자가 주도해서 모양만 노동조합인 '친사용자 노동조합'을 만들어놓기도 했습니다.

어찌 되었건 사용자는 노동조합을 그냥 놔두기가 불안할 수 있습니다. 사용자가 노동조합을 잘 관리하고 협조적인 방향으로 이끌면 노사관계를 안정화하는 길이라고 생각해서 노동조합의 활동에 관심을 두고 주목합니다. 그런데 이런 관심이 도를 지나쳐서 노동조합의 운영에 간섭하거나 의사 결정에 영향을 미치는 정도로 이어질 수 있습니다. 이렇게 사용자가 노동조합의 조직과 운영에 주도권을 가지거나 간섭하여 의사 결정에 영향을 주는 행위를 '지배·개입'이라고 합니다. 사용자의 이러한 지배·개입 행위는 '부당노동행위'로 금지됩니다.

현행 노동조합에서는 지배·개입을 금지하는 조항에 "근로시간 면제한도를 초과하여 급여를 지급하거나 노동조합의 운영비를 원조하는 행위"를 금지하는 내용을 추가로 덧붙이고 있습니다. 전임자 급여 지원이나 운영비 원조 행위는 노동조합에 대한 경제적 지원에 해당합니다. 근로를 제공하지 않고 노조 업무만 전담하는 전임자 급여나 운영비는 조합 활동에 필요한 돈이니 노동조합이 스스로 조달해야 하는 것이 원칙입니다. 더군다나 사용자로부터 과도한 지원을 받는다면 사용자를 상대로 이해관계가 대립하는 사항을 요구하기 어렵고, 사용자의 의도에 노동조합이 끌려갈 우려가 있습니다. 이 때문에 이런 경비 원조 행위를 지배·개입의 예로서 법문에 명시해 금지한 것입니다.

과거에는 운영비 원조 자체를 목적과 과정을 따지지 않고 모두 불법으로 규정했지만, 2018년 헌법재판소의 헌법불합치 결정*으로 법이 개정되면서 노동조합의 자주성을 침해하지 않는 범위에서의 운영비 원조가 가능하도록 했습니다.

---

* 운영비 원조 금지조항은 노동조합의 자주성을 저해하는 운영비 원조 행위만을 규제해도 입법 목적을 달성할 수 있는데도 운영비 원조 행위를 일률적으로 부당노동행위로 간주해 금지하는 것은 헌법의 과잉금지원칙을 위반하고 노조의 단체교섭권을 침해한다는 이유입니다.

이에 따라 근로시간면제자가 근로시간 중에 근로시간 면제 한도를 초과하지 않는 범위에서 임금의 손실 없이 노동조합 활동을 하는 것을 사용자가 허용하는 것, 근로자의 후생자금 또는 경제상의 불행, 그 밖에 재해의 방지와 구제 등을 위한 기금을 기부하는 것, 최소한의 규모의 노동조합사무소 제공 및 그 밖에 이에 준하여 노동조합의 자주적인 운영 또는 활동을 침해할 위험이 없는 범위에서 운영비를 지원하는 것은 부당노동행위에 해당하지 않습니다.

07 | 준법투쟁이 왜 불법인가요?

'준법투쟁'이라는 말을 신문이나 방송에서 들어본 적이 있을 것입니다. 주로 철도노조에서 많이 활용하는데, 안전기준이나 작업수칙을 철저히 지키는 방식으로 열차 운행을 지연시켜 사용자를 압박하기 위한 수단입니다.

노동조합은 사용자에게 노동조합의 주장을 관철하기 위한 수단으로 '파업권'을 가지고 있습니다. 그러나 전면파업을 하게 되면 파업 기간에 급여를 받을 수 없기 때문에 파업에 참가한 조합원에게도 불가피한 피해가 발생합니다. 특히 철도, 수도, 전기, 가스, 석유 등 에너지 관련 사업, 의료, 은행, 방송, 통신 등과 같이 국민의 일상생활이나 국민경제에 미치는 영향이 큰 사업은 파업할 수는 있지만 여러 제약이 뒤따라 파업권을 활용하기가 쉽지 않습니다.

이 때문에 파업이 아닌 다른 방식으로 조합원의 피해를 최소화하면서도 사용자에게 타격을 줄 수 있는 수단으로 많이 활용되는 방법이 소위 '준법투쟁'입니다. 준법투쟁은 겉으로는 파업이나 태업과 같은 '쟁의행위'의 모습이 아닙니다. 시간 외 근로 거부나 연차휴가 사용 등 근로자에게 법이 보장한 정당한 권리를 집단적으로 행사하거나 작업수칙을 철저히 지키는 것입니다.

이런 집단행동으로 근로제공의 양이나 질이 평소 수준에 미치지 못하는 사실상 '노무 정지' 현상이 나타나기 때문에 파업이나 태업을 하지 않고도 사업 운영에 큰 지장을 초래할 수 있습니다. 또한 단체교섭이 결렬돼야 쟁의행위를 할 수 있는데, 준법투쟁은 겉으로는 파업이나 태업과 같은 쟁의행위가 아니기 때문에 단체교섭이 진행되는 과정에서 사용자를 압박하는 방법으로 활용하기도 합니다. 이 때문에 준법투쟁으로 생긴 피해를 본 사용자가 이것이 '불법'이라고 주장하면서 불법쟁의에 대한 다양한 제재 조치를 취해 노동조합의 준법투쟁을 막으려 합니다.

그렇다면 과연 준법투쟁이 불법일까요? 어떤 기준으로 불법인지를 판단할 수 있을까요? 준법투쟁이 불법인지 아닌지는 일단 준법투쟁이 '쟁의행위'에 해당하는지에 따라 달라집니다. 쟁의행위는 파업, 태업 등 주장을 관철할 목적으로 '업무의 정상적인 운영을 저해하는 행위'입니다.

법에서는 쟁의행위가 노동조합의 교섭권을 확보하기 위해 필요하지만 부정적인 효과가 크기 때문에 '정당한' 쟁의행위만을 보호하면서 까다로운 정당성 요건을 정해놓고 있습니다. 쟁의행위는 단체교섭이 결렬된 이후 일정한 조정을 거친 후에 조합원 찬반투표 절차를 거쳐 정당한 방법으로 진행해야만 보호를 받습니다. 정당하지 않은 쟁의행위를 보통 '불법쟁의', '불법파업'이라고 합니다. 불법쟁의행위에 해당할 경우 쟁의행위를 주도한 노동조합 간부나 참가한 조합원은 징계뿐 아니라 민형사상 제재를 받을 수 있습니다.

준법투쟁이 쟁의행위에 해당하고 조합 찬반투표나 조정 절차 등 법에서 정한 절차를 거치지 않는다면 불법쟁의가 될 수 있습니다. 노동조합은 쟁의행위가 아닌 방식으로 준법투쟁을 활용하기 때문에 쟁의행위를 하기 위해 필요한 절차를 거치지 않는 경우가 많습니다. 준법투쟁을 사용자에 대한 압박수단으로 활용한다면 준법투쟁이 사용자의 사업 운영에 지장을 주는 효과가 있기 때문입니다. 이런 이유로 준법투쟁의 불법 여부를 놓고 많은 법적 분쟁이 발생해왔습니다.

시간 외 근로를 거부하는 것이나 연차휴가를 사용하는 것은 법이 정한 근로자의 권리입니다. 그러나 시간 외 근로가 관행화되어 '정상적인 상태'로 인식된 상황에서 이를 거부한다면 쟁의행위에 해당할 수 있습니다. 연차휴가를 집단적으로 한꺼번에 사용하면서 사용자의 시기 변경권에 불응하는 경우 역시 쟁의행위에 해당합니다. 노동조합 지시에 의해 조합원 집단이 안전기준이나 작업 절차를 철저히 준수함으로써 통상 이뤄진 정상적인 업무를 결과적으로 저해할 때에도 쟁의행위에 해당할 수 있습니다.

08 | 교섭창구 단일화 제도가 왜 문제가 되나요?

교섭창구 단일화는 '복수노동조합 허용'과 짝을 이루는 제도입니다. 우리나라에서 복수 노동조합을 허용하기 시작한 것은 불과 10여 년 전인 2011년입니다. 노동조합법 제5조에 "근로자는 자유로이 노동조합을 조직하거나 가입할 수 있다"고 규정되어 있었지만 그 전에는 한 사업장에 하나의 노동조합만 인정했다는 뜻입니다. '당연한' 복수 노조 허용을 오랜 기간 유보해온 것은 어찌 보면 노사 모두가 원했기 때문입니다. 우리나라의 노사관계가 선진국처럼 복수 노동조합을 자연스럽게 인식하고 원활한 교섭을 진행할 수 있을 정도로 성숙한 인식과 충분한 경험을 갖추지 못한 배경도 있었습니다.

　노동조합법은 복수 노조 허용과 함께 혼란을 최소화하기 위해 교섭창구를 단일화하는 방법을 법에 상세히 정하고, 교섭대표노조에 공정대표의무를 부여하거나 사업장 내 현격한 근로조건의 차이가 발생하는 것을 막기 위해 노동위원회 결정에 따라 교섭 단위를 분리할 수 있도록 하는 보완 규정을 두고 있습니다.

교섭창구 단일화는 노동조합이 2개 이상인 사업장이 여러 노동조합 중 교섭대표노조를 정해 단체교섭을 하도록 하고, 노동조합이 자율적으로 교섭대표노조를 정하지 못하면 전체 조합원 중 과반수가 가입한 노조가 교섭대표노조로서 교섭대표권을 행사하는 제도입니다.

그런데 복수노조 허용 10주년을 맞아 노동계를 중심으로 교섭창구 단일화 제도의 폐기를 주장하는 목소리가 계속 나오고 있습니다. 교섭대표결정 과정에서 노노갈등이 불거지고 소수 노조의 교섭권이 박탈당하며 개별교섭을 할 수 있지만 그것도 사용자 선택에 좌우되고 교섭창구 단일화 제도를 악용한 사용자의 부당노동행위 가능성도 더 커진다는 이유입니다.

교섭권이 본래 노동조합이 가진 권리라는 관점에서는 개별교섭의 권리도 노동조합이 행사하는 편이 자연스럽습니다. 교섭 방식도 국가가 개입하지 않고 노사가 자율적으로 결정하는 게 국제노동기구ILO 기준에도 부합합니다. 복수 노조를 허용한 지 10년이 지났으니 교섭 경제를 이유로 교섭 창구 단일화 제도를 유지할 명분도 부족합니다. 노동계는 교섭창구 단일화 제도의 폐단을 법령의 수정을 통해 보완하기 어려운 '악법'이라며 교섭 창구 단일화 제도 자체를 폐기해야 한다고 주장하기도 합니다.

그러나 이론상으로 2명만으로도 새로운 노동조합을 만들 수 있는 상황에서 사용자에게 개별교섭을 요구한 모든 노동조합과 성실하게 교섭할 의무를 지우는 것이 충분히 가능할 만큼 노사관계 환경이 성숙했는지는 의문입니다.

여전히 노동조합 조직률이 낮은 현실에서, 노동조합의 양극화와 양대 노총의 행보는 노동조합에 가입하지 않은 대다수 근로자에게 '그들만의 리그'로 비춰지곤 합니다. 노동조합의 설립을 '자연스러운 것'으로 인식하지 않는 경영자가 여전히 많고 노동조합에 대한 부정적 선입견 때문에 노동조합이 새로 생기면 알맹이 없는 기 싸움으로 시간과 비용을 허비하기도 합니다. 이런 현실에서 자율교섭을 대폭 확대하는 것은 노동조합의 단결과 교섭력 결집, 그리고 이를 통한 근로조건 개선의 결과를 오히려 지연할 우려가 있습니다.

교섭창구 단일화 제도는 노동조합의 헌법상 교섭권을 제한하는 제도이기 때문에 무한정 유지할 수 없을 것입니다. 최근 노동조합법은 ILO의 핵심협약인 「결사의 자유에 관한 협약」의 비준을 추진하면서 해당 협약에 부합하는 내용으로 법률을 정비하고자 일부 개정*된 바 있습니다. 주로 근로자의 단결권 보장 범위를 확대하는 내용이지만 이러한 개정 흐름에 부합하는 방향에서 교섭창구 단일화 제도의 문제점에 대한 충분한 논의를 통해 자율교섭 확대와 관련된 현실적인 보완 방안을 마련하고, 노동조합의 순기능과 성숙한 노사관계 문화에 대한 지속적인 사회적 공감대 형성을 통해 갈등과 악영향을 최소화하면서 제도 변경을 추진해야 할 것입니다.

* 해고된 근로자도 기업별 노동조합에 가입할 수 있도록 허용하고 노동조합 전임자에 대한 급여 지급 금지 규정을 삭제(그러나 근로시간면제제도의 기본 틀은 유지)하는 내용입니다.

09
근로시간 면제한도가 늘어나는 게 좋은 건가요?

노동조합은 자주성을 확보하기 위해 조합비를 통해 자체적으로 자금을 조달하면서 운영을 위한 재정적인 독자성을 확보할 필요가 있습니다. 따라서 회사 업무를 보지 않고 노동조합 업무만 전담하는 노동조합 전임자의 급여는 노동조합이 자체적으로 지급하는 것이 원칙입니다. 이에 따라 기존 노동조합법에서 노동조합 전임자에 대한 급여 지급을 금지하는 규정을 두었던 것입니다.

하지만 노동조합의 재정적 자립성이 부족한 상황에서 전임자의 급여 부담까지 지기는 어렵지만 전임자 없이 원활한 노동조합 활동을 하기도 어렵기 때문에 사용자가 전임자의 급여를 지급하던 관행이 있었고, 전임자 임금 지급은 사용자의 지배·개입 의도의 결과보다 노동조합이 투쟁을 통해 쟁취한 결과인 경우가 더 많았습니다.

이런 현실을 고려해 도입한 것이 노동조합법상 근로시간 면제한도입니다. 근로시간 면제를 허용하되 전임자에 대한 급여 지급은 자주성 침해 우려가 있기 때문에 그 면제시간의 한도를 정해 제한하는 내용입니다.

근로시간 면제제도(타임오프제)는 노사 간 단체협약으로 근무시간 중 교섭, 협의 등의 일정한 업무가 허용되는 대상자 수와 시간 한도를 정하도록 하는 제도입니다. 노동조합 전임자가 풀타임 또는 파트타임으로 노동조합 업무를 하더라도 근로시간이 면제되므로 그 시간을 유급으로 지급받을 수 있도록 하는 것입니다. 하지만 무한정 근로시간 면제를 허용할 경우 사용자의 전임자 급여 지원으로 노동조합의 자주성을 침해할 수 있습니다. 따라서 근로시간면제심의위원회라는 기구에서 조합원 인원 규모에 따라 유급 처리가 가능한 근로시간 면제 범위와 인원수를 정하여 고시하고 있으며, 노사는 그 범위 안에서 단체협약으로 전임자 수와 유급 시간을 정해야 합니다. 이 한도를 초과해 급여를 지급한다면 사용자의 부당노동행위가 성립합니다.

이런 관점에서는 근로시간 면제한도가 늘어나는 것이 '노동조합'에 반드시 좋은 것은 아니라고 할 수 있습니다. 면제한도를 늘리거나 노사 자율에 맡긴다면 사용자가 노동조합의 자주성을 침해할 우려가 커지기 때문입니다. 선진국은 노조 전임자에 대한 사용자의 급여 지급을 금지하거나 단체협약 체결 등 최소 수준 내에서만 인정하고 있습니다. 물론 노동조합의 높은 재정자립도로 전임자 급여를 충당할 수 있는 배경이 있기에 자연스럽게 정착되었다고 볼 수 있습니다.

그러나 우리나라에서 노동계는 여전히 근로시간 면제한도를 더 늘리거나 아예 한도를 폐지하고 노사 자율에 맡길 것을 주장합니다. 이론과 달리 노동조합은 근로시간 면제한도가 늘어날수록 좋은 것이라고 인식하고 있습니다. 반면 경영계는 대부분 면제한도까지 채워서 합의하는 상황에서 제도 도입 취지와 달리 근로시간 면제제도가 방만하게 운영되고 있기 때문에 한도를 축소해야 한다고 주장합니다. 경비 지원을 통해 노동조합의 자주성을 침해할 수 있는 잠재적 주체가 오히려 근로시간 면제한도를 축소해야 한다고 주장하는 것입니다. 우리나라의 노사관계 현실에서 근로시간 면제제도는 '자주성 침해'의 수단이라고 하기보다 노동조합이 크고 셀수록 더 많이 향유하는 '권리'로 존재한다고 볼 수 있습니다.

10 │ 단체협약과 취업규칙의 내용이 다르면 무엇이 우선하나요?

근로자의 근로조건은 근로계약, 취업규칙, 단체협약, 법령 등으로 정해지는데, 이 중 근로자에게 가장 유리한 것이 먼저 적용됩니다. 노동조합이 없는 회사라면 단체협약을 따로 두지 않겠지만 노동조합이 있다면 단체협약에 있는 근로조건이 어떻게 돼 있는지가 매우 중요합니다. 따라서 조합원이 아니라도 향후 노동조합 가입을 고려하거나 과반수 노동조합이 있는 회사라면 비조합원이라도 회사와 노동조합이 체결한 단체협약의 내용을 상세히 읽어볼 필요가 있습니다.

단체협약은 일반적으로 취업규칙보다 유리하기도 하지만 순서상 '상위'에 있습니다. 따라서 취업규칙에서 정한 규정이 단체협약이 정한 기준에 반하면 무효가 될 수 있습니다. 즉 단체협약이 취업규칙보다 불리하더라도 단체협약이 먼저 적용되는 경우가 있습니다. 특정 취업규칙의 조건에도 불구하고 단체협약이 우선 적용되도록 노사 간 구체적인 합의가 있거나 이러한 합의의 효력을 인정해야할 필요가 있을 때 그렇습니다. 취업규칙과 단체협약이 동일한 조건을 정하고 있는 상태에서 노사합의로 단체협약을 개정한다면 그 합의 취지는 취업규칙의 조건을 배제하고 '개정된' 단체협약의 조건을 적용하고자 한다고 해석할 수 있습니다.

취업규칙의 조건이 현재 상황에 맞지 않거나 회사의 경영 사정이 어려워졌을 때 노동조합이 고통 분담에 동참하고자 더 낮아진 조건에 합의하는 경우도 자주 발생합니다. 집단적 노사관계에서는 어려운 교섭 과정을 거쳐 이뤄낸 결과이기 때문에 당사자 간 '합의'를 매우 중요하게 봅니다.

내 입장을 내세우는 방식이나 무작정 상대방의 이해와 양보를 구하는 방식보다 객관적인 각자의 '이해관계'를 놓고 교섭할 때 효과적인 대안이 도출될 수 있다고 보기도 합니다. 노사갈등의 폐해 때문에 '협력적 노사관계'를 강조하기는 하지만 이것을 단지 노동조합이 생기지 않도록 하는 방법으로 활용하는 시각을 유지한다면 발전을 기대하기 어렵습니다. '진짜 협력'은 어느 쪽의 양보나 희생이 아니라 서로의 요구 수준을 확인하고 조정하는 가운데 만족할 수 있는 조건 속에서 대안을 찾는 성숙한 방법을 알아갈 때 이룰 수 있다고 생각합니다.

근로자대표

노동조합이 없을 땐 근로자대표의 역할이 중요하다고요?

하소연 씨는 대기업을 다니다 경영난으로 권고사직을 당한 후 중소기업으로 이직해 근무하고 있다. 이전 회사에는 노동조합이 있어 고충이 있을 때면 노동조합 사무실을 찾아가 상담할 수 있었고, 정리해고 바람이 불 때 노동조합의 도움을 받아 적절한 조건으로 명예퇴직할 수 있었다. 그런데 이직한 회사는 복리후생제도가 거의 없고 근무여건이 대기업보다 열악했다. 또한 노동조합이 없고, 불만이 많은 직원들조차 노동조합에 대해서는 관심이 없는 듯 보였다.

하소연 씨가 이직해 근무한 지 1년이 채 되지도 않은 어느 날, 조직개편으로 하소연 씨가 근무하는 부서가 없어지면서 소속 직원들이 정리해고될 수 있다는 소문이 돌았다. 이미 한 차례 대대적인 구조조정을 겪은 바 있는 하소연 씨는 이런 상황에서 직원들의 이익을 대변할 노동조합이 없는 것이 답답하게만 느껴졌다. 얼마 후 우려하던 일들이 벌어지기 시작했다. 부서 직원들이 하나둘 면담을 하더니 사직서를 내고 회사를 떠났고, 하소연 씨 역시 사직을 권고받았다. 그러나 하소연 씨는 입사한 지 얼마 되지 않아 명예퇴직금이 지급되지 않는다고 한다.

고민을 거듭하던 하소연 씨는 결국 사직을 거부했다. 예전 회사의 구조조정 때 사직서를 내지 않고 버티는 직원의 경우 다른 부서로 전보되던 일이 떠올라 다른 부서에서라도 일을 계속하는 편이 나을 것이라는 판단에서였다. 그런데 얼마 후 회사로부터 한 달 후에 해고될 것이라는 '해고예고통보서'를 받게 되었다.

하소연 씨는 이렇게 일방적으로 해고되는 것은 아무래도 부당하다는 생각이 들지만 어디에 하소연해야 할지 모르는 상황에서 일단 인사팀을 찾아가 상황을 물었다. 인사팀에서는 "근로자대표와 합의하에 정리해고에 필요한 모든 법적 절차를 거쳐 구조조정을 진행하고 있고, 지금이라도 사직서를 내지 않을 경우 절차에 따라 해고될 것"이라고 답변했다. 하소연 씨는 노동조합도 없는 회사인데 도대체 근로자대표가 누구냐며 따졌고 인사팀 담당자는 "노사협의회에 근로자위원들이 있고 그 중 한 명이 근로자대표"라고 했다. 그러나 회사의 근로자대표는 경영지원부서의 팀장으로 만일 노동조합이 있다면 가입 자격조차 없는 사람이었다.
하소연 씨는 의문이 들었다. 노동조합이 있다면 가입할 자격조차 없는 관리자인 경영지원부서 팀장이 근로자대표가 될 수 있는 것일까? 얼굴도 모르는 근로자대표 개인이 직원들의 정리해고를 좌지우지할 정도의 권한을 행사할 수 있는 것일까?

2020년 말 기준 우리나라 노동조합 조직률은 14.2퍼센트로 복수 노조 허용 이후 10년 이상 10퍼센트대에 정체되어 있다가 최근 상승세를 보이고 있으나, 세계 기준에 비추어 여전히 낮은 수준에 있습니다. 공무원 부문의 노조 조직률은 88.5퍼센트인 데 비해 민간 부문은 11.3퍼센트에 불과하고, 사업장 규모가 작아질수록 노조 조직률이 급격히 떨어지는 현상이 뚜렷합니다.

일부 고임금 근로자의 강성 노조활동을 두고 귀족노조라는 비판이 제기되는 반면 근로조건이 열악한 중소기업에는 오히려 노동조합이 없는 경우가 많아 노동조합 활동조차 양극화하고 있다는 우려가 있습니다. 중소기업은 근로자 개인에 대한 사업주의 영향력이 대기업에 비해 보다 직접적이고, 인적 구성의 이질성이 커 노동조합 결성이 어려운 환경입니다. 무엇보다 중소기업은 대기업보다 근로조건 개선을 위한 경영적 여력이 부족한 경우가 많습니다. 노동조합을 통한 근로조건의 개선에 관한 기대 가능성이 낮다는 점도 노동조합이 만들어지지 않는 중요한 원인이 되고 있습니다. 근로자 개인의 입장에서는 노동조합에 가입하고 싶어도 가입할 기회가 없어 못하는 경우가 대부분입니다.

노동조합은 일종의 이익 단체로서 사업주와 대등한 위치에서 근로자의 집단적인 이익을 대변하기 위해 법적인 권리로 인정하고 있습니다. 그러나 노동조합이 없는 사업장의 경우에도 일정한 근로자 집단의 이익 대표가 필요할 때가 있기 때문에 근로기준법에서는 '근로자대표'제도라는 것을 규정하고 있습니다.

근로자대표는 '근로자의 과반수를 대표하는 자'를 가리키며, 사업장 근로자의 과반수로 구성된 노동조합이 있다면 그 노동조합이 '근로자대표'가 됩니다. 만약 과반수 노조가 없다면 '근로자 과반수를 대표하는 자'가 '근로자대표'이며, 이 근로자대표는 노동조합이 아니어도 과반수 노조와 대등한 법적 지위를 갖게 됩니다.

근로자대표는 하소연 씨의 사례처럼 경영해고가 이루어질 때 사용자와 협의하는 주체가 되며, 이 밖에도 근로기준법을 비롯한 각 노동관계법에서 서면 합의, 노사협의, 의견청취의 주체로서 집단적인 근로조건 설정에 중요하게 관여하고 있습니다. 우선 근로자대표는 탄력적 근로시간제*, 외근직이나 재량근로에 대한 간주근로시간제**와 같은 유연한 근로시간 제도의 설정이나 연장근로 및 휴게시간에 대한 특례***, 연차유급휴가의 대체**** 등 근로시간, 휴게, 휴

---

* 2주 단위 또는 3개월 이내, 3개월 초과~6개월 이내 단위로 특정 주 근로시간을 주 40시간 이상으로 운영하되, 단위 기간 중의 총 평균 근로시간을 1주 40시간으로 하는 제도로, 탄력적 근로시간제도를 적용할 경우 주 40시간을 초과하는 근로에 대해 연장근로수당이 지급되지 않습니다.

** 사업장 외부에서 일부 또는 전부를 근로하여 근로시간을 확정하기 어려운 경우, 연구개발, 전산시스템 설계분석, 기사·취재·편성·편집, 디자인, 방송·영화 등의 제작 프로듀서, 감독 등 재량적 업무를 수행하는 경우, 근로자대표와 서면 합의를 통해 정한 시간을 근로한 것으로 간주하는 제도로, 실제 몇 시간을 근무하는지와 상관없이 서면 합의에서 정한 시간만을 법적인 근로시간으로 간주합니다.

*** 육상·파이프라인·수상·항공 운송업, 기타 운송 관련 서비스업, 보건업 등 근로기준법에서 정한 특례 적용 사업의 종류에 해당할 경우 근로자대표와 서면 합의를 조건으로 주 12시간의 연장근로 제한 규정을 제외하도록 할 수 있으며, 근로시간 4시간당 30분 이상을 부여해야 하는 휴게시간의 변경도 가능합니다.

가 등에 관해 법규 적용의 배제 또는 집단적인 변경 적용이 가능한 제도를 도입할 때 사용자와 합의하는 주체가 됩니다. 기타 산업안전보건법상 안전보건관리 규정의 작성·변경에서 동의권을 행사하거나 신체검사, 작업환경의 측정, 건강진단 시 입회할 법적 권한 등을 보유합니다.

이와 같이 근로자대표는 과반수 노조와 거의 대등한 대표권을 행사할 정도로 근로자의 집단 이익을 대표하는 중요한 법적 지위가 있습니다. 그렇지만 현재 관계법령상 근로자대표의 요건이나 대표하는 근로자의 범위, 선출 방식, 대표권의 행사방법 등에 대해 어떠한 규정도 없다는 점이 문제로 지적되고 있습니다.

이 때문에 회사에서 투표와 같은 방법에 의한 근로자대표의 선출 과정 없이 협조적인 특정인을 근로자대표로 내세워 서면 합의를 체결함으로써 법적 규제를 피하는 수단으로 활용하는 사례가 종종 발생합니다. 그러나 법률상 근로자대표는 '근로자의 과반수를 대표'하는 자로 규정되어 있기 때문에 사용자가 임의로 지정한 자는 이러한 '대표성'을 인정받을 근거가 없어 근로자대표로서 법적 지위를 가질 수 없습니다.

고용노동부는 혼선을 예방하기 위해 근로자대표 운영 방식의 해

＊＊＊＊ 본래 연차휴가는 개인이 선택한 날에 사용할 수 있어야 하는데, 근로자대표와 서면 합의가 있을 때는 집단으로 특정 근로일을 연차휴가일로 대체할 수 있습니다. 주로 징검다리 연휴에 연속해서 휴무할 수 있도록 중간의 근무일을 연차휴가로 대체할 때 적용합니다.

석 기준을 제시하고 있습니다. 이 해석 기준에서 근로기준법상 사용자에 해당하거나 사용자를 위하여 행위를 하는 자와 같이 근로자와 사용자의 이중적 지위를 갖는 경우는 근로자대표가 될 수 없다고 정하고 있습니다.

　하소연 씨의 사례처럼 '경영지원 팀장'은 관리자급으로서 근로자들의 인사, 보수, 노무관리에 관해 일정한 권한과 책임이 부여되어 있다고 볼 수 있기 때문에 '사용자를 위하여 행위를 하는 자'에 해당합니다. 따라서 '경영지원 팀장'의 지위에서 근로자대표의 역할을 수행하는 행위는 상식적으로도 부적절하고 법적인 지위가 인정되지 않아 그가 근로자대표로서 행한 합의나 협의의 효력도 부정될 수 있습니다.

　근로자대표의 선출 방법은 해석 기준에서도 별도로 정하지 않고 있습니다. 반드시 직접, 비밀, 무기명 투표에 의하지 않아도 되며 여러 명을 선출해도 무관합니다. 다만 근로자가 근로자대표의 역할이 무엇인지 인지한 상태에서 사용자의 개입 없이 자율적으로 의사를 모아서 선출해야 합니다.

　하소연 씨가 다니는 회사에서는 노사협의회 근로자위원 중 한 명이 근로자대표 역할을 겸임하는 것을 확인할 수 있습니다. 노사협의회의 근로자위원은 「근로자참여 및 협력증진에 관한 법률」이 정하는 바에 따라 사업장 근로자 10명 이상의 추천을 받아 입후보한 자 중에서 직접·비밀·무기명 투표로 선출된 자로서 부서장이나 팀장

등과 같이 사용자의 이중적 지위를 갖는 자는 근로자위원이 될 수 없습니다.

물론 근로자위원에게도 일정하게 대표성이 인정되기 때문에 노사협의회 근로자위원이 근로자대표 역할을 '겸임'할 수는 있습니다. 그러나 노사협의회 근로자위원과 근로자대표는 별개의 지위이기 때문에 노사협의회 근로자위원이 당연히 근로자대표가 되는 것도 아니고, 근로자대표가 된다고 노사협의회 근로자위원의 지위를 자동으로 갖게 되는 것도 아닙니다.

게다가 하소연 씨의 사례에서는 경영지원팀장의 지위에 있는 자가 노사협의회의 근로자위원으로 있는 것이기 때문에 근로자대표와 노사협의회 근로자위원의 자격도 부정될 수 있습니다.

근로자대표와 관련해 가장 논란이 되는 부분은 근로자대표가 과연 '누구를' 대표하느냐라는 점입니다. 고용노동부 해석 기준은 어떤 제도가 일부 부서나 직종에 한정적으로 적용되더라도 근로자대표는 사업장 전체를 대표하는 사람으로 선정해야 한다고 보고 있습니다.

일반적으로 근로자대표의 서면 합의가 필요한 근로시간 제도의 경우 특정 직종이나 일부 부서에 적용되는 예가 많습니다. 특정 부서가 없어지면서 발생하는 정리해고의 문제에도 해당 부서에서 근무하던 사람들이 주된 고용조정 대상이 될 가능성이 큽니다. 근로자대표가 이러한 일부 집단의 이익과는 무관한 다른 부서 소속인 사람이라면 '대표성'이 문제될 수밖에 없습니다.

고용노동부의 해석을 기준으로 적용한다면 직접적인 대표성이 없는 사람이 근로자대표로서 권한을 행사하는 문제를 방지하기 어렵습니다. 그러나 법원은 고용노동부가 해석한 기준과 달리 이러한 '직접적 대표성'을 보다 중시하는 입장을 보이고 있습니다. 정리해고와 관련된 판례에서 근로자대표가 주된 정리해고 대상 집단의 이익과 무관한 사람이라면 '대표성'이 없다고 본 것입니다. 따라서 사업장에 이미 사업장 전체를 대표하는 근로자대표가 있는 상태에 있더라도 특정 부서나 직종에 대해 근로조건이 변경되거나 정리해고가 단행되는 중요한 상황에 있다면 해당 부서나 직종을 대표하는 별도의 근로자대표를 자체적으로 선정해 적극적으로 대응하는 편이 좋습니다.

근로자대표의 법적인 지위는 사용자의 승인과는 무관하며, 때에 따라서는 일부 집단의 과반수를 대표하는 사람이라고 하더라도 근로자대표로서의 법적 지위를 인정받을 수 있습니다. 적어도 사업장 전체를 대표하는 근로자대표와 협의하거나 직접 사용자와 협의를 요구함으로써 소수 집단의 이익을 반영할 기회를 확보할 수 있기 때문입니다.

하소연 씨의 경우 소속 부서가 없어지면서 해당 부서 소속 인원들에 대한 구조조정이 이루어지고 있는 상황이기 때문에 노동조합이 없더라도 부서 직원들을 대표하는 근로자대표를 자발적으로 선출해 대응했다면 개별적으로 대처하기보다는 좋았을 것이라고 생각합니다. 또한 일반적으로 경영해고에서 근로자대표는 '합의'가 아니라 '협의'주체이기는 하나, 해고 대상자의 선정 기준에 관해 근로자대표가 '합의'했다면 그 공정성이나 합리성을 인정해주는 경우가 많기 때문에 실질적으로 중요한 역할을 하게 될 수 있습니다. 그러나 하소연 씨의 사례에서 경영지원부서의 팀장은 근로자대표로서 법적 지위를 인정받기 어려우므로 이 사람과 경영해고 기준에 대해 회사가 합의했더라도 그 효력을 인정하기 어렵다고 판단됩니다. 이 외에도 회사에서 배치전환이나 휴직제도의 활용 등 해고 회피 노력 의무를 다한 사실도 부족해 보이기 때문에 하소연 씨에 대한 경영해고는 부당한 해고로 판단할 가능성이 큽니다.

10장

LABOR LAW

퇴직,
똑똑하게 퇴직하기

격동의 회사 생활을 마무리하고 결국 퇴직하는 상황이라면 '이제는 여기도 끝이구나.' 하며 마음을 내려놓게 됩니다. 하지만 이런 마무리 과정에서 법률문제와 갈등이 더 많이 생깁니다. 입사나 근무기간 중에는 회사에 채용돼야 하고 '잘' 근무해야 하는 상황이기 때문에 이런 갈등이나 법률문제에 대해서 '현명하게' 대처해야 할 일이 많습니다. 그러나 퇴직 과정에서는 자신의 권리를 '똑똑하게' 챙겨야 할 일이 많습니다.

퇴직 과정에서 해고를 당해 억울할 때도 있지만 못 나가게 하거나 나간 후에 다른 곳으로 이직을 못하게 해서 괴로움을 줄 때도 있습니다. 이런 경우 회사의 압박에 대응하기 위해서는 기본적인 법률 지식과 영리한 상황 판단이 필요하고 퇴직정산이나 실업급여처럼 금전적인 권리를 놓치지 말고 잘 챙겨야 손해가 없습니다.

01 | 계약기간 중에 사직하면 손해배상을 해야 하나요?

근로계약서를 꼼꼼하게 읽다 보면 "근로자가 근로계약을 임의로 중도 해지한 경우 이로 인한 손해를 배상해야 한다", "이 계약서에서 정한 사항을 위반해 손해가 발생한 경우 이를 배상해야 한다" 등의 문구가 들어 있기도 합니다.

기간을 정한 근로계약을 체결한다면 그 '기간'도 하나의 '약정 내용'이 됩니다. 따라서 근로자가 약정을 어겨 중간에 회사를 퇴직하면 회사는 위의 문구를 계약서에 달아두지 않아도 근로자를 상대로 손해배상을 청구할 수 있습니다. 근로기준법에는 이런 근로자 측의 계약 해지에 관해 아무런 규정이 없기 때문에 민법상 '고용'에 관한 규정이 적용됩니다. 민법에서는 고용 기간의 약정이 있는 경우 '부득이한 사유'가 있다면 각 당사자가 계약을 해지할 수 있다고 정하고 있습니다. 그리고 그 사유가 근로자나 사용자 일방의 '과실'로 발생한 것이라면 상대방에게 손해를 배상해야 한다고 정하고 있습니다.

어떤 사용자는 기간제 근로자가 계약기간 중간에 그만두겠다고 할 때 계약기간을 위반했기 때문에 손해배상을 청구하겠다며 엄포를 놓기도 합니다. 근로자 입장에서는 아무리 그래도 다니기 싫은 회사를 억지로 다녀야 하는가 싶습니다. 하지만 근로기준법은 '강제 근로'를 엄격히 금지하고 있습니다. 감금이나 폭행을 하지 않더라도 사용자가 어떤 '정신상 자유를 부당하게 구속하는 수단'을 사용해 근로자가 자기 자유의사와 달리 근로하게 하지 못하도록 하고 있습니다. 손해배상액을 지급하도록 하거나 손해배상액을 정하고 받을 임금에서 임의로 공제하겠다고 협박하며 계속 근로하도록 한다면 강제 근로 금지 규정 위반에 해당할 수 있습니다. 강제 근로가 금지된다는 것은 언제든 사직할 자유가 있다는 뜻입니다. 손해배상은 나중 문제입니다. 일단 일하기 싫다는 사람을 강제로 일하게 할 수 없기 때문에 근로자는 그만두고 싶으면 언제든 그만둘 수 있습니다.

이제 손해배상 문제로 넘어오면, 특별한 경우가 아니고서는 회사가 손해배상을 청구해도 배상 판결이 내려질 가능성이 거의 없습니다. 근로자가 중도에 계약을 해지한다는 이유로 근로자에게 손해배상을 청구하려면 민사법원에 소장을 내야 합니다. 손해배상 청구 소송은 배상을 청구하는 회사(원고)가 '근로자의 고의나 과실', '근로자의 불법행위 때문에 손해가 발생한 사실'과 '손해의 정도'를 주장하고 입증해야 합니다. 실제로 근로자의 퇴직이 직접적인 원인이 되어 손해가 발생하는 일은 극히 드물고, 근로관계의 특성상 이에 대한 명확한 입증도 매우 어렵습니다. 소송을 진행하더라도 손해가 인정되지 않거나 배상액이 극히 적을 가능성이 있습니다.

이런 상황에서 소송하겠다고 엄포를 놓는 사용자는 많지만 실제 소송을 진행한 사례는 찾기 힘듭니다. 사용자는 뻔히 질 게임에 비용이나 시간을 들이지 않습니다. 단지 근로자의 퇴사를 막기 위해 말만 그렇게 할 때가 많습니다. 따라서 근로계약기간 도중 그만 두고자 할 때 회사의 손해배상 청구 압박에 동요할 필요는 없습니다. 또한 회사의 손해배상 청구가 두려워 억지로 일할 필요도 없습니다. 혹시 모를 위험을 예방하기 위해 본인의 상황에 대해 충분히 상담을 받아본 후 선택하는 편이 좋습니다. 그리고 무기계약직이나 정규직 등 기간의 정함이 없는 근로계약이라면 당사자는 '언제든지' 계약 해지를 통고할 수 있도록 정하고 있기 때문에 근로자는 언제든 사직할 수 있습니다.

02 | 사직서 내고 다시 물릴 수 있나요?

사직서를 제출하는 행위도 법률 효과를 발생시키는 일종의 '법률행위'입니다. 본인이 작성해서 스스로 제출한 사직서에는 두 가지 의미가 있습니다. 하나는 '사직을 신청한다'라는 의미이고, 다른 하나는 '사직을 하겠다'라는 확고한 의사를 통보하는 것입니다. 보통 일반적인 사직서에는 "일신상의 사유로 사직하고자 합니다"라고 기재합니다. 사직을 '통보'하는 것입니다. 그러나 명예퇴직을 신청할 때나 퇴직원을 제출할 때처럼 퇴직에 대한 승인을 신청하는 경우는 "퇴직하고자 하니 허락(승인)하여 주시기 바랍니다"처럼 기재합니다. 이때는 사직을 '신청'하는 것입니다.

사직을 신청하는 경우라면 사용자가 승낙할 때까지는 근로자도 신청 의사를 철회할 수 있습니다. 그러나 사용자가 철회를 예상하지 못한 상태에서 근로자의 철회로 손해를 입게 되는 사정이 있으면 철회가 허용되지 않을 수 있습니다. 예컨대 근로자가 3개월 후에 퇴직하고자 한다는 퇴직원을 내서 사용자가 그 근로자를 대체할 인원을 신규 채용했는데 갑자기 근로자가 사직원을 철회한다고 하면 사용자에게 예상하지 못한 손해가 생기기 때문에 철회가 허용되지 않는다고 봅니다.

사직을 통보한다면 그 사직서가 사용자에게 제출된 후에는 사용자의 동의 없이 철회할 수 없습니다. 홧김에 '그만두겠다'는 의미로 사직서를 제출할 경우 근로자가 일방적으로 철회하기 어렵기 때문에 나중에 생각이 바뀔 수 있거나 단순히 사용자에게 항의하기 위한 목적이라면 사직서를 내지 않는 편이 좋습니다.

보통 사직서는 최종 인사권이 있는 대표이사보다는 직속 상사에게 제출할 때가 많습니다. 이 경우 직속 상사가 대표이사에게 사직서 결재를 올리기 전까지 철회할 수 있을까요? 직속 상사는 근로계약의 상대방이 아니기 때문에 사업주가 사직서를 받기 전까지는 철회가 가능할 수 있습니다. 그러나 직속 상사가 직접 그 근로자의 사직서를 수리할 권한이 있다면 철회가 어려울 수 있습니다.

사직서를 제출했더라도 그것이 법적으로 '무효'나 '취소'로 처리되는 경우가 있습니다. 회사가 인원 정리의 방편으로 자주 활용하던 것이 소위 '일괄 사표 선별 수리' 방식입니다. 직원들에게 집단적으로 사직서를 제출하도록 하고 사용자가 이들 중 선별해 수리하는 방식으로 퇴사 처리를 합니다. 비슷한 예로 근로자가 사용자에게 집단적인 항의 의사를 표시하거나 요구를 관철하고자 사용자를 압박하기 위한 수단으로 집단 사표를 낼 때도 있습니다. 이런 경우 근로자는 진정한 사직 의사가 있다고 보기 어렵습니다. 이렇게 진정한 의사 없이 사직서를 제출했더라도 사직서는 그만두겠다는 의사를 표시한 것이기 때문에 그대로 효력이 있습니다. 의사를 표시한 것은 표시한 대로 효과가 있어야 상대방을 보호할 수 있습니다.

만약 상대방이 그 사직서가 진짜 '사직서'를 뜻하는 게 아니라는 것을 알거나 알 수 있다면 상대방을 보호할 필요가 없습니다. 위의 사례에서도 사용자가 그 사직서의 진짜 의미를 알고 있을 가능성이 큽니다. 이런 경우 사직서는 '무효'가 됩니다. 따라서 사용자가 사직서를 수리하는 행위는 사용자에 의한 일방적인 '해고'가 될 수 있습니다.

한편 단순히 사직을 권고하는 수준을 넘어 사직서 제출을 집요하게 강요하는 상황이 있을 수 있습니다. 순순히 사직서를 내지 않았을 때 후속 조치를 취하겠다며 구체적인 불이익을 예고하기도 합니다. 이런 상황에서 더 이상 버티기 어려워 어쩔 수 없이 사직서를 내는 경우가 많습니다. 이렇게 근로자가 자율적으로 의사 결정을 할 수 없을 정도로 '강박 행위'가 있다면 이로 인해 제출한 사직서는 취소할 수 있습니다. 하지만 사직서의 무효나 취소가 인정되기는 매우 어렵습니다. 근로자가 진짜 그 뜻이 아니라고 주장하더라도 사용자가 몰랐다고 하거나 진짜 사직하겠다는 의도인 줄 알았다고 하면 반증하기가 어렵기 때문입니다. 또한 어느 정도 수준까지 강박행위가 있어야 의사 결정의 자유를 제한하는지 명확하지 않기 때문에 어지간한 사직 종용 행위로는 사직서 효력의 취소를 인정받기도 어렵습니다.

사직서 제출을 단순히 '그 순간' 나의 생각을 전달한다고 생각하면 곤란합니다. 일단 사직서를 내면 그것으로 '끝'이라고 생각해도 과언이 아닙니다. 항의의 의사 표시나 사용자의 처분에 맡기겠단 의미로 사직서를 제출하기도 하는데, 그랬다가 본인의 기대와 다르게 회사를 떠날 수밖에 없는 상황이 될 수 있습니다.

일단 사직서를 낸 후에는 철회하기 쉽지 않고, 뭔가 잘못되었다는 생각이 들어도 사직의 의사 표시를 무효나 취소로 하려면 법적 분쟁을 진행하는 수밖에 없습니다. 결국 '진짜 사직'을 원하지 않은 채 사직서를 낸다면 근로자가 당하는 어려움이나 억울함이 매우 큽니다. 실제로는 해고나 마찬가지지만 해고가 아니어서 아무것도 할 수 없거나 '해고'라는 사실조차 힘들게 입증해야 하기 때문입니다.

그러므로 사직서를 쉽게 생각하지 말고 진정으로 회사를 그만둬야겠다는 생각이 있을 때만 신중하게 써야 합니다. 사직서에 '권고사직', '회사 사정으로 사직함'이라고 쓰더라도 '사직'이 '해고'가 되지 않는다는 점을 명심해야 합니다.

03 | 사직서를 꼭 한 달 전에 써야 하나요?

일반적으로 회사의 취업규칙이나 근로계약서는 사직하고자 할 때 30일 전에 통보하도록 정하고 있습니다. 30일보다 더 길거나 짧은 기간을 정할 때도 있지만 그렇게 하는 회사의 취지는 동일합니다. 직원이 갑자기 그만두면 인력을 곧바로 대체하기도 어렵고 업무 처리에 장애가 발생하기 때문입니다. 따라서 대체할 직원을 새로 구하거나 다른 근로자에게 인수인계를 하고 나서 퇴직하도록 하기 위해 그런 규정을 두고 있습니다.

근로자가 이 규정을 반드시 지켜야 하는 것은 아닙니다. 지키지 않더라도 처벌을 받는다거나 손해를 배상해야 하는 경우는 거의 없습니다. 그러나 가급적이면 '한 달 전에 사직서를 쓴다'는 원칙을 세우고 지키는 편이 스스로에게 여러모로 도움이 됩니다. 우선 감정적이고 즉흥적인 사직서 제출을 막는 방법이 될 수 있습니다. 그리고 사직서 제출 이후 원만하지 못한 마무리로 인한 불이익을 막을 수 있습니다.

입사한 지 얼마 되지 않아 적응기에 있는 경우 젊은 혈기에 울컥하는 마음으로 사직서를 내기도 합니다. 이렇게 감정적으로 사직서를 내고 나면 출근하고 싶지 않다는 생각이 듭니다. 사용자가 곧바로 사직서를 수리해주면 그나마 다행이겠지만 수리해주지 않으면 억지로 출근해서 일해야 합니다. 출근하기 싫다고 나가지 않으면 무단결근이 되면서 퇴직급여나 연차수당, 기타 금전적인 손해를 보게 될 수도 있습니다. 무엇보다 순간적인 감정으로 사직서를 제출하면 좋지 않은 인상을 남기고 회사를 떠나게 되는 셈이어서 부끄럽거나 후회할 수도 있습니다. 요즘은 경력직을 채용할 때 이전에 근무하던 회사에 입사지원자의 평판을 조회하는 절차Reference check 를 거치는 경우도 있는데, 끝이 좋아야 모든 것이 좋다는 말도 있듯이 마무리가 좋지 않은 사람에 대해 좋은 평판을 기대하기 어렵습니다.

그러므로 사직 결단은 신중히 상황을 판단해 하도록 하고, 계획이나 일정을 뚜렷하게 세운 이후 사직서를 제출하는 편이 좋습니다. 퇴사일까지 한 달 정도 여유를 두고서 충실한 인수인계로 상사나 동료에게 유종의 미를 거두고 향후 이직을 위한 준비시간을 보내며 이직 과정이 원만하게 이뤄지도록 하는 편이 바람직합니다.

04 | 사직서를 내고 출근하지 않으면 자동으로 퇴직이 되나요?

사직서를 제출한다고 해서 당연히 근로관계가 끝나는 것은 아닙니다. 사용자가 사직서를 수리해야 '합의 해지'가 됩니다. 취업규칙에 사직서 제출 시점과 사직서 제출 이후 퇴직 효력이 발생하는 시기를 정해놓기도 합니다. 대부분의 경우 사직서를 사용자가 수리하면 그

날로 퇴직 효력이 생기되 수리하지 않으면 사직서를 제출한 날로부터 한 달 후에 퇴직 효력이 생긴다고 정하고 있습니다.

이런 취업규칙 규정은 민법 내용에서 그대로 따온 것인데, 고용계약을 해지할 때 근로자는 언제든 사직서를 제출할 수 있지만 계약 해지의 효력은 상대방이 통고받은 날로부터 1개월이 지나야 발생합니다. 그러나 월급, 주급 등 기간으로 보수를 정한 경우 해지 통고를 받은 날이 속한 급여 산정 기간과 그 이후 한 번의 급여 산정 기간이 더 지나야 해지 효력이 생깁니다. 따라서 월급제 근로자로서 매월 1일부터 말일이 보수 책정 기간이라고 할 때, 9월 15일에 사직서를 내면 11월 1일부터 퇴직 효력이 발생합니다. 취업규칙에 퇴직 효력이 발생하는 기간을 따로 정해놓지 않았다면 이 법 규정이 적용됩니다.

이렇게 근로자가 사직서를 제출한다고 해서 곧바로 '퇴직 상태'가 되는 것이 아니라 사용자가 사직서를 수리하거나 보통 한 달이 넘는 기간이 지나야 합니다. 사직서 제출 이후 '퇴사 처리'가 되지 않은 상태에서 출근하지 않으면 '무단결근'에 해당할 수 있습니다. 회사마다 조금씩 다르지만 취업규칙에 '며칠 이상 무단결근을 한 경우'를 자동면직이나 해고 사유로 정해놓기도 합니다. 회사는 꽤 긴 시간을 사직서를 수리하지 않은 채 유지하면서 근로자에게 무단결근에 따른 불이익을 주거나 아예 해고 조치할 수도 있습니다.

사직서만 내놓거나 심지어 사직서도 내지 않고 그만두겠다고 말한 뒤 짐을 싸서 다음 날부터 출근하지 않을 정도라면 회사의 이런 조치나 불이익에 크게 개의치 않을 수도 있습니다. 불이익을 사소하게 취급한다고 하더라도 좋지 않은 평판이 남을 수 있습니다. 그리고 그 불이익이 생각보다 클 수도 있으므로 일방적으로 출근하지 않을 때 발생하는 불이익을 미리 확인하고 행동에 신중을 기하는 편이 좋습니다. 피치 못할 사정이 있는 것이 아니라면 원만하게 사직 절차를 밟는 편이 바람직합니다.

사직서가 수리되지 않았다면 아직 '재직 중'인 상태로 출근할 의무가 있습니다. 이 상태에서 출근하지 않는다면 사용자가 무단결근으로 처리할 수 있고 그 기간의 임금을 공제할 수 있습니다. 그리고 계속해서 무단결근이 누적되다가 결국 자동 퇴직 효과가 발생하는 시점이 돼서 퇴직급여를 지급할 때 무단결근 때문에 평균임금이 줄어들어 퇴직금이나 DB형 퇴직연금의 불이익*이 생길 수 있고 DC형 퇴직연금제라면 임금총액이 줄어들어 정산되는 퇴직급여가 적어질 수도 있습니다.

회사는 자동 퇴직 시기까지 기다리는 대신에 근로자를 해고할 수 있습니다. 무단결근은 거의 모든 회사에서 '해고'나 '당연면직' 사유로 정해놓습니다. 당연면직도 그 사유가 무단결근이라면 사실상 해고와 같지만 해고 절차를 밟을 필요가 없다는 점이 다릅니다. 이 회사에서 퇴직금 누진제를 운영하면서 해고된 근로자에게는 낮은 누

---

* 물론 최소한 통상임금만큼은 평균임금으로 계산될 수 있기 때문에 퇴직급여 불이익이 크다고 볼 수는 없습니다.

진율을 적용하거나 누진 없이 법정퇴직금만 지급하도록 한다면 정상적으로 퇴사했을 때보다 훨씬 적은 퇴직금을 받을 수도 있습니다.

한편 사직 사유가 실업급여를 받을 수 있는 비자발적인 사유일 수도 있습니다. 회사가 먼 거리로 이전한다거나 임금 조건이 떨어져서, 혹은 임신·출산이나 양육 때문에 어쩔 수 없이 사직서를 낸 경우도 있을 수 있습니다. 이런 경우라도 회사가 무단결근으로 해고 처분한다면 받을 수 있던 실업급여도 받지 못하게 될 수 있습니다. '정당한 사유 없이 취업규칙이나 근로계약 등을 위반해 장기간 무단결근 한 경우' 실업급여 수급 자격을 제한하고 있기 때문입니다.

사직서가 수리될 때까지 기다리다가는 다른 회사로 곧바로 이직하기 어려울 것이라 생각해 아예 출근하지 않는 경우도 있습니다. 이때 회사에서 사직서를 수리하지 않으면 여전히 '재직 중'인 것이고 고용보험 피보험 자격 또한 그대로 유지됩니다. 고용보험은 이중 가입이 안 되기 때문에 이 기간에 다른 회사에 정상적으로 취업하는 데 곤란을 겪을 수 있습니다.

무단결근으로 회사에 손해가 발생했다면 근로자에게 손해배상을 청구할 수도 있습니다. 물론 회사가 실제로 소송을 제기하거나 손해 사실을 입증하기는 쉽지 않습니다. 근로자 한 명이 무단결근해서 업무상 지장이 발생하더라도 다른 조치를 통해서 얼마든지 손해가 발생하지 않도록 할 수 있었다면 근로자에게 책임을 씌우기 어렵습니다. 그러나 근로자 업무가 대체 불가능하거나 특별히 중요한 업무라면 근로자의 행위 때문에 직접 손해가 발생할 수 있는데 이런 상황이라면 회사에서도 배상을 기대하고 소송을 제기할 수 있습니다.

05 | 회사가 사직서 수리를 거부하면 어떻게 해야 하나요?

사직서를 낸 후 수리를 지연한다고 해도 그리 불안해할 필요는 없습니다. 어차피 일정 기간이 지나면 자동으로 퇴직 효력이 생깁니다. 문제는 그 기간을 근로자가 '견딜 수 있는가'입니다.

사직서를 낸 상황에 따라 조금씩 다르긴 하겠지만 불가피한 상황이 아니라면 가급적 사용자가 사직서를 수리해주거나 자동 퇴직 효력이 생길 때까지 회사에 계속 근무하는 편이 좋습니다. 그래야 무단결근으로 생기는 불이익을 막을 수도 있고 인수인계도 할 수 있어 원만하게 퇴직 과정을 밟는 데 도움이 됩니다.

가장 고민되는 상황은 곧바로 새로운 회사로 이직해야 하는 경우입니다. 사직서를 수리해주지 않아 이직이 지연되는 것이 새로운 회사에 결단을 내리지 못하는 모양새로 비칠까 염려되기도 합니다. 이러다가 채용 결정이 취소되지는 않을는지 우려되기도 합니다. 이런 상황에서 사직서를 낸 회사의 사용자에게 이직에 협조해달라고 부탁하는 것은 바람직하지 않습니다. 괜찮은 인재라면 사직이 회사에 손해인데 다른 회사로 빨리 가게 해달라고 부탁까지 받으면 사용자의 기분이 좋을 리 없을 것입니다.

이럴 때는 이직할 회사에 양해를 구하는 편이 낫습니다. 다만 상세한 상황을 설명하면서 우유부단해서가 아니라 일에 대한 책임 때문이라는 점을 부각하는 방법이 좋습니다. 이렇게 하면 그만두게 될 회사 일이라도 책임감 있게 마무리하는 모습이 장점으로 보일 수 있습니다.

06 | 퇴사할 때 인수인계를 꼭 해줘야 하나요?

'인수인계를 꼭 해줘야 하나?'라는 의문이 드는 경우는 보통 회사에서 퇴직 후에도 인수인계를 요구할 때일 것입니다. 근무 중이라면 어차피 인수인계도 업무의 한 부분이기 때문에 해주지 않을 이유가 없습니다. 이런 상황이 발생하는 경우는 근로자가 인수인계 기간을 충분히 두지 않고 급하게 사직일을 정하거나 해고당할 때입니다.

인수인계 의무가 있는지에 대한 판단 기준은 간단합니다. 회사에 근무 중이라면 '업무'이기 때문에 다른 업무와 마찬가지의 의무를 집니다. 반면 이미 퇴사한 상태라면 반드시 '의무'라고 할 수는 없습니다. 그러나 이 경우에도 인수인계가 제대로 이뤄지지 않아 회사에 손해가 발생한다면 근로자가 배상해야 할 수도 있습니다.

인수인계 문제로 배상 청구가 가능한 손해의 종류는 보통 업무 종류와 연관이 깊습니다. 특히 재무 업무나 경리 업무처럼 금전을 다루는 업무는 일의 단절이 있을 때 직접적인 금전 손해와 연결되기 때문에 주의가 필요합니다. 쉽게 업무 대체가 이뤄지기 어려운 전문직이나 특수 직종 업무, 거래처와의 원만한 관계 유지가 필요한 영업직 업무도 인수인계를 하지 않았을 때 손해가 발생하기 쉽습니다.

이렇게 인수인계가 없을 때 뚜렷하고 구체적인 손해 발생을 예측할 수 있는 경우 퇴사 전 미처 인수인계를 하지 못했다면 퇴사한 후에라도 손해 발생의 예방을 위해 최소한의 인수인계는 해줄 필요가 있습니다. 그리고 업무 당시 작성하고 관리한 자료나 문서, 데이터 파일 등은 기본적으로 '회사 소유'이기 때문에 이런 자료를 무단으로 가져가거나 회사에 반납하지 않으면 손해배상과 함께 형사 처분 문제까지 초래할 수 있기 때문에 주의해야 합니다.

07 | 경쟁업체로 이직하지 못하나요?

기술을 기반으로 운영되는 회사는 그 기술을 직접 다루는 근로자와 근로계약을 체결하면서 퇴사 후 일정 기간 경쟁업체로 이직하지 못하도록 하는 내용의 '전직 금지 약정'을 체결하는 경우가 많습니다. 채용 과정이나 재직 중일 때 회사에서 전직 금지 약정을 요구하면 거부하기가 쉽지 않아 대부분 그대로 서명합니다. 이 서명으로 나중에 스카우트 제의를 받게 될 때 민형사 소송에 휘말리게 되어 곤혹스러운 상황이 생길 수도 있습니다.

이와 관련해 일단 '전직 금지 약정'이 유효한 상황은 매우 제한적이라는 사실을 알아둘 필요가 있습니다. 근로자는 헌법상 기본권인 직업 선택의 자유를 갖습니다. 따라서 비록 근로자가 전직 금지 약정에 동의하는 서명을 했더라도 약정 내용이 기본권을 침해하는 내용이라면 원칙적으로 효력이 없습니다. 하지만 전직 금지 약정의 근거는 '영업비밀의 보호'에 있습니다. 경쟁업체에 회사의 영업 비밀을 보유한 근로자가 이직하게 되면 회사의 영업비밀이 유출돼 막대한 손해를 끼칠 수 있습니다. 「부정경쟁방지 및 영업비밀보호에 관한 법률」은 스카우트를 통해 영업비밀을 빼내려는 행위를 규제하고 있고 이로 인해 피해를 본 회사는 손해배상을 청구할 수 있습니다. 이러한 합리적인 이유로 체결된 전직 금지 약정은 직업 선택의 자유를 침해하지 않는다고 보기 때문입니다.

전직 금지 약정이 효력이 있으려면 법에서 정한 '영업비밀 등'을 취급하는 직무를 수행한 직원이어야 하고 취업 금지 기간이 '합리적'이어야 합니다. 영업비밀에 해당하려면 외부에 공개되지 않은 정보로서 회사의 영업 활용에 유용한 정보여야 하고, 영업비밀 보유자가 '기밀 정보'로서 관리했어야 합니다. 일반적으로 전직 금지 약정에서 정한 취업 제한 기간이 3년에서 5년으로 상당히 긴 편인데 실제 판례에서 인정하는 기간은 대부분 1년 이내입니다.

영업비밀 침해와 관련된 법률 분쟁은 회사와 회사 간의 분쟁으로 이어지기 때문에 이직 과정에서 이런 문제에 대한 법률적 위험 가능성을 이직할 회사와 충분히 검토할 필요가 있습니다. 이런 절차 없이 전직 금지 약정을 체결한 사실을 숨기고 이직했다가 이직한 회사에서 오히려 해고될 수도 있습니다. 전직 금지 약정을 체결했고 실제로 취급하는 업무가 영업비밀에 해당할 가능성이 있다면 사전에 충분한 법률 검토를 통해 전직의 적정한 시점을 판단하고 신중하게 결정하는 편이 바람직합니다.

08 | 퇴직급여 얼마나 되나요?

퇴직급여는 한 회사에서 1년 이상 근무하면 받을 수 있습니다. 4인 이하 사업장이라도 퇴직급여제도가 적용됩니다. 퇴직급여는 퇴직금과 퇴직연금 중 선택적으로 적용할 수 있는데, 최근에는 퇴직연금 가입률이 높아지면서 기존 퇴직금제도를 대신해 퇴직연금제도를 운영하는 회사가 많아졌습니다. 고령화 시대 노후자금의 중요성이 높아지면서 퇴직연금 의무 가입 법제화를 위한 입법 시도도 계속 있습니다. 아직까지 법제화가 되지는 않았지만 최근 법 개정으로 중소기업퇴직연금기금제도가 도입되고 퇴직금도 만 55세 이상 퇴직자나 퇴직급여액 300만 원 이하 등 몇몇 예외사유 외에는 근로자

명의의 개인형 퇴직연금 계좌IRP로 이전하는 방법으로 지급(2022. 4. 14.부터 시행)*해야 합니다.

　퇴직급여 역시 '근로의 대가'인 임금이지만 퇴직을 조건으로 지급하는 '후불임금'으로 일시에 지급하는 금액이 많거나 노후자금으로서 기능하기 때문에 정책적으로도 중요한 보호 대상이 되고 있습니다. 퇴직급여는 퇴직일로부터 14일 이내에 지급(납입)해야 하며, 퇴직연금에 대해서는 양도, 담보제공이 금지되고, 압류(퇴직금은 50퍼센트, 퇴직연금은 전액 압류 금지)도 금지되며, 퇴직금의 경우 임금의 직접불 원칙에 의해 사용자에게 대출금과 같은 갚을 돈이 있더라도 사용자가 일방적으로 상계할 수 없습니다.

　보통 근로자는 퇴직할 때 급여 담당자를 통해서 자신의 퇴직금이 얼마나 되는지 알아보거나 대략적인 금액을 예상하기는 하더라도 직접 정확하게 계산해보는 경우가 많지 않습니다. 그러나 회사가 항상 정확하게 퇴직금을 계산하는 것은 아닙니다. 법적으로 퇴직금에 포함해야 할 수당이 있는데 이를 제외했을 수도 있습니다. 퇴직

＊　퇴직연금에 가입한 근로자라면 미리 지정된 IRP로 퇴직급여를 이전하나, 법정퇴직금 제도를 적용받는 근로자의 경우 종전에는 근로자가 희망하는 경우에 한해 IRP로 이전했다가 근로자 퇴직급여 보장법 개정으로 퇴직금제도를 적용받는 근로자에 대해서도 IRP 계좌 이전의 방법이 그 지급 방법으로 명문화되었다고 할 수 있습니다. IRP로 퇴직금을 이전하는 경우 퇴직소득세를 원천징수하지 않고 지급함으로써 퇴직소득세 부분을 포함해 IRP를 통해 운용할 수 있도록 하는 점과 만 55세 이후 연금형태로 지급받는 경우 과세 이연에 따른 절세 효과가 있습니다. IRP를 통한 퇴직금 수령은 IRP가 노후생활 자금 운용의 관문 역할을 하도록 함으로써 퇴직금의 일시 수령 시 노후 생계비 소진 우려를 방지할 수 있다는 장점이 있으나, IRP로 지급된 퇴직금을 인출하는 시기는 IRP 운용 수익률과 일시 상환을 고려한 필요나 이익 여부에 따라 근로자가 정할 수 있습니다.

금은 1일분 평균임금에 근속기간(30×재직연수)을 곱해 계산하기 때문에 평균임금으로는 경미한 차이라도 곱해지는 숫자가 많아지면 총액으로는 큰 차이가 될 수도 있습니다. 퇴직금도 엄연히 고귀한 근로의 대가인 '임금'이기 때문에 정확히 계산해서 확인해보고 손해가 발생하지 않도록 조치할 필요가 있습니다.

　퇴직금은 퇴직일을 기준으로 직전 3개월간의 임금을 평균한 '1일분 평균임금'으로 계산합니다. 나머지 부분은 근속기간과 지급률(법정: 30일, 누진: 30일×누진율) 등 정해진 사항이기 때문에 따로 문제 되지는 않지만 평균임금을 계산하는 방식이 복잡할 때가 종종 있어 잘 알아둘 필요가 있습니다.

　우선 회사의 규정이나 실제 관리상 어떻게 평균임금을 계산하는지 확인해보는 편이 좋습니다. 퇴직 당시 퇴직금 산정 내역서를 회사에 요청해 발급받는 것도 좋습니다. 그런 다음 그러한 방식이 법적인 기준에 맞는지 검토해보면 되는데, 수당체계가 복잡하거나 차량유지비, 가족수당, 선물비, 체력단련비 등 복리후생성 수당이 많은 경우 전문적인 판단이 필요할 수도 있습니다. 전문가의 답변을 얻을 수 있는 온라인 상담 게시판에 상세한 질문을 올리는 것도 필요한 정보를 얻는 좋은 방법입니다.

　근로기준법상 '임금'에 해당한다면 퇴직금 산정을 위한 평균임금에 모두 포함된다고 생각하면 됩니다. 기본적인 판단 기준을 정리하면 다음과 같습니다.

- 기본급이나 성과연봉, 기타 '직무, 직급, 직책' 등과 관련된 모든 수당은 평균임금에 포함됩니다.
- 복리후생성 급여라고 하더라도 회사 취업규칙이나 근로계약으로 지급하도록 정하고 있다면 평균임금에 포함됩니다.
- 시간 외 근로수당도 평균임금에 포함됩니다.
- 경영성과급은 일반적으로 평균임금에 포함하지 않는 경우가 많지만 경영성과급도 '임금'에 해당하는 경우라면 평균임금에 포함할 수 있습니다.
- 상여금, 미사용연차수당처럼 매월 지급하는 임금이 아닌 경우 퇴직 전 1년치 총합계의 12분의 3으로 계산합니다. (단 퇴직으로 인해 비로소 발생한 연차수당 제외)
- 수습기간, 사용자 귀책사유로 휴업한 기간, 출산전후휴가기간, 산재 요양기간, 육아휴직 기간, 적법한 쟁의행위기간, 개인 상병 기타 사유로 사용자 승인을 얻어 휴업한 기간은 정당하거나 불가피한 사정으로 임금이 평소보다 적게 지급되는 기간으로서 해당 기간과 임금은 평균임금 계산을 위한 임금과 기간에서 각각 제외하여 평균임금에 불이익을 주지 않도록 계산합니다.
- 평균임금(1일분)과 통상임금(통상시급×1일 소정근로시간)을 비교해 통상임금이 더 크다면 그 통상임금을 '평균임금'으로 적용합니다.

이렇게 기준을 정해놓고 자신의 각 임금 항목과 비교해가며 평균임금에 포함할 수 있는 항목을 선별한 후 평균임금 계산 방식에 따라 계산하면 됩니다. 법에서 정한 방식대로 계산하는 경우도 있지만 회사마다 평균임금 계산 방식을 달리 정하기도 합니다. 방식이 달라도 금액이 더 많으면 상관없지만 더 적을 수도 있기 때문에 우선 법 기준에 따른 평균임금을 계산해본 후 회사 방식으로 계산해서 나온 값과 비교해봐야 합니다.

평균임금을 계산했다면 나머지는 쉽습니다. 법정퇴직금제도를 적용하는 회사라면 '평균임금×30일×근속연수(재직 총일수/365)'의 산식으로 퇴직금액을 구할 수 있습니다. 재직 기간 중 퇴직금 중간정산을 했다면 평균임금 계산은 똑같고 다만 '근속연수'를 중간정산 이후부터 시작해 계산하는 점이 다릅니다.

DB형 퇴직연금은 확정급여가 법정퇴직금제도와 동일하게 퇴직 시점 평균임금을 기준으로 계산됩니다. 그러나 DC형 퇴직연금은 사용자가 매년 법과 퇴직연금규약에서 정한 부담금 수준을 근로자(가입자)의 퇴직연금계정에 납입하는 것으로 지급 의무를 이행합니다. 법(「근로자퇴직급여 보장법」)으로 정한 연간 부담금은 근로자의 연간 임금총액의 12분의 1입니다. 법으로 정해진 부담금 수준은 1년을 기준으로 하지만 실제 납부할 때는 월납, 분기납, 반기납, 연납 등 납입주기를 정할 수 있습니다.

연간 부담금이 대략 1년당 1개월분 월급 정도라는 점에서 금액 수준은 평균임금과 비슷하지만 DC형 퇴직연금 부담금은 위에서 설명한 '평균임금 계산'을 하지 않습니다. 계산 기준이 연간 임금총액이기 때문에 근로기준법상 임금에 해당하는 것은 모두 포함됩니다. 법정퇴직금제도와 달리 퇴직으로 인해 비로소 정산하는 미사용연차수당도 임금총액에 포함됩니다. 위의 평균임금 계산에서 제외하는 기간에 해당하는 경우라면 퇴직연금 부담금을 계산할 때도 근로자에게 불이익이 없도록 그 기간과 임금을 제외해 계산합니다.

이렇게 계산해서 나온 퇴직급여액이 회사가 계산해서 나온 퇴직금이나 퇴직연금액보다 많다면 그 차액에 대해 회사에 추가 지급을 청구할 수 있습니다. 회사가 단순히 계산 방식을 잘못 적용했다기보다는 평균임금이나 임금총액에 포함될 항목을 누락했을 가능성이 크기 때문에 법적 분쟁까지 갈 수도 있지만, 일단 상세한 판단 기준과 계산 방법을 회사에 제시하여 법 위반에 해당할 수 있다는 사실을 알리는 편이 좋습니다.

09
퇴직정산이 무엇인가요?

퇴직정산은 말 그대로 퇴직 후 근로관계에서 발생한 일체의 금품을 정산해 지급하는 것을 말합니다. 근로기준법에서는 이를 '금품청산'이라고 하며 퇴직일로부터 14일 이내에 모든 임금, 보상금, 그 밖에 모든 금품을 지급하도록 하고 있습니다. 「근로자퇴직급여 보장법」

은 퇴직일로부터 14일 이내에 모든 퇴직급여를 지급(납입)하도록 정하고 있습니다. 사용자가 퇴직 후 14일 이내에 금품을 청산하지 않는다면 3년 이하의 징역 또는 3000만 원 이하의 벌금형에 처할 수 있습니다. 또한 14일을 초과하는 날부터 금품 청산이 완료되는 날까지 지급하지 않은 임금 및 퇴직금에 대해 연리 20퍼센트의 지연이자가 발생합니다. 그렇지만 서로 합의한다면 14일의 기간을 연장할 수 있고 얼마나 연장할 수 있는지에 대해서는 법에 정한 것이 없기 때문에 합의한 대로 효력이 있습니다. 이 경우에도 지연이자는 계속 발생하기 때문에 미뤄진 시기에 해당하는 이자를 추가로 청구할 수 있습니다.

퇴직정산과 관련해 회사의 정기 임금 지급일이 퇴직 후 14일보다 나중일 때 문제가 됩니다. 정기 임금 지급일을 기준으로 잔여 임금과 수당, 퇴직금을 정산하는 회사의 경우 금품청산 기간이 지연되는 경우가 많습니다. 사용자는 그 정도 지연은 별일 아니라고 생각할 수 있지만 퇴직한 근로자 입장은 금전관계가 빨리 정리되길 바라기 때문에 하루하루를 길게 느끼기 마련입니다.

금품청산 기간을 퇴직 후 '임금 지급일'이 아니라 14일로 정한 이유는 퇴직 후 조속한 금전관계의 정리를 통해 근로자가 받을 돈을 못 받는 위험을 막기 위해서입니다. 따라서 이 14일 중 단 하루를 경과해도 '임금체불'이 성립하고 사용자가 형사 처분을 받을 수 있습니다. 근로자와 아무런 합의가 없다면 정기 급여일에 지급했다고 해서 금품청산 위반 소지를 벗어날 수 없습니다.

미사용연차수당(연차휴가일근로수당)은 연차 사용 기한인 1년 이내에 사용하지 못하고 남은 일수만큼을 수당으로 지급하는 것입니다. 그러나 근로자가 퇴직하게 되면 연차를 사용할 수 없기 때문에 퇴직으로 인해 연차 사용 기한이 종료됩니다. 따라서 근로자가 퇴직한 시점을 기준으로 남아 있는 연차 일수만큼을 수당으로 정산해 지급해야 합니다. 이때 퇴직한 해에 연차가 발생하면 되고, 퇴직할 때까지 연차를 사용할 수 있는 기간이 얼마나 되는지와는 상관없이 못 쓰고 남은 연차는 모두 정산 대상이 됩니다.

예를 들어 2022년 6월 1일에 입사한 근로자가 2024년 6월 2일에 퇴사했고, 입사일을 기준으로 연차휴가를 부여해왔다면, 입사 후 1년이 되기 전까지 매월 만근할 때마다 1일씩 연차휴가가 발생하고 사용 기한은 입사 후 1년까지이며, 사용하지 못한 휴가가 있다면 사용 기한이 종료된 날의 다음 날이 속한 달의 급여 지급 때 수당으로 지급해야 합니다. 이후 입사 1년이 된 다음 날인 2023년 6월 1일에 15일의 연차가 발생하고, 2년이 된 다음 날인 2024년 6월 1일에 다시 15일의 연차가 발생합니다. 2023년 6월 1일에 발생한 연차 중 2024년 5월 31일까지 1년간 사용하지 못한 연차에 대해서는 2024년 6월분 임금 지급 때* 연차수당으로 지급해야 합니다. 한편 2024년 6월 1일에 연차 15일이 다시 발생했는데 이후 연차를 하루도 쓰지 못하고 하루 뒤인 6월 2일에 퇴사(6월 1일까지 근무하면 퇴사일은 6월

---

* 그러나 2024년 6월 2일에 퇴사했기 때문에 금품청산의 대상이 돼서 퇴사일로부터 14일 이내에 지급해야 합니다.

2일이 됩니다)했다면 연차수당을 얼마나 받을 수 있을까요?

실제 퇴사를 6월 2일에 했기 때문에 6월 1일에 발생한 연차를 쓸 수 있는 날은 6월 1일 하루에 불과합니다. 그렇더라도 연차수당을 2일치만 지급할 수는 없습니다. 퇴사 이전에 '사용할 수 있는 연차 권리'가 이미 15일 발생했기 때문에 그 권리만큼 보상해줘야 한다는 취지에서 퇴사일까지 휴가 사용이 가능한 날이 얼마나 되는지와 상관없이 15일 치 모두 수당으로 받을 수 있습니다.

1년 미만 동안 근무하다 1년을 채우지 못한 채 퇴사한 경우에도 그 기간 발생했는데 사용하지 못한 연차일 수만큼 수당으로 정산해야 합니다. 만약 앞의 사례에서 2022년 11월 2일에 퇴사했다면 그때까지 발생한 연차일 수는 총 5일입니다.* 이 중 3일만 사용했다면 나머지 2일분 수당을 정산해야 합니다.

1년을 꽉 채워 근무한 후 2023년 6월 1일 퇴사(2023년 5월 31일까지 근무)한다면, 1년까지 총 11일의 연차휴가만 발생합니다. 2021년 5월 31일에 근무기간 1년을 채우지만 연차휴가 사용권은 1년의 근무기간을 채운 '다음 날'(2023년 6월 1일)부터 발생하기 때문에 1년만 근무하고 퇴사하면 15일의 연차휴가권은 발생하지 않습니다.

회계연도를 기준으로 연차제도를 운영하는 경우 퇴사 시 연차수당이 다소 복잡합니다. 근무 중에는 회계연도를 기준으로 매년 1월

---

* 2022년 11월 1일에 퇴사(2022년 10월 31일까지 근무)했다면 11월 1일에 재직하고 있지 않은 상태서 10월 근무에 대한 신입연차는 발생하지 않습니다. 따라서 발생 가능한 연차일수는 총 4일(7월 1일, 8월 1일, 9월 1일, 10월 1일)입니다.

1일에 연차를 지급했더라도 퇴직 시점에서는 다시 법정 기준으로 돌아와 전체 재직 기간 중 법적으로 발생한 연차와 실제 지급한 휴가 사이에 차이가 있는지 확인해야 합니다. 회계연도 기준과 입사일 기준(법 기준) 중 '유리한' 내용이 근로자에게 적용됩니다. 퇴직 당시 남은 연차가 법정 기준보다 많다면 그대로 수당으로 지급받을 수 있지만, 법정 기준보다 실제 지급한 연차 일수가 부족하다면 그만큼을 추가 수당으로 지급받을 수 있습니다. 그러나 회계연도 기준으로 연차휴가를 운영하는 경우 연초 퇴사로 인한 과도한 미사용 연차 수당 지급 부담 문제 때문에 퇴직 시점에서 '입사일 기준'으로 재정산하도록 취업규칙에 정하고 있는 회사도 있습니다. 이렇게 정하면 정한 대로 효력이 있기 때문에 회사의 규정상 연차휴가와 미사용 수당 정산이 어떻게 되는지 확인해볼 필요가 있습니다.

10 | 실업급여는 어떻게 받나요?

실업급여는 워낙 익숙한 말이라 실업급여가 무엇인지 모르는 사람이 별로 없을 정도이지만, 실업급여도 보험급여의 일종이기 때문에 지급 조건이 까다롭고 절차나 제도도 복잡해 안내문을 봐도 무슨 소리인지 정확히 이해하기 어렵습니다. 그러나 최근에는 고용센터를 통한 서비스가 많이 좋아져 '자신이 실업급여를 받을 수 있는지'와

'언제 신청하면 되는지'만 알면 실업급여를 받는 데 큰 어려움이 없습니다.

실업급여는 고용보험에 가입한 근로자가 실직했을 때 구직하는 기간에 생활을 보조하거나 취업을 촉진하기 위해 지급하는 보험급여입니다. 실업급여는 구직급여와 취업촉진수당(조기재취업수당, 직업능력개발수당, 광역구직활동비, 이주비)으로 이뤄져 있습니다. 우리가 익히 아는 '실업급여'는 정확히는 '구직급여'를 말하고 취업촉진수당은 각 조건에 해당하는 경우에 지급됩니다.

구직급여는 다음의 네 가지 조건에 모두 해당해야 지급됩니다.

- 이직 이전 18개월간 고용보험 피보험 단위 기간이 총 180일 이상일 것(18개월간 여러 회사의 근무기간을 모두 합해 계산함. 단 피보험 단위기간은 보수지급의 기초가 된 날로서 주5일제의 토요일과 같은 무급휴무일은 일수 계산에서 제외하므로 재직일수와 차이가 있을 수 있음)
- 근로의 의사와 능력이 있음에도 불구하고 취업(영리를 목적으로 사업을 영위하는 경우 포함)을 하지 못한 상태에 있을 것(근로 능력을 상실한 장해가 있거나 상시 입원이 필요한 질병이 있는 경우 등 제외)
- 이직 사유가 수급 자격의 제한 사유에 해당하지 않을 것(비자발적인 이직이거나 부득이한 이직이어야 함)
- 재취업을 위한 노력을 적극적으로 할 것(구직급여 수급 기간 중

이 중 '이직 사유'가 가장 문제가 됩니다. 기본적으로 실업급여는 비자발적인 실업인 경우에 지급하는 것이기 때문에 스스로 원해서 이직하면 해당 사항이 없습니다. 또한 '큰 잘못'을 저질러 해고된 경우도 실업급여를 받을 수 없습니다. '큰 잘못'이란 형법이나 직무 관련 법을 위반해 금고 이상의 형을 선고받은 경우, 사업에 막대한 지장을 초래하거나 재산상 손해를 끼친 경우로서 고용보험 시행규칙에서 정하는 기준에 해당할 경우, 정당한 사유 없이 근로계약 또는 취업규칙 등을 위반하여 장기간 무단결근한 경우입니다. 이런 '큰 잘못'을 저질러도 해고 대신 권고사직으로 처리할 수도 있습니다. 그러나 퇴직 형식만 달리한 것으로 '큰 잘못'에는 변함이 없기 때문에 이 경우에도 실업급여를 받을 수 없습니다.

비자발적 이직사유 중 근로계약기간만료*와 경영 사정에 의한 권고사직이 가장 흔합니다. 겉으로는 '자발적 이직'처럼 보이지만 실상 '이직할 수밖에 없는' 상태에서 이직을 결정한다면 실업급여 수급이 가능합니다. 이 밖에도 근로조건이 낮아졌거나 임금체불이 있는 경우, 근로시간이 과도한 경우, 최저임금보다 적은 임금을 받은 경우, 휴업을 실시하는 경우, 사업장에서 차별대우를 받거나 성적 괴롭힘 또는 직장 내 괴롭힘을 당한 경우, 사업 폐업이 확실시되

---

* 사용자가 근로계약 갱신을 요구했는데도 근로자가 거부한다면 기간만료가 아닌 '자발적 이직'으로 봐서 실업급여를 지급받지 못할 수 있습니다.

거나 대량 감원이 예정된 경우, 사업장 이전이나 전근으로 통근이 곤란한 경우, 가족 간병이 필요한 경우, 신체적·정신적 능력의 저하로 기존 업무를 수행하기 곤란한 경우, 임신·출산·군복무로 업무를 계속 수행할 수 없는 경우, 정년이 도래한 경우, 위법한 사업을 하는 회사에서 근무한 경우 실업급여를 받을 수 있습니다.

여기에서는 간략하게 정리했지만 〈고용보험법 시행규칙 별표2 [수급 자격이 제한되지 아니하는 정당한 이직 이유]〉(부록 참조)에 있는 내용은 더 상세한 조건을 정하고 있기 때문에 그에 따라 실업급여를 받을 수 있는지를 결정할 수 있습니다. 이렇게 정해진 사유 외에도 회사의 사정을 고려할 때 그런 여건에서는 일반적인 다른 근로자도 이직할 것이라고 볼 수 있다면 실업급여를 받을 수 있습니다.

실업급여는 요건이 해당된다고 해서 가만히 있어도 당연히 지급하는 것이 아닙니다. 실업급여 신청을 한 때부터 권리가 생기고 신청 전의 기간으로 소급되지 않습니다. 따라서 실업급여 신청을 늦게 하면 실업급여를 받지 못하게 되거나 최대로 받을 수 있는 금액보다 적게 받는 일이 생길 수 있습니다.

실업급여는 연령과 피보험 기간에 따라 120일에서 270일(구직급여 소정급여일수) 동안 원래 받던 임금의 약 반액 정도를 받을 수 있는데, 실직 이후 12개월 동안에만 수급이 가능하고 재취업하거나 자영업을 하게 되면 더 이상 받을 수 없습니다. 실직 후 실업급여 신청을 지연하다가 재취업을 일찍 하거나 남은 기간이 자신의 구직급여 소정급여일수보다 적으면 손해입니다. 따라서 실직하게 되면 가급적 지체 없이 거주지 관할 고용센터에 방문해 실업급여를 신청하는 편이 좋습니다.

> **❝ 사례**   **권고사직과 실업급여**
>
> **개인 잘못으로 권고사직되어도 실업급여를 받을 수 있다고요?**
>
> 경력 10년 차 임원 비서로 일하고 있는 진저리 씨, 작년부터 새로 부임한 임원을 수행하고 있다. 새로 온 임원은 사소한 일에도 불같이 화를 내고 변덕이 심한 성격인 데다가 진저리 씨를 비롯해 부하 직원들을 인격적으로 무시하는 발언을 자주 했다. 그 임원 때문에 그동안 그만둔 직원도 몇 되지만 비서로서 잔뼈가 굵은 진저리 씨는 그나마 잘 견뎌온 편이다. 그러나 진저리 씨는 사소한 업무 실수 하나로 며칠째 인신공격을 지속하는 임원 때문에 스트레스와 우울감이 극도로 심해지면서 10년 동안 해온 일을 그만두어야 하나 싶을 정도로 출근이 두려워졌다. 업무 의욕도 바닥을 치면서, 표정도 어두워지고 단순한 일에도 실수를 반복하는 일이 잦아졌다. 그러던 어느 날 인사부서에서 면담이 있으니 방문하라고 한다. 인사 팀장은 임원이 회사에 비서 교체를 요구했는데, 진저리 씨는 비서로서 자질이 부족한 것 같으니 지금이라도 다른 일자리를 알아보는 편이 좋지 않겠냐며 사직을 권고했다.

진저리 씨는 10년간 별문제 없이 성실하게 일해온 것을 잘 알고 있는 인사 팀장이 자질 운운하며 사직을 권고하는 상황이 당황스러웠다. 인사 팀장에게 임원으로 인한 고충을 토로하려다가 회사를 계속 다니다가는 병이라도 얻을 것 같다는 생각에 그만두겠다고 했다. 권고사직을 당하면 실업급여를 받을 수 있으니 그 기간에 몸과 마음의 휴식을 취하면서 천천히 다른 직장을 구해볼 심산이었다.

진저리 씨는 사직서를 쓰면서 '사직 사유'란에 '권고사직'이라고 또박또박 써서 제출했다. 그런데 사직서를 확인한 인사 팀장이 사직 사유를 '개인 사정'으로 바꾸라고 요구한다. 진저리 씨는 사직 사유를 개인 사정으로 쓰면 실업급여를 받지 못하는 것 아니냐며 항의했다. 인사 팀장은 경영 사정으로 권고사직될 때만 실업급여가 나가는 것이기 때문에 개인 잘못으로 권고사직이 되는 경우에는 어차피 실업급여를 받을 수 없다고 하면서, "사직 사유를 개인 사정으로 써야 사직서 처리가 가능하고, 이를 거부하면 징계위원회를 열어 해고할 수도 있으니, 그냥 개인 사정으로 해서 사직 처리하는 게 다른 직장에 취업할 때에도 그나마 나을 것"이라는 말을 덧붙인다.

진저리 씨는 무척 혼란스러웠다. 최근 사소한 업무 실수가 반복되기는 했지만 그 정도로 해고까지 될 사유는 아닌 것 같다. 또한 분명히 사직을 권고받아 사직서를 내는 상황인데도 실업급여를 받을 수 없다니 이해하기 어려웠다. 더구나 근본적인 원인 제공은 임원이 하지 않았던가.

이미 지칠 대로 지친 상황에서 회사를 계속 다니고 싶은 마음마저 사라진 진저리 씨, 인사 팀장의 요구대로 사직 사유를 바꿔 써서 제출해야 할까?

"

실업급여는 불가피하게 실업 상태에 놓이게 된 근로자의 생계 및 재취업 활동을 지원하기 위해 지급하는 고용보험급여입니다. 따라서 보험사고, 즉 '실업'이 근로자의 잘못으로 발생했다면 자기 책임의 원칙에 따라 실업급여가 지급되지 않는 것이 원칙입니다. 이에 따라 고용보험법에서는 중대한 잘못으로 해고(또는 권고사직)되거나 자기 사정으로 이직할 때도 실업급여를 받을 수 없도록 정하고 있습니다. 다만 실업급여를 받을 수 없는 '중대한 잘못'의 종류*가 법에 한정적으로 나열되어 있기 때문에 이들 사유로 해고되지 않았다면 비록 해고되더라도 실업급여 수급이 가능합니다. 또한 사직서를 제출해 겉으로 '자발적 이직'으로 보이더라도 그러한 이직이 불가피하다고 인정될 수 있을 때는 실업급여를 받을 수 있습니다. 고용보험법 시행규칙에서는 이러한 사유를 '정당한 이직 사유'라고 하여 역

---

* 형법 또는 직무 관련 법률 위반 행위로 금고 이상의 형을 선고받은 경우, 사업에 막대한 지장을 초래하거나 재산상 손해를 끼친 경우(거래처 금품·향응 수수, 사업 기밀 유출, 허위 사실 유포 또는 불법 집단행동 주도, 공금 유용·배임, 제품·원료 등의 절취·불법 반출, 근무상황 실적 조작, 기물의 고의 파손, 영업용 차량의 무단 대리운전으로 교통사고 발생 등), 정당한 이유없이 장기간 무단결근한 경우 등

시 한정적으로 열거해 정하고 있습니다. 따라서 실제 이직 사유가 법에 정해진 '정당한 이직 사유'에 해당하는 경우에 한해 실업급여를 받을 수 있습니다.

여러 '정당한 이직 사유' 중에 실제 가장 빈번한 실업급여 사유로 부각되고 있는 것이 바로 '권고사직'인데, 법에 '정당한 이직 사유'로서 정해져 있는 권고사직은 정리해고 과정에서의 희망퇴직 모집이나 '사용자의 경영 사정'*과 관련되는 사유로 인한 퇴직 권고에 한정되어 있습니다.

진저리 씨와 같이 회사의 경영 사정과도 무관하고, 그렇다고 해고가 될 정도의 잘못도 아닌 자질 부족을 이유로 권고사직한 경우에 대해서는 법에 명시적인 규정이 없습니다. 다만 고용보험 상실사유 분류 항목 중 '권고사직'으로 "23. 경영상 필요 및 회사 불황으로 인한 인원 감축 등에 따른 퇴사(해고·권고사직·명예퇴직 포함)"와 "26. 근로자의 귀책사유에 의한 징계해고·권고사직" 두 가지 종류를 정하고 있습니다. 23번은 실업급여 수급 자격이 인정되는 코드인데, 진저리 씨에 대한 사직 권고는 경영 사정과 아무 관계가 없습니다. 26번은 징계해고로 인한 이직(26-1), 사규상 징계해고 사유에 해당하나 권고사직을 당한 경우(26-2), 근로자의 귀책사유가 징계해고 정도에 해당하지 않지만(업무능력 미달 사유 등 포함) 사업주가 권유해

* 사업의 양도·인수·합병, 일부 사업의 폐지나 업종전환, 직제개편에 따른 조직의 폐지·출소, 신기술의 도입, 기술혁신에 따른 작업형태의 변경, 경영의 악화, 인사적체 등

사직한 경우(26-3)로 구분되는데, 진저리 씨의 경우는 26-3에 해당합니다.

26-1, 26-2는 근로자 귀책사유가 해고될 정도인 경우여서 회사에 별다른 불이익이 없지만, 23번 코드에 의한 권고사직이나, 26-3번 코드로 이직한 경우 '인위적인 고용조정에 따른 이직'으로 간주되어 회사는 고용보험법상 각종 정부 지원이나 외국인 근로자 고용 허가 등에 제약을 받을 수도 있습니다. 이런 위험 때문에 최근에는 '권고사직' 처리를 기피하는 회사가 많아졌습니다. 진저리 씨의 사례에서 인사 팀장이 '개인 사정'으로 사직서의 사직 사유를 바꿔 쓰라고 종용한 것도 이러한 이유였다고 추정할 수 있습니다.

26-3번 코드의 경우 실제 권고사직 사유를 확인하는 절차를 거치지만 대체로 그 사유가 고용보험법에서 정한 '중대한 귀책사유'에 해당하지 않는 다른 사유이기 때문에 이 경우 실업급여 수급이 가능합니다. 진저리 씨의 경우 임원의 '직장 내 괴롭힘'으로 인한 이직 가능성도 있지만 괴롭힘 행위 입증이 쉽지 않고 결과적으로 '사직권고'에 따라 사직서를 제출하는 상황이기 때문에 권고사직으로 처리되는 것이 맞습니다. 따라서 사직 사유 변경에 관한 인사 팀장의 요구를 거절하고 사직서에 '권고사직'임을 명확히 기재하도록 할 필요가 있으며, 권고사직 사실을 입증할 만한 객관적인 자료를 최대한 확보하는 편이 좋습니다.

한편 기존에 임원에 대한 고충으로 퇴사한 직원들은 진저리 씨와 같이 직접적인 권고사직이 있던 것은 아니고 단지 본인이 견디기 어려워 사직을 선택한 것이기 때문에 '권고사직'과 관련된 실업급여 수급을 주장할 수 없습니다. 다만 '상사의 괴롭힘'도 '정당한 이직사유'로 명시되어 있기 때문에 괴롭힘 사실이 인정된다면 이에 따른 이직 시 실업급여를 받을 수 있습니다.

꼭 기억해둬야 할 것 다섯 가지

1. 이 많은 내용을 다 알고 있어야 하나요?

책을 읽으면서 내용이 너무 많다고 느끼거나 반대로 너무 적다고 느낄 수 있습니다. 개인의 관심이나 상황에 따라 다르겠지만 아마도 두 경우 모두 책의 내용을 '법률 지식'으로 받아들였기 때문이라고 생각합니다. 그러나 이 책의 목적은 법률 지식 전달이 아니라 우리 일상을 둘러싼 법률문제를 바라보는 시각과 문제에 대응하는 방향을 전달하려는 데 있습니다.

읽고 나서 구체적인 내용이 떠오르지 않아도 상관 없습니다. 다양한 문제 상황이 있다는 사실과 대략적인 해결 과정에 대한 느낌 정도만 기억하면 됩니다. 필요할 때 그 부분을 찾아 다시 펼쳐볼 수 있으면 됩니다. 특히 문제가 있거나 궁금할 때 '누구에게' 물어봐야 하는지 찾을 수 있으면 됩니다.

2. 법을 알면 법만 앞세우게 되지 않을까요?

'모르는 게 약'일 때와 '아는 것이 힘'일 때를 어떻게 구분할 수 있을까요? '모르는 게 약'일 때는 몰라도 넘어가는데 문제는 알아서 오히려 골치가 아픈 경우입니다. 골치가 아픈 이유는 다양하겠지만 최소한 '알 필요가 없는' 경우여야 합니다. '아는 것이 힘'일 때는 최소한 아는 것이 도움이 되는 경우입니다. 그런데 잘못 알면 도움이 안 되거나 오히려 '모르는 게 약'인 경우도 있습니다. 그렇기에 '제대로' 아는 것이 힘입니다. 사람들은 법을 제대로 모르면서 법만 앞세우는 경향이 있습니다. 하지만 법을 제대로 알면 신중해질 수밖에 없습니다. 근로관계에서 법을 내세울 때는 더욱 그렇습니다. 우월한 지위와 민감한 이해관계로 대립하는 상대방이 있기 때문입니다.

3. 나에게 문제가 닥쳐도 과연 당황하지 않을 수 있을까요?

직장 생활의 위기가 될 정도로 큰 문제를 겪게 될 수 있습니다. 그런 일을 자주 겪지는 않겠지만 누구에게나 충분히 일어날 수 있습니다. 큰 문제가 닥쳤을 때 당황스럽고 마음이 힘들어지는 것은 당연합니다. 그러나 똑같은 상황에서도 누가 위기를 잘 극복하느냐는 위기를 대하는 마음가짐에 달려 있습니다. '왜 하필 나에게?'라는 생각은 별로 도움이 되지 않습니다. 감정을 추스르고 냉정하게 상황을 판단해야 극복할 길이 보입니다. 빨리 길을 찾을수록 어려운 문제를 쉽게 풀 수 있고 문제가 커지는 것도 막을 수 있습니다.

직장 생활에서 큰일을 겪고 마음에 큰 상처를 남기는 경우가 많습니다. 이럴 땐 무엇보다 자신을 소중하게 여기는 마음이 필요합니다. 낙담하고 주저앉거나 우왕좌왕하지 말고 최대한 차분하고 신중하게 행동해야 합니다. 어떤 순간이든, 특히 중요한 문제라면, '최선의 선택'을 찾기 위해 적극적으로 노력해야 합니다. '포기'하는 것도 때로는 전략입니다. 그러나 다른 방법을 고민하고 앞으로의 일을 충분히 고려해 선택할 때에만 비로소 '전략'이 된다는 사실을 기억해야 합니다.

4. 문제를 아예 피해가는 방법은 없나요?

누구나 원만하고 별문제 없는 직장 생활을 원합니다. 법적 분쟁 상황까지 가야 하는 일을 겪는 것은 생각만 해도 골치가 아픕니다. 많은 문제가 그렇듯 근로관계에서도 문제가 발생하지 않도록 예방하는 일이 중요합니다. 일단 터져버린 문제는 수습하기 어렵고 점점 더 커지는 경우가 많습니다. 할 수 있다면 최대한 문제가 생기지 않도록 피해가는 편이 좋습니다.

그런데 안타깝게도 근로자가 문제를 피해가는 데는 많은 한계가 있습니다. 근로관계에서 주도권이 사용자에게 있기 때문입니다. 아무리 인품이 훌륭하더라도 항상 '좋은 사용자'가 되기란 어렵습니다. 치열한 경쟁을 치러야 하는 기업의 상황때문에 이익과 생존 앞에서 근로자의 희생을 요구하는 경우도 많습니다.

직장 생활을 하다 보면 예상하기 어려운 문제가 숨고 드러나기를 반복합니다. 법적인 문제도 그렇습니다. 이런 상황에서 문제를 무조건 피하겠다는 생각보다는 문제를 감당할 능력을 갖추겠다는 생각으로 접근할 필요가 있습니다.

영어에 능력을 뜻하는 말로 Capability와 Competency가 있습니다. 전자는 외부 환경이나 위협에 대응하는 능력이고 후자는 환경을 이용하는 근본적이고 내적인 능력을 말합니다. 법적인 갈등과 문제 앞에서 Capability도 필요하지만 위기를 더 좋은 기회로 활용하는 Competency도 필요합니다. 사용자 역시 Competency를 갖춘 근로자에게는 쉽게 불이익을 주지 못합니다.

5. 결국 많은 문제를 알아서 판단해야 하네요?

그렇습니다. 많은 정보와 방법을 늘어놓았지만 결국 스스로 판단하고 결정해야 하는 문제가 많습니다. 근로관계의 법률문제에 모범답안은 있을지 몰라도 딱 떨어지는 정답은 없습니다. 상황에 따라, 상대방에 따라, 문제의 중요성을 어떻게 생각하느냐에 따라, 판단이 달라집니다. 결국 온전한 법률 주체인 '나'의 문제입니다. 누가 대신 결정해주거나 책임져주지 않습니다. 그렇다고 부담 가질 필요는 없습니다. 좋은 판단을 내리기 위한 방향만 기억하면 됩니다. 그 판단으로 가기 위해 올바른 첫걸음만 뗄 수 있어도 이미 반은 성공입니다.

고용보험법 시행규칙 [별표 2]〈개정 2019. 12. 31.〉

수급 자격이 제한되지 아니하는
정당한 이직 사유(제101조제2항 관련)

1. 다음 각 목의 어느 하나에 해당하는 사유가 이직일 전 1년 이내에 2개월 이상 발생한 경우

    가. 실제 근로조건이 채용 시 제시된 근로조건이나 채용 후 일반적으로 적용받던 근로조건보다 낮아지게 된 경우

    나. 임금체불이 있는 경우

    다. 소정근로에 대하여 지급받은 임금이 「최저임금법」에 따른 최저임금에 미달하게 된 경우

    라. 「근로기준법」 제53조에 따른 연장 근로의 제한을 위반한 경우

    마. 사업장의 휴업으로 휴업 전 평균임금의 70퍼센트 미만을 지급받은 경우

2. 사업장에서 종교, 성별, 신체장애, 노조활동 등을 이유로 불합리한 차별 대우를 받은 경우

3. 사업장에서 본인의 의사에 반하여 성희롱, 성폭력, 그 밖의 성적인 괴롭힘을 당한 경우

3의2. 「근로기준법」 제76조의2에 따른 직장 내 괴롭힘을 당한 경우

4. 사업장의 도산·폐업이 확실하거나 대량의 감원이 예정되어 있는 경우

5. 다음 각 목의 어느 하나에 해당하는 사정으로 사업주로부터 퇴직을 권고받거나, 인원 감축이 불가피하여 고용조정계획에 따라 실시하는 퇴직희망자의 모집으로 이직하는 경우

　가. 사업의 양도·인수·합병

　나. 일부 사업의 폐지나 업종전환

　다. 직제개편에 따른 조직의 폐지·축소

　라. 신기술의 도입, 기술혁신 등에 따른 작업형태의 변경

　마. 경영의 악화, 인사 적체, 그 밖에 이에 준하는 사유가 발생한 경우

6. 다음 각 목의 어느 하나에 해당하는 사유로 통근이 곤란(통근 시 이용할 수 있는 통상의 교통수단으로는 사업장으로의 왕복에 드는 시간이 3시간 이상인 경우를 말한다)하게 된 경우

　가. 사업장의 이전

　나. 지역을 달리하는 사업장으로의 전근

　다. 배우자나 부양하여야 할 친족과의 동거를 위한 거소 이전

　라. 그 밖에 피할 수 없는 사유로 통근이 곤란한 경우

7. 부모나 동거 친족의 질병·부상 등으로 30일 이상 본인이 간호해야 하는 기간에 기업의 사정상 휴가나 휴직이 허용되지 않아 이직한 경우

8. 「산업안전보건법」 제2조제2호에 따른 "중대재해"가 발생한 사업장으로서 그 재해와 관련된 고용노동부장관의 안전보건상의 시정명령을 받고도 시정기간까지 시정하지 아니하여 같은 재해 위험에 노출된 경우

9. 체력의 부족, 심신장애, 질병, 부상, 시력·청력·촉각의 감퇴 등으로 피보험자가 주어진 업무를 수행하는 것이 곤란하고, 기업의 사정상 업무종류의 전환이나 휴직이 허용되지 않아 이직한 것이 의사의 소견서, 사업주 의견 등에 근거하여 객관적으로 인정되는 경우

10. 임신, 출산, 만 8세 이하 또는 초등학교 2학년 이하의 자녀(입양한 자녀를 포함한다)의 육아, 「병역법」에 따른 의무복무 등으로 업무를 계속적으로 수행하기 어려운 경우로서 사업주가 휴가나 휴직을 허용하지 않아 이직한 경우

11. 사업주의 사업 내용이 법령의 제정·개정으로 위법하게 되거나 취업 당시와는 달리 법령에서 금지하는 재화 또는 용역을 제조하거나 판매하게 된 경우

12. 정년의 도래나 계약기간의 만료로 회사를 계속 다닐 수 없게 된 경우

13. 그 밖에 피보험자와 사업장 등의 사정에 비추어 그러한 여건에서는 통상의 다른 근로자도 이직했을 것이라는 사실이 객관적으로 인정되는 경우

대한민국에서
직장인이 꼭 알아야 할

노동법 100

초판 1쇄 발행 ᛁ 2019년 1월 25일
초판 2쇄 발행 ᛁ 2019년 8월 26일
개정판 1쇄 발행 ᛁ 2022년 5월 31일

지은이 권정임
기획 진행 손성실
편집 조성우
디자인 권월화
용지 월드페이퍼
등록일 2010년 3월 29일 ᛁ 등록번호 제2010-000092호
주소 서울시 마포구 월드컵북로 132, 402호
전화 02) 3141-0485
팩스 02) 3141-0486
이메일 ideas0419@hanmail.net
블로그 www.ideas0419.com

ⓒ 권정임, 2022
ISBN 979-11-89576-95-0 13320